国家出版基金项目
绿色制造丛书
组织单位 | 中国机械工程学会

印制电路板行业绿色工厂创建与评价

姜 涛　周 丽　刘 丽
蔡宇凌　廖玲玲　方植彬　编著
刘夏青　黄云钟　曹磊磊

机械工业出版社
CHINA MACHINE PRESS

本书在介绍绿色制造理论和印制电路板制造业特征的基础上,系统详细地介绍了印制电路板制造业企业绿色工厂创建的基本思路、技术方法和关键要求,包括基础设施建设、管理体系的建立与优化、能源使用与节约、水资源使用与节约、原辅料与有害物质管控、典型绿色工艺与技术、污染物的产生与处理、资源综合利用、产品绿色设计、温室气体核算与核查、绿色供应链管理与实践、绿色发展信息披露等多个方面。同时,根据印制电路板制造业的特点和实际情况,构建了印制电路板制造业绿色工厂评价指标体系,建立了一套具体的评价方法。

本书可以作为印制电路板制造业相关人员学习或培训的教材或参考书,以及该领域研究及管理人员的参考用书。

图书在版编目（CIP）数据

印制电路板行业绿色工厂创建与评价/姜涛等编著. —北京：机械工业出版社, 2021.9

(国家出版基金项目·绿色制造丛书)

ISBN 978-7-111-69483-0

Ⅰ.①印… Ⅱ.①姜… Ⅲ.①印刷电路板（材料）- 制造工业 - 研究 Ⅳ.①F407.46

中国版本图书馆 CIP 数据核字（2021）第 218100 号

机械工业出版社（北京市百万庄大街22号　邮政编码100037）
策划编辑：罗晓琪　　　　　责任编辑：罗晓琪　王　良　章承林
责任校对：樊钟英　李　婷　责任印制：李　楠
北京宝昌彩色印刷有限公司印刷
2022年1月第1版第1次印刷
169mm×239mm·26.75印张·465千字
标准书号：ISBN 978-7-111-69483-0
定价：128.00元

电话服务　　　　　　　网络服务
客服电话：010-88361066　机　工　官　网：www.cmpbook.com
　　　　　010-88379833　机　工　官　博：weibo.com/cmp1952
　　　　　010-68326294　金　书　网：www.golden-book.com
封底无防伪标均为盗版　机工教育服务网：www.cmpedu.com

"绿色制造丛书" 编撰委员会

主　任
宋天虎　中国机械工程学会
刘　飞　重庆大学

副主任（排名不分先后）
陈学东　中国工程院院士，中国机械工业集团有限公司
单忠德　中国工程院院士，南京航空航天大学
李　奇　机械工业信息研究院，机械工业出版社
陈超志　中国机械工程学会
曹华军　重庆大学

委　员（排名不分先后）
李培根　中国工程院院士，华中科技大学
徐滨士　中国工程院院士，中国人民解放军陆军装甲兵学院
卢秉恒　中国工程院院士，西安交通大学
王玉明　中国工程院院士，清华大学
黄庆学　中国工程院院士，太原理工大学
段广洪　清华大学
刘光复　合肥工业大学
陆大明　中国机械工程学会
方　杰　中国机械工业联合会绿色制造分会
郭　锐　机械工业信息研究院，机械工业出版社
徐格宁　太原科技大学
向　东　北京科技大学
石　勇　机械工业信息研究院，机械工业出版社
王兆华　北京理工大学
左晓卫　中国机械工程学会
朱　胜　再制造技术国家重点实验室
刘志峰　合肥工业大学
朱庆华　上海交通大学

张洪潮	大连理工大学
李方义	山东大学
刘红旗	中机生产力促进中心
李聪波	重庆大学
邱　城	中机生产力促进中心
何　彦	重庆大学
宋守许	合肥工业大学
张超勇	华中科技大学
陈　铭	上海交通大学
姜　涛	工业和信息化部电子第五研究所
姚建华	浙江工业大学
袁松梅	北京航空航天大学
夏绪辉	武汉科技大学
顾新建	浙江大学
黄海鸿	合肥工业大学
符永高	中国电器科学研究院股份有限公司
范志超	合肥通用机械研究院有限公司
张　华	武汉科技大学
张钦红	上海交通大学
江志刚	武汉科技大学
李　涛	大连理工大学
王　蕾	武汉科技大学
邓业林	苏州大学
姚巨坤	再制造技术国家重点实验室
王禹林	南京理工大学
李洪丞	重庆邮电大学

"绿色制造丛书" 编撰委员会办公室

主　任
刘成忠　陈超志

成　员（排名不分先后）
王淑芹　曹　军　孙　翠　郑小光　罗晓琪　罗丹青　张　强　赵范心　李　楠
郭英玲　权淑静　钟永刚　张　辉　金　程

丛书序一

制造是改善人类生活质量的重要途径，制造也创造了人类灿烂的物质文明。

也许在远古时代，人类从工具的制作中体会到生存的不易，生命和生活似乎注定就是要和劳作联系在一起的。工具的制作大概真正开启了人类的文明。但即便在农业时代，古代先贤也认识到在某些情况下要慎用工具，如孟子言："数罟不入洿池，鱼鳖不可胜食也；斧斤以时入山林，材木不可胜用也。"可是，我们没能记住古训，直到20世纪后期我国乱砍滥伐的现象比较突出。

到工业时代，制造所产生的丰富物质使人们感受到的更多是愉悦，似乎自然界的一切都可以为人的目的服务。恩格斯告诫过：我们统治自然界，决不像征服者统治异民族一样，决不像站在自然以外的人一样，相反地，我们同我们的肉、血和头脑一起都是属于自然界，存在于自然界的；我们对自然界的整个统治，仅是我们胜于其他一切生物，能够认识和正确运用自然规律而已（《劳动在从猿到人转变过程中的作用》）。遗憾的是，很长时期内我们并没有听从恩格斯的告诫，却陶醉在"人定胜天"的臆想中。

信息时代乃至即将进入的数字智能时代，人们惊叹欣喜，日益增长的自动化、数字化以及智能化将人从本是其生命动力的劳作中逐步解放出来。可是蓦然回首，倏地发现环境退化、气候变化又大大降低了我们不得不依存的自然生态系统的承载力。

不得不承认，人类显然是对地球生态破坏力最大的物种。好在人类毕竟是理性的物种，诚如海德格尔所言：我们就是除了其他可能的存在方式以外还能够对存在发问的存在者。人类存在的本性是要考虑"去存在"，要面向未来的存在。人类必须对自己未来的存在方式、自己依赖的存在环境发问！

1987年，以挪威首相布伦特兰夫人为主席的联合国世界环境与发展委员会发表报告《我们共同的未来》，将可持续发展定义为：既满足当代人的需要，又不对后代人满足其需要的能力构成危害的发展。1991年，由世界自然保护联盟、联合国环境规划署和世界自然基金会出版的《保护地球——可持续生存战略》一书，将可持续发展定义为：在不超出支持它的生态系统承载能力的情况下改善人类的生活质量。很容易看出，可持续发展的理念之要在于环境保护、人的生存和发展。

世界各国正逐步形成应对气候变化的国际共识，绿色低碳转型成为各国实现可持续发展的必由之路。

中国面临的可持续发展的压力尤甚。经过数十年来的发展，2020年我国制造业增加值突破26万亿元，约占国民生产总值的26%，已连续多年成为世界第一制造大国。但我国制造业资源消耗大、污染排放量高的局面并未发生根本性改变。2020年我国碳排放总量惊人，约占全球总碳排放量30%，已经接近排名第2~5位的美国、印度、俄罗斯、日本4个国家的总和。

工业中最重要的部分是制造，而制造施加于自然之上的压力似乎在接近临界点。那么，为了可持续发展，难道舍弃先进的制造？非也！想想庄子笔下的圃畦丈人，宁愿抱瓮舀水，也不愿意使用桔槔那种杠杆装置来灌溉。他曾教训子贡："有机械者必有机事，有机事者必有机心。机心存于胸中，则纯白不备；纯白不备，则神生不定；神生不定者，道之所不载也。"（《庄子·外篇·天地》）单纯守纯朴而弃先进技术，显然不是当代人应守之道。怀旧在现代世界中没有存在价值，只能被当作追逐幻境。

既要保护环境，又要先进的制造，从而维系人类的可持续发展。这才是制造之道！绿色制造之理念如是。

在应对国际金融危机和气候变化的背景下，世界各国无论是发达国家还是新型经济体，都把发展绿色制造作为赢得未来产业竞争的关键领域，纷纷出台国家战略和计划，强化实施手段。欧盟的"未来十年能源绿色战略"、美国的"先进制造伙伴计划2.0"、日本的"绿色发展战略总体规划"、韩国的"低碳绿色增长基本法"、印度的"气候变化国家行动计划"等，都将绿色制造列为国家的发展战略，计划实施绿色发展，打造绿色制造竞争力。我国也高度重视绿色制造，《中国制造2025》中将绿色制造列为五大工程之一。中国承诺在2030年前实现碳达峰，2060年前实现碳中和，国家战略将进一步推动绿色制造科技创新和产业绿色转型发展。

为了助力我国制造业绿色低碳转型升级，推动我国新一代绿色制造技术发展，解决我国长久以来对绿色制造科技创新成果及产业应用总结、凝练和推广不足的问题，中国机械工程学会和机械工业出版社组织国内知名院士和专家编写了"绿色制造丛书"。我很荣幸为本丛书作序，更乐意向广大读者推荐这套丛书。

编委会遴选了国内从事绿色制造研究的权威科研单位、学术带头人及其团队参与编著工作。丛书包含了作者们对绿色制造前沿探索的思考与体会，以及对绿色制造技术创新实践与应用的经验总结，非常具有前沿性、前瞻性和实用性，值得一读。

丛书的作者们不仅是中国制造领域中对人类未来存在方式、人类可持续发展的发问者，更是先行者。希望中国制造业的管理者和技术人员跟随他们的足迹，通过阅读丛书，深入推进绿色制造！

华中科技大学　李培根

2021 年 9 月 9 日于武汉

丛书序二

在全球碳排放量激增、气候加速变暖的背景下，资源与环境问题成为人类面临的共同挑战，可持续发展日益成为全球共识。发展绿色经济、抢占未来全球竞争的制高点，通过技术创新、制度创新促进产业结构调整，降低能耗物耗、减少环境压力、促进经济绿色发展，已成为国家重要战略。我国明确将绿色制造列为《中国制造2025》五大工程之一，制造业的"绿色特性"对整个国民经济的可持续发展具有重大意义。

随着科技的发展和人们对绿色制造研究的深入，绿色制造的内涵不断丰富，绿色制造是一种综合考虑环境影响和资源消耗的现代制造业可持续发展模式，涉及整个制造业，涵盖产品整个生命周期，是制造、环境、资源三大领域的交叉与集成，正成为全球新一轮工业革命和科技竞争的重要新兴领域。

在绿色制造技术研究与应用方面，围绕量大面广的汽车、工程机械、机床、家电产品、石化装备、大型矿山机械、大型流体机械、船用柴油机等领域，重点开展绿色设计、绿色生产工艺、高耗能产品节能技术、工业废弃物回收拆解与资源化等共性关键技术研究，开发出成套工艺装备以及相关试验平台，制定了一批绿色制造国家和行业技术标准，开展了行业与区域示范应用。

在绿色产业推进方面，开发绿色产品，推行生态设计，提升产品节能环保低碳水平，引导绿色生产和绿色消费。建设绿色工厂，实现厂房集约化、原料无害化、生产洁净化、废物资源化、能源低碳化。打造绿色供应链，建立以资源节约、环境友好为导向的采购、生产、营销、回收及物流体系，落实生产者责任延伸制度。壮大绿色企业，引导企业实施绿色战略、绿色标准、绿色管理和绿色生产。强化绿色监管，健全节能环保法规、标准体系，加强节能环保监察，推行企业社会责任报告制度。制定绿色产品、绿色工厂、绿色园区标准，构建企业绿色发展标准体系，开展绿色评价。一批重要企业实施了绿色制造系统集成项目，以绿色产品、绿色工厂、绿色园区、绿色供应链为代表的绿色制造工业体系基本建立。我国在绿色制造基础与共性技术研究、离散制造业传统工艺绿色生产技术、流程工业新型绿色制造工艺技术与设备、典型机电产品节能减排技术、退役机电产品拆解与再制造技术等方面取得了较好的成果。

但是作为制造大国，我国仍未摆脱高投入、高消耗、高排放的发展方式，资源能源消耗和污染排放与国际先进水平仍存在差距，制造业绿色发展的目标尚未完成，社会技术创新仍以政府投入主导为主；人们虽然就绿色制造理念形成共识，但绿色制造技术创新与我国制造业绿色发展战略需求还有很大差距，一些亟待解决的主要问题依然突出。绿色制造基础理论研究仍主要以跟踪为主，原创性的基础研究仍较少；在先进绿色新工艺、新材料研究方面部分研究领域有一定进展，但颠覆性和引领性绿色制造技术创新不足；绿色制造的相关产业还处于孕育和初期发展阶段。制造业绿色发展仍然任重道远。

本丛书面向构建未来经济竞争优势，进一步阐述了深化绿色制造前沿技术研究，全面推动绿色制造基础理论、共性关键技术与智能制造、大数据等技术深度融合，构建我国绿色制造先发优势，培育持续创新能力。加强基础原材料的绿色制备和加工技术研究，推动实现功能材料特性的调控与设计和绿色制造工艺，大幅度地提高资源生产率水平，提高关键基础件的寿命、高分子材料回收利用率以及可再生材料利用率。加强基础制造工艺和过程绿色化技术研究，形成一批高效、节能、环保和可循环的新型制造工艺，降低生产过程的资源能源消耗强度，加速主要污染排放总量与经济增长脱钩。加强机械制造系统能量效率研究，攻克离散制造系统的能量效率建模、产品能耗预测、能量效率精细评价、产品能耗定额的科学制定以及高能效多目标优化等关键技术问题，在机械制造系统能量效率研究方面率先取得突破，实现国际领先。开展以提高装备运行能效为目标的大数据支撑设计平台，基于环境的材料数据库、工业装备与过程匹配自适应设计技术、工业性试验技术与验证技术研究，夯实绿色制造技术发展基础。

在服务当前产业动力转换方面，持续深入细致地开展基础制造工艺和过程的绿色优化技术、绿色产品技术、再制造关键技术和资源化技术核心研究，研究开发一批经济性好的绿色制造技术，服务经济建设主战场，为绿色发展做出应有的贡献。开展铸造、锻压、焊接、表面处理、切削等基础制造工艺和生产过程绿色优化技术研究，大幅降低能耗、物耗和污染物排放水平，为实现绿色生产方式提供技术支撑。开展在役再设计再制造技术关键技术研究，掌握重大装备与生产过程匹配的核心技术，提高其健康、能效和智能化水平，降低生产过程的资源能源消耗强度，助推传统制造业转型升级。积极发展绿色产品技术，研究开发轻量化、低功耗、易回收等技术工艺,研究开发高效能电机、锅炉、内燃机及电器等终端用能产品,研究开发绿色电子信息产品,引导绿色消费。开展新型过程绿色化技术研究,全面推进钢铁、化工、建材、轻工、印染等行业绿色制造流程技术创新,新型化工过程强化技术节能环保集成优化技术创新。开展再制造与资源化技术研究,研究开发新一代再制造技术与装备,深入推进废旧汽车(含新能源汽车)零部件和退役机电产品回收逆向物流系统、拆解/破碎/分离、高附加值资源化等关键技术与装备研究并应用示范,实现机电、汽车等产品的可拆卸和易回收。研究开发钢铁、冶金、石化、轻工等制造流程副产品绿色协同处理与循环利用技术,提高流程制造资源高效利用绿色产业链技术创新能力。

在培育绿色新兴产业过程中,加强绿色制造基础共性技术研究,提升绿色制造科技创新与保障能力,培育形成新的经济增长点。持续开展绿色设计、产品全生命周期评价方法与工具的研究开发,加强绿色制造标准法规和合格评判程序与范式研究,针对不同行业形成方法体系。建设绿色数据中心、绿色基站、绿色制造技术服务平台,建立健全绿色制造技术创新服务体系。探索绿色材料制备技术,培育形成新的经济增长点。开展战略新兴产业市场需求的绿色评价研究,积极引领新兴产业高起点绿色发展,大力促进新材料、新能源、高端装备、生物产业绿色低碳发展。推动绿色制造技术与信息的深度融合,积极发展绿色车间、绿色工厂系统、绿色制造技术服务业。

非常高兴为本丛书作序。我们既面临赶超跨越的难得历史机遇,也面临差距拉大的严峻挑战,唯有勇立世界技术创新潮头,才能赢得发展主动权,为人类文明进步做出更大贡献。相信这套丛书的出版能够推动我国绿色科技创新,实现绿色产业引领式发展。绿色制造从概念提出至今,取得了长足进步,希望未来有更多青年人才积极参与到国家制造业绿色发展与转型中,推动国家绿色制造产业发展,实现制造强国战略。

中国机械工业集团有限公司　陈学东
2021 年 7 月 5 日于北京

丛书序三

绿色制造是绿色科技创新与制造业转型发展深度融合而形成的新技术、新产业、新业态、新模式，是绿色发展理念在制造业的具体体现，是全球新一轮工业革命和科技竞争的重要新兴领域。

我国自20世纪90年代正式提出绿色制造以来，科学技术部、工业和信息化部、国家自然科学基金委员会等在"十一五""十二五""十三五"期间先后对绿色制造给予了大力支持，绿色制造已经成为我国制造业科技创新的一面重要旗帜。多年来我国在绿色制造模式、绿色制造共性基础理论与技术、绿色设计、绿色制造工艺与装备、绿色工厂和绿色再制造等关键技术方面形成了大量优秀的科技创新成果，建立了一批绿色制造科技创新研发机构，培育了一批绿色制造创新企业，推动了全国绿色产品、绿色工厂、绿色示范园区的蓬勃发展。

为促进我国绿色制造科技创新发展，加快我国制造企业绿色转型及绿色产业进步，中国机械工程学会和机械工业出版社联合中国机械工程学会环境保护与绿色制造技术分会、中国机械工业联合会绿色制造分会，组织高校、科研院所及企业共同策划了"绿色制造丛书"。

丛书成立了包括李培根院士、徐滨士院士、卢秉恒院士、王玉明院士、黄庆学院士等50多位顶级专家在内的编委会团队，他们确定选题方向，规划丛书内容，审核学术质量，为丛书的高水平出版发挥了重要作用。作者团队由国内绿色制造重要创导者与开拓者刘飞教授牵头，陈学东院士、单忠德院士等100余位专家学者参与编写，涉及20多家科研单位。

丛书共计32册，分三大部分：① 总论，1册；② 绿色制造专题技术系列，25册，包括绿色制造基础共性技术、绿色设计理论与方法、绿色制造工艺与装备、绿色供应链管理、绿色再制造工程5大专题技术；③ 绿色制造典型行业系列，6册，涉及压力容器行业、电子电器行业、汽车行业、机床行业、工程机械行业、冶金设备行业等6大典型行业应用案例。

丛书获得了2020年度国家出版基金项目资助。

丛书系统总结了"十一五""十二五""十三五"期间，绿色制造关键技术与装备、国家绿色制造科技重点专项等重大项目取得的基础理论、关键技术和装备成果，凝结了广大绿色制造科技创新研究人员的心血，也包含了作者对绿色制造前沿探索的思考与体会，为我国绿色制造发展提供了一套具有前瞻性、系统性、实用性、引领性的高品质专著。丛书可为广大高等院校师生、科研院所研发人员以及企业工程技术人员提供参考，对加快绿色制造创新科技在制造业中的推广、应用，促进制造业绿色、高质量发展具有重要意义。

当前我国提出了 2030 年前碳排放达峰目标以及 2060 年前实现碳中和的目标，绿色制造是实现碳达峰和碳中和的重要抓手，可以驱动我国制造产业升级、工艺装备升级、重大技术革新等。因此，丛书的出版非常及时。

绿色制造是一个需要持续实现的目标。相信未来在绿色制造领域我国会形成更多具有颠覆性、突破性、全球引领性的科技创新成果，丛书也将持续更新，不断完善，及时为产业绿色发展建言献策，为实现我国制造强国目标贡献力量。

中国机械工程学会　宋天虎
2021 年 6 月 23 日于北京

序

很有幸能提前拜读由姜涛博士主笔的《印制电路板行业绿色工厂创建与评价》，并受邀作序。

作为电子电路行业的从业者，过去的十几年中，我见证了国内电子电路行业的持续壮大以及产业格局的变迁。早期，中国电子电路产业主要集中在珠三角和长三角地区，随着国内多区域电子信息产业快速发展，江西、湖南、湖北、川渝等地区印制电路板（PCB）产业也渐成规模，全国已形成近百个电子电路产业园区。当下，随着5G、大数据、人工智能、智能穿戴、物联网、新能源汽车、智慧驾驶等新兴技术深入应用，泛在化的电子电路行业也将迎来新的增长机遇。电子电路企业集团化、产品多元化、工厂布局多地化，扩建新建工厂不胜枚举。相信在未来很长一段时期，电子电路行业都将是我国电子信息产业的重要支柱。

"全球最大"是我国PCB行业的闪亮标签，作为中国经济的重要组成部分，我国PCB行业走过了"从小到大"的阶段，如今面临着"由大变强"的挑战，产业要逐步转向高质量发展。如何更好地将企业发展的活力、创新力和竞争力与绿色发展紧密融合，是当前行业发展和进步的重要课题。

当前，我国将生态文明建设提升到前所未有的战略高度，不仅纳入了我国现代化建设五位一体的总体布局中，还明确了两个百年之际的生态文明建设总体目标，生态环境保护已经成为全社会的广泛共识。对于制造业而言，绿色低碳、可持续发展已经成为制造业发展的必然趋势和正确选择。

越来越多的企业开始重视绿色发展，不少企业已经把绿色发展列进企业发展的战略之中，自愿推进绿色工厂创建、发布社会责任报告等。2016年到2020年，工业和信息化部共发布了五批绿色制造名单，包括了绿色工厂、绿色设计产品、绿色园区、绿色供应链管理企业。国家级的绿色工厂共评出2121家，其中PCB企业19家，所占比例不到1%。据中国电子电路行业协会（CPCA）统计，目前国内共有1300余家PCB制造工厂，行业企业对提升建立绿色工厂的创建意识、创建方法和评价方法等有很大的需求，也迫切需要一本关于PCB绿色工厂的专业书籍作指引。

本书综述了推行绿色制造的意义，深入研究了PCB产业的发展政策、国家标准、规范条件等，同时结合PCB行业跨越机械、化学、材料、物理、光学、微电子、电气工程等多个学科的复杂特性，从绿色工厂创建的理论到实施路径再到评价方法，全流程地介绍了如何创建PCB绿色工厂。全书不仅从"硬件"的绿色厂房建设到"软件"之绿色管理的维度去解读，还从PCB产品的生命全周期的角度出发，提出了先进的绿色工艺技术，讲解了绿色产品设计、生产过程中的节能降耗以及水、大气和固体废弃物的处理，包括资源最大化的利用等。此外，书中还通过详实的案例来阐述问题，理论联系实际、内容丰富、深入浅出，相信这是一本具有实际指导意义的PCB行业绿色工厂创建指南，是行业绿色发展的道路上的一盏指路明灯。

感谢姜涛博士和各位作者的倾情付出，让我们一起携手助力中国PCB产业迈向高质量发展！

中国电子电路行业协会秘书长　洪芳

2021年5月

前　言

印制电路板（PCB）是当前用途最广泛的一种电子元件，目前尚无成熟的技术和产品可提供与其相同或类似的功能。随着人类社会逐步进入信息化、智能化时代，由此带来了人们对电子信息产品的需求不断扩大，以及电子信息产业快速的发展，PCB制造业在未来仍具有强大的生命力和广阔的发展空间。

目前，我国已经是PCB第一大生产国，但与发达国家相比，我国PCB制造业的技术水平还存在一定的差距。此外，PCB制造业具有生产工艺流程长、工艺复杂多样、原辅料种类多、产污环节分散、废物处理技术要求高等特点，同时我国PCB制造业仍然存在资源利用率不高、污染物产生量大等问题，所以，我国PCB制造业的绿色发展意识和技术水平还有待进一步提高。绿色增长正成为全球经济竞争的制高点，"绿色工业革命"已然拉开帷幕。从我国PCB产业自身的发展以及所处的环境看，绿色制造是行业转型升级的必然选择，是企业健康可持续发展的必经之路。

制造业的绿色发展是现代化经济体系建设的必然要求。为此，我国政府高度重视制造业的绿色发展，明确提出要加快推进创新驱动、绿色发展，全面推行绿色制造，努力构建高效、清洁、低碳、循环的绿色制造体系。为落实全面推行绿色制造的要求，工业和信息化部于2016年牵头组织、研究、制定出台了《工业绿色发展规划（2016—2020年）》《绿色制造工程实施指南（2016—2020年）》和《绿色制造标准体系建设指南》等政策文件，为具体推行绿色制造提出了明确的方向、思路、方法和目标。工厂作为制造业的承担主体，是绿色制造的核心支撑单元，因此创建绿色工厂是推动绿色制造的重要手段和措施。

自绿色制造体系建设工作启动以来，"十三五"期间工业和信息化部审批发布了五批绿色工厂名单，共评选出国家级绿色工厂2121家，其中PCB企业19家。可以说，PCB行业目前已经意识到了绿色制造的重要性和必然性，而且在积极努力地将绿色制造理念付诸行动，但是入选国家级绿色工厂的数量与世界第一大PCB生产国的产业地位和行业生产企业的规模数量相比，还远远不够，难以起到引领和带动整个行业绿色发展的作用。绿色工厂的内容涉及面广且多,加上PCB的行业特点,对于许多生产企业而言,系统地创建绿色工厂是一个难度不小的项目,也正是因为这些原因,才有了本书创作的初衷。

本书共包括"综合篇""创建篇"和"评价篇"三大部分,以及三个部分下设的18个具体章节。"综合篇"系统介绍了绿色制造理论和原理、我国推行绿色制造的政策,同时在分析PCB行业特征和发展现状的基础上,介绍了该行业推行绿色制造、创建绿色工厂的意义。"创建篇"系统详细地介绍了PCB制造业企业绿色工厂创建的基本思路、技术方法和关键要求。"评价篇"根据PCB制造业的特点和实际情况,构建了PCB制造业绿色工厂评价指标体系,建立了一套具体的评价方法。为了使本书的内容更加系统深入,对读者和企业产生更好的启发指引和实际指导作用,本书在编写过程中特别注重以下五个方面:

一、注重基本概念的探讨与分析。目前绿色制造领域的概念很多,在实际工作中很多概念常常因为"司空见惯",而使大家忽略深究其内涵和边界,从而造成具体工作交叉混淆,甚至浅尝辄止。例如"绿色工厂"的内涵,除了目前《绿色工厂评价通则》(GB/T 36132—2018)中提出的"厂房集约化、原料无害化、生产洁净化、废物资源化、能源低碳化"外,本书也探究了"绿色工厂"一词的使用历史以及其内涵的演变过程。而且,相信随着技术的发展以及时代的进步,"绿色工厂"的内涵还会继续变化,本书也为此讨论了未来绿色工厂的发展空间。

二、注重系统性和集成性的思路引导。绿色制造的推行实施涉及产品全生命周期过程中的各种要素,构成了一个复杂的多元素系统。绿色工厂的创建同样涉及多种要素,且各要素相互联系、相互影响,这种系统性也体现着高度集成的特征,且不同范围有着不同层次的系统集成特性。本书将"系统集成"思想贯穿始终,除理论分析外,也提出了很多具体的工作思路和方法,例如:用系统集成的思维进行企业管理体系的创建,实现管理体系一体化建设;考虑取水、用水、排水、处理水、回收水各环节进行系统性节水减排;三废处理技术与资源综合利用途径的系统集成。

三、注重基础的绿色技术和工艺。绿色技术和工艺是推行绿色制造的基础,也是绿色工厂运行的核心。本书针对PCB行业,介绍探讨了加成法电路成形工艺、激光直接成像技术、孔线共镀铜工艺等多个具有绿色特性的技术或工艺,旨在引导PCB企业提高绿色制造水平,提升绿色经济效益。

四、注重PCB的行业特点。不同行业有着不同的特点，具体工作的内容和方式存在差异，从而使创建绿色工厂的空间也会有所不同。例如，本书针对PCB讨论了对其开展产品绿色设计的空间和意义。PCB属于电子元件，不是直接面向消费者的终端产品，因此与手机、计算机等产品相比，其绿色设计的空间会相对较小。但PCB整个寿命过程对资源环境的影响明显，且其用途广泛，是电子信息产业链上的重要一环，与电子、电器、汽车等多个行业都具有供需关系，其绿色水平关系着终端产品的绿色水平，因此仍然具有开展绿色设计的空间和意义。

五、注重绿色工厂创建的实际指导性。在编写之初，本书就被定位成具有较强的实际指导作用，因此书中除相关理论的介绍、分析、讨论之外，总结出了大量的思路框架图和总结性表格。例如绿色工厂运行模型框架图、绿色工厂运行目标分解表，以及创建过程相关的文件标准汇总表等。

本书可为PCB企业进行绿色工厂创建提供具体的指导，也可供其他相关行业企业推行绿色制造工作时参考。本书按照工业和信息化部节能与综合利用司绿色制造体系构建的总体思路和相关工作部署，历经立题研究、调研勘察、文献收集和编写统稿等阶段而最终成稿。书中凝聚了很多专家、前辈和同仁的理论以及相关企业的实际案例，同时此书的编写和出版也得到了中国绿色制造联盟、工业和信息化部电子第五研究所、重庆方正高密电子有限公司、胜宏科技（惠州）股份有限公司、中国电子电路行业协会、广东省电路板行业协会/深圳市线路板行业协会、西卡（广州）建筑材料有限公司和机械工业出版社等单位的参与和支持，还有荣爽、周安展、段先月等同事在校稿阶段的帮助，在此向他们表示衷心的感谢！

尽管作者对本书进行了反复推敲和修改，但绿色工厂创建的工作涉及广泛，PCB行业发展快速，加之作者能力有限，书中难免会有错漏之处，敬请读者批评指正。另外本书所引用的标准在不断修订更新，请读者在参考本书进行绿色工厂创建及评价时，选用标准的最新版本。最后也希望本书能起到抛砖引玉的作用，让更多的读者关注印制电路板行业乃至整个制造业的绿色工厂创建和绿色制造推行工作。

作　者
2021年1月

目录 CONTENTS

丛书序一

丛书序二

丛书序三

序

前　言

第一篇　综合篇

第1章　绿色制造 3
1.1　推行绿色制造的背景和意义 4
1.2　绿色制造的概念与内涵 6
1.3　绿色制造的特征 10
1.4　绿色制造的运行理论 12
1.5　绿色制造的推行与实践 19
参考文献 23

第2章　我国工业绿色发展概述 25
2.1　工业绿色发展进程 26
2.2　绿色制造顶层设计及政策框架 26
2.3　重点政策及文件介绍 28

第3章　PCB制造业与绿色制造 37
3.1　PCB产业概况 38
3.2　PCB产业绿色发展需求 39
参考文献 50

第4章　绿色工厂创建与评价 53
4.1　绿色工厂的内涵 54
4.2　绿色工厂创建 67
4.3　绿色工厂评价 70

4.4　PCB 行业绿色工厂创建现状 …………………………………………… 73
参考文献 …………………………………………………………………………… 75

第二篇　创建篇

第 5 章　基础设施建设 …………………………………………………………… 79
5.1　基础设施建设的合规性要求 ……………………………………………… 80
5.2　绿色工业建筑 ……………………………………………………………… 82
5.3　设备设施 …………………………………………………………………… 94
参考文献 …………………………………………………………………………… 99

第 6 章　管理体系的建立与优化 ……………………………………………… 101
6.1　PCB 企业绿色工厂管理体系框架 ………………………………………… 102
6.2　管理体系建立与优化的基本方法 ………………………………………… 104
6.3　基本管理体系建立与优化要点 …………………………………………… 106
6.4　管理体系认证 ……………………………………………………………… 118
6.5　管理体系一体化建设建议 ………………………………………………… 120
参考文献 …………………………………………………………………………… 121

第 7 章　能源使用与节约 ………………………………………………………… 123
7.1　PCB 行业用能节能概况与思路 …………………………………………… 124
7.2　典型节能方法与技术 ……………………………………………………… 127
7.3　节能量测量方法 …………………………………………………………… 143
参考文献 …………………………………………………………………………… 148

第 8 章　水资源使用与节约 ……………………………………………………… 151
8.1　PCB 行业用水节水概况及思路 …………………………………………… 152
8.2　典型节水方法与技术 ……………………………………………………… 156
8.3　节水评价与水平衡测试 …………………………………………………… 163
参考文献 …………………………………………………………………………… 172

第 9 章　原辅料与有害物质管控 ……………………………………………… 175
9.1　原辅料管理 ………………………………………………………………… 176
9.2　有害物质限制使用 ………………………………………………………… 180
参考文献 …………………………………………………………………………… 185

第 10 章　典型绿色工艺与技术 ………………………………………………… 187
10.1　加成法电路成形工艺 …………………………………………………… 188

- 10.2 激光直接成像（LDI）技术 ……………………………………… 196
- 10.3 微纳压印技术 …………………………………………………… 197
- 10.4 直接电镀孔金属化工艺 ………………………………………… 199
- 10.5 孔线共镀铜工艺 ………………………………………………… 201
- 10.6 垂直连续电镀和水平连续电镀 ………………………………… 202
- 10.7 化学镀锡工艺（无铅化焊接性涂覆工艺）…………………… 203
- 10.8 数字喷墨打印技术 ……………………………………………… 204
- 10.9 通孔盲孔同镀工艺 ……………………………………………… 207
- 10.10 硬板盲孔干制程工艺 …………………………………………… 208
- 10.11 激光清洗技术 …………………………………………………… 210
- 参考文献 …………………………………………………………………… 211

第11章 污染物的产生与处理 215

- 11.1 PCB生产工艺产排污分析 ……………………………………… 216
- 11.2 污染物的处理与处置 …………………………………………… 226
- 参考文献 …………………………………………………………………… 243

第12章 资源综合利用 245

- 12.1 PCB企业资源综合利用概况 …………………………………… 246
- 12.2 废液及其金属的回收利用 ……………………………………… 247
- 12.3 废水及其金属的回收利用 ……………………………………… 259
- 12.4 固体废弃物的回收利用 ………………………………………… 263
- 参考文献 …………………………………………………………………… 264

第13章 产品绿色设计 267

- 13.1 绿色设计 ………………………………………………………… 268
- 13.2 PCB绿色设计特征分析 ………………………………………… 270
- 13.3 PCB的绿色设计途径和方法 …………………………………… 271
- 13.4 绿色设计产品评价 ……………………………………………… 276
- 参考文献 …………………………………………………………………… 282

第14章 温室气体核算与核查 283

- 14.1 温室气体核算概况及工作程序 ………………………………… 284
- 14.2 PCB企业温室气体核算边界确定 ……………………………… 286
- 14.3 温室气体排放量核算 …………………………………………… 289
- 14.4 温室气体清单及报告 …………………………………………… 299
- 14.5 温室气体核查 …………………………………………………… 300

参考文献 · · · · · · 301

第15章 绿色供应链管理与实践 · · · · · · 303
15.1 绿色供应链与绿色供应链管理 · · · · · · 304
15.2 绿色供应链管理的策划组织 · · · · · · 311
15.3 绿色采购 · · · · · · 315
15.4 绿色仓储 · · · · · · 326
15.5 绿色供应链管理信息化系统搭建 · · · · · · 334
参考文献 · · · · · · 336

第16章 绿色发展信息披露 · · · · · · 339
16.1 PCB企业绿色发展信息披露框架 · · · · · · 340
16.2 PCB企业绿色发展信息披露要点 · · · · · · 342
参考文献 · · · · · · 346

第三篇 评价篇

第17章 PCB制造业绿色工厂评价指标体系构建 · · · · · · 349
17.1 评价指标体系构建的原则 · · · · · · 350
17.2 评价指标体系构建的思路 · · · · · · 351
17.3 评价指标的选取与设置 · · · · · · 352
17.4 评价指标体系的建立 · · · · · · 364
参考文献 · · · · · · 365

第18章 PCB制造业绿色工厂评价 · · · · · · 367
18.1 绿色工厂评价流程 · · · · · · 368
18.2 绿色工厂评分方法 · · · · · · 370
参考文献 · · · · · · 404

第一篇

综合篇

第1章

绿色制造

1.1　推行绿色制造的背景和意义

当今世界，资源与环境问题是全人类面临的共同挑战与难题，绿色发展理念逐步深入人心，已经成为国际发展的潮流和趋势。特别是在应对全球环境变化和国际金融危机的背景下，推动绿色增长，不仅是解决资源与环境问题的重要途径，也是探寻人类社会经济可持续发展的新着力点。目前，推行绿色新政是全球各大经济体的共同选择，颁布资源能源节约、环境保护等相关法律法规，促进绿色技术研发应用，发展绿色经济，已成为各国改善区域环境质量、提高国际竞争力、抢占未来全球经济竞争制高点的重要战略。

欧盟于2008年通过了《欧盟能源气候一揽子计划》，2010年发布了《未来十年能源绿色战略》，明确了欧盟发展绿色产业和提升能源利用效率的路线图，计划向能源消费结构优化和能源设备改造升级等重点领域投资1万亿欧元，2014年正式启动了"地平线2020（Horizon 2020）"计划，计划投资30.18亿欧元用于气候、环境、资源等绿色发展领域的研究，2015年发布了《循环经济行动计划》，以提振经济发展和保护生态等。

美国奥巴马政府时期明确提出了绿色新政，包括节能增效、开发新能源、应对气候变化等多个方面，重点涉及发展高效电池、智能电网、碳储存和碳捕获、风能和太阳能等可再生能源，同时美国还大力促进节能汽车、绿色建筑等的开发，以大力发展清洁能源、推进绿色制造为重点突破口，谋求在全球新兴产业的竞争中抢占制高点。2011年和2012年，美国总统科技顾问委员会（PCAST）先后发表了题为《保障美国在先进制造业的领导地位》的报告以及第一份"先进制造伙伴计划（AMP）"报告——《获取先进制造业国内竞争优势》。2014年，该委员会又发布了题为《提速美国先进制造业》的报告，其中提到将"可持续制造"列为11项振兴制造业的关键技术，利用技术优势谋求绿色发展新模式。

日本于2008年在内阁会议通过了《建设低碳社会的行动计划》，2009年公布了《绿色经济与社会变革》政策草案，计划通过实行温室气体减排等措施，强化日本的绿色经济，实现与自然和谐共生的社会目标。2012年，日本发布了《绿色发展战略总体规划》，将新型装备制造、机械加工等作为发展重点，围绕制造过程中可再生能源的应用和能源利用效率提升，实施战略规划，计划通过5～10年的努力，将节能环保汽车、大型蓄电池、海洋风力发电培育和发展成为落实绿色发展战略的三大支柱性产业。

另外，韩国、印度等其他国家也都在积极追求、探索绿色、低碳、可持续发展的模式及途径，从国际看，绿色发展是国际大趋势。

经济多年的高速增长成就了我国成为世界第二大经济体的世界奇迹，当然在此过程中也积累了一系列深层次的矛盾和问题，其中一个突出矛盾和问题是：资源环境承载力接近极限，高投入、高消耗、高污染的传统发展方式对我国经济社会的可持续发展带来了严重影响。"十九大"报告提出到2035年，要完成"生态环境根本好转、美丽中国目标基本实现"的目标任务，要持之以恒地推进绿色发展。推进绿色发展，就是要促进原有的发展方式从低成本要素投入、高生态环境代价的粗放方式向创新发展和绿色发展的方式转变，资源能源利用从低效率、高排放向高效、绿色、安全转型，节能环保产业实现快速发展，循环经济进一步推进，传统产业绿色升级进程进一步加快，绿色智慧理念、技术及金融措施加速传播和推广应用，从而推动清洁能源产业、清洁生产产业、绿色制造产业和绿色服务业兴起，实现"既要金山银山，又要绿水青山"。

工业是现代化的基础，也是一个国家综合国力的核心体现。工业兴则民富，工业强则国强。联合国工业发展组织（UNIDO）曾指出：工业是经济增长的发动机，是技术创新的承担者，是现代服务业发展的动力源，是企业现代化的催化剂，是经济国际化的带动者。所有世界上的发达国家无一例外，都是靠工业起家，逐步构建起发达的现代服务业和现代农业，世界各国纷纷以制造业为核心推动科技革命和产业变革。但是，工业化进程是一个通过大规模开发利用自然资源、能源从而促进经济社会发展的过程，纵观世界工业化发展进程，传统粗放发展方式带来了资源能源过度消耗、环境污染、全球气候变化及生态危机等诸多明显问题。要解决甚至克服和避免这些问题，就必须总结经济社会可持续发展的规律，研究工业化进程中资源能源需求变化、生态环境质量变化的规律，宣传普及覆盖工业产品全生命周期的绿色制造理念，创新推广绿色制造技术和管理方法，培育绿色消费价值观，加快推动工业绿色转型发展，于是绿色制造应运而生。

新中国成立以来，我国工业发展取得了举世瞩目的辉煌成就，工业体系独立完整、门类齐全，国际地位显著提升，已成为名副其实的工业大国。我国制造业规模为全球的30%左右，在500多种主要的工业品当中，有220多种产品产量居全球第一位。在全球产量的占比上，我国的化纤、手机达到70%，生铁、水泥、电解铝达到60%，煤炭、平板玻璃达到50%。但我国工业发展依然没有完全摆脱高投入、高消耗、高排放的传统粗放模式，工业仍然是我国资源能源消耗和排放产生的主要领域，资源能源和环境的瓶颈制约问题日益突出。2015

年，我国能源消费总量达 42.9 亿 t 标准煤，其中工业能源消费量为 29.2 亿 t 标准煤，占总消耗量的 68% 以上，原油进口 3.3 亿 t，占国内消费量首次突破 60%，铁矿石进口 9.5 亿 t，约占国际贸易量的 68%。2018 年，我国能源消费总量达 46.4 亿 t 标准煤，其中工业能源消费量为 31.1 亿 t 标准煤，占总消耗量的 67% 以上，原油进口 4.6 亿 t，铁矿石进口 10.3 亿 t。目前，我国单位 GDP 能耗是世界能耗强度平均水平的 1.4 倍，是发达国家平均水平的 2.1 倍；1 万美元工业增加值用水量为 569m^3，远高于日本的 88m^3、韩国的 55m^3、英国的 89m^3；工业固体废物综合利用率为 65%，但是距离国外先进水平，仍存在一定差距。另外，工业也是污染物排放的主要来源，常规污染物二氧化硫、氮氧化物排放量分别占全国排放量的 85%、65%，烟尘粉尘排放量约占全国排放量的 80% 以上，特别是对人民群众危害严重的非常规污染物，如持久性有机污染物、重金属等绝大部分来源于工业领域。

当前，我国正处于工业化推进的关键时期，国际经验和国内实践都表明，在未来一段时间内，我国工业资源能源消耗还将有一个持续增长的过程，这是由当前我国所处的发展阶段、产业结构、技术水平等多种因素共同决定的。随着工业化的推进，我国工业面临的节能减排和绿色转型压力很大，急需转变高增长、高消耗、高排放、低效益的粗放型发展模式。

综合来看，推行绿色制造是我国制造业高质量发展、走新型工业化道路、调整优化经济结构、转变经济发展方式的重要驱动力和措施，也是推动我国由制造大国走向制造强国的重要举措。

1.2 绿色制造的概念与内涵

美国制造工程师学会（SME）于 1996 年发表的关于绿色制造的蓝皮书《Green Manufacturing》中提到，绿色制造是"产品制造与工艺实践"同"环境观点与考虑"的交叉。由中国工程院战略咨询中心编制的"中国制造 2025 系列丛书"中提到，绿色制造是一种综合考虑人们的需求、环境影响、资源效率和企业效益的现代化制造模式，是具有良心、社会责任感和处事底线的可持续发展制造模式。作为绿色发展重要组成部分的绿色制造，其本质是具有环境意识的制造，或称考虑环境的制造。另外，综合现有文献和学术观点，可将绿色制造定义为一种综合考虑环境影响和资源消耗的现代化制造模式，其目标是使产品从设计、制造、包装、运输、使用到报废处理的整个生命周期中，对环境负面影响小、资源利用效率高，并使企业的经济效益和社会效益协调优化。

由以上的定义和描述可见，绿色制造的直接目标是环境保护和资源能源的优化利用，其关注的过程覆盖产品的全生命周期，所以绿色制造涉及的范围是三个领域的交集：一是工业产品的全生命周期过程；二是环境保护；三是资源能源高效利用。其交集如图1-1所示。

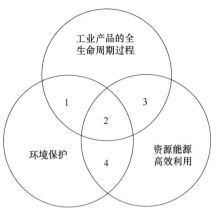

图1-1 绿色制造涉及的范围示意图

图1-1中，交集区域"1、2、3"都属于绿色制造的范畴，对于区域"4"则需要根据其与制造业的关系另行判断。因此，绿色制造工作的领域和范围可以概括为工业产品的全生命周期过程中所涉及的环境保护和资源能源高效利用的所有问题，体现的是制造、环境和资源能源三者的关系。

具体来讲，目前的绿色制造研究及工作主要涉及绿色资源、绿色生产、绿色产品、产品回收处理以及工业生态化等方面的内容。其中，绿色资源包括绿色能源和绿色材料的开发；绿色生产包括绿色设计、绿色技术/工艺、绿色包装、绿色仓储物流、绿色管理以及污染物的末端治理等；绿色产品包括产品的绿色设计和生命周期评价；产品的回收处理包括废旧产品的再利用、再制造、再循环和无害化处理；工业生态化包括绿色园区创建和绿色供应链搭建。绿色制造主要内容框架如图1-2所示。需要说明的是，有些工作本身有着更为广泛的意义和空间，不局限于以上划分，比如绿色设计。绿色设计要区分设计的对象，目前的绿色设计主要是针对产品，但除产品以外，企业的生产线布局、工艺、生产环境等也都可以进行绿色设计。还有绿色评价，在以上介绍和划分中并没有强调，但其在目前绿色制造工作中是比较热点的方向和内容，产品的生命周期评价（LCA）就属于一种绿色评价方法。除此以外，绿色资源、绿色生产、产品的回收处理以及工业生态化的各项工作都有评价的意义和空间，只有通过评价才能发现绿色制造工作进一步提升和改进的空间，因此可以说绿色评价贯穿于整个绿色制造工作。当然，绿色制造是发展的，其内涵也会不断地进行深化和发生变化，即绿色制造具有动态性。

绿色制造是一种先进的制造理念，其本质是一种指导思想、方法论，这就决定了绿色制造的广泛性和系统性。首先，"制造"是个大概念，涉及工业产品的全生命周期，在具体的制造过程中会涉及物理、化学、生物等很多领域的学科和技术；同时，制造涉及的行业广泛且复杂，覆盖了机械、电子、纺织、印染、化工、食品等整个工业领域；其次，环境保护和资源能源高效利用本身又是两个复杂且交叉性很强的学科，因此，绿色制造体现出"大制造、大过程、覆盖广、多交叉"的广泛性、系统性和集成性。

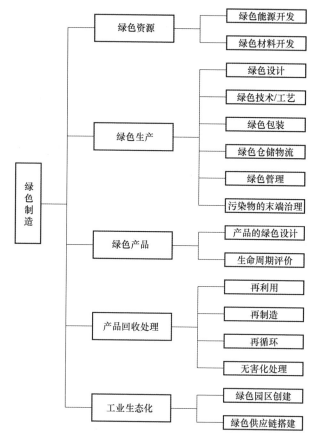

图 1-2 绿色制造主要内容框架

除了绿色制造，在制造业领域还有污染物的末端治理、清洁生产和资源综合利用等概念和工作。其中，污染物的末端治理属于单一解决问题的思路，重在污染物产生后的处理与管控，针对企业污染物排放，按以上介绍的绿色制造内容划分，是绿色生产中的一个环节。清洁生产是从源头解决污染物问题的思路，重在污染物产生和资源能源消耗源头的管控，关注包括原辅料、能源、生产工艺/技术、设备设施、管理方式、人员、产品、污染物等各种要素在内的企业生产全过程，涵盖了以上绿色资源、绿色生产和绿色产品三方面的内容。资源综合利用的概念更大，涉及不同的层面，在绿色生产层面企业可在其内部开展资源综合利用工作，产品回收处理中的再利用、再制造和再循环都属于资源综合利用的工作，另外工业生态化工作中资源综合利用是其很重要的支撑内容之一。绿色制造是系统解决污染物问题的思路，既侧重污染物的防治，也侧重资源能源的高效利用，而且针对的是产品的全生命周期过程。因此，不难发现，这些概念和工作相互有着密切的关系，可以说末端治理是清洁生产的基础，清洁生产又可减轻末端治理负荷，清洁生产与资源综合利用存在交叉且相互促进。同时，这些工作又共同支撑着范围更广的绿色制造。根据以上理论分析及各个概念的相互关系，可概括总结出其范围关系图，如图1-3所示。

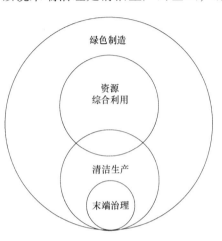

图1-3　绿色制造相关概念范围关系图

由于绿色制造覆盖广、交叉多，因此推行实施绿色制造所需的支撑知识基础也是系统的、多方面的，概括来讲可分为三个层次：第一个层次是思维基础，包括生态文明理念、可持续发展理念和系统集成思想等，这些理念和思想指引着绿色制造的发展方向，也贯穿于绿色制造整个过程的始终；第二个层次是方法基础，绿色制造追求的是产品生命周期全过程环境效益、社会效益和经济效益的协调、整体最优，那么在实施过程就必然涉及大量的方法学，比如管理学、运筹学、协同论、信息论等，生产制造模式的创新也是绿色制造的重要内容之一，而模式的创新往往需要这些方法学指导；第三个层次是专业基础，绿色制造的本质还是制造，因此离不开技术、工艺、设备等方面的专业知识，绿色制造技术、绿色制造工艺和绿色制造设备等是绿色制造的基础，而且绿色制造的目标是环境保护和资源能源高效利用，因此资源能源与环境科学、环境工程、生态学都是绿色制造过程所需的知识，这些知识共同构成了绿色制造的专业基础。绿色制造系统工程的支撑知识基础结构如图1-4所示。

从绿色制造的知识基础结构可以看出，推行实施绿色制造所需的技术手段种类和方向繁多，而且很多技术会涉及多门学科和方向的交叉，有些技术本身也会交叉。因此，可以归纳总结绿色制造技术是以系统思维为指导，应用管理、运筹、协同、信息、控制等理论将各领域的制造、环保、节能、资源综合利用等技术进行系统化、集成化应用的技术。也可以看出，绿色制造技术不仅仅只是点上的技术，也需要线上、面上的技术模式。因此，今后绿色制造技术的研究应向着内容模式的扩展及其相关支撑技术的不断深入这两个方面发展。

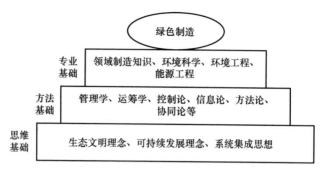

图 1-4　绿色制造系统工程的支撑知识基础结构

1.3　绿色制造的特征

▶ 1.3.1　绿色制造的系统性

由上文的分析可知，绿色制造体现的是大制造、大过程，因此绿色制造的推行实施涉及产品全生命周期过程中包括硬件、软件和人员等各种要素，且这些要素相互联系、相互影响，构成了一个复杂的多元素系统。

从实施过程看，绿色制造应包括两个层次的过程：首先是具体的生产制造过程，即物质被充分转换、能量被充分利用，同时减少对外界环境影响的生产制造过程。该过程涉及清洁生产、末端治理等工作；另一过程是指在设计、制造、装配、包装、运输、销售、使用、报废、回收、处置的产品全生命周期乃至产品的多生命周期过程中的每个环节，都充分考虑环境和资源问题，通过技术手段或管理手段以实现最大限度地优化利用资源和减少环境污染的广义的生产制造过程。这个过程也可以说包含第一个过程，涉及绿色设计、清洁生产、资源综合利用、绿色园区和绿色供应链等不同角度和形式的工作。

从目的意义看，绿色制造是通过广义的大制造过程将所输入的资源进行加工制造，从而最终输出绿色产品，同时通过回收、处置实现物质循环的系统，并且在整个过程中实现环境效益、社会效益和经济效益的不断协调优化。

▶ 1.3.2　绿色制造的集成性

绿色制造涉及如此多的要素，且各要素相互联系、相互影响，这种系统性也体现着其高度集成的特征，包括问题集成、领域集成、技术集成、信息集成、社会化集成等。

从问题角度来看，绿色制造是一个充分考虑制造问题、环境问题和资源优化利用问题的复杂系统，要解决的是一个集成问题。

从领域角度来看，绿色制造涉及制造系统、环境系统、自然资源系统、消费服务系统等多个领域。同时，不难发现以上提及的每个领域又包括很多子领域，比如制造系统涉及机械、电子、纺织、食品、化工等，覆盖整个工业领域，环境系统涉及水环境、大气环境、土壤环境、生态环境等，因此绿色制造涉及的领域非常广泛。

从信息角度来看，绿色制造除了涉及普通制造系统的所有信息外，还特别强调生产制造与资源消耗、环境影响之间的信息关联，同时还强调区域内、供应链上下游间各制造单元的信息流、物料流、能量流以及环境流的互通，单一的信息难以支撑绿色制造，体现出绿色制造过程信息的集成性。

从社会化角度来看，绿色制造首先在企业层面上追求环境影响最小和资源利用率最高，然后向更高一层次集成发展形成工业生态系统，比如绿色园区、绿色供应链；再通过再利用、再制造、再循环等废物回收利用工作，让制造业不仅是消耗社会资源，也能产生二次资源，形成制造业与社会资源的融合，即全社会层面的大集成。

▶ 1.3.3 绿色制造的动态性

绿色制造具有动态性，这种动态性源自于绿色制造本身是发展变化的。

绿色制造总是处于原材料、能量、信息等生产要素不断输入和产品不断输出、回收、再制造这样一个动态过程中，在这个过程中时时刻刻都伴随着物质流、能量流、环境流和信息流的运动和变化，同时制造系统内部的全部硬件和软件也处于不断变化之中。

制造系统为适应生存的环境，特别是在资源环境约束下总是处于不断发展、不断更新、不断完善的运动中，社会效益和环境效益的协调优化需求和程度会有所不同，所以绿色制造在不同的时代背景和社会发展阶段，其阶段性目标和实施方法也会有所变化和调整。

绿色制造的推行实施是需要思维基础、方法基础和专业基础等知识基础支撑的，这些知识基础是随着人类社会的发展和进步而变化的，因此绿色制造的内涵、范围以及实施过程中的方法和技术手段也会发展变化。

社会和环境都是不断变化和发展的，绿色制造为了追求社会效益和环境效益的协调优化，就需要将产品质量信息、资源综合利用状况、环境影响要素等不断地反馈回产品全生命周期全过程的各个环节中，从而实现系统的不断调整、改善，这个过程本身就是动态的，需要不断地反复迭代。

1.4 绿色制造的运行理论

1.4.1 绿色制造的运行本质

绿色制造的一个显著特点就是其具有系统性，当然系统的边界范围可大可小，由于研究的深入程度不同，任何系统也都可以视为若干子系统的集合，这只是大小的问题，可以根据所要研究问题的需要进行具体划分，主要由研究对象决定。任何系统都存在着"输入—处理—输出"的运行过程，绿色制造系统也同样具有这样的属性。制造系统在其运行过程中有其遵循的规律和表现形态，决定制造系统运行状况的是物质流、能量流、信息流和环境流，它们以产品全生命周期为主线，在系统运行过程中进行物料资源转化、能量消耗以及信息传递，相互耦合，相互影响，呈现出复杂的时间、空间运行特性。绿色制造的本质仍为制造，但其价值方向是经济效益与环境效益的不断协调优化，在其运行过程中，追求的是物质资源转化的高效、循环，能量消耗的有效、低碳，污染物的少产生、少排放，以及信息传递对物质流、能量流和环境流向绿色发展的协调和指导。因此，绿色制造的运行可以说是物料资源在能源的作用下，信息、知识等的控制、引导或配合下，经一系列产品全生命周期单元过程进行绿色化处理，最终输出绿色产品的动态过程。

绿色制造运行的本质就是在绿色发展的要求和指引下，物质流、能量流、信息流和环境流的流动以及相互作用的过程，因此绿色制造的运行机理主要表现在物质流、能量流、信息流和环境流的运行方式和特性上。

1. 物质流

对于不同的绿色制造系统，物质形式会有所不同，包括原材料、辅料、半成品、产品以及废弃物等。在绿色制造系统中，把从自然界获取的制造资源转变为半成品、产品的过程，能体现出一个物质流动的动态过程，这个动态过程主要体现在制造生产过程中。产品生产出来后，是需要被其他企业、行业或者消费者等社会环节使用消耗的，当产品被使用到寿命终结后，又需要进行回收、处理，最终回归大自然。可见，物质是绿色制造过程中被加工、使用的主体，贯穿于工业产品的全生命周期，且具有明显的连贯性，能将自然资源开采、生产加工制造、社会消耗使用等环节串联起来，因此，可以把物质流理解为绿色制造系统的主线。

2. 能量流

在绿色制造系统中，实现物质的形式转换离不开能量，推动物质流动也需要能量。能量流是指绿色制造系统中能量的流动过程。来自绿色制造系统外部的能量，流向制造系统的各有关环节或子系统，一部分用以维持各环节或子系统的运动，另一部分通过传递、损耗、储存、释放、转化等有关过程，以完成制造系统的有关功能。能量流动状态是绿色制造系统运行状态的综合反映，能量流中包含着大量丰富的生产制造状态信息。

3. 信息流

信息对绿色制造系统中物质转化和能量使用有着重要的指引和支撑作用。信息体现在产品全生命周期的各个环节，从最开始的市场调研，进行产品的概念分析、定位以及确定产品的市场需求量，到产品设计、制造、包装、运输及后期的使用、维护、报废及回收利用过程均需要收集和管理信息，更重要的是信息的反馈作用，通过分析、评估信息，来调整、优化绿色制造的运行，在保证生产效率和产品质量的同时，不断降低对环境的负面影响。信息流是物质流行为、能量流行为及外界其他信息和人为调控信息的总和，信息流决定着绿色制造运行的方向和深入程度。当然随着绿色制造的运行，其中的信息也应不断积累和丰富，这也就为绿色制造运行能利用自动化、智能化的技术手段奠定了基础。

4. 环境流

在绿色制造系统运行过程中，会有部分物质和能源以固废、废气、废液、噪声、振动、辐射等形式产生，这些废弃物的产生、排放、处理等就在物质流和能量流的基础上衍生出了环境流。环境流是物质流、能量流在制造系统运行过程中对自然环境产生影响的要素的集合。环境流代表着没有被充分利用的物质和能量。与其他几种流不同的是，环境流是一个不稳定的概念，在绿色制造系统的某一个阶段是废物，但在另一个阶段可能就是资源或能源。例如印制电路板（PCB）行业，基板上的铜箔是产品上电路的前身，没有被蚀刻掉的部分形成了电路，进入了物质流，被蚀刻下来的部分构成了蚀刻废液，进入了环境流。当电路板最终随着电子电器产品报废后，本来在物质流中的铜线又以固体废弃物的形式进入了环境流。另外，如果对蚀刻液进行铜回收，原本在环境流中的废蚀刻液中的铜又会被回收利用进入物质流。由此可见，环境流与物质流、能量流是一个相对的概念。因此，环境流可以看作是绿色制造系统的一种特殊存在，其本质仍是物质流或者能量流。绿色制造运行过程的目的就是提高资源能源利用效率，使资源能源得到循环利用、回收利用等，即减少环境流的产生或将环境流转化成物质流、能量流。

1.4.2 绿色制造的运行分析

绿色制造运行的范围为对应系统的边界，可以根据研究目标划定。为全面分析绿色制造的运行特征及情况，本章节所讲的绿色制造系统以物质在自然界和经济社会间的循环流动为主线，包括资源能源开采、设计、生产制造、物流运输、使用维护、回收利用、废物处理等环节。该系统不仅可包括复杂多样的生产制造体系，也可包括产品的全生命周期。上文已提到绿色制造系统的运行过程主要表现在物质流、能量流、信息流和环境流的运行方式和特性上。其中，物质流是绿色制造系统的主线，将自然物质转化成人类社会所需的工业产品是工业活动最主要的目的。当自然物质转化进入工业产品，这些物质就体现出了其价值，没有进入产品的部分不仅是资源浪费，也可能会造成环境污染。另外，工业产品在使用过程是有一定寿命的，有的产品在使用过程中也会有物质损耗，当产品寿命终结后又成了废弃物。在绿色制造系统运行过程中考虑的就是尽可能多地利用自然物质资源，提高资源利用率，延长产品的生命周期，减少废弃产品产生，同时考虑回收利用废弃产品，减轻废弃物对环境的破坏和对人类健康的危害。能量流则推动物质的流动和形态转变，始终与物质流相伴而行，物质流动过程也是能量消耗的主要过程。从自然资源的角度来讲，要减少能源的消耗、提高能源效率、考虑余热余能回用；从环境保护的角度来讲，能源消耗的过程常常会产生污染物质，一方面是石化燃料会产生污染物质，另一方面可能会造成物质流的浪费。信息是联通和协调整个制造系统各要素的重要媒介，决定着系统运行的方向及程序。信息流始终伴随物质流和能量流，贯穿于绿色制造系统的整个运行过程。首先，为实现制造目标，需要市场、资源、能源、技术、政策等各方面信息作为制造系统的指引，信息流储存着物料流和能量流的状态和运行方式；其次，物质流、信息流运行过程中又会产生信息，这些信息可体现出绿色制造系统的运行状态，可以通过这些信息反馈来调控和优化系统运行。绿色制造过程就是系统充分发挥信息流的协调、调控和指引作用，使制造过程向着绿色方向不断发展。其中特殊的是环境流，前文介绍过环境流的本质仍是物质流，环境流是伴随着物质流和能量流而产生的，可与物质流相互转换。物质流和能量流相互作用运动的过程中，就会产生环境流。在理想状态下，人们希望绿色制造系统过程中少产生甚至不产生排放，但这不科学也不现实，所以绿色制造还要考虑通过废弃物的回收利用、处置等手段实现环境流与物质流的衔接闭环，实现资源的再利用，最终让整个绿色制造过程的各环节不断紧凑化和连续化。

进一步对绿色制造系统的运行进行分析,可将研究的系统划分为资源能源开采、生产制造、物流及使用和维护、回收利用、废物处理处置等环节。

▶ 1. 资源能源开采

资源能源开采指从自然环境中获取金属矿石、稀土、煤、石油、天然气等资源、能源的过程,是工业获取所需的原材料和能源的最初环节。因为采矿、能源行业不属于制造业,所以目前多数绿色制造的工作范围不包括资源能源开采。但资源能源开采和生产制造环节有着不可分割的关系,而且从工业产品全生命周期的角度来考虑,资源能源开采是不可忽视的环节,是物质流循环的重要衔接点,因此从研究讨论的角度讲,资源能源开采仍需纳入绿色制造的大系统中进行分析。

资源能源开采应采用绿色的开采方式和技术,注重开采的高效性、环保性和节能性。将开采区域与周边的生态环境作为统一的整体进行规划研究,开采目标资源能源的同时,应有可持续发展的意识,保护区域和周边的水资源、土地资源、植被资源等生态要素。开发过程中应利用无废或少废工艺,减少固体废弃物的产生与排放,要加强对废弃物的合理控制,尽可能避免对生态环境造成污染破坏。使用绿色化、智能化的装备设施,提高资源开采效率,降低开采能耗,减少污染物排放。同时应做好回填、绿化等生态修复工作,使开采区域尽快融入当前的生态环境。

▶ 2. 生产制造

生产制造是一个复杂的过程,也是绿色制造运行过程最关键的子系统。按照生产制造的供应关系,生产制造一般包括原材料生产、零部件生产、组件生产和整机生产等环节。其中,原材料生产主要涉及冶金、化工等行业,资源能源浪费和环境污染是这些行业比较明显的问题。从绿色制造的角度讲,一方面需要法律法规及标准对这些行业提出绿色发展的要求和指引,提升这些行业自身的绿色制造水平;另一方面,原材料获取处于工业产品全生命周期的前端或物质循环闭环的衔接点,需要通过绿色设计和绿色供应链管理来引导该环节的绿色发展,除利用自然资源外,也要考虑利用废弃物、废旧产品。

在整个生产制造过程,绿色制造要求考虑绿色设计、制造过程资源能源消耗规律、资源能源的优化利用技术、物料环境协调性、污染物的有效处理、低排放等问题。

广义的绿色设计不仅包括对产品的设计,也包括对生产制造的工艺、环境等进行设计。绿色设计是产品全生命周期理念的源头,在很大程度上决定绿色制造系统及其产品的绿色效率，有研究报道称，设计决定甚至能解决产品全生命周期中80%的环境问题。在产品的概念设计、结构、材料设计阶段，如果能充分考虑产品在其全生命周期范围内的资源环境问题，则可减少、解决原材料获取系统、制造执行系统及废旧产品回收利用系统的环境问题。产品在使用过程中的绿色问题可以通过产品设计来进行改善，比如节能产品的设计，有些耐用消费品在其使用阶段的能源消耗要大于其生产制造阶段。除此，还应对产品全生命周期全过程的软、硬资源配置方案、绿色工艺设计、清洁化生产执行方案、污染物的处理方案等进行规划设计。

制造执行过程应按照产品与工艺设计系统提供的信息，对输入的物质资源进行处理和转化，最终输出质量合格的绿色产品。针对产品加工工艺，应用绿色制造技术改善工艺的运行流程，提高各工艺过程的资源能源利用率，减少环境排放等，最后在资源环境影响方面形成对产品制造的绿色集成效应。对于在生产制造过程中会产生污染物的问题，首先需通过以上设计环节和制造执行过程的控制，使污染物少产生，然后考虑产生废物的回收利用，最后考虑选用合理高效的处理方法和设施对污染物进行处理。

3. 物流及使用和维护

随着人类经济活动范围的扩大以及制造业分工的精细化，仓储物流也成为产品全生命周期过程中不可忽视的一个环节。绿色制造要求不管是原材料、中间产品还是中间产品的运输，都应考虑和采用绿色运输方式。而仓储需要从两个角度进行考虑，首先是仓储方式，比如采用立体仓库可有效提高土地资源利用效率；另外需要优化提高仓储管理水平，比如对仓储进行有效的管理可减少原材料因过期造成的浪费，通过供应链上的信息协调以及与制造执行系统的信息交流可减少库存积压。

使用和维护是产品全生命周期中的重要环节，设计和生产产品的目的是满足使用需求，产品在被使用过程中需要消耗资源能源，比如水、电等，也可能消耗其他产品，比如纸张、电池、洗涤剂等。产品如果是机械设备等生产工具，会被应用到生产制造领域，其绿色属性会影响甚至决定生产制造过程的绿色水平。产品如果是终端消费品，在使用过程中对环境的影响需要消费者提高绿色生活意识，当然产品也会对消费者的行为产生引导或者提供便利，比如产品上的标识和提醒有利于消费者对废弃的产品进行分类，促进废弃产品流入正确的回收渠道。另外，产品的维护可延长产品的生命周期，延长了产品的生命周期就相当于从时间维度上稀释了资源能源的消耗，减少了废弃物的产生，有利于减少环境污染。

4. 回收利用

工业产品都有其使用寿命，当使用超过一定时间后必将进入报废阶段，但工业产品的寿命终结并不意味着其部件、零件以及材料的寿命终结，通过对废旧产品的回收处理不仅能实现资源再生，并且可减轻废弃物对环境的破坏和对人类健康的危害。绿色制造中的产品回收利用考虑的就是将废旧产品进行回收和分拣，根据产品的报废程度以及回收利用的程度，开展对废旧产品的再利用、再制造和再循环，即对报废产品及其组件、零部件进行剩余寿命预测和可靠性评估，由工艺设计系统对其进行再利用、再制造设计，由制造执行系统对其进行实物再利用或者再制造，以此生产制造出新的产品或其他产品；其次对废旧产品的材料进行回收利用，将废旧产品作为资源来源进入制造循环系统。当然，回收利用环节也会收集从生产制造环节产出的副产品、废弃物等，对其进行相应的处理后，重新进入绿色制造系统。

5. 废物处理处置

资源能源开采、生产制造、物流使用、回收利用等产品全生命周期的各个环节，在运行的过程中都会有污染物的产生。这些污染物不能直接排放于自然环境，需对其进行相应的处理处置。对于资源能源开采、生产制造、回收利用环节产生的污染物，一般会由相应的企业作为责任主体对其进行处理处置，对于物流使用环节产生的污染物，则需要社会公共处理设施进行处理。通常这些污染物处理处置的设备设施在运行过程中本身也会产生资源、能源消耗，同样需要在绿色理念的指引和要求下进行相应的设计、过程控制、管理等工作，如设计合理高效的处理工艺，选用节能的水泵、风机，减少化学药剂的添加等。经过处理处置后的物质则最终进入自然环境中。

以上每一个环节都可视为绿色制造系统的子系统，这些子系统又可通过生产关系、物质流、能量流和信息流的运行连接在一起。绿色制造系统的运行，就是其中物质流、能量流、信息流和环境流在绿色发展的指引和要求下流动以及相互作用的过程，同理，这种过程同样存在于其中的各个环节。

1.4.3　绿色制造的运行模型

综上所述，绿色制造的运行是在其研究的制造系统范围内，按照绿色发展的理念和要求，通过相应技术手段和管理方法，协调物质流、能源流、信息流和环境流的运行，提高各环节的系统性和集成性，从而不断提高制造系统中资源能源利用效率、减少环境影响，实现经济效益与环境效益不断协调发展的过程。从大制造系统的角度出发，绘制出绿色制造运行的基本模型如图1-5所示。

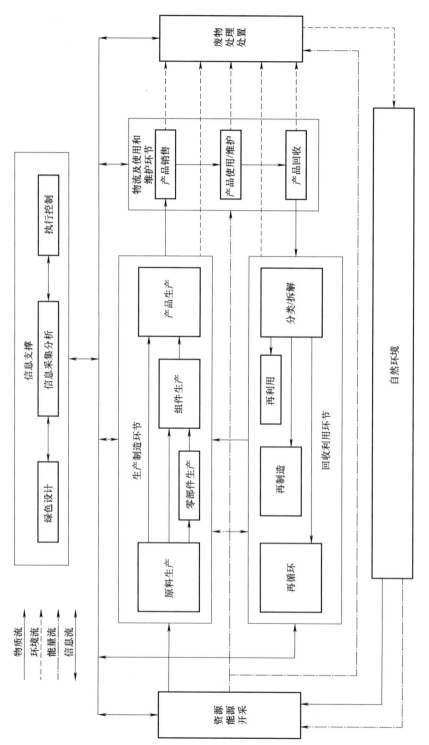

图1-5 绿色制造运行的基本模型

当然，不同的生产目的和制造行为决定着绿色制造系统的组织和运行方式并非一成不变，可根据实际需要确定系统范围以及各子系统的相互关系，但它们都具有上文描述的绿色制造的基本结构和运行模式及特征。

1.5 绿色制造的推行与实践

从上文的分析介绍可看出，理论上绿色制造的运行覆盖了社会的大制造系统，且涉及自然环境和社会消费等环节，这关系到政府、生产制造企业、物流运输商、经销商、消费者等多个责任主体。从具体的实践与推行的角度来讲，需要从上述复杂的理论中研究制订出具体思路与实践方法，相应的责任主体应有具体的实践抓手。

绿色制造在推行与实践过程中，"政策引导，市场推动"是很重要的一条原则。其中，"政策引导"是指要发挥政府在推进绿色制造中的引导作用，优化工业结构和区域布局，加强机制创新，形成有效的激励约束机制，强化企业在推进工业绿色发展中的主体地位，积极履行社会责任；而"市场推动"很重要的一点应该是利用市场供求机制，引导需求侧的绿色消费意识，以此形成企业绿色制造的动力，激发企业绿色制造的活力和创新力。

绿色制造在具体推行和实施时可划分出不同的层次，每一个层次都是以达到环境保护和资源优化利用为目标，各层次又可不断由低层次向高层次进行系统集成，最后就形成了上文介绍的大绿色制造系统。简单概括归纳，绿色制造系统包括：技术/工艺层面、企业层面、企业协作层面和全社会制造业层面。绿色制造系统的多层次体系结构如图1-6所示。

绿色制造系统不同层面的结构和特点有着明显的区别，在实践和推行绿色制造的过程中其方法和侧重点也会不同。技术/工艺层面包括具体的绿色制造技术、绿色制造工艺等，以PCB行业为例，比如LED曝光节能技术、高压喷射水洗节水技术、孔线共镀铜工艺等。企业层面主要包括绿色车间、绿色工厂创建等，不仅包括技术/工艺层面的内容，也包括企业的基础设施、管理体系等。技术/工艺层面和企业层面的绿色制造工作可由企业来实施。企业协作层面主要包括绿色园区创建和绿色供应链搭建，这方面的工作不仅要求各协作单位（具体企业）是绿色的，而且要求通过管理和协作，让各协作单位相互影响、相互要求，共同提升绿色制造的技术水平和管理水平。其中，绿色园区创建工作由工业园区的管理部门实施，绿色工业链可由供应链上的龙头企业或关键企业推进。全社会制造业层面的绿色制造不仅包括制造业，也包括消费、运输、回收等环节,让制造业不仅能消耗社会资源,也能产生二次资源,形成制造业与社会资源的融合,即全社会层面的大集成。该层面包括的责任主体较多,是由上述层面的工作综合体现出的,除政府引导外,难以明确具体的实施主体,但绿色设计产品可以作为促进全社会制造业层面的抓手。一方面,产品的绿色设计过程要求考虑产品的全生命甚至多生命过程,覆盖原材料获取、生产制造、运输、消费使用、回收利用、处理处置等环节,可将全社会制造业层面的各环节串联起来;另一方面,设计出来的产品是可以理解为绿色制造最终的产出,也是消费者未来的消费向往,它一边联系着生产制造的供给侧,一边联系着消费端的需求侧,是可以将制造业与社会资源融合的有效抓手。

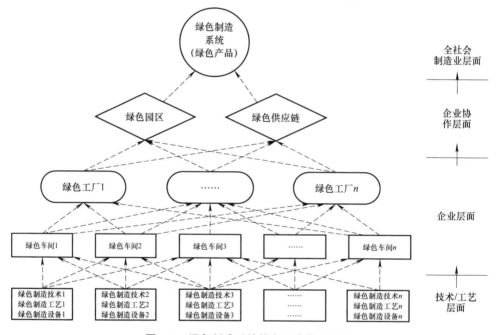

图1-6 绿色制造系统的多层次体系结构

另外,在实践和推行绿色制造过程中,绿色制造系统相关评价是很重要内容之一。通过评价不仅可以了解到系统的绿色制造水平,更重要的是还可发现在绿色制造方面不断迭代提升的方向和空间。当然,绿色制造系统分为多个层面,因此评价方法和内容也会因不同的层次和评价对象而不同。

从政策引导的角度讲,目前工业和信息化部、科技部、生态环境部、商务部等部门已经出台了一系列政策措施,鼓励企业及相关科研机构进行绿色制造关键工艺突破、技术创新、材料开发、模式优化、绿色制造服务平台搭建,引导企业创建绿色工厂、绿色供应链管理企业,调动园区管理部门打造绿色园区。同时通过社会宣传、采购政策调整，借助市场销售平台，引导消费者购买绿色设计产品，促进绿色消费。绿色工厂既是绿色设计产品的生产者，也可是绿色设计产品的消费者，所以绿色工厂、绿色园区等创建工作本身也可促进绿色设计产品的推广。这些工作可以说已经全面覆盖了上述技术/工艺层面、企业层面、企业协作层面以及全社会制造业层面的各项绿色制造相关工作。

除了政策引导，企业仍是绿色制造推行与实践的关键主体，技术/工艺层面和企业层面的绿色制造工作需要企业去实施，企业协作层面和全社会制造层面的绿色制造工作也是以企业为基础。

通过上文对绿色制造内涵及运行的分析，可以看出，对于企业而言，在实践绿色制造的过程中关键是要将具体工作视为一个系统或系统工程来对待，从系统性、集成性、动态性的角度对制造系统进行分析、评价、设计、规划、运行、管理和决策，从而实现绿色制造的目标。一般而言，企业实践绿色制造系统工程时，首先应研究相关理论与运行原理，然后选取相关支撑技术及工具，接着系统性实施，随后开展系统工程分析评价且对前期工作进行迭代优化，最后输出成果。绿色制造系统工程的基本内容及实施思路如图1-7所示。

其中，绿色制造系统体系运行原理主要是以系统工程的理论和方法，分析绿色制造系统的边界范围，剖析绿色制造系统的体系结构、要素，揭示绿色制造系统的基本运行模式及原理，为绿色制造系统工程的实施提供理论基础。绿色制造相关理论与运行原理包括系统制造和领域制造两个方面的理论和原理。系统制造理论和运行原理是针对制造业而言的，包括整个绿色制造过程或绿色制造过程中的多个环节相互影响和相互结合的理论，更强调系统性、集成性，重在模式创新与管理协调。领域制造理论和运行原理则是针对企业所属的某个行业或某一制造环节。如绿色供应链的搭建、绿色园区创建方法属于系统制造理论，绿色材料的选用、绿色工艺规划、绿色包装等方法则属于领域制造理论。对于具体的企业而言，领域制造理论最好能聚焦在自身所属的行业。但目前，聚焦在具体行业的领域绿色制造理论还较少，需要企业联合相关研究机构在实践中不断研究和探索。

选取相关支撑技术及工具是企业根据具体绿色制造系统工程，以及前期研究的理论，进行系统工程实施的支撑。例如，该系统工程为一款绿色设计产品的开发，企业需要物料管控、检测分析、模拟试验、相关数据库等；该系统工程为绿色供应链管理平台搭建，企业需要供应商评价标准、供应商管理数据库、供应商培训、核查方法等；该系统工程为绿色工厂创建，企业需要节能评估、水平衡分析、物料平衡分析、工艺诊断、技术改造等。在相关的支撑技术及工具的支撑下，企业就能具体实施绿色制造系统工程。

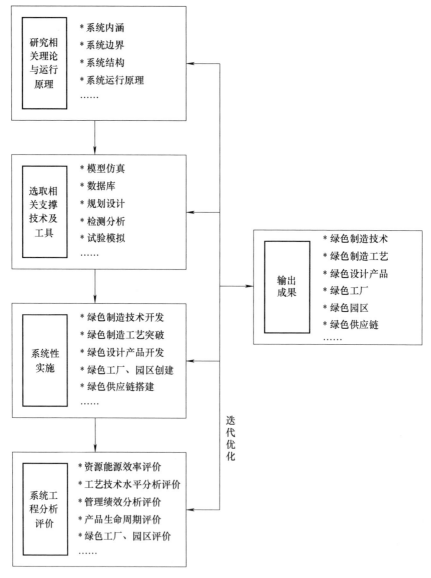

图1-7　绿色制造系统工程的基本内容及实施思路

系统工程分析评价是采用相关评价技术和方法对实施的绿色制造系统工程绩效进行评价，以此确定系统工程的效果及进一步提升空间，从而进行改进优化，完善任务，最后输出工程成果。

参 考 文 献

[1] 刘飞，曹华军，张华. 绿色制造的理论与技术 [M]. 北京：科学出版社，2005.
[2] 国家制造强国建设战略咨询委员会，中国工程院战略咨询中心. 绿色制造 [M]. 北京：电子工业出版社，2016.
[3] 李聪波，刘飞，曹华军. 绿色制造运行模式及其实施方法 [M]. 北京：科学出版社，2011.
[4] DAVID A D. Green Manufacturing Fundamentals and Applications [M]. New York：Springer，2013.
[5] DAVIM J P. Green Manufacturing Processes and Systems [M]. New York：Springer，2013.
[6] 曹华军，李洪丞，曾丹，等. 绿色制造研究现状及未来发展策略 [J]. 中国机械工程，2020，31 (2)：135-144.
[7] 李博洋. 绿色制造是全球共同选择 [J]. 装备制造，2016 (11)：32-36.
[8] 卞世春，刘光复，刘志峰，等. 面向绿色制造的绿色循环经济研究：安徽节能减排博士科技论坛论文集 [C]. 合肥：合肥工业大学出版社，2007：231-235.
[9] 李笛，朱立斌. 工业企业清洁生产工作指南 [M]. 北京：科学出版社，2019.
[10] 刘飞，李雷霆，曹华军. 绿色制造的研究现状及几个战略问题思考 [C]. 2004 年中国机械工程学会学术年会论文集. 2004：393-398.
[11] 郑季良，邹平. 面向循环经济的绿色制造系统及其集成 [J]. 科技进步与对策，2006 (5)：120-122.
[12] 谷振宇，刘飞，李聪波，等. 绿色制造运行模式的研究与应用 [J]. 中国机械工程，2008 (19)：2310-2315.

第 2 章

我国工业绿色发展概述

2.1 工业绿色发展进程

自改革开放以来，我国的工业快速发展，取得了举世瞩目的成就，目前已建立了门类齐全、独立完整的现代化工业体系。

在整个工业体系建设过程中，我国一直高度重视资源节约和生态环境保护工作，并且提出了一系列战略措施和要求：20世纪80年代初，我国就把环境保护定为基本国策；"九五"计划决定实施可持续战略；"十五"计划首次提出了主要污染物排放总量减少的目标，党的"十六大"明确提出，要走出一条科技含量高、经济效益好、资源消耗低、环境污染少、人力资源优势得到充分发挥的新型工业化路子，十六届五中全会提出把节约资源定为基本国策；"十一五"规划纲要将降低能源消耗强度和减少主要污染物排放总量作为约束性指标，"十七大"强调，到2020年要基本形成节约能源资源和保护生态环境的产业结构、增长方式和消费模式；"十二五"规划明确提出要继续把节能减排作为经济社会发展的约束性指标，实施能源消耗强度和总量双控制，"十八大"提出了生态文明建设的要求和思路，要求必须把生态文明建设放在突出地位，努力建设美丽中国，坚持节约资源和保护环境的基本国策，坚持节约优先、保护优先、自然恢复为主的方针，着力推进绿色发展、循环发展、低碳发展，形成节约资源和保护环境的空间格局、产业结构、生产方式、生活方式；"十三五"规划纲要明确了"创新、协调、绿色、开放、共享"的发展理念，其中"绿色"就是要开创人与自然和谐发展的现代化建设新格局，"十九大"报告明确了到2035年，要完成"生态环境根本好转、美丽中国目标基本实现"的目标任务，提出了深化供给侧结构性改革是绿色发展的重点方向，要求加快建设制造强国，加快发展先进制造业，在包括"绿色低碳"在内的重点领域培育新增长点、形成新动能。

"十四五"规划纲要中生态文明是实现新进步的六大目标之一，其中指出"坚持生态优先、绿色发展，推进资源总量管理、科学配置、全面节约、循环利用，协同推进经济高质量发展和生态环境高水平保护。"全面提高资源利用效率，构建资源循环利用体系，大力发展绿色经济，构建绿色发展政策体系。落实2030年应对气候变化国家自主贡献目标，加快发展方式的绿色转型，协同推进经济高质量发展和生态环境高水平保护，构建现代能源体系。

2.2 绿色制造顶层设计及政策框架

工业绿色发展是现代化工业体系建设的重要内容，立足我国国情和发展阶段，要推动我国制造业由大变强，推动我国经济保持中高速增长并迈向中高端水平，同时又能考虑人类社会可持续发展，满足人民对美好幸福生活的不断追求，工业绿色发展是一条必经之路。为此，我国政府高度重视制造业的发展，做出了实施"中国制造2025"的战略决策。2015年5月19日，国务院正式印发了《中国制造2025》，即我国实施制造强国战略的第一个十年行动纲领，其中明确提出要加快推进创新驱动、绿色发展，全面推行绿色制造，努力构建高效、清洁、低碳、循环的绿色制造。

为落实《中国制造2025》全面推行绿色制造的要求，工业和信息化部随后于2016年牵头组织，研究制定出台了《工业绿色发展规划（2016—2020年）》《绿色制造工程实施指南（2016—2020年）》《绿色制造标准体系建设指南》等规划指南，以及《工业和信息化部办公厅关于开展绿色制造体系建设的通知》《财政部 工业和信息化部关于组织开展绿色制造系统集成工作的通知》等具体行动方案。随着这些文件的出台和通知的发布，到2016年底，已系统全面地勾勒出了我国绿色制造推动工作"1+3+X"的顶层设计思路及政策框架。所谓"1"是指《中国制造2025》这一顶层战略；"3"是指《工业绿色发展规划（2016—2020年）》《绿色制造工程实施指南（2016—2020年）》和《绿色制造标准体系建设指南》三个规划指南；"X"则指《工业和信息化部办公厅关于开展绿色制造体系建设的通知》《财政部 工业和信息化部关于组织开展绿色制造系统集成工作的通知》等具体的工作方案，以及《绿色工厂评价要求》《绿色园区评价要求》《绿色供应链管理企业评价要求》等技术规范文件和相关的标准。至此，"1+3+X"框架的形成标志着我国绿色制造工作进入到了推动落实阶段。绿色制造"1+3+X"的顶层设计框架如图2-1所示。

图2-1 绿色制造"1+3+X"的顶层设计框架

2.3 重点政策及文件介绍

2.3.1 绿色制造顶层战略

2015年5月19日国务院印发了《中国制造2025》，其中提出了全面推行绿色制造，实施绿色制造工程，并将之列入九大战略任务和五个重大工程之中。《中国制造2025》中明确要以制造业绿色改造升级为重点，实施生产过程清洁化、能源利用低碳化、水资源利用高效化和基础制造工艺生态化，推广循环生产方式，培育增材制造产业，强化工业资源综合利用和产业绿色协同发展；要大力推动绿色制造关键技术的研发和产业化，重点突破节能关键技术装备，推进合同能源管理和环保服务，发展壮大节能环保产业；要全面推进绿色制造体系建设，以企业为主体，加快建立健全绿色标准，开发绿色产品，创建绿色工厂，建设绿色园区，强化绿色监管和示范引导，推动全面实现制造业高效清洁低碳循环和可持续发展，促进工业文明与生态文明的和谐共生。这些内容的提出可以说覆盖了我国制造业的技术工艺、发展模式、产业发展以及与社会衔接的各个方面和层次，为绿色制造推进落实指明了重点方向。

2.3.2 绿色制造规划指南

1. 《工业绿色发展规划（2016—2020年）》

2016年7月，工业和信息化部发布的《工业绿色发展规划（2016—2020年）》（以下简称"《规划》"），是我国工业领域的第一部关于绿色发展的综合性规划。《规划》提出"十三五"要紧紧围绕资源能源利用效率和清洁生产水平提升，以传统工业绿色化改造为重点，以绿色科技创新为支撑，以法规标准制度建设为保障，加快构建绿色制造体系，大力发展绿色制造产业，推动绿色产品、绿色工厂、绿色园区和绿色供应链全面发展，建立健全工业绿色发展长效机制，提高绿色国际竞争力，走高效、清洁、低碳、循环的绿色发展道路，推动工业文明与生态文明和谐共融，实现人与自然和谐发展。《规划》从大力推进能效提升、扎实推进清洁生产、加强资源综合利用、消减温室气体排放、提升科技支撑能力、加快构建绿色制造体系、充分发挥区域比较优势、实施绿色制造+互联网、着力强化标准引领约束、积极开展国际交流合作等十个方面提出了具体任务部署。《规划》作为"十三五"时期指导工业绿色发展的专项规划，推动形成了工业领域全面推进绿色发展的工作格局，为"十三五"时期工业绿色发展确立了明确的目标原则和推进方略。《工业绿色发展规划（2016—2020年）》思路图如图2-2所示。

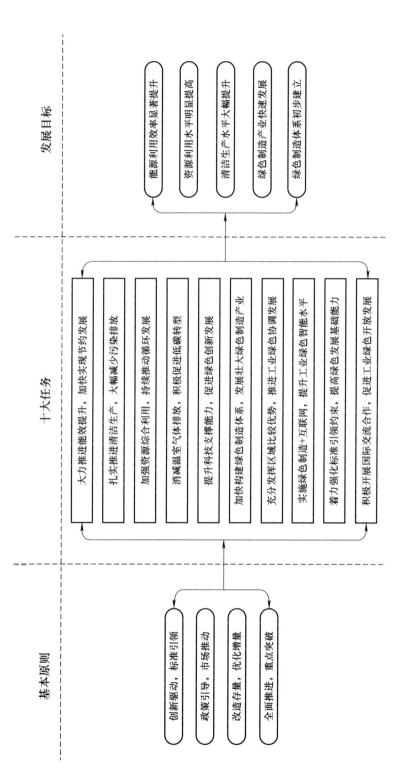

图2-2 《工业绿色发展规划（2016—2020年）》思路图

2. 《绿色制造工程实施指南（2016—2020年）》

2016年9月，工业和信息化部印发了《绿色制造工程实施指南（2016—2020年）》（以下简称"《工程指南》"）。《工程指南》指出推行绿色制造要通过开展技术创新和系统优化，将绿色设计、绿色技术和工艺、绿色生产、绿色管理、绿色供应链、绿色循环利用等理念贯穿于产品全生命周期中，实现全产业链的环境影响最小、资源能源利用效率最高，获得经济效益、生态效益和社会效益的协调优化，是一项长期性、系统性的工作。《工程指南》提出了实施绿色制造工程的具体目标是到2020年工业绿色发展整体水平显著提升，与2015年相比，传统制造业物耗、能耗、水耗、污染物和碳排放强度显著下降，重点行业主要污染物排放强度下降20%，工业固体废物综合利用率达到73%，部分重化工业资源消耗和排放达到峰值。规模以上单位工业增加值能耗下降18%，单位工业增加值二氧化碳排放量、用水量分别下降22%和23%，节能环保产业大幅增长，初步形成经济增长新引擎和国民经济新支柱，创建百家绿色工业园区、千家绿色示范工厂，推广万种绿色产品，初步建成较为完善的绿色制造体系，市场化推进机制基本形成等。《工程指南》围绕"传统制造业绿色化改造示范推广""资源循环利用绿色发展示范应用""绿色制造技术创新及产业化示范应用"和"绿色制造体系构建试点"等提出了具体的工作部署，并根据行业现状调研和现有先进适用技术推广普及后的效果预测，确定了各项工作的具体目标。四项工程任务的关系和思路可理解为纵向上在不同行业和领域持续开展"传统制造业绿色化改造示范推广""资源循环利用绿色发展示范应用"和"绿色制造技术创新及产业化示范应用"工作，这三项工程任务可以理解为清洁生产、循环经济以及节能、环保、资源综合利用等绿色制造技术创新和推广应用的深入开展，横向上开展"绿色制造体系构建"试点创建工作，以横向试点创建工作拉动纵向工作不断深入开展。"十三五"绿色制造工程内容及实施思路图如图2-3所示。

3. 《绿色制造标准体系建设指南》

2016年9月，工业和信息化部与国家标准化管理委员会联合印发了《绿色制造标准体系建设指南》（以下简称"《标准指南》"）。《标准指南》明确了绿色制造标准体系的总体要求、基本原则、构建模型、建设目标、重点领域、重点标准建议和保障措施等，要求以引导性、协调性、系统性、创新性、国际性为原则，以贯彻落实《中国制造2025》全面推行绿色制造的战略任务和实施绿色制造标准化提升工程为目标，以开发绿色产品、建设绿色工厂、壮大绿色企业、发展绿色园区、打造绿色供应链为重点，加快重点领域标准制修订工作，成套成体系地推进绿色制造标准化工作，推动加快建立绿色制造体系。《标准指南》提出绿色制造标准体系建设的目标是到2020年，制定一批基础通用和关键核心标准，组织开展重点标准应用试点，形成基本健全的绿色制造标准体系，到2025年，绿色制造标准在各行业普遍应用，形成较为完善的绿色制造标准体系。加快绿色产品、绿色工厂、绿色企业、绿色园区、绿色供应链等重点领域标准制订与修订，创建重点标准试点示范项目，提升绿色制造标准国际影响力，促进我国制造业绿色转型升级。《标准指南》将标准化理论与绿色制造目标相结合，提出了绿色制造标准体系框架，将绿色制造标准体系分为综合基础、绿色产品、绿色工厂、绿色企业、绿色园区、绿色供应链和绿色评价与服务七个子体系。根据《中国制造2025》关于绿色制造体系建设的工作部署，绿色产品、绿色工厂、绿色企业、绿色园区、绿色供应链子体系是绿色制造标准化建设的重点对象，综合基础和绿色评价与服务子体系提供基础设施、技术、管理、评价、服务方面的支撑。绿色制造标准体系框架如图2-4所示。

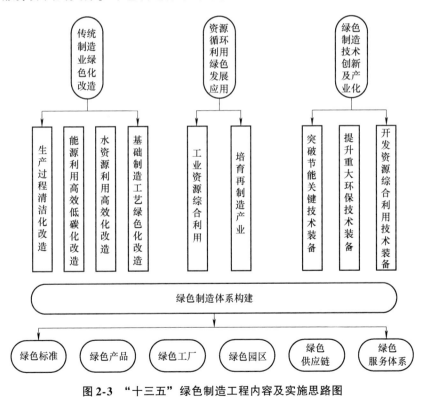

图2-3 "十三五"绿色制造工程内容及实施思路图

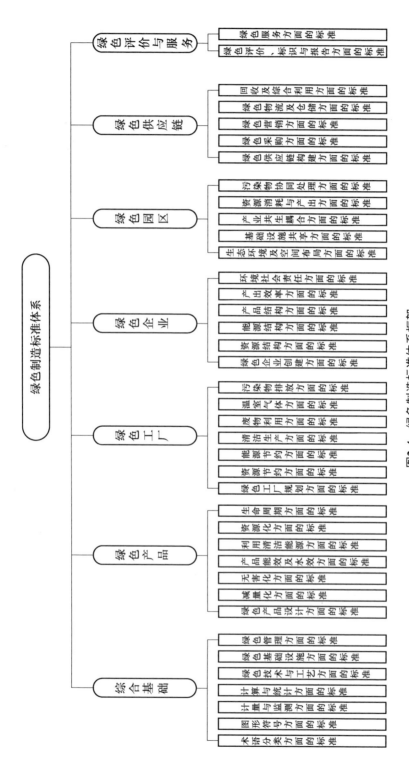

图2-4 绿色制造标准体系框架

2.3.3 绿色制造行动方案

1. 《关于开展绿色制造体系建设的通知》

2016年9月，工业和信息化部印发了《关于开展绿色制造体系建设的通知》。开展绿色制造体系试点建设是全面推进工业绿色发展的重要工作之一，在《绿色制造工程实施指南（2016—2020年）》中也将该项工作作为了四大工程任务之一。绿色制造体系建设是以创新的方式拉动了清洁生产、循环经济以及节能、环保、资源综合利用等绿色制造技术创新和推广应用的深入开展，是将以往节能、环保、清洁生产以及资源综合利用等工作进一步进行有机地整合和串联，对缓解当前资源约束具有积极作用，也对推进供给侧结构性改革、加快推动绿色增长具有积极意义。绿色制造体系建设主要包括以下几方面内容：绿色工厂、绿色产品、绿色园区、绿色供应链、绿色制造标准体系、绿色制造评价机制和绿色制造公共服务平台等。该通知也附有《绿色工厂评价要求》《绿色园区评价要求》和《绿色供应链管理评价要求》等技术规范文件。绿色制造体系建设主要内容如图2-5所示。

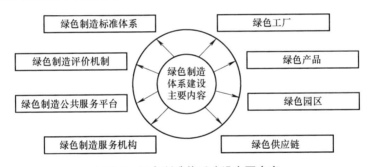

图2-5　绿色制造体系建设主要内容

其中，绿色工厂、绿色产品、绿色园区、绿色供应链是绿色制造体系建设的主要内容，在建设中各有侧重，协同推进。绿色工厂是制造业的生产单元，是绿色制造的实施主体，属于绿色制造体系的核心支撑单元，侧重于生产过程的绿色化，可覆盖绿色技术、绿色工艺和绿色车间等各种绿色制造的基础要素。绿色园区是具有绿色理念和要求的生产企业和基础设施集聚的平台，侧重于园区内工厂之间的统筹管理和协同链接。绿色供应链是绿色制造理论与供应链管理技术结合的产物，侧重于供应链节点上企业的协调与协作。绿色园区和绿色供应链是从不同的维度出发体现绿色制造在企业协作层面的内容。绿色产品是以绿色制造实现供给侧结构性改革的最终体现，侧重于产品全生命周期的绿色化，绿色设计产品的意义在于其可作为制造业与社会资源融合的桥梁，首先产品的绿色设计过程要求考虑产品的全生命、甚至多生命过程，覆盖原材料获取、生产制造、运输、消费使用、回收利用、处理处置等环节，可将全社会大制造层面的各环节串联起来；其次设计出来的产品是可以理解为绿色制造最终的产出，也是消费者未来的消费向往，它一边联系着生产制造的供给侧，一边联系着消费端的需求侧，是可以将制造业与社会资源融合的有效抓手。

除绿色工厂、绿色园区、绿色供应链和绿色产品四项核心内容外，绿色制造体系建设工作也需要绿色制造标准体系、绿色制造评价机制和绿色制造公共服务平台等支撑内容。其中，绿色制造标准体系和评价机制是绿色制造体系建设的基础，为绿色制造体系建设提供导向引领的作用，保障绿色制造体系建设的规范化和统一性。绿色制造标准体系由综合基础、绿色产品、绿色工厂、绿色企业、绿色园区、绿色供应链和绿色评价与服务等方面的标准构成。绿色制造评价机制包括第三方评价实施规则、程序，绿色制造评价数据库等内容，是推动核心内容工作开展的重要保障。绿色制造公共服务平台是绿色制造体系的支撑，企业建设绿色制造体系离不开外部服务的支撑，一是市场化的服务内容，以服务机构为提供主体，提供标准创制、计量检测、评价咨询、技术创新、绿色金融等服务内容；二是公共化的服务内容，以政府为提供主体，提供政策法规宣贯、信息交流传递、示范案例宣传、云资源中心等服务内容。

在推动绿色制造体系建设的过程中，坚持以市场化驱动为主，政府引导为辅的原则。市场化驱动就是以企业为绿色制造体系的建设主体，政府从公共服务的角度，强化标准制定和实施，创造公平竞争环境，加强技术和信息交流，降低企业绿色化改造成本，规范和培育绿色制造服务行业，提升先进示范企业的知名度和影响力，使企业获得实在的效益，从而激发出企业绿色发展的内生动力。同时，也要发挥政府财政奖励制度的激励作用，利用相关专项资金、建设基金、绿色信贷等相关政策扶持绿色制造体系建设工作。

为充分发挥国内各省市在构建绿色制造体系过程中的积极性和主动性，同时考虑各地的差异性，《关于开展绿色制造体系建设的通知》遵循了开放性的原则，为各省市根据地区产业基础和特点、发展规划等实际情况制定出台更为灵活的绿色制造体系留出了空间，同时具有引导各地区结合特色制定具体的实施方案，提出本地区绿色制造体系建设的重点领域、工作计划、政策支持措施的作用。《关于开展绿色制造体系建设的通知》是我国绿色制造系统建设工作的基础性文件，为该项工作提出了具体的工作思路和方法，在该文件的引导下，随后各省市也陆续发布了地方的工作方案，共同推动着我国的绿色制造体系建设

工作。

各省市的工作方案在区域内推进本地区的绿色制造体系建设，引导本地区企业、园区开展绿色制造体系建设，定期组织绿色制造体系示范企业的申报和评估，并可按工业和信息化部的通知，每年不定期地将成绩突出且具有代表性的绿色设计产品、工厂、园区、供应链管理企业名单推荐到工业和信息化部，作为国内绿色制造的标杆，形成我国上下联动的绿色制造体系建设工作推进思路与流程，如图2-6所示。

加强监督管理	*利用绿色制造公共服务平台定期公布绿色水平指标及先进经验等信息 *不定期对示范企业进行抽查
确定示范名单	*各省级主管部门按具体时间要求向工业和信息化部推荐评估的绿色设计产品、工厂、园区和供应链管理企业名单 *工业和信息化部将embody过组织专家论证、公示、抽查等环节确定国家绿色设计产品、工厂、园区和供应链管理企业名单
地方评估确认	*省级主管部门负责组织对报送总结报告的企业、园区进行评估 *具体评估要求和程序由各省级主管部门结合本地情况在实施方案中提出
评价创建效果	*满足申请条件的企业、园区按绿色制造体系的相关标准开展创建工作并自评 *委托第三方评价机构开展现场评价 *向省级主管部门提交绿色制造体系示范体系的总结报告
制定实施方案	*制定出台各地区的绿色制造体系建设实施方案 *提出地方绿色制造体系建设重点领域、年度计划以及政策支持措施等 *报工业和信息化部（节能与综合利用司）

图2-6 绿色制造体系建设工作推进思路与流程

▶ **2. 《关于组织开展绿色制造系统集成工作的通知》**

2016年11月，财政部与工业和信息化部联合印发了《关于组织开展绿色制造系统集成工作的通知》。两部委决定于2016—2018年，重点解决机械、电子、食品、纺织、化工、家电等行业绿色设计能力不强、工艺流程绿色化覆盖度不高、上下游协作不充分等问题，支持企业组成联合体实施覆盖全部工艺流程和供需环节的系统集成改造。希望通过几年的持续推进，建设100个左右绿色设计平台和200个左右典型示范联合体，打造150家左右绿色制造水平国内一流、国际先进的绿色工厂，制定100项左右绿色制造行业标准，形成绿色增长、参与国际竞争和实现发展动能接续转换的领军力量，带动制造业绿色升级。

绿色制造系统集成工作确定了工业产品绿色设计平台建设、绿色关键工艺突破和绿色供应链系统构建三个重点任务，由绿色制造基础好以及技术、规模、产品、市场等综合条件突出的领军型企业作为牵头单位，联合重点企业、上下游企业、绿色制造第三方服务机构以及研究院所等组成联合体，以需求为牵引、问题为导向，聚焦技术、模式、标准应用和创新，承担绿色制造系统集成任务。通过项目执行，牵头单位不仅要提高自身的绿色制造水平，同时也需要与联合体中的其他成员单位密切配合，形成绿色制造标准、共性技术、关键装备、基础数据库、机制模式，以此来带动和影响行业及上下游企业的绿色制造水平提升。绿色制造系统集成项目实施模式如图2-7所示。

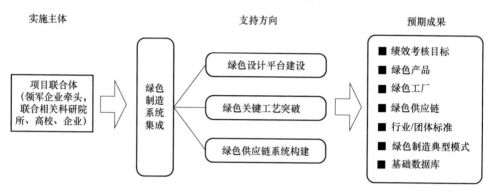

图2-7 绿色制造系统集成项目实施模式

绿色制造系统集成项目虽然是阶段性的，但它是我国在推动绿色制造工作之初设置的专项工作，是绿色制造体系建设的助推器，充分调动了企业积极性，快速营造出绿色制造氛围，有助于改善我国工业领域绿色制造意识不够、基础薄弱等现状，而且该项目模式非常切合绿色制造系统性和集成性的特点，为今后绿色制造工作的深入开展积累了经验，奠定了基础。

第 3 章

PCB制造业与绿色制造

3.1 PCB产业概况

PCB是重要的电子部件、电子元器件的支撑体和电子元器件电气连接的载体，有"电子产品之母"之称。作为用途最广泛的电子元件产品，PCB制造业拥有强大的生命力。目前尚无成熟技术和产品可提供与其相同或类似的功能，这就决定了PCB的不可替代性，也是PCB制造业具有强大且持久生命力的原因之一。

我国的PCB研制工作始于1956年，1963—1978年逐步扩大形成了PCB产业。改革开放以来，由于我国在劳动力资源、市场、投资等方面的优惠政策，吸引了欧美制造业的大规模转移，大量制造商将工厂设立在我国。改革开放后的20多年间，由于引进国外先进技术和设备，单面板、双面板和多层板均获得快速发展，国内PCB产业由小到大逐步发展起来，加上下游产业的集中及劳动力和土地成本相对较低，我国成为PCB产业发展势头最为强劲的区域。

2002年，我国成为世界第三大PCB产出国。2003年，PCB产值和进出口额均超过60亿美元，首度超越美国，成为世界第二大PCB产出国，产值的占比也由2000年的8.54%提升到15.30%。2006年我国已经取代日本，成为全球产值最大的PCB生产基地，且相关技术的发展也最为活跃，PCB产业高速增长，远远高于全球PCB行业的增长速度。受到2008年全球金融危机的影响，2009年我国PCB产业产值出现了负增长，但随后快速恢复，期间产值增长率稍有波动，但总体趋势仍然呈现增长态势。

据Prismark统计，2016年我国的PCB产值约为271.23亿美元，占比已经达到全球份额的50%，2017年我国的PCB产值为297.32亿美元，同比增长9.6%，产值已占全球份额的50.5%，而实际上这一年内我国的很多内资PCB制造企业的产值年增长率超过了18%。另外，根据Prismark的预测，2022年全球电子整机产品产值将达到23220亿美元，2017—2022年的复合平均年增长率为3.0%，从电子整机产业和PCB产业的相关性来看，可以预测未来PCB市场的发展趋势，预计2022年我国PCB产值将达到356亿美元，全球占比达到51.9%。随着收入和消费能力的显著提升，人们对智能手机、平板计算机、智能终端、可穿戴设备等移动终端需求不断扩大，巨大的市场消费空间刺激下游终端制造业也随之兴起。另外，人类社会经历了机械化、电气化、数字化时代，正在向智能化时代演变，电子信息产业是智能化发展的基础，智能化也正在为电子信息产业提供新的发展机遇和空间。由于电子信息产业对社会变化的影响力日益加大，已被全球各主要国家作为战略性发展产业。消费电子产业和电子信息产业巨大的市场需求和发展前景，也必将为 PCB 产业做大做强提供持续不断的发展动力。2009—2023 年全球 PCB 产值变化及预测如图 3-1 所示。

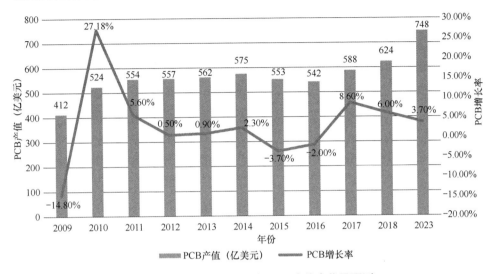

图 3-1　2009—2023 年全球 PCB 产值变化及预测

注：数据来源于 Prismark。

在全球 PCB 市场发展的前提下，相信未来我国的 PCB 产业也会持续发展，加上我国正在打造制造业强国，推进制造业高质量发展，提倡先进制造业，推行物联网、大数据、人工智能、5G 通信等行业发展，这些工作的推进也会为 PCB 产业的发展提供广阔的市场。

3.2　PCB 产业绿色发展需求

从 PCB 的产业规模看，我国已经是全球第一了，但从该产业总体的技术水平来讲，我国仍然落后于世界先进水平，所以说我国虽然已经成为 PCB 生产大国，但远非生产强国，我国与 PCB 产业发达国家相比还有一定的差距。同时，智能化时代的发展趋势又为 PCB 产业发展创造出了巨大的市场空间，因此保持行业的健康可持续发展已成为业内共识。

3.2.1　PCB 制造业绿色发展的行业空间和需求

PCB 制造业生产流程长，工艺复杂多样，包括机械加工、光化学成像、化学镀、电镀和表面处理等，原辅料种类多，涉及金属、高分子树脂、酸、碱、化学溶液等，能耗水耗高，产污环节分散，废水量大，成分复杂，涉及氰化物、重金属等污染因子，经处理后"达标"排放的废水仍然含有铜等重金属离子和其他多种有机物，长期积累也会对环境造成严重污染。2014年我国PCB行业的整体废水排放量达到6亿t，而且随着该行业的发展，其废水产生量也在逐年增加。另外据统计，我国PCB行业每天产生约6000t蚀刻废液。同时，我国的PCB产业体量大，因此PCB行业与化工、造纸、纺织、电镀等行业一起被冠以"重污染行业"的帽子，随着PCB产业越来越大，导致了整个PCB行业污染总量也将继续增大。

PCB制造业产生的"三废"种类多、成分复杂，废物处理技术要求高、难度大，同时部分企业的环境保护责任意识和绿色发展意识不足，如建设时环保投入不足、环保设施不全、技术措施不当，导致该行业在推动经济迅猛发展的同时，其环保问题也十分突出。2008年，深圳市环保执法检查情况显示，部分PCB企业污染物超标排放及偷排直排的现象屡禁不止，导致深圳市内多条河流被重金属污染。同年，东莞市对PCB行业进行专项检查，在抽查的41家PCB企业中发现有27家存在违反"三同时"制度、私自转移废蚀刻液和污泥以及污水处理设施不正常运行等违法行为。近年来，随着政府和企业环保意识的不断提高，尤其是"十三五"以来，国家环保监管工作不断加强，开展巡视督查，环保督察实现常态化。中央环保督察结束后，各地纷纷出台政策，开展省级、市级环保督察，长期延续中央环保督察组的"督政"工作，PCB行业的污染状况得到了一定的改善。但该行业特性决定，环境保护仍然是其健康可持续发展的一大挑战。一些企业按照环保法规要求配套有相应的"三废"处理设施，但只注重末端治理，没有清洁生产等系统的绿色制造意识和能力，给末端治理造成很大的技术压力和成本代价。另外，PCB行业的"三废"处理本身的技术要求也很高，如水量的稳定调节、污泥活性的保持、药量添加的把握、停留时间的控制等环节，不仅需要一定的环境工程理论知识，也需要工程设施管理经验，更需要环境保护和绿色发展的责任心与意识，因此"三废"处理设施的稳定有效运行对很多企业而言也是一大挑战。

另外，同我国大多数制造业一样，PCB行业的清洁生产等绿色制造相关工作起步晚，行业仍然存在资源利用率低、浪费大的问题。PCB内、外层及防焊前处理的废液中含铜量为30~40 g/L，而用于PTH（脱脂—微蚀—预浸—活化—速化—化学铜—电镀铜）和图形电镀前处理的废液中含铜量为15~25g/L，电镀槽失效的槽液中含铜量为15~25g/L。按PCB铜箔的利用率为30%~40%计算，生产1万m^2的双面PCB，在废水中的含铜量就有4000 kg（按30 mm厚的铜箔计），并且还有不少其他重金属和贵金属，排放出的废水约有 2 万 t。

中国印制电路行业协会（CPCA）秘书长王龙基在江苏大丰召开的"2011 年环保技术研讨会"上向记者谈过，生产 1 万 m^2 的 PCB（平均按 4~6 层计算），会产生固体边角料约 10.5t，其中含铜量约为 25%；会产生蚀刻废液约 50t，其中含铜量约为 12%；用水约 2.25 万 t。2010 年我国的 PCB 产量为 1.8 亿 m^2，按 2 亿 m^2 计算（其中有库存和报废品），产生的固体边角料中含铜约 5.25 万 t，此铜价按每吨 6.5 万元计算，即 34.13 亿元；产生的废旧蚀刻液中含铜约 10 万 t，此铜价按每吨 6.5 万元计算，即 65 亿元；产生废水 2 亿 t，每吨废水治理运行费（不含设备投资费用）按 8 元计算，则需要 16 亿元。以一个月产量为 3 万 m^2 多层 PCB 的工厂为例，大约每月耗水 9 万 t，用电 450 万 kW·h，耗用金属铜约 18t。每月排放废水约 7 万 t，废水中含有铜、化学需氧量（COD_{Cr}）需要进行处理后才能排放，经处理后排放废水中的含铜量约 140kg，含 COD_{Cr} 总量约 3.5 万 kg。另外还产生含金属铜等污染物的废液近 1000t，还有含铜废基板和泥渣约 100 多 t，如回收利用充分可有 10 多 t 铜得到再生。近些年，PCB 行业的资源利用整体水平有了提升，但行业内不同企业的情况参差不齐，且行业的资源利用水平仍有不小的提升改善空间。针对以上现象和问题，若能以绿色制造的思维来审视 PCB 制造业，就能发现其资源综合利用和回收利用的空间巨大，比如对生产过程中产生的含铜废液采用隔膜电解法回收铜，不仅可以回收铜资源，还可将回收完铜的废液作为废酸液用于中和碱性废水，达到"以废治废"的效果。

推行实施绿色制造需要有客观、真实、细致的物耗、能耗和产排污数据做基础，虽然近年来 PCB 行业的绿色发展意识在逐渐普及，但在落实执行层面的基础还非常薄弱，手段也很缺失。全行业至今没有绿色制造的基础数据库，很多关键数据始终是估算值。《清洁生产标准 印制电路板制造业》（HJ 450—2008）发布执行已超过十年，但在实际的清洁生产审核工作中，很少有企业能按标准要求将自己生产的单面板、双面板、多层板、HDI（高密度互连）板的单位产品水耗、能耗及其他物耗统计清楚。

3.2.2 PCB 制造业绿色发展的政策环境

1. 产业政策

电子信息产业是国民经济的战略性、基础性和先导性支柱产业，已成为我国制造业转型升级的重要支撑力量，而电子信息产品制造又很大程度上依赖于 PCB 产业的发展。因此，近年来国务院、国家发展和改革委员会、工业和信息化部与商务部等部门制定发布了一系列鼓励、促进 PCB 产业发展的政策和法规，以引导 PCB 制造业健康可持续发展。

2011 年 6 月，由国家发展和改革委员会牵头印发的《当前优先发展的高技术产业化重点领域指南（2011 年度）》中提出"将高密度多层印制电路板和柔性电路板"列入新型元器件的重点发展领域中。

2013 年 2 月，由国家发展和改革委员会印发的《产业结构调整指导目录（2011 年本）（2013 年修正）》将新型电子元器件（片式元器件、频率元器件、混合集成电路、电力电子器件、光电子器件、敏感元器件及传感器、新型机电原件、高密度印制电路板和柔性电路板等）制造列为信息产业行业鼓励类项目。

2014 年 6 月，国务院印发了《国家集成电路产业发展推进纲要》，提出要加速发展集成电路制造业，抓住技术变革的有利时机，突破投融资瓶颈，持续推动先进生产线建设，大力发展模拟及数模混合电路、微机电系统（MEMS）、高压电路、射频电路等特色专用工艺生产线。

2015 年 3 月，国家发展和改革委员会和商务部联合印发的《外商投资产业指导目录（2015 年修订）》将高密度互连积层板、多层挠性板、刚挠印制电路板列入鼓励外商投资产业目录。

2015 年 5 月，国务院印发的《中国制造 2025》把提升中国制造业整体竞争力作为主要目标，并把"新一代信息技术"作为重点发展的十大领域之首，其中提到"未来，中国制造将瞄准新一代信息技术、高端装备、新材料、生物医药等战略重点，引导社会各类资源集聚，推动优势和战略产业快速发展"。其中，在新一代信息技术产业领域，重点发展集成电路及专用装备。

2015 年 7 月，国家发展和改革委员会、财政部和商务部联合印发的《鼓励进口技术和产品目录（2015 年版）》将高密度印制电路板和柔性电路板等新型电子元器件制造列入鼓励发展的重点行业。

2016 年 11 月，国务院印发的《"十三五"国家战略性新兴产业发展规划》中提到"实施网络强国战略，加快建设'数字中国'，推动物联网、云计算和人工智能等技术向各行业全面融合渗透，构建万物互联、融合创新、智能协同、安全可控的新一代信息技术产业体系。到 2020 年，力争在新一代信息技术产业薄弱环节实现系统性突破，总产值规模超过 12 万亿元。"战略性新兴产业代表新一轮科技革命和产业变革的方向，是培育发展新动能、获取未来竞争新优势的关键领域。为贯彻落实《"十三五"国家战略性新兴产业发展规划》，2017 年 1 月国家发展和改革委员会公布了《战略性新兴产业重点产品和服务指导目录（2016 版）》，明确将"高密度互连印制电路板、柔性多层印制电路板、特种印制电路板"作为电子核心产业列入指导目录。

2017年1月，工业和信息化部与国家发展和改革委员会印发了《信息产业发展指南》，提出"贯彻落实国家区域发展总体战略和主体功能区规划，引导地方发挥比较优势，形成集成电路、基础软件、平板显示、智能终端、信息技术服务、云计算、大数据等重点领域生产力差异化发展格局。"

2019年1月，工业和信息化部制定印发了《印制电路板行业规范条件》和《印制电路板行业规范公告管理暂行办法》。其中，《印制电路板行业规范条件》鼓励PCB产业聚集发展，建设配套设备完备的产业园区，引导企业退城入园。严格控制新上技术水平低的单纯扩大产能的PCB项目，鼓励企业做优做强，加强企业技术和管理创新，提高产品质量和生产效率，降低生产成本。推动建设一批具有国际影响力、技术领先、"专精特新"的企业。

2. 环境保护与绿色制造相关政策

2013年12月，原环境保护部、国家发展和改革委员会、人民银行、银监会联合发布了《企业环境信用评价办法（试行）》，指导各地开展企业环境信用评价，约束和惩戒企业环境失信行为。企业环境信用评价内容包括污染防治、生态保护、环境管理、社会监督四个方面。

2014年4月，第十二届全国人大常委会第八次会议审议通过了修订后的《中华人民共和国环境保护法》（以下简称"新《环保法》"）。新《环保法》强化了企业污染防治责任，加大了对环境违法行为的法律制裁，还对企业公开环境信息与公众参与等方面做出了系统规定。新《环保法》提出"按日计罚"机制，其第五十九条规定：企业事业单位和其他生产经营者违法排放污染物，受到罚款处罚，被责令改正，拒不改正的，依法做出处罚决定的行政机关可以自责令改正之日的次日起，按照原处罚数额按日连续处罚。同时规定地方性法规可以根据需要增加按日连续处罚的违法行为的种类。对情节严重的环境违法行为追究刑事责任或适用行政拘留。新《环保法》规定：违反本法规定，构成犯罪的，依法追究刑事责任；对尚未构成犯罪的，引入治安拘留处罚，以解决以往"环保违法成本低"的问题。新《环保法》第四十三条规定：排放污染物的企业事业单位和其他生产经营者，应当按照国家有关规定缴纳排污费。

2015年4月，国务院发布的《中共中央国务院关于加快推进生态文明建设的意见》（以下简称"《意见》"）明确了生态文明建设的总体要求和目标愿景，为后续政策的制定明确了方向。《意见》确立了经济社会发展活动要符合自然规律、形成人与自然和谐发展现代化建设新格局的基调和导向；描绘了生态文明建设的目标愿景，按照"跳一跳、够得着"的原则，提出了生态文明建设的主要目标；体现了现代化建设的"绿色化"取向，针对我国经济社会发展中存在的高投入、高消耗、高排放、不循环等突出问题，在生产方式、生活方式等方面提出了具体要求。《意见》通篇贯穿着"绿水青山就是金山银山"的理念，体现着"人人都是生态文明建设者"的理念。《意见》中我国生态文明建设目标为：到2020年资源节约型和环境友好型社会建设取得重大进展，主体功能区布局基本形成，经济发展质量和效益显著提高，生态文明主流价值观在全社会得到推行，生态文明建设水平与全面建成小康社会目标相适应。

2016年11月，国务院发布了《控制污染物排放许可制实施方案》，排污许可制度改革全面启动，标志着我国污染物排放管理工作朝着科学的、规律的方向前进。该实施方案要求到2020年，要完成所有行业的排污许可证发放，实现"全行业覆盖"。在2017年一年内，原环境保护部部署和推动了部门规章和排污许可管理条例的起草、筹备工作，发布了十余个行业的排污许可证申请与核发技术规范，发布了排污许可分类管理名录等指导性文件，建立了全国统一的管理信息平台并投入使用。《排污许可管理办法（试行）》于2017年11月6日由原环境保护部部务会议审议通过（2018年1月10日公布施行），规定了排污许可证核发程序等内容，细化了环保部门、排污单位和第三方机构的法律责任，为改革完善排污许可制迈出了坚实的一步。到2017年年底，全国15个重点行业完成了排污许可证的发放，改革的理念也逐步深入人心。管理的"归一"能促使数据的"归真"，也能让管理部门摸清固定污染源的底数。覆盖到PCB制造业的《排污许可证申请与核发技术规范　电子工业》（HJ 1031—2019）于2019年7月23日发布。

2016年12月，国务院印发了《"十三五"节能减排综合工作方案》，其中指出，要落实节约资源和保护环境基本国策，以提高能源利用效率和改善生态环境质量为目标，以推进供给侧结构性改革和实施创新驱动发展战略为动力，坚持政府主导、企业主体、市场驱动、社会参与，加快建设资源节约型、环境友好型社会。到2020年，全国万元国内生产总值能耗比2015年下降15%，能源消费总量控制在50亿t标准煤以内。全国化学需氧量、氨氮、二氧化硫、氮氧化物排放总量分别控制在2001万t、207万t、1580万t、1574万t以内，比2015年分别下降10%、10%、15%和15%。全国挥发性有机物排放总量比2015年下降10%以上。各地区、各部门要充分认识做好"十三五"节能减排工作的重要性和紧迫性，加强组织领导，明确目标责任，狠抓贯彻落实，强化考核问责，确保完成节能减排目标。

2018年1月1日，《中华人民共和国环境保护税法》正式施行，其实施目的是通过税收倒逼高污染、高能耗企业转型升级，进而推动经济结构调整和发展方式转变。环境保护税的纳税人为在中华人民共和国领域和中华人民共和国管辖的其他海域,直接向环境排放应税污染物的企业事业单位和其他生产经营者,今后将对纳税人依照该法规定征收环境保护税,不再征收排污费。该法律与现行排污费制度的征收对象相衔接,环境保护税的征税对象是大气污染物、水污染物、固体废物和噪声等4类应税污染物。具体应税污染物依据税法所附的《环境保护税税目税额表》和《应税污染物和当量值表》的规定执行。相关专家认为此次开征环保税一方面有望激励地方政府的监管,另一方面或将加速高污企业的退出。PCB产业无疑也是征税对象,环保税开征后,预计每年环保税征收规模可达500亿元。

2019年1月,工业和信息化部为加强PCB行业管理,提高行业发展水平,引导产业转型升级和结构调整,推动PCB产业持续健康发展,根据国家有关法律法规及产业政策,制定实施《印制电路板行业规范条件》(以下简称"《规范条件》")和《印制电路板行业规范公告管理暂行办法》。《规范条件》按照优化布局、调整结构、绿色环保、推动创新、分类指导的原则进行制定。《规范条件》指出,在国家法律法规、规章及规划确定或省级以上人民政府批准的永久基本农田保护区、饮用水源保护区、自然保护区、风景名胜区、生态保护红线和生态环境敏感区、脆弱区等法律、法规禁止建设工业企业的区域不得建设PCB制造项目。上述区域内的现有企业应按照法律法规要求拆除、关闭,或严格控制规模、逐步迁出。在绿色制造方面,企业应持续开展清洁生产审核工作,并通过评估验收,清洁生产指标应达到《清洁生产标准 印制电路板制造业》(HJ 450—2008)中的三级水平。其中,废水产生量指标应达到二级水平,并鼓励取得一级及以上水平。

由上可见,环保及绿色发展的政策要求越来越严格、越来越细致深入,企业绿色升级势在必行,PCB企业同样需要重视环保及绿色发展相关法规,重视自身环保守法及绿色转型升级。

3. 绿色制造相关指导性技术文件及标准

2006年2月,《电子信息产品污染控制管理办法》正式颁布,并于2007年3月1日正式生效,要求对电子信息产品中的有毒有害物质(铅、镉、汞、六价铬、多溴联苯、多溴二苯醚)进行标识和目录管理。该管理办法通常被称为"中国RoHS",将循序渐进地推进禁止或限制电子信息产品中有毒有害物质的使用。2016年1月6日,工业和信息化部联合国家发展和改革委员会等7部委发布了《电器电子产品有害物质限制使用管理办法》,取代了"中国RoHS",故也常被称为"中国RoHS 2.0"。与"中国RoHS"相比,新的管理办法扩大了适用的产品范围和限制使用的有害物质范围，改进了适用产品有害物质的管理方式。《电器电子产品有害物质限制使用管理办法》所管控的电器电子产品都与PCB产品有着直接联系，因此该管理办法对我国的PCB产业也产生了明显的影响。

2008年11月，由原环境保护部颁布的《清洁生产标准 印制电路板制造业》（HJ 450—2008），为现有PCB生产企业提供了国际先进的清洁生产水平基准数据，对企业如何实施并开展清洁生产审核具有较好的指导意义。企业可以按照标准中的相关指标要求，对企业内部的现状进行摸查，对照差距，查找需要改善提高的地方，确认清洁生产重点，并为企业在实施清洁生产后如何进一步提升改进，缩短和国际先进水平的差距提供参考。

HJ 450—2008中规定了PCB行业清洁生产要求指标，使清洁生产由过去抽象的概念转变成为一个量化的、可操作的、具体的标准，可以作为开展清洁生产审核的依据。有了行业清洁生产标准，企业能比较同行业的清洁生产水平，找到企业自身的差距，帮助企业自我定位，确定环境绩效改进的方向和空间。该标准还可以用来评判企业的环境行为，树立企业在市场经济条件下的环境形象，起到鼓励先进、鞭策落后的作用。尤其是政府管理部门或第三方机构能够以此标准来公告企业的清洁生产绩效。同时主管部门在审批新建和改建项目环境影响评价中，也将该清洁生产标准作为依据之一。新建企业或新建项目均按照清洁生产标准二级指标（国内先进水平）进行评估，也有的要求清洁生产水平必须达到标准一级指标（国际先进水平）。

可见，该标准不仅适用于印制电路板制造行业清洁生产审核、清洁生产绩效评定和清洁生产绩效公告，也适用于环境影响评价和排污许可证等环境管理。该标准所给出的基准数据，对新建印制电路板生产企业或项目的环境影响评价，及对现有印制电路板生产企业的清洁生产审核都具有指导意义。

2015年10月，原环境保护部印发了《关于征求国家环境保护标准〈电子工业污染物排放标准〉（征求意见稿）意见的函》，2018年3月12日，原环境保护部又发布了《关于征求国家环境保护标准〈电子工业污染物排放标准（二次征求意见稿）〉意见的函》，该标准的征求意见稿中明确规定了PCB行业的污染物排放限值。PCB在生产制造过程中，会产生各种污染物，但目前我国尚无专门针对PCB制造业制定的污染物排放标准。在行业具体的环境管理工作中，往往执行污染物综合排放标准或地方标准，甚至是电镀行业的污染物排放标准。PCB行业原辅料种类多，生产工艺复杂，很多污染物具有明显的行业特征，以往执行的这些标准由于其综合性较强，对PCB行业环境问题的针对性不强。利用《电子工业污染物排放标准》来管理约束和指导PCB企业行为，不仅可以有效保护环境，而且可以督促企业采用国际先进的生产工艺和措施，积极推行清洁生产，提高污染控制水平，践行绿色发展理念，创建绿色工厂。

2019年7月，生态环境部发布了《排污许可证申请与核发技术规范 电子工业》（HJ 1031—2019）（以下简称"《电子工业技术规范》"）。《电子工业技术规范》在编制的过程中，收集了来自生益科技、崇达电路、奥特斯、名幸电子、广合科技、深南电路等多家企业的修改意见，考虑了PCB企业的实际情况，将印制电路板行业与电镀行业进行了有效显著的区分，其发布全面推进了PCB行业排污许可制度的改革。《电子工业技术规范》适用于指导PCB生产企业在全国排污许可证管理信息平台填报相关申请信息，同时适用于指导核发部门审核确定PCB生产企业排污许可证许可要求，并对PCB制造企业的有组织排放管控、无组织排放管控、固体废物管控、土壤污染预防、自行监测、台账和执行报告以及合规判定等环保运行管理环节提出了相应的要求和指引。

其中，对于有组织排放管控，要求污染治理设施应规范建设、运行、维护，确保稳定达标排放，当发生事故或者设备维修等应急状态、停止运行时，应立即报告；对于无组织排放管控，要求挥发性有机物（VOCs）物料储存、转移、输送、收集应符合无组织排放控制要求，提倡使用低VOCs含量的油墨，使用含挥发性有机物原辅料的工序时应采用密闭设备或者在密闭空间内操作，无法密闭的应采取局部气体收集措施，有机废气应排至VOCs废气收集处理系统。产生含颗粒物废气的工序，应采用密闭设备或者在密闭空间内操作，废气收集排至粉尘处理系统；无法密闭的，应安装粉尘收集设施，排至粉尘处理系统；对于工业固体废物管控，要求严格按照一般工业固体废物和危险废物管理有关要求，一般工业固体废物暂存间应设置防渗、防风、防晒、防雨措施，危险废物暂存间应按照《危险废物贮存污染控制标准》（GB 18597）相关要求执行；对于土壤污染预防管制，须按照《中华人民共和国土壤污染防治法》要求，土壤重点监管单位应落实源头控制、分区防控、渗漏、泄漏检测等要求；对于自行监测，要求纳入重点管理的企业的有机废气排放口，应对挥发性有机物实行自动监测，纳入重点管理的生产废水总排口，应对化学需氧量、氨氮实行自动监测；对于台账和执行报告，要求实行重点管理的企业台账记录内容须包括排污单位基本信息、生产设施运行管理信息、污染防治设施运行管理信息、监测记录信息及其他环境管理信息等，记录频次原则上每月记录1次，排污单位基本信息按年记录，非正常工况按照工况期记录，台账记录纸质和电子件保存年限原则上不低于3年，实行简化管理的企业台账记录内容须包括污染治理设施运行管理信息、监测记录信息，记录频次原则上每季度记录1次，非正常工况按照工况期记录，台账记录纸质和电子件保存年限原则上不低于 3 年。另外还要求提交相应的执行报告，实行重点管理的企业应提交年度执行报告和季度执行报告，其中年度执行报告应包括排污单位基本情况、污染防治设施运行情况、自行监测执行情况、环境管理台账记录执行情况、实际排放情况及合规判定分析、信息公开情况、排污单位内部环境管理体系建设与运行情况、其他排污许可证规定的内容执行情况等。实行简化管理的企业应提交年度执行报告，主要包括排污单位基本情况、污染防治设施运行情况、自行监测执行情况、环境管理台账执行情况、实际排放情况及合规判定分析、结论等内容。

3.2.3 PCB 制造业绿色发展的国际需求

从全球范围来看，绿色增长已成为全球经济竞争的制高点，"绿色工业革命"已然拉开帷幕。欧盟等经济发达地区为保护其生态环境和公众健康已颁布并实施了相应的法律法规，随着经济贸易活动的全球化，这些法律法规也对我国的制造业提出了更高的绿色要求。

2003 年 2 月，欧盟 137《官方公报》公布了欧洲议会和欧盟部长理事会共同批准的《报废电子电气设备指令》（WEEE 指令，Waste Electrical and Electronic Equipment）和《关于限制在电气电子设备中使用某些有害物质指令》（RoHS 指令，Restriction of Hazardous Substances）。这两项指令是欧盟在环保和绿色发展领域的重要举措。

WEEE 自 2005 年 8 月 13 日起正式实施，要求在欧盟市场上流通的电子电气设备的生产商必须在法律上承担起支付报废产品回收费用的责任，同时欧盟各成员国有义务制定自己的电子电气产品回收计划，建立相关配套回收设施，使电子电气产品的最终用户能够方便并且免费地处理报废设备。

RoHS 指令已于 2006 年 7 月 1 日正式实施，要求自实施之日起投放到欧盟市场的电气电子产品中的铅、汞、镉、六价铬、多溴联苯和多溴二苯醚等 6 种有害物质含量必须符合相应的标准要求。后来该指令还被升级，新指令 RoHS 2.0 替代原 RoHS 指令并于 2011 年 7 月 21 日生效，新指令的管控扩大了电气电子产品的范围，还将医疗及监控设备纳入管控范围，虽然并未增加新的限制物质，但选定 4 种增塑剂（DIBP、DEHP、DBP 和 BBP）作为限制物质的候选。2015 年 6 月，欧盟发布指令（EU）2015/863，将 RoHS 2.0 的 6 种限制物质增加到 10 种，即将原来候选的 4 种增塑剂（DIBP、DEHP、DBP 和 BBP）纳入限制物质清单，至此 RoHS 2.0 的限制物质增加到 10 种；同时该指令还规定，所有电子电气产品（除医疗设备和监控设备）自 2019 年 7 月 22 日起需满足指令要求，医疗设备和监控设备需自 2021 年 7 月 22 日起满足指令要求。

另外，绿色（生态）设计是世界工业领域绿色发展的重要内容，绿色设计可促进绿色技术的创新应用，提升工业产品竞争力，是实现污染预防的重要措施，也是生产者责任延伸的具体体现。2005 年 7 月，欧盟正式发布《用能产品生态设计框架指令》（EuP 指令，Eco-Design of Energy-using Products），这是继 WEEE、RoHS 指令之后，欧盟推出的又一项绿色贸易壁垒指令。EuP 指令旨在创造一个完整的法规架构，作为产品生态设计的基础，它将生命周期理念引入产品设计环节，旨在从源头入手，在产品的设计、制造、使用、后期处理及最终淘汰这一整个周期内，对产品在每个环节都提出环保要求，全方位监控产品对环境的影响，以减少对环境的破坏。EuP 指令要求实施措施所涵盖的耗能产品只有当其符合该措施，加附 CE 合格标志并出具合格声明时方可投放市场、投入使用。

2009 年 10 月，欧盟发布耗能产品生态化设计指令以取代旧版的 EuP 指令，产品范围由耗能产品（Energy-using Products）扩大至所有耗能相关产品（Energy-related Products）。新版指令（简称"ErP 指令"）于 2009 年 11 月 20 日生效。新的 ErP 指令将针对更广泛意义的能源相关产品，即"对于使用阶段能耗有影响的任何产品"。ErP 指令和 EuP 指令一样，将生命周期引入产品设计环节中，从产品的设计、制造使用、维护、回收后期处理等整个生命周期的角度，对"能耗相关产品"提出全方位的环保要求，以减少产品对环境的破坏。

以上指令所限制的产品都与 PCB 有着直接的联系，这些指令的实施也间接地对 PCB 行业提出了绿色要求。

为防止因短路而发生的电热故障引起的燃烧事故，要求基板有阻燃性，因此在基板制作时会加入阻燃剂，而阻燃性能较好的阻燃剂大多是卤素类化合物，当此类废弃的印制板作为垃圾燃烧时会产生严重污染环境的二噁英，而成为严格禁止的污染物。日本电子工业发展协会和美国全国电气制造商协会也陆续发布了电子封装产业的禁卤条约。因此，目前无卤素印制电路板已成为世界趋势，可替代的有机阻燃剂有含磷有机物、有机醇类等，无机阻燃剂有硼酸、硼砂、水玻璃、钨酸钠等，也可以是两种以上的组合。

另外，欧盟发布了《关于化学品注册、评估、授权和限制的法规》（REACH 指令 EC/1907/2006），该指令于 2007 年 6 月 1 日实施，是欧盟对进入其市场的所有化学品进行预防性管理的法规，要求凡是在欧盟生产的或者是进口到欧盟市场的日用产品，必须通过有害化学物质含量的注册、检验和批准，一旦超过规定的含量就不得在欧盟市场上销售。在 PCB 制作过程中需要用到多种化学材料，大多数化学品都具有不同程度的侵害性或毒性，有些已经被列入限制使用或禁用的名单，如氟化物、铅化合物、甲醛等，随着PCB行业的绿色发展，也需要寻找替代物以减少这类物质的使用。可见，随着绿色发展理念的国际化，面对各种绿色指令，我国PCB企业的产品要走向全球，就必须要有建立自己的绿色防线的意识，也要有适应国际上绿色贸易需求的能力。

3.2.4 小结

从PCB产业自身发展以及所处的环境看，绿色发展是行业转型升级的必然选择。PCB企业应顺应世界经济格局深刻变化，实现依靠绿色创新推动企业发展。之前的实践表明，强调工业绿色发展与促进经济快速增长并不矛盾，事实上很多行业的转型为其发展提供了更广大的空间。可以看到一些PCB企业在绿色发展方面做了很大的投资，开展清洁生产，建设实验室，引进环保设备，建设高标准的现代化厂房，这些投资虽然在短时间内可能给企业带来一定的压力，但这并没有影响企业的发展，相反为这些企业赢得了更大的生存空间和市场竞争力。

任何一个行业得以持续、健康发展，都是有章可循的，对于仍处在蓬勃发展阶段的PCB行业也不例外，要能够长久地发展下去，还需要有健康的发展环境。因此，PCB企业不仅需要关注行业的技术方向、市场空间，也需要关注时代的发展趋势、国内外PCB产业的战略布局、政策导向，从节能减排、保护环境、资源利用等绿色发展的各个方面考虑，良性发展，茁壮成长。

参 考 文 献

[1] 广东省电路板产业协会，深圳市线路板行业协会. 中国·广东地区电路板产业发展调查报告：2018年版[R]. 2018.
[2] 张仲仪. 印制电路板产污环节分析和清洁生产[J]. 印制电路信息，2008（6）：52-59.
[3] 邓燕琳. 印制电路板行业的清洁生产[J]. 广东化工，2013，40（21）：142，151.
[4] 幸毅明，李铭珊，杨婧，等. 印制电路板清洁生产最佳可行技术以及污染减排研究[J]. 环境工程，2015，33（7）：135-138，155.
[5] 陈茹. PCB废水处理及回用技术方案设计[J]. 当代化工，2017，46（12）：2505-2507，2555.
[6] 刘梦真，常艳，张文，等. 印刷电路板酸性氯化铜蚀刻液电解再生的优化流程[J]. 现代化工，2018，38（9）：210-214.
[7] 林金堵. 我国PCB工业必须走清洁生产和可持续发展的道路[J]. 印制电路信息，2005

(8): 5-10.
- [8] 林金堵. 中国 PCB 行业状况与挑战 [J]. 印制电路信息, 2009 (1): 16-19.
- [9] 陈茹. 印制电路板产业的发展对我国经济的影响 [J]. 经济研究导刊, 2017 (28): 38-39.
- [10] 杨维生. 印制电路板污水处理技术探讨 [J]. 电子电路与贴装, 2004 (4): 37-40.
- [11] 陈玉伟, 牟桂芹, 姜学艳. 新《环境保护法》对企业的影响及对策分析 [J]. 管理观察, 2014 (22): 124-127.
- [12] 环境保护部. 清洁生产标准 印制电路板制造业: HJ 450—2008 [S]. 北京: 中国环境科学出版社, 2008.
- [13] 龚永林. 印制电路板制造业清洁生产标准理解 [J]. 印制电路信息, 2009 (3): 45-49.
- [14] 杨晓新. PCB 行业制造厂家如何开展实施清洁生产 [J]. 印制电路信息, 2010 (5): 54-60.
- [15] 俞建峰. 欧盟 EuP 指令最新进展及应对策略 [J]. 中国能源, 2008 (8): 20-21.
- [16] 聂磊, 蔡坚, MICHAEL P, 等. 环境法规对无铅以及无卤电子产业的影响 [J]. 电子与封装, 2009, 9 (6): 42-47.
- [17] KOYAMA K, TANAKA M. Copper leaching behavior from waste printed circuit board in ammoniacal alkaline solution [J]. Materials Transactions, 2006, 47 (7): 1788-1792.
- [18] YANG J P, XIANG D, WANG J S, et al. Removal force models for component disassembly from waste printed circuit board [J]. Resources Conservation and Recycling, 2009, 53 (8): 448-454.

第4章

绿色工厂创建与评价

4.1 绿色工厂的内涵

4.1.1 绿色工厂的定义

"绿色工厂"这个名词在我国的使用由来已久,但之前对于绿色工厂并没有清晰、准确、标准化的定义,而且随着时代的发展,绿色工厂的内涵也发生着变化。

早在1980年时,耿庆汉等人在《农业科学实验》《洪都科技》等期刊上发表文章,认为植物是绿色工厂,可以利用自然界的水分、阳光等生产出营养物质。1982年,姜增抗在《赣州经济》上发表文章,将森林比喻成绿色工厂,认为森林可以利用太阳能以及土壤中的营养生产出林木,林木不仅可以作为一种绿色能源,也可以替代煤炭、石油,而且可以再生,永不枯竭,同时还兼有改造自然、保护环境的功能。1986年,王继志在《云南林业》上发表了题为《庞大的"绿色工厂"》一文,也是将森林定义为绿色工厂,具体介绍了森林以太阳能为动力,以水和二氧化碳为原料,通过光合作用,把太阳能转化为化学能,生产出了众多的产品。另外,同一年代,叶萌在《劳动保护》上发表了题为《绿色工厂》的小诗,写到"春水奔流卷银浪,绿色原野矗厂房,金瓦顶,玻璃窗,装点大地真辉煌。"可见,在20世纪80年代,"绿色工厂"的使用更多是一种比喻,体现了改革开放之初,人们对现代化制造业的一种向往,该词的使用与制造业并没有直接关系。

20世纪90年代到2000年初,国内对"绿色工厂"主要赋予两个方向的内涵。其中,在20世纪90年代初,"绿色工厂"主要指村、社集体兴办的,具有一定规模的,可形成批量商品生产能力的,实行"工厂化"经营管理的各种林、果、桑、茶、药等场(园)。这个阶段的"绿色工厂"其实也与制造业没有关系,是当时我国经济发展中振兴农村集体经济的一种方式。20世纪90年代后期到2000年,"绿色工厂"的使用与制造业有了直接关系,但仅仅是指制造业工厂的园林美化和植树绿化方面。

大约从2004年开始,相关文章中提及的"绿色工厂"才开始与制造业的节能环保、清洁生产、环境管理等工作有了关系。但"绿色工厂"并没有一个统一明确的定义和标准,其概念一直很模糊,很多"绿色工厂"仍与偏向厂区绿化美化的"花园式工厂"等概念混用,不能界定清楚。

2012年,彭必占等人提出"绿色工厂"的设计概念是:通过科学的整体设计，集成生态景观、自然通风、自然采光、再生能源、再生资源、超低能耗、智能控制、舒适环境、人机工程等常规及高新技术，结合当地自然环境，建设规划合理、工艺先进、物流优化、资源利用高效循环、节能措施综合有效、建筑环境健康舒适，具有企业特质及时代先进性的工厂。2015 年，中航工业沈阳飞机工业（集团）有限公司的韩久松在文章中提到，他心目中的绿色工厂能够致力于可持续发展、文化建设和景观设计创新，但文章中重点在介绍其公司创新景观设计理念，一是不断将创新型企业文化理念注入环境规划建设，形成园区内"风格化、系统化、生态化"的特色景区；二是充分融入人性化设计，从对园林小品的探索上寻求新的突破，实现了绿色工厂建设的再次升级。2016 年10 月，乔惠蓉在题为《绿色工厂设计》的文章中提到"绿色工厂"应包括三个方面：绿色产品、绿色工艺（制造技术）和绿色工业建筑（厂房）。另外，王海洋等人也强调了绿色工厂的三个关键组成部分是绿色建筑、绿色工艺及绿色产品。陈学提出的生态型工厂主要包括五个部分：花园式的厂区环境、可持续发展的产业链、循环利用的物质流和能量流、先进的制造工艺技术和清洁安全的生产工艺，这些方面可以保证厂区拥有原生态的环境，并对环境、社会的影响程度降到最低。Hattori 等提出的绿色工厂主要由生产系统和循环系统两部分组成，通过物质和能源的回收再利用减轻对全球生态系统的影响。英国玛莎百货公司（M&S）曾运行模型化的绿色工厂，以环保和节约成本双赢为"绿化"基准，提升工厂在可持续发展方面的声誉，并为绿色制造业的发展奠定了基础。

随着 2015 年 5 月《中国制造 2025》的发布，工业和信息化部开始牵头构思绿色制造的实施路径并推动该项工作实施。2016 年 6 月，在工业和信息化部的指导下，"2016 绿色工厂创建论坛暨标准启动会"在北京召开，会议围绕我国绿色工厂创建所需要的相关政策、标准、试点经验进行了交流研讨，并且提出"建设绿色工厂，实现厂房集约化、原料无害化、生产洁净化、废物资源化、能源低碳化"。会上，工业和信息化部节能司相关负责人还介绍了正在制定的《绿色工厂评价通则》等绿色工厂标准化工作。

2016 年 9 月，工业和信息化部印发了《关于开展绿色制造体系建设的通知》，其中附有技术性指导文件《绿色工厂评价要求》，该文件提供了绿色工厂的评价要求和评价指标。2017 年，工业和信息化部开展了两批绿色制造体系建设示范单位的申报工作，其中绿色工厂的申报就是依据《绿色工厂评价要求》进行评价的。

2018 年 5 月，《绿色工厂评价通则》（GB/T 36132—2018）正式发布，其中明确给出了"绿色工厂是实现了用地集约化、原料无害化、生产洁净化、废物资源化、能源低碳化的工厂"的概念。同时提出，绿色工厂应在保证产品功能、质量以及生产过程中人的职业健康安全的前提下，引入生命周期思想，优先选用绿色原料、工艺、技术和设备，满足基础设施、管理体系、能源与资源投入、产品、环境排放、环境绩效的综合评价要求，并进行持续改善。

综上所述，"绿色工厂"的使用在我国由来已久，但一直没有一个确定准确的定义，且其概念及内涵也是随着我国经济建设工作的不同阶段发生着变化的，甚至在20世纪80年代及90年代初期，"绿色工厂"的概念与制造业并无直接关系。直到"十三五"期间，我国确定了打造制造业强国和制造业高质量发展的战略目标后，国内才出台了关于绿色工厂的第一份国家标准——《绿色工厂评价通则》，至此我国的绿色工厂有了明确的内涵。

4.1.2 绿色工厂的特征

绿色工厂需在综合考虑环境、社会、经济影响的基础上，采用先进的绿色材料、绿色设计技术、绿色制造技术和循环再利用技术，制造出无害化的绿色产品，达到环境污染最小化、资源利用低碳化、经济效益最大化。绿色工厂的目的是帮助制造企业适应全球生态压力，更好地利用物质和能源，定制高质量的产品，满足日益增长的绿色需求，而当今制造业正处于信息化、智能化发展的关键时期，绿色工厂在创建及发展的过程中也离不开信息化技术和智能化技术。因此，绿色工厂应是以环境保护和资源能源效率的提升为目标，以绿色技术、自动化技术、信息技术为核心方法，建设成具备绿色化（用地集约化、原料无害化、生产洁净化、废物资源化、能源低碳化）、信息化、智能化、系统化、集成化的工厂，从而能够与自然环境、社会环境和经济环境和谐相处。绿色工厂的运行特征要素如图4-1所示。

1. 终极目标

面对当今全球生态危机、技术蓬勃发展、用户需求快速变化等形势，创建绿色工厂是我国制造业高质量发展、打造制造业强国的重要手段。绿色工厂需要以绿色制造思想为指导，利用绿色技术、信息技术和自动化技术，将工厂建设成绿色化、信息化、智能化、系统化和集成化的统一体，最终实现工厂在运行管理过程中的环境影响最小化、资源能源效率最大化，同时可以满足自然环境、社会环境和经济环境的需求。

2. 绿色化

绿色化应该包括工厂用地集约化、原料无害化、生产洁净化、废物资源化和能源低碳化五方面，绿色化是绿色工厂的核心特征。

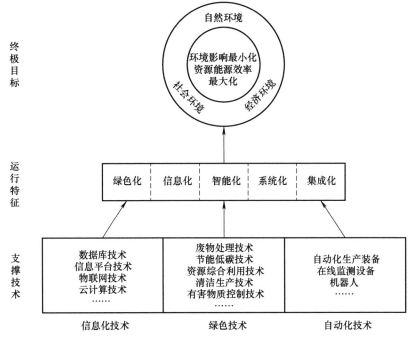

图 4-1 绿色工厂的运行特征要素

其中，用地集约化主要体现在厂区建筑、设施合理布局上，尽量采用厂房多层设计、污水处理厂立体设计等方式，设计布局合理，工厂建筑达到绿色工业建筑要求（节材、节能、节水、资源循环），单位面积土地的产值处于同行业先进水平。原料无害化不仅体现在包括建筑、场地、污水处理设施、站房等所需的材料，要充分考虑其环境影响值、是否可再生、寿命、无毒无害等因素，更要考虑减少、替代工厂生产所需原辅料中的有毒有害物质，实现原料无害化是工厂绿色化发展的必要条件。生产洁净化是污染预防、保护环境的重要思路和方法途径，主要体现在绿色采购、清洁生产以及淘汰落后工艺、技术和装备，进行节能减排技术改造等，从生产过程中降低能源消耗，提高能源效率，减少污染物的产生，实现"节能、降耗、减污、增效"。废物资源化是采用各种工程技术方法和管理措施，从废弃物中回收有用的物质和能源，也是废物利用的宏观称谓。工厂在生产过程中会产生各种废弃物，实现废物资源化不仅可以提高工厂所用资源、能源的利用效率，也可减少污染物的产生和排放，是循环经济的重要环节。能源低碳化主要体现在推动实现工厂用能结构优化，贯彻落实强制性工业节能标准，鼓励利用低碳清洁能源，建设厂区光伏电站、智能微电网和能管中心，减少能源消耗总量，提高能源利用效率，降低温室气体排放和产品碳足迹。

绿色技术是指那些能减少环境污染，提高资源和能源效率的技术体系。从全生命周期的角度出发，其关键技术包括绿色设计技术、有害物质减量替代技术、清洁生产技术、节能技术、废物处理技术、废物回收利用技术、绿色包装及再制造技术等。绿色技术直指绿色工厂的目标，减少环境污染，优化资源能源利用效率，是实现工厂绿色化的重要保障，是绿色工厂创建和运行的关键。

3. 信息化与智能化

信息化是指在绿色工厂的运行过程中，以绿色制造的理念为指导，从空间和时间维度出发加强收集可支撑绿色制造的物料、能耗、生产及废物处理等的数据，然后对收集的数据进行处理和分析，并通过大数据优化流程，从内部管理逐步向售前、售后延伸，从而实现整个供应链上的绿色制造相关信息的透明化管理，以此提高工厂绿色制造管理决策能力。

智能化是制造业高质量发展的必然选择，是自动化的延伸，在绿色工厂的运行过程中，智能化可以满足各种物料、设备、人员、工艺、环境等信息的智能匹配，还可以依据相关信息做出决策，拥有可追溯过去、可控制现在和可预测未来的能力。智能化技术可以将工厂的刚性加工向柔性加工转变，不仅可降低工人的劳动强度，还可以降低职业健康风险，降低管理成本，提高生产的稳定性。

信息技术是指用于数据、信息采集、传递、分析和管理的各类技术，其关键技术包括数据库建设、信息平台搭建、物联网和云计算技术等。例如对生产设备的运行方式、运行参数、运行工况和能耗等数据进行实时监控，并且进行关键数据的采集，通过数据分析了解生产的运行状况、能耗情况等，再利用网络通信、云计算技术辅助技术人员进行生产决策。根据绿色制造的理念和目标，利用数据采集、云计算、物联网等信息技术，可以开发全生命周期数据库以及物耗能耗监控和管理等平台，从而进行数据挖掘和决策分析。目前一些PCB企业采用了制造执行系统（Manufacturing Execution System，MES），该系统可为企业提供包括制造数据管理、计划排程管理、生产调度管理、库存管理、质量管理、人力资源管理、工作中心/设备管理、工具工装管理、采购管理、成本管理、项目看板管理、生产过程控制、底层数据集成分析等功能，这种信息化系统工具可以实现资源与能源消耗状态的透明化、数字化，是实现工厂绿色化的重要保障，因此，可以说信息技术是绿色工厂的重要支撑。

自动化技术是一门综合性的技术，与自动控制、系统工程、电子学、控制论和信息技术都有十分密切的联系，自动化技术与信息技术的紧密结合是智能化技术的基础。目前，自动化技术正在向机电一体化、机械功能多元化和控制智能化方向发展。自动化技术可以实现刚性加工向柔性加工转变，是工厂智能化建设的关键基础，不仅可降低工人的劳动强度，还可以降低职业健康风险，降低管理成本，提高生产工艺的稳定性，是实现绿色工厂智能化、集成化的重要保障。例如PCB图形全自动电镀生产线，不仅可以提高生产效率、提高产品品质，还可延长镀液寿命，提高资源利用率，因此自动化技术是实现绿色工厂的重要手段。

4. 系统化与集成化

系统化和集成化是绿色制造的两大基本特征，因此在绿色工厂的创建与运行中得到了充分体现。

系统化是工厂推行绿色制造所必需的思维方式和运行模式，主要是指工厂管理运行过程中，一方面是围绕产品全生命周期这条主线，系统全面地考虑产品设计、物料采购、生产过程、仓储物流、废物处理以及资源综合利用等方面，而不是因为孤立地解决一个点上的问题而引起其他环节出现新的问题；另一方面，随着生产者责任延伸的理念推广，绿色工厂不仅需要考虑自身的发展，也要开展绿色供应链管理，将绿色制造理念在整个供应链上进行传递，减少工厂与上下游企业间的冲突与浪费。

集成化可以是工艺过程的集成，可以是设备设施的集成，也可以是方法模式的集成，集成理念可实现不同工序和环节之间的紧密衔接，但无论从哪个角度出发，集成的理念无疑可做到事半功倍、提高效率、减少浪费。

4.1.3 绿色工厂运行模型

绿色工厂的运行其实就是企业应用绿色制造理念和思想，使管理、设计、规划、技术等方面的工作支撑生产制造过程，提高资源利用率，减少环境影响，追求工厂运行的经济效益和环境效益不断协调优化。整个运行过程可包括目标指导、设计规划、生产制造和系统支撑四大主要运行模块。绿色工厂运行模型框架如图4-2所示。

1. 目标指导

目标指导属于企业运行绿色工厂的战略层面，最高目标是企业在考虑经济效益的同时也须考虑环境效益。随着全社会绿色意识的提升和绿色经济的发展，经济效益和环境效益将会密不可分，甚至会出现环境效益支撑经济效益的情况。对此可以从以下几个角度理解：首先，工厂经营所需的原材料和能源都来自于环境，资源能源的消耗都是企业运行的经济成本，提高资源能源利用率，减少

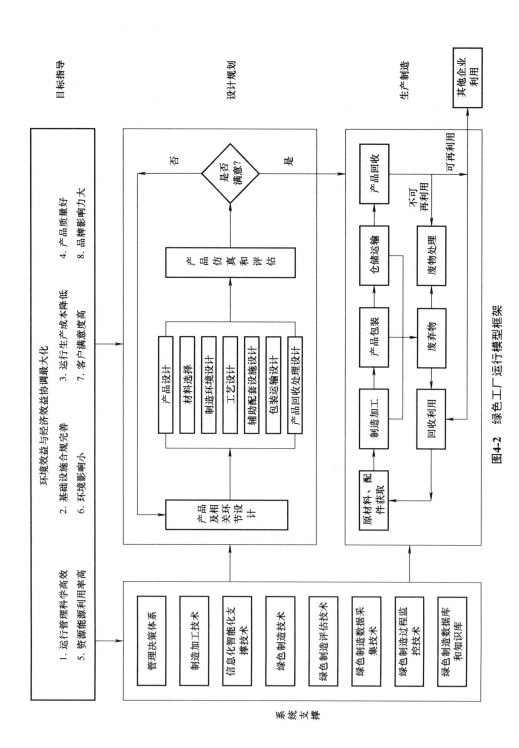

图4-2 绿色工厂运行模型框架

浪费，开展资源综合利用将会降低企业成本，提高经济效益；其次，企业生产过程会产生废弃物，环境具有净化能力和承载力，但这一功能具有公共特征，且环境承载力是有限的，随着环境问题与社会发展的矛盾日益突出，环境容量也将会有市场交换属性，目前已有污染物排放权交易的宏观设计和试点工作；最后，随着目前环境问题的突出和消费者绿色意识的提升，大家不断追求美好健康生活、绿色自然生活，将来也会更加认同绿色产品以及产品生产企业的绿色形象和社会贡献，推行绿色制造、开发生产绿色产品可提高产品附加值和市场竞争力。相关调查显示，欧洲40%的消费者倾向于购买具有环保标志的产品，其中瑞典85%的消费者愿意为绿色消费，另外加拿大80%的消费者愿意多付10%的价格购买绿色产品。

协调优化的经济效益与环境效益之间存在着有机的联系。首先，环境资源的再生产过程属于社会经济可持续发展的前提条件，而环境资源的再生产过程又受到经济状况和水平的影响与约束。因此可以理解自然资源的消耗、污染物的产生以及环境质量状况是经济与环境的结合环节、链接环节。另外，社会经济的发展离不开自然资源，环境的承载力和资源再生能力决定了社会经济的发展空间，只有社会经济活动产生的环境污染及对资源和能源的消耗与环境承载能力相协调，社会经济才可持续发展。

具体的目标应包括运行管理科学高效、基础设施合规完善、运行生产成本低、产品质量好、资源能源利用率高、环境影响小、客户满意度高、品牌影响力大，这些是企业运行绿色工厂过程中决策所追求的目标。以上目标并不是局部的优化目标，而是从绿色工厂运行的全局和持续发展角度提出的，目标与目标之间从不同的角度理解也有交叉或者相辅相成的情况，绿色工厂也要求这些目标要处于一个整体最优化的状态。

为了使这些具体目标能够落实，便于操作，企业还需进一步分解目标，针对这些目标制定具体的指标体系。绿色工厂运行目标分解见表4-1。

表4-1 绿色工厂运行目标分解

序号	目标	具体指标方向
1	运行管理科学高效	机构设置精简 人员职责明确 管理流程清晰 管理系统完善 文化氛围积极向上 ……

（续）

序号	目标	具体指标方向
2	基础设施合规完善	建设合法合规 建筑节材、节能、节水、节地 照明密度满足标准要求 环保设施完善 危废仓、危险化学品仓等特殊设施独立设置 ……
3	运行生产成本降低	设备维护保养成本降低 原辅料浪费减少 人员工作效率提高 能源消耗减少 仓储成本降低 ……
4	产品质量好	原材料质量控制好 产品合格率提高 质检水平提高 产品可靠性、耐用性提高 产品设计寿命延长 ……
5	资源能源利用率高	计量系统完善 原材料仓储管理优化 节能评估评价高 资源综合利用率高 废物回收利用率高 ……
6	环境影响小	污染物产生量减少 环保设施运行效率提高 环境监测有效及时 污染物排放达标 职业健康损害减少 ……
7	客户满意度高	产品成本降低 产品质量有保证 供应关系长期稳定 供应链管理完善 市场响应快速积极 ……
8	品牌影响力大	运行合法合规 市场供应关系丰富 社会责任信息公开透明 企业的文化和形象绿色环保 绿色产品占比提高 ……

2. 设计规划

绿色工厂运行的设计规划不仅包括产品设计、材料选择，还应包括制造环境设计、工艺设计、辅助配套设施设计、包装运输设计和产品回收处理设计，是以产品全生命周期为线索进行的系统设计规划。产品是工厂生产制造的对象，而产品70%左右的特征取决于设计。产品设计阶段需要确定整个产品的结构、材料、功能、规格，甚至质量、寿命等，从而确定整个生产系统的采购标准、产线布局、生产工艺、设备设施、辅助设施等，因此产品设计的意义重大。相关研究表明，产品全生命周期约80%的资源消耗及环境影响问题都取决于其设计阶段，优秀的产品设计，不仅可使产品表现出良好的功能，而且便于生产制造。如果在设计阶段考虑到绿色环保因素，便是绿色设计，除了提高产品使用阶段的环境友好性外，也会使生产制造过中的资源利用率提高，环境影响减少，还会提升产品废弃回收阶段的绿色特性。当然，目前国内很多工厂并没有产品设计开发的能力，对于这样的企业而言是按照其他企业的设计来生产的，相当于是承接了其他企业的制造加工阶段的功能，虽然无法进行设计，但也需要参与设计、了解设计，以此来设计规划管理模式、采购标准、产线布局、生产工艺、辅助设施、包装运输等。绿色工厂运行设计与规划内容如图4-3所示。

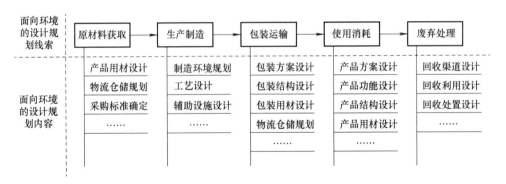

图 4-3　绿色工厂运行设计与规划内容

在实际工作中，以上这些设计内容和方向会相互交叉、相互影响，需要系统考虑。例如，产品的结构设计首先考虑的是产品使用，但结构设计可能会影响到生产制造阶段的工艺设计；还有产品的材料选用，既要考虑产品使用消耗阶段的环境问题，也要考虑材料获取阶段的环境问题。

3. 生产制造

包括原材料获取、制造加工、产品包装、仓储运输、产品回收等环节的生产制造流程是绿色工厂运行的主线。但该主线有别于产品的全生命周期线，对于单个工厂的生产制造过程很难覆盖到产品的全生命周期，有些工厂的产品属于中间产品，还要供给下游企业进一步加工制造，所以这种企业也不直接负责终端产品的使用和维护。

原材料包括产品生产所需的材料、包装材料和辅助材料，再加上相关产品及生产所需的配件，这些物质的获取是绿色工厂生产制造运行的第一步。对于化工、冶金等基础制造行业，该环节会对环境造成明显的影响，但对于电子器件、电子电气产品等加工行业，需要重点关注的问题并不在于此。但从绿色工厂运行的理论角度讲，所有行业在这个阶段都应该考虑回收资源的利用，即工厂自身产生的或者社会回收的废弃物、废旧产品，通过相应的加工处理、再制造等，再作为工厂的原辅料和配件。

制造加工是工厂运行过程中资源能源消耗和污染物产生的关键环节，对于冶金、钢铁等流程制造行业和电子器件、电子电气等离散制造行业，虽然表现出的资源消耗和污染物产生特点不同，但该环节都是绿色工厂运行的重点和核心。绿色工厂运行中在该环节需要开展的工作包括研究资源节约和环境友好的绿色技术、开发绿色新工艺和设备、优化工艺流程和工艺路线、改善工艺参数等，比如PCB行业采用LED曝光技术和设备。清洁生产的思想和技术方法应该在此环节充分应用。此外，提升自动化、智能化水平，通过加强环境意识教育来引导企业管理人员和技术人员的规范操作，也会在制造加工过程中体现出明显的绿色绩效。

产品是现代工厂体现绿色制造水平的一个重要环节，对于直接面向消费者的终端产品，包装常常被大家理解是产品的一部分。一方面产品在包装过程中会消耗资源能源、产生废弃物，另一方面包装在拆装后往往会产生大量废弃物。另外，包装还会对后续的仓储运输产生很大影响，包括仓储运输过程中的能源消耗、空间利用、产品质量保证等。目前很多企业的包装属于一次性消费品，难回收、生命周期短、废物产生量大。在该环节中，绿色工厂运行要考虑包装减量化，目前市场上的一些电子消费品的包装逐渐简单化；使用绿色包装材料，例如电视机厂商研究采用瓦楞纸板包装，替代发泡泡沫及塑料，全纸包装方式不仅符合绿色发展需求，而且包装方便、成本更低、包装材料可回收使用。

仓储运输在绿色工厂运行过程中也能起到非常积极的作用，尤其随着现代仓储物流理论和技术的发展，比如智能立体仓库的应用，不仅可以提高工厂土地和空间利用率，还有利于仓储管理、物料统计、提高工作效率、降低成本。另外，智能化的仓储物流可以和原材料获取、生产加工、客户等环节实现信息互联互通，可有效地提高工厂物资运转效率和生产运营效率。

从工业生产系统的角度考虑，产品回收处置环节不可或缺，不仅能实现资源再生，而且能减轻废弃物对环境的影响。但目前产品回收对于很多工厂而言并没有开展，我国除少数大企业结合自身的技术特点建立回收渠道开展产品回收工作外，更多的是专门的回收处置公司进行回收。回收处置公司面向社会通过各种渠道回收废旧产品这一方式对经济社会的绿色发展起到了一定的积极作用，但同时因这些公司回收的产品多样，对产品的了解有限，往往在回收处置过程中难以实现物尽其用，降低了一些部件、零件及材料的利用价值。随着绿色制造理念的普及，生产者延伸制度的推广，企业在绿色工厂运行的过程中应考虑其产品的回收处置。企业对自己生产的产品进行回收，其处理处置也会更加充分合理，可依次考虑再利用、再制造、再循环。再制造的部件、零件和再利用的材料，在考虑企业自身重复利用的同时，对于品质降低的部分可以输出供其他企业降级使用。

废物处理并不属于企业运行制造生产这一主线的环节，但对制造而言又不可或缺，是企业污染物达标排放的最后保障，是绿色工厂运行的基本底线。对于这一环节的工作，首先企业在工厂运行之初就要考虑废物处理设施与生产能力、工艺、设施的匹配，除满足与生产主体工程"同时设计、同时施工、同时运行"等基本的法规要求外，还要考虑废物处理设施技术和工艺的合理性和有效性，适合的技术工艺不仅可以减少投资建设的浪费，对后续的稳定运行也会起到事半功倍的决定作用。最后就是废物处理设施的运行管理，目前对于很多企业而言废物处理的投资建设没有问题，但如何对其有效运行管理又是新的挑战，企业往往由于管理和技术水平问题，影响废物处理设施的有效运行，不仅无法保证污染物的达标排放，还会在运行过程中浪费电力和废物处理药剂等资源。

▶ 4. 系统支撑

绿色工厂要保证绿色制造理念有效落实并使制造生产主线顺畅运行，离不开各种软性的系统支撑，主要包括管理决策体系、制造加工技术、信息化智能化支撑技术、绿色制造技术、绿色制造评估技术、绿色制造数据采集技术、绿色制造过程监控技术、绿色制造数据库和知识库等。

首先是管理决策体系，绿色工厂在运行之初，因其理念、目标、战略与传统发生了一定的变化，可能会造成部分员工的不习惯和不适应，除理念的宣贯培训外，最重要的是企业的管理决策体系也要发生相应的变化，最高管理者要对绿色工厂的有效性负责，调整分配工厂不同部门、人员的职责和权限，促使各部门各司其职，对绿色工厂的制度完善、运行实施、激励制度、目标实现等负责。其次是制造加工技术、信息化智能化支撑技术和绿色制造技术，这些是保证工厂绿色化发展，同时确保生产制造主线运行顺畅的基础与核心，体现着企业绿色运行的水平。绿色制造评估技术、绿色制造数据采集技术、绿色制造过程监控技术、绿色制造数据库和知识库等可根据外部环境的变化和内部的实际情况进行优化，是不断发现、调整和完善绿色工厂运行状况的重要工具和手段，决定着绿色工厂运行的空间和方向。

4.1.4 绿色工厂的意义

打造制造业强国、推动我国制造业高质量发展，需要持续推进制造业的绿色发展策略，深入推进供给侧结构性改革，以工业的绿色发展推动全社会生产方式、生活方式的绿色变革提升。在这样的大环境下，创建绿色工厂是全面推行绿色制造和促进工业持续发展的基础，其具体意义包括：

1. 夯实绿色制造工程基础

工厂是制造业的生产单元，也是生产制造的实施主体，因此绿色工厂是绿色制造体系的核心支撑单元。工厂运行的核心是生产制造过程，绿色工厂也是侧重于生产过程的绿色化，而绿色技术的研究、工艺的创新、配套设备的开发、模式的推广都需要围绕生产制造，因此实施绿色制造工程首先要推动工厂绿色化发展，创建绿色工厂是实施绿色制造工程的基础任务、重点任务。

2. 营造绿色制造社会环境

随着全社会绿色发展意识的普及，"绿色工厂"符合时代发展价值需要，该称号在制造业内是先进和优秀的代表，在社会上是责任和友好的代表，创建绿色工厂将充分发挥其在工业领域中的标杆示范作用，积极带动行业加快绿色转型升级，实现可持续发展，营造绿色制造社会环境。

3. 推动绿色制造体系建设

绿色制造体系的核心内容除绿色工厂外，还包括绿色产品、绿色园区和绿色供应链。前文已经提到了工厂是生产制造的实施主体，没有绿色工厂，也就不可能生产出绿色产品。同样，园区的基本单元是工厂，供应链的本质是企业和企业之间的关系，供应链管理需要龙头企业实施，没有绿色工厂，绿色园区和绿色供应链也无从谈起。因此，创建绿色工厂，有利于输出绿色产品、打造绿色园区、搭建绿色供应链，促进绿色制造体系建设。

4. 促进企业绿色制造水平提高

在绿色工厂提出之前，我国的企业也开展末端治理、清洁生产、资源综合利用、节能减排等绿色制造范畴的工作，但这些工作彼此孤立，不成系统，偶尔还会出现问题转移的现象。绿色工厂创建工作，不仅将以往的这些工作统筹起来，而且对企业的绿色制造工作提出了更高的标准，要求企业具有系统化、集成化思维，以绿色发展为价值目标，从管理、设计、采购、生产、质检、仓储、建筑、设施等环节着手，全面提升企业绿色制造水平。

▶ 5. 提升企业国际竞争力

经过多年的奋斗努力，我国在国际上已成为名副其实的制造业大国，但距离制造业强国仍有差距，其中很重要一点就是我国很多优秀产品缺少绿色因素，不能完全满足世界先进的市场价值需求。国际贸易中重要的绿色法规指令大多是先由欧盟等提出的，对我国产品的出口形成了贸易壁垒，使国内的企业处于被动地位。创建绿色工厂就是企业绿色转型升级的体现，对改变我国生产企业国际形象和提升企业国际竞争力具有重要意义。

4.2 绿色工厂创建

工业绿色发展是全世界的普遍认识，创建具有资源节约和环境友好等绿色属性的工厂也是世界各地推动工业绿色发展的重要手段和措施。但因制造业技术水平和经济发展水平的不一致，不同地区开展绿色工厂创建的组织方式、方向引导、侧重点及内涵范围也有所不同。

欧盟是绿色经济的先行者和倡导者，无论政策法规领域，还是绿色产业发展实践，都在全球范围具有非常重要的影响力。2004 年，欧盟通过了应对气候变化的相关法律，自 2005 年起，欧盟范围内的重点用能企业必须拥有许可证才能排放二氧化碳或开展二氧化碳排放权的交易，自此欧盟正式启动了"欧盟碳排放交易机制（EUETS）"。2013 年 4 月，欧盟委员会颁布了 2013/179/EU 号建议《产品和组织生命周期表现测试和沟通通用方法》，正式开始了组织（含制造工厂）环境足迹评价的推广。

日本于 20 世纪末提出建设"循环型经济社会"的构想，其中环境会计制度得到许多企业的关注。随后，日本环境省先后颁布一系列环境会计法规，为企业开展环境会计活动提供指导。日本的环境会计制度主要包括业务领域成本、上下游成本、管理活动成本、研发成本、社会活动成本、环境损伤成本、其他成本等七个方面，主要目的是对企业的环保投资费用及其社会经济效益进行定量的测定、分析，并向社会公开。在此基础上，日本企业也积极推行各种环保工厂认定制度，如日立集团 2011 年启动的"精选环保工厂 & 办公室"认定机制，其目的是减轻经济活动对环境的负荷。该认定机制是通过制定温室气体、废弃物、化学物质排放量和用水量的削减目标，将环保水平高且卓有成效的单位评定为"精选环保工厂＆办公室"，以促进和激发环保型生产活动。

韩国2010年通过的《低碳绿色增长基本法》，标志着其绿色认证制度的正式实施。韩国绿色认证体系由韩国产业通商资源部牵头，八个部委联合开展，该体系分为绿色技术、绿色产业、绿色产品和专门绿色企业四项。其中，专门绿色企业认证涵盖了绿色工厂的重要方面，相当于韩国的绿色工厂评价，其评价核心内容与绿色技术紧密关联，对于采用了绿色技术的产品销售占比达到20%的企业即可获得绿色企业认证。另外，韩国政府还为获得绿色企业认证的企业提供了一系列优惠政策，包括绿色产业金融支持，政府颁发的环保奖项，绿色制造性能检测优惠，海外人才、高级人才优先派遣，在技术转让、投资引进、咨询服务、政府采购等方面优先考虑等。

为推动我国的绿色制造进程，2016年9月，工业和信息化部下发通知开始开展绿色制造体系建设工作。绿色工厂是绿色制造体系中的核心要素之一，该项工作计划通过建立健全标准体系与政策保障机制，在典型行业选择一批基础好的企业率先开展试点，择优选取示范企业推广经验，以此带动更多企业创建绿色工厂，同时以绿色工厂创建为抓手，协同推进清洁生产、生态设计企业创建等重点工作，共同支撑推进绿色制造工程。

在整个绿色制造体系建设工作中，计划到2020年评选出千家绿色示范工厂，当然绿色工厂多多益善，所谓"千家"并不是确定的数据，实际数量会有所浮动。在评选绿色示范工厂的过程中，工业和信息化部要求各省、市根据地方的产业特点制定出台当地的绿色制造体系建设实施方案，通过政策支持等措施鼓励满足申请条件的企业按绿色工厂评价要求及相关标准开展创建工作并自评，然后委托第三方评价机构开展现场评价，接着向主管部门提交绿色工厂自评价和第三方评价报告，各级主管部门根据实际情况逐级把关后推荐到工业和信息化部，最后由工业和信息化部通过组织专家论证、公示、抽查等环节确定国家级绿色工厂企业名单。绿色工厂评选流程如图4-4所示。

在工业和信息化部的鼓励和引导下，目前国内很多省、市也在开展区域的绿色工厂评选工作，其中不乏一些与以往其他工作紧密结合并有良好效果的创新模式。例如，安徽省设立了省级的绿色制造体系建设示范单位称号，并对省级和国家级的示范单位给予差别化的资金支持，大大调动了企业创建绿色工厂的积极性。上海市在进行绿色工厂推荐时，更加注重企业的创建工作，会根据企业以往的节能减排、电机淘汰等工作情况和基础，有针对性地进行绿色工培育，使绿色工厂评选工作与以往的工业绿色化工作充分结合。天津市对第三方评价工作进行招标，使第三方评价机构的角色和工作变得更加单纯直接，避免了评价机构立场不清、评价有失客观的情况。湖州市对规模以上工业企业实施绿色工厂星级管理，达到相应等级的工厂分别授予二星至五星绿色工厂称号，并实行分类管理，对达到相应等级的绿色工厂授予相应等级的绿色工厂称号，并给予相应的政策支持，如达二星级标准的工业企业，能享受县（区）政策扶持，达三星级以上标准的工业企业，不仅能享受市级以上政策扶持，还可优先获得绿色金融政策支持，对未能达到二星级标准的工业企业，则由各乡镇督促整改，两年后仍不达标的实施差别化资源价格。

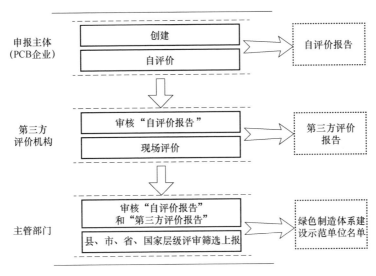

图 4-4　绿色工厂评选流程

以上绿色工厂评选工作模式为直接选拔，并没有留出创建期，但创建才是形成绿色工厂的根本途径，所以创建工作需要各企业根据相关要求及标准提前开展。

绿色工厂创建的基本思路是通过采用绿色工业建筑技术建设或改造厂房，预留可再生能源应用场所和设计负荷，合理布局厂区能量流、物质流，推广绿色设计和绿色采购，开发生产绿色产品，采用先进适用的清洁生产工艺技术和高效末端处理装备，淘汰落后设备，建立资源回收循环利用机制，推动用能结构优化，实现工厂的绿色发展。根据该思路，绿色工厂的创建内容主要包括以下几个方面：

基础设施：合理规划布局，推进厂房绿色建设与改造，采用高效节能的用能设备、配备资源、能源计量器具和污染物处理设备等。

管理体系：建立质量、环境、职业健康安全、能源等管理体系，设置相关管理机构和负责人，做到责任明确，流程清晰，同时加强社会责任意识。

资源、能源投入：优先使用绿色低碳的资源能源，强化资源能源高效利用，关注资源能源的综合利用和循环利用，加强计量，开展绿色供应链管理，规范进货检验程序等。

生产线：科学规划生产线布局及车间环境，优化生产工艺流程，采用绿色化的现代生产技术和工艺，配备智能化、信息化的生产运行支撑系统，选用性能优良的设备设施，考虑生产线与工厂其他辅助配套系统的匹配。

产品：理解工业产品全生命周期思想，开展产品绿色设计，推动产品绿色化，提高产品安全性、质量可靠性、用能产品能效、用水产品水效，减少有害物质使用等。

环境排放：按照相关法律法规的要求和工厂的实际需求配备环保设施，关注环保设施的管理与运行，加强环境监测，有效控制工业三废排放、噪声排放和温室气体排放等。

深入分析，不难发现以上绿色工厂的创建角度与前文介绍的绿色制造的思想、绿色工厂的内涵、运行模型等内容前后呼应、相辅相成。

4.3 绿色工厂评价

绿色工厂评价是绿色工厂评选工作非常重要的环节，开展绿色工厂的评价工作，不仅可以将现有企业中的佼佼者作为标杆遴选出来，也可为绿色工厂的创建工作提供方向指引。目前国家级的绿色工厂评价工作采用了"两评两认"的模式。所谓"两评"是企业的自评价和第三方的独立评价，体现企业主体责任的同时，也引进第三方，保证评价的客观公正。所谓"两认"是指省级工业主管部门的确认推荐及工业和信息化部的审核认定，强调认定称号的权威性，也调动地方主管部门的动能性。《绿色工厂评价要求》和《绿色工厂评价通则》中提出，绿色工厂应在保证产品功能、质量以及制造过程中员工职业健康安全的前提下，引入全生命周期思想，满足基础设施、管理体系、能源与资源投入、产品、环境排放、环境绩效的综合评价要求。按照以上两个技术文件，绿色工厂评价指标按图4-5所示的方向进行。

在评价绿色工厂的过程中，首先从工厂的合法合规性和基础管理职责角度出发，设置在评价过程中可一票否决的基本条件。这些条件要求工厂应依法设立，在建设和生产过程中应遵守有关法律、法规、政策和标准，近三年无较大及以上安全、环保、质量等事故，成立不足三年的企业，成立以来无较大及以上安全、环保、质量等事故。同时对利益相关方环境要求做出承诺的，应同时满足有关承诺要

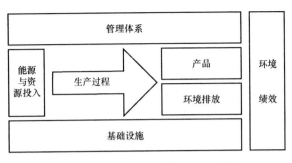

图 4-5　绿色工厂评价指标方向框架

求。基础管理职责要求工厂最高领导者证实其在绿色工厂的创建和持续运行过程中的领导作用和承诺，并需确保在工厂内部分配并沟通与绿色工厂相关角色的职责和权限。

除基本要求外，还有可打分计算的评价指标要求，这些指标要求是按图 4-5 中的指标方向设置的，包括基础设施、管理体系、资源与能源投入、产品、环境排放及环境绩效六项一级指标。其中每项一级指标下设置了一系列的二级指标，这些二级指标从类型上又分为必选项和可选项，每一项一级指标的满分都是 100 分，其下二级指标的必选项为 60 分，可选项为 40 分。另外，一级指标赋有相应的权重，比如基础设施项的权重是 20%。按照指标要求进行打分评价时，必选要求不达标不能评价为绿色工厂，可选要求是希望工厂努力达到的提高性要求，往往体现出了一定的先进性，可得分也可不得分，一级指标的得分是其二级指标得分的算数加和，最后每一项一级指标的实际得分乘以其对应的权重，然后加和所得的值即为该工厂的绿色工厂评价得分。绿色工厂评价要求及指标体系如图 4-6 所示。

《绿色工厂评价要求》和《绿色工厂评价通则》为我国目前的绿色工厂评选工作提供了基本的思路方向和标准依据，但对于我国制造业而言，不同行业有着不同的生产制造及运营管理特征，《绿色工厂评价要求》缺少行业针对性，依此评价时难以做到深入细致。而《绿色工厂评价通则》是用来指导不同行业编制具有行业特征的评价导则及评价指南等标准的，是标准的标准，严格意义上讲不能用其直接对具体的工厂进行评价。目前，由相关企业、科研院所及行业组织牵头已逐步开始研究编制不同行业具体的绿色工厂评价标准，但进度还比较缓慢，另外，针对不同行业绿色工厂评价的思路、方法、侧重点和指标等仍有较大的探讨研究空间。目前，《纺织行业绿色工厂评价导则》（FZ/T 07004—2019）已正式发布，该标准的基本评价思路、方法与《绿色工厂评价通则》一

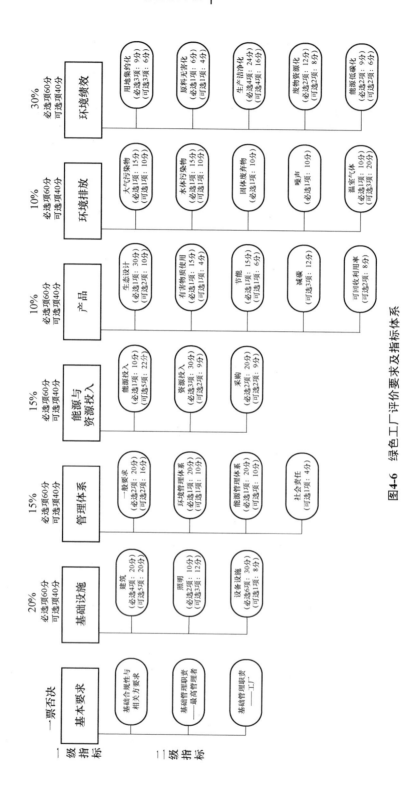

图4-6 绿色工厂评价要求及指标体系

致，但对工厂的评分结果进行了等级划分，得分在85分以上的工厂，为一级，可由相关组织推荐申报绿色工厂；得分为75～85分的，为二级，确定一年的创建期；得分为60～75分的，为三级，确定1～2年的培育期。同时要求在培育期和创建期的工厂，每年应完成一次评价工作，并且从中识别并找出改进的机会进行完善。另外，对于化工行业，因细分行业太多，差异性大，各细分行业企业的产品又千差万别，难以确定相关指标的基准值或者绿色先进值，企业之间难以进行横向评分比较，对于这种情况还需要研究更加具有针对性和可操作性的评价方式。而对于PCB行业，本书的第三篇将对该行业绿色工厂评价的思路、方法等进行详细的分析和介绍。

4.4 PCB行业绿色工厂创建现状

从2016年绿色制造体系建设工作启动到2020年，工业和信息化部共审批发布了五批绿色工厂名单，共评选出国家级绿色工厂2121家，其中第一批201家，第二批208家，第三批391家，第四批602家，第五批719家。

在获批的国家级绿色工厂名单中，PCB行业企业共19家，约占绿色工厂总数的0.9%，具体信息见表4-2。在这19家企业当中，有12家企业来自珠三角地区，3家企业来自长三角地区，2家来自江西省，另外3家分别来自河北省和湖南省。

表4-2 PCB行业绿色工厂信息

序号	企业名称	获评批次	所在区域
1	深圳松维电子股份有限公司	第一批	广东深圳
2	富葵精密组件（深圳）有限公司	第一批	广东深圳
3	深圳市比亚迪电子部品件有限公司	第一批	广东深圳
4	胜宏科技（惠州）股份有限公司	第二批	广东
5	台山市精诚达电路有限公司	第二批	广东
6	庆鼎精密电子（淮安）有限公司	第二批	江苏
7	宏启胜精密电子（秦皇岛）有限公司	第二批	河北
8	华通电脑（惠州）有限公司	第三批	广东
9	广州美维电子有限公司	第三批	广东
10	惠州中京电子科技有限公司	第四批	广东
11	奈电软性科技电子（珠海）有限公司	第四批	广东
12	恩达电路（深圳）有限公司	第四批	广东深圳

（续）

序号	企业名称	获评批次	所在区域
13	深圳崇达多层线路板有限公司	第四批	广东深圳
14	深南电路股份有限公司	第三批	广东深圳
15	奥特斯（中国）有限公司	第四批	上海
16	无锡深南电路有限公司	第四批	江苏
17	奥士康科技股份有限公司	第四批	湖南
18	九江明阳电路科技有限公司	第五批	江西
19	红板（江西）有限公司	第五批	江西

另外，在2016—2018年期间，工业和信息化部设立了绿色制造系统集成项目，有三个项目是由PCB行业企业牵头申请，获得立项的，具体获批的企业和项目情况见表4-3。

表4-3 PCB行业绿色制造系统集成项目获批情况

序号	项目名称	项目方向	牵头单位	所在区域	获批时间
1	高精密印制电路板绿色关键工艺系统集成	关键工艺突破	奥士康科技股份有限公司	湖南	2017年
2	FPC绿色关键工艺开发及绿色智能车间建设	关键工艺突破	深圳市比亚迪电子部品件有限公司	深圳	2017年
3	多层高密度印制软硬电路板绿色关键工艺突破项目	关键工艺突破	红板（江西）有限公司	江西	2018年

绿色制造系统集成项目的要求也会引导这些企业创建和申报绿色工厂，这些获得绿色制造系统集成项目的企业，通过实施项目会大幅提升其绿色制造技术和管理水平，目前奥士康科技股份有限公司、深圳市比亚迪电子部品件有限公司和红板（江西）有限公司已获得国家级绿色工厂称号。

PCB行业要实现可持续发展，必须依靠科技创新，从源头上解决资源环境可持续发展的瓶颈问题，摆脱粗放式的增长方式，实现产业结构调整和技术升级。从上面的分析和数据可以看出，PCB行业已经意识到了绿色制造的重要性和必然性，而且在积极努力地将绿色制造理念付诸行动。然而入选国家级绿色工厂的企业数仅为19家，这个数据与我国世界第一大PCB产业基地的产业地位和行业生产企业的规模数量相比还远远不够，难以起到引领带动整个行业绿色发展的作用。而且这些绿色工厂和项目主要集中在珠三角地区，但我国的PCB产业除在珠三角密集以外，长三角和长江中上游地区也有广泛的分布，因此

PCB行业中的绿色工厂无论从数量来看,还是区域分布来看,都远远不够,任重道远。

参 考 文 献

[1] 杨建佐,郑三军. 关于兴办集体"绿色工厂"的几点思考[J]. 四川金融,1990(12):20-21.
[2] 张文超. 致力于创建绿色工厂:"一汽"综合利用公司加速拓展环保工作[J]. 中国资源综合利用,2004(2):1.
[3] 马莉. 推进零排放打造绿色工厂:苏州爱普生有限公司的节约型生产之道[J]. 苏南科技开发,2005(4):27.
[4] 彭必占,焦相,张睿,等. 绿色工厂设计探索与实践[J]. 武汉勘察设计,2012(4):29-37.
[5] 韩久松,白如冰. 融入航空文化 打造绿色工厂[C]. //中国航空学会管理科学分会2015年学术交流会论文集. 北京:中国航空学会,2015:181-186.
[6] 乔惠蓉. 绿色工厂设计:绿色·建材·钢构 助力"一带一路":第六届中国中西部地区土木建筑学术年会论文集[C]. 徐州:中国矿业大学出版社,2016:54-59.
[7] 王海洋,张凤伟. 基于绿色工业建筑评价的绿色工厂规划设计[J]. 建筑工程技术与设计,2015(18):16.
[8] 陈学. 从"花园式"工厂向"生态型"工厂转变[J]. 科技资讯,2007(29):184-185.
[9] FREEMAN R. The ecofactory: the united states forest service and the political construction of ecosystem management [J]. Environmental History, 2002, 7 (4): 632-658.
[10] GOGER A. The making of a 'business case' for environmental upgrading: Sri Lanka's eco-factories [J]. Geoforum, 2013, 47: 73-83.
[11] 李克,朱新月. 第四次工业革命[M]. 北京:北京理工大学出版社,2015.
[12] 王世杰. 绿色技术评价特性及价值[D]. 徐州:中国矿业大学,2015.
[13] 杨灿辉. 齿轮加工机床的绿色设计与制造技术[J]. 现代制造技术与装备,2017(8):83-84.
[14] 李先广,刘飞,曹华军. 齿轮加工机床的绿色设计与制造技术[J]. 机械工程学报,2009,45(11):140-145.
[15] 刘涛. 信息技术对生态文明的支撑作用[D]. 广州:华南理工大学,2015.
[16] WANG S Y, WAN J F, ZHANG D Q, et al. Towards smart factory for industry 4.0: a self-organized multi-agent system with big data based feedback and coordination [J]. Computer Networks, 2016, 101: 158-168.
[17] 徐倩倩. 分析自动化技术与绿色经济[J]. 自动化与仪器仪表,2016(12):166-167.
[18] 曹广宇,王晋荣. 机械制造及其自动化技术的发展与应用[J]. 中国战略新兴产业,

2018（4）：21.
[19] 李晓红，高彬彬．先进制造技术创新促进空客"未来工厂"建设［J］．航空制造技术，2016（10）：28-31.
[20] 王焱．未来工厂：数字量贯通的集成运行［J］．航空制造技术，2015（8）：40-45.
[21] 付允，林翎，高东峰，等．欧盟产品环境足迹评价方法与机制研究［J］．中国标准化，2013（9）：59-62.
[22] 李敏，王璟．绿色制造体系创建及评价指南［M］．北京：电子工业出版社，2018.
[23] 王祥．创新驱动绿色产品认证机制［J］．质量与认证，2016（7）：33-34.
[24] 中华人民共和国工业和信息化部．绿色工厂评价通则：GB/T 36132—2018［S］．北京：中国标准出版社，2018.
[25] 广东省节能减排标准化促进会．印制电路板制造业绿色工厂评价导则：T/GDES 20—2018［S］．广州：广东省节能减排标准化促进会，2018.

第二篇

创 建 篇

第 5 章

基础设施建设

5.1 基础设施建设的合规性要求

PCB企业的基础设施建设主要包括厂房车间、办公楼、食堂等建筑物，生产、动力、消防、环保系统的设备设施以及配套的管道管线和计量器具等。

绿色工厂在新建、改建和扩建建筑时，应当遵守国家、地方对建设项目的要求，符合国家批准的区域发展规划和产业发展规划的要求，建筑项目不应列入国土资源部、国家发展和改革委员会发布实施的《禁止用地项目目录》。《印制电路板行业规范条件》的发布也进一步规范了PCB工厂的项目建设，规范要求PCB工厂在满足国家产业政策、相关产业发展规划和布局要求下，还应符合建设项目的土地利用总体规划、城市总体规划、环境功能区划及环境保护规划，不得在永久基本农田保护区、饮用水水源保护区、自然保护区、风景名胜区、生态保护红线和生态环境敏感区、脆弱区等法律、法规规定禁止建设工业企业的区域进行项目建设。

根据《国务院办公厅关于全面开展工程建设项目审批制度改革的实施意见》（国办发〔2019〕11号），建设项目审批流程包括立项用地规划许可、工程建设许可、施工许可、竣工验收等四个阶段。其中，立项用地规划许可阶段主要包括项目审批核准、选址意见书核发、用地预审、用地规划许可证核发等；工程建设许可阶段主要包括设计方案审查、建设工程规划许可证核发等；施工许可阶段主要包括设计审核确认、施工许可证核发等；竣工验收阶段主要包括规划、土地、消防、人防、档案等验收及竣工验收备案等；其他行政许可、强制性评估，如建设项目建议书立项批复、可行性研究报告评估结论及批复、项目（资金）申请报告批复、项目节能评估报告、项目环境影响评价报告及批复以及备案等事项纳入相关阶段办理或与相关阶段并行推进。

除了上述国务院发布的建设项目审批流程外，多个省市也根据《国务院办公厅关于全面开展工程建设项目审批制度改革的实施意见》（国办发〔2019〕11号），同时结合本地的实际情况，制定了相应的建设项目审批制度。以广东省和江苏省为例，2019年5月28日，广东省人民政府发布了《关于印发广东省全面开展工程建设项目审批制度改革实施方案的通知》（粤府〔2019〕49号），2019年6月2日，江苏省人民政府发布了《省政府办公厅关于印发江苏省工程建设项目审批制度改革实施方案的通知》（苏政办发〔2019〕53号）。上述两省在通知中对建设项目的审批阶段、建设项目评估评审机制等都进行了规定，但要求上略有差异，不同省市的工厂在建设项目合规性申报方面可根据各地的具体要求进行。部分省市建设项目审批要求见表 5-1。

表 5-1 部分省市建设项目审批要求

序号	要求	国家要求	广东省	江苏省
1	审批阶段	立项用地规划许可、工程建设许可、施工许可、竣工验收四个阶段	立项用地规划许可、工程建设许可、施工许可、竣工验收四个阶段	立项用地规划许可、工程建设许可、施工许可、竣工验收四个阶段
2	审批时间	120 个工作日以内	政府投资项目审批时间压缩至 100 个工作日以内，社会投资项目审批时间控制在 60 个工作日以内，其中，带方案出让土地及小型社会投资项目审批时间控制在 45 个工作日内	100 个工作日以内
3	建设信用系统	建立红黑名单制度，构建"一处失信、处处受限"的联合惩戒机制	建设红黑名单制度，构建"一处失信、处处受限"的联合惩戒机制	建设红黑名单制度，构建"一处失信、处处受限"的联合惩戒机制

除厂房车间外，PCB 工厂的基础设施还包括辅助生产建筑，如能源动力站、仓储建筑及厂区内办公建筑等。工厂在新建、改建和扩建建筑时，除应满足上述各省市的审批要求外，其各类建筑还应满足《印刷电路板工厂设计规范》（GB 51127—2015）的要求。该设计规范总计分为 14 章，主要技术内容包括：总则、术语、基本规定、工艺、总图、建筑、结构、动力、供暖通风与空气净化、给水排水、电气、化学品、空间管理及节能，其中第 6 章对 PCB 工厂的建筑提出了相应的规范要求，包括建筑的一般规定、防火设计和防腐蚀设计 3 个方面，具体可见表 5-2。

表 5-2 PCB 工厂设计规范——建筑

序号	规范要求	具体要求
1	一般规定	1. 建筑功能满足生产工艺要求；2. 厂房内部人流、物流及辅助设施规划满足要求；3. 主体结构如柱网、层高满足工艺要求；4. 维护结构满足保温、隔热、防火、防潮要求；5. 洁净区应满足《建筑设计防火规范》（GB 50016）和《电子工业洁净厂房设计规范》（GB 50472）要求等
2	防火要求	1. 厂房的耐火等级不低于二级；2. 生产厂房的火灾危险性分类应符合《建筑设计防火规范》（GB 50016）和《电子工业洁净厂房设计规范》（GB 50472）要求；3. 厂房洁净区的顶棚和壁板及其夹芯材料、管道竖井井壁应为不燃材料，不得采用有机复合材料；4. 安全出口及安全疏散距离根据工艺设备布置确定，并应符合《建筑设计防火规范》（GB 50016）；5. 厂房内化学品存储间（区）应单独设置，并根据化学品物理化学性质分类区分……

(续)

序号	规范要求	具体要求
3	防腐蚀要求	1. 厂房建筑材料的防腐蚀性应符合《工业建筑防腐蚀设计规范》（GB 50046）要求，有腐蚀性气体作用且相对湿度较大的室内墙面等应采取防腐措施；2. 防腐地面、楼面应根据腐蚀介质的种类、性质、浓度等要求选择防腐材料，地面不宜设置变形缝；3. 排水沟的面层材料应设置隔离层，并与地面隔离层连成整体……

另外，PCB企业在基础设施建设过程中，其环保、安全、职业卫生及消防等设施建设应符合国家相关规定，并与项目的建设主体工程同时设计、同时施工、同时投入生产和使用，即俗称的"三同时"。与项目"三同时"有关的法律法规见表5-3。

表5-3　与项目"三同时"有关的法律法规

序号	法律法规名称	三同时要求
1	环境保护法	防治污染设施满足三同时要求
2	建设项目环境保护管理条例	环境保护设施满足三同时要求
3	循环经济促进法	节水设施满足三同时要求
4	水污染防治法	水污染防治设施满足三同时要求
5	水法	节水设施满足三同时要求
6	水土保持法	水土保持设施满足三同时要求
7	大气污染防治法	大气污染防治设施满足三同时要求
8	环境噪声污染防治法	环境噪声污染防治设施满足三同时要求
9	固体废物污染环境防治法	固体废物污染防治设施满足三同时要求
10	放射性污染防治法	放射性污染防治设施满足三同时要求
11	劳动法	劳动安全卫生设施满足三同时要求
12	安全生产法	安全设施满足三同时要求
13	职业病防治法	职业病防护设施满足三同时要求
14	建设项目职业病防护设施"三同时"监督管理办法	职业病防护设施满足三同时要求
15	消防法	消防设计、施工必须符合国家工程建设消防技术标准

5.2　绿色工业建筑

对于生产企业而言，建设满足工艺生产及使用要求的工业建筑，是企业开展生产活动的重要前提之一。但随着我国工业化建设的快速发展，工业建筑数量迅速增加，建筑能耗和污染物排放也随之大幅增加，因此将绿色建筑理念引入工业建筑领域具有重要意义。

所谓绿色工业建筑，是指在建筑的全生命周期内，能够最大限度地节约资源（节地、节能、节水、节材）、减少污染、保护环境，提供适用、健康、安全、高效实用空间的工业建筑。2010年8月23日，住房和城乡建设部印发《绿色工业建筑评价导则》（建科〔2010〕131号）；2013年8月8日，《绿色工业建筑评价标准》（GB/T 50878—2013）发布，2014年3月1日正式实施，并代替《绿色工业建筑评价导则》成为指导我国绿色工业建筑规划设计、施工验收、运行管理的依据。该评价标准内容包括节地与可持续发展场地、节能与能源利用、节水与水资源利用、节材与材料资源利用、室外环境与污染物控制、室内环境与职业健康、运行管理七类评价指标及技术进步与创新等，具体如图5-1所示。

由图5-1可知，《绿色工业建筑评价标准》中的内容覆盖非常广泛，除工厂建筑外还涉及工厂生产、运行以及污染物处理等多个方面，其中生产、运行以及污染物处理等与本书中的其他章节的内容会有重复，而本章重点关注建筑物本身，因此下文将主要从建筑的节地、节材与建材选用、节能、节水以及场地与绿化等方面来介绍绿色工业建筑。

5.2.1 节地

为了加强工业项目建设用地管理，促进节约集约用地，原国土资源部2008年1月31日发布了《工业项目建设用地控制指标》（国土资发〔2008〕24号），要求各级相关管理部门严格执行。建设用地控制指标是国家或地方发布实施的建设项目统一用地标准，是工程项目设计、建设项目准入、土地供应和审批、土地开发利用和供后监管的重要准则和政策依据，对促进土地节约集约利用具有极其重要的意义。根据上述文件要求，工业项目建设用地指标包括投资强度、容积率、建筑系数、行政办公及生活服务设施用地所占比重和绿地率等五项指标，其中投资强度按照用地类别的不同，同类行业的投资强度要求也不同，以PCB行业为例，二类第5等、第6等（如广东东莞市）土地的投资强度要高于3520万元/hm^2，但四类第9等、第10等土地（如广东从化市）的投资强度只要高于1760万元/hm^2，两者相差一倍。

由于国内经济水平发展的差异，各省市根据本地的实际情况，制定了相应的工业用地控制指标要求。如以印制板制造企业分布广泛的深圳市为例，2012年5月16日深圳市印发了《深圳市工业项目建设用地控制标准（2012年版）》，

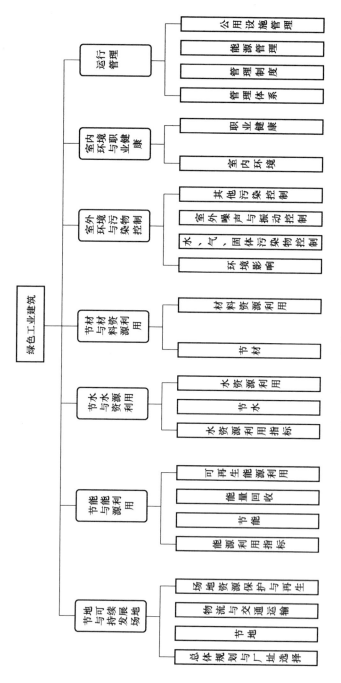

图5-1 绿色工业建筑评价指标体系

其中控制指标包括投资强度、土地产出率、产值能耗、容积率、地均纳税额、成长率和土地弹性等七项指标，其中建筑系数、行政办公及生活服务设施用地所占比重和绿地率等三项指标执行《工业项目建设用地控制指标》（国土资发〔2008〕24号）标准。随着经济的发展和科技的进步，项目建设水平有了较大提高，原工业项目建设用地控制指标也存在不能满足当前形势发展需要和土地节约集约利用需求的情况，如同为PCB生产主要区域的江苏省于2019年1月30日发布了《江苏省建设用地指标（2018年版）》，替代了原《江苏省建设用地指标（2014年版）》，文中对工业建设用地的投资强度、容积率、建筑密度和绿地率等进行了规范，其中投资强度和容积率指标相对于2014年均有所提高，建筑密度、绿地率和行政办公及生活服务设施用地所占比重要求保持不变。工业项目建设用地控制指标——PCB行业见表5-4。

表5-4 工业项目建设用地控制指标——PCB行业

序号	项目	计算公式	国家	江苏			深圳	
				苏南	苏中	苏北	一类地区	二类地区
1	建筑系数（%）	[（建筑物占地面积+构筑物占地面积+露天堆场占地面积）/总用地面积]×100%	≥30	≥40			≥30	
2	容积率	总建筑面积/总用地面积	≥1.0	≥1.3			≥2.3	≥2.0
3	绿地率（%）	（绿地面积/总用地面积）×100%	≤20	≤14			≤20	
4	行政办公及生活服务设施用地所占比重（%）	（行政办公及生活服务设施占地面积/总用地面积）×100%	≤7	≤7			≤7	
5	投资强度	固定资产总投资额/总用地面积（以第9和第10等土地为例）单位：万元/hm²	≥1760	≥7200	≥6450	≥5700	≥7290	≥6070
6	土地产出率	工业增加值/总用地面积 单位：元/m²	—	—	—	—	≥8710	≥7260
7	产值能耗	工业综合能源消费量/工业总产值 单位：t标准煤/万元	—	—	—	—	≤0.119	≤0.124
8	地均纳税额	企业纳税额/总用地面积 单位：元/m²		≥306			≥1440	≥1200

(续)

序号	项目		计算公式	指标要求					
				国家	江苏			深圳	
					苏南	苏中	苏北	一类地区	二类地区
9	成长率（%）		[（企业当年净利润额 K_n/企业前两年净利润额 K_{n-2}）$^{1/2}$ － 1］×100%	—	—	—	—	≥25	≥20
10	土地弹性	短期出让	—	—	—	—	—	出让年限为10 年以下 出让年限为10～20 年 出让年限为20～30 年	
		长期出让						出让年限为30～50 年	

随着国家、地方对用地控制指标越来越严格的要求，工厂在新建、改建、扩建时可参考《绿色工业建筑评价标准》（GB/T 50878—2013）进行建筑的设计和改造，多采用多层建筑形式以最大程度地节约用地，以满足当地对用地控制的要求。

5.2.2 节材与建材选用

据统计，建筑工程中材料的消耗量占全国总消耗量的比例较高，如钢材约占25%、木材约占40%、水泥约占70%，此外还有相当数量的玻璃、石膏、砖材等，因此作为工业发展中持续增多的工业建筑也消耗了大量的资源和能源。随着《绿色工业建筑评价标准》的发布，明确将节材作为绿色建筑的一项主要控制指标。

根据建筑的特点，节材一般体现在建筑的设计和施工过程，后续建筑结构定型后，节材的空间就比较小了。由于PCB工厂对建筑物的要求较高，设计时在满足《印刷电路板工厂设计规范》要求的前提下，建筑结构宜采用框架、框架-剪力墙结构。为了降低施工过程中对自然资源的消耗和对环境的影响，工厂宜采用砌体结构等建筑结构体系，同时应加强对现有建筑结构和材料进行再利用，尽量不破坏和拆除已有的建筑构件及设施，避免重复装修，减少建筑材料使用。

对于建筑材料的选择，工厂应尽量选用绿色环保建筑材料，不得使用国家禁止使用的建筑材料或建筑产品，建筑材料和建筑产品的性能参数与有害物质的限量应符合现行国家、地方及行业有关标准的规定，目前已发布的建筑材料有害物质限量标准具体见表 5-5。

表 5-5　建筑材料有害物质限量标准

序号	标准号	标准名称
1	GB 18580—2017	室内装饰装修材料　人造板及其制品中甲醛释放限量
2	GB 18581—2020	木器涂料中有害物质限量
3	GB 18582—2020	建筑用墙面涂料中有害物质限量
4	GB 18583—2008	室内装饰装修材料　胶粘剂中有害物质限量
5	GB 18584—2015	室内装饰装修材料　木制家具中有害物质限量
6	GB 18585—2016	室内装饰装修材料　壁纸中有害物质限量
7	GB 18586—2016	室内装饰装修材料　聚氯乙烯卷材地板中有害物质限量
8	GB 18587—2016	室内装饰装修材料　地毯、地毯衬垫及地毯胶粘剂有害物质释放限量
9	GB 18588—2001	混凝土外加剂中释放氨的限量
10	GB 6566—2010	建筑材料放射性核素限量

随着国家、行业对建筑材料绿色环保要求的提高，2019 年中国工程建设标准化协会发布了包括预拌混凝土、预拌砂浆、砌体材料等 51 项绿色建材评价标准，具体见表 5-6。

表 5-6　绿色建材评价标准

序号	标准号	标准名称
1	T/CECS 10025—2019	绿色建材评价　预制构件
2	T/CECS 10026—2019	绿色建材评价　建筑门窗及配件
3	T/CECS 10027—2019	绿色建材评价　建筑幕墙
4	T/CECS 10028—2019	绿色建材评价　钢结构房屋用钢构件
5	T/CECS 10029—2019	绿色建材评价　建筑密封胶
6	T/CECS 10030—2019	绿色建材评价　现代木结构用材
7	T/CECS 10031—2019	绿色建材评价　砌体材料
8	T/CECS 10032—2019	绿色建材评价　保温系统材料
9	T/CECS 10033—2019	绿色建材评价　建筑遮阳产品
10	T/CECS 10034—2019	绿色建材评价　建筑节能玻璃
11	T/CECS 10035—2019	绿色建材评价　金属复合装饰材料
12	T/CECS 10036—2019	绿色建材评价　建筑陶瓷

(续)

序号	标准号		标准名称
13	T/CECS 10037—2019	绿色建材评价	卫生洁具
14	T/CECS 10038—2019	绿色建材评价	防水卷材
15	T/CECS 10039—2019	绿色建材评价	墙面涂料
16	T/CECS 10040—2019	绿色建材评价	防水涂料
17	T/CECS 10041—2019	绿色建材评价	门窗幕墙用型材
18	T/CECS 10042—2019	绿色建材评价	无机装饰板材
19	T/CECS 10043—2019	绿色建材评价	光伏组件
20	T/CECS 10044—2019	绿色建材评价	反射隔热涂料
21	T/CECS 10045—2019	绿色建材评价	空气净化材料
22	T/CECS 10046—2019	绿色建材评价	树脂地坪材料
23	T/CECS 10047—2019	绿色建材评价	预拌混凝土
24	T/CECS 10048—2019	绿色建材评价	预拌砂浆
25	T/CECS 10049—2019	绿色建材评价	石膏装饰材料
26	T/CECS 10050—2019	绿色建材评价	水嘴
27	T/CECS 10051—2019	绿色建材评价	石材
28	T/CECS 10052—2019	绿色建材评价	镁质装饰材料
29	T/CECS 10053—2019	绿色建材评价	吊顶系统
30	T/CECS 10054—2019	绿色建材评价	钢质户门
31	T/CECS 10055—2019	绿色建材评价	集成墙面
32	T/CECS 10056—2019	绿色建材评价	纸面石膏板
33	T/CECS 10057—2019	绿色建材评价	建筑用阀门
34	T/CECS 10058—2019	绿色建材评价	塑料管材管件
35	T/CECS 10059—2019	绿色建材评价	空气源热泵
36	T/CECS 10060—2019	绿色建材评价	建筑用蓄能装置
37	T/CECS 10061—2019	绿色建材评价	新风净化系统
38	T/CECS 10062—2019	绿色建材评价	设备隔振降噪装置
39	T/CECS 10063—2019	绿色建材评价	控制与计量设备
40	T/CECS 10064—2019	绿色建材评价	LED 照明产品
41	T/CECS 10065—2019	绿色建材评价	采光系统
42	T/CECS 10066—2019	绿色建材评价	地源热泵系统
43	T/CECS 10067—2019	绿色建材评价	游泳池循环水处理设备
44	T/CECS 10068—2019	绿色建材评价	净化设备

（续）

序号	标准号	标准名称	
45	T/CECS 10069—2019	绿色建材评价	软化设备
46	T/CECS 10070—2019	绿色建材评价	油脂分离器
47	T/CECS 10071—2019	绿色建材评价	中水处理设备
48	T/CECS 10072—2019	绿色建材评价	雨水处理设备
49	T/CECS 10073—2019	绿色建材评价	混凝土外加剂
50	T/CECS 10074—2019	绿色建材评价	太阳能光伏发电系统
51	T/CECS 10075—2019	绿色建材评价	机械式停车设备

对于建筑材料，除参考以上标准选用绿色建材外，企业还可从源头出发，如尽量减少不可再生资源生产的建筑材料的使用，选择使用与可再生相关的材料，所谓可再生相关的材料包括使用可再生资源生产的建筑材料、本身即为可再生的材料和含有可再生成分的材料，其中可再生资源包括如太阳能、地热等；其次还可以通过使用耐久性好、节材效果好的建筑材料，如高性能混凝土、高强度钢等结构材料，解决建筑结构中的"肥梁胖柱"问题，增加建筑使用面积；在保证建筑安全、性能的前提下，还可以使用以废弃物为原料生产的建筑材料以及建筑拆除后能够被再利用和（或）再循环使用的材料，如建筑建设、运行和拆除过程中产生的建筑垃圾，以及工业生产过程中产生的钢渣、粉煤灰等作为原料制备的建筑材料；优先使用本地生产的建筑材料，提高就地取材的比例，根据相关规定，建筑施工过程使用的建筑材料70%以上应来源于施工现场500km以内，以减少建筑材料运输过程的资源、能源消耗，降低环境污染。

5.2.3 节能

1. 照明

PCB工厂一般由生产场所、辅助生产场所以及办公区域等组成，不同的场所对照明的要求各不相同。如辅助生产场所和办公区域等对于生产环境要求不高的区域，照明在满足《建筑采光设计标准》（GB 50033—2013）要求下，应尽可能利用各种导光和反光装置引入自然光，辅以节能型照明设备，并通过采取分区、分组、断路器、定时、调光等控制措施减少照明设施用电。

对于PCB的生产场所，由于生产工艺和生产环境对照明有严格要求的，在不能使用自然光照明时应优先选用发光二极管（LED）照明产品、高压钠灯、金属卤化物灯、自镇流荧光灯、三原色双端直管双端荧光灯（T8、T5型）等节能型人工照明设备，同时节能照明设备的占比应不低于总照明设备的50%。PCB

生产场所照明除应满足《建筑照明设计标准》(GB 50034—2013) 要求，即照度值不低于 500 lx，照明功率密度不高于 18.0 W/m^2 外，还应满足生产中对照明和照明设施的其他特定要求，如洁净区内应设置备用照明，备用照明作为正常照明的一部分，不应低于该场所一般照明照度值的 10%，洁净区内的一般照明灯具宜采用吸顶明装、不易集尘、便于清洁的洁净灯具。电镀、蚀刻等具有较强腐蚀性场所的灯具宜采用耐腐蚀的材料制作。曝光间、丝印、贴膜等对感光度有要求的场所宜采用黄色光源照明或防紫外线白灯管。其他对照度要求高的生产厂房，可采用混合照明增加局部照明来提高作业场所的照度。生产厂房同一场所内的不同区域有不同照度要求时，应对照明区域进行分区、分组控制。PCB生产企业车间照度要求见表 5-7。生产车间照明功率密度要求见表 5-8。

表 5-7 PCB 生产企业车间照度要求

序号	指标	限值
1	照度标准值/lx	≥500
2	统一眩光值 UGR	≤19
3	照度均匀度 U_0	≥0.70
4	一般显色指数 R_a	≥80

注：参考平面及其高度为 0.75 m 水平面。

表 5-8 生产车间照明功率密度要求

序号	指标		限值
1	照明功率密度限值/(W/m^2)	现行值	≤18.0
2		目标值	≤16.0

2. 可再生能源

可再生能源是指风能、太阳能、水能、生物质能、地热能、海洋能等非化石能源。工厂应根据所处地理位置，优先合理使用可再生能源，可再生能源的使用占总建筑所用能源的比例宜大于 10%。目前太阳能是可再生能源中应用较为成熟、广泛的能源，同时也是 PCB 工厂使用较多的可再生能源之一。

太阳能目前主要的应用包括太阳能热发电、太阳能热利用以及光伏发电等。太阳能热利用是指将太阳能的辐射能转换成热能，主要的应用为太阳能集热器；太阳能热发电是指通过将水和其他各种有机物质加热，将水和其他有机物质转换成具有一定温度和一定压力的蒸汽，然后通过蒸汽让汽轮发电机组运动而产生电能；光伏发电是利用半导体界面的光生伏特效应而将太阳能直接转变为电能的一种技术。目前可在 PCB 工厂应用的太阳能利用技术包括太阳能热利用及光伏发电，如通过安装光伏发电系统，减少企业生产用电消耗，另外通过安装太阳能集热器如太阳能热水器等充分利用太阳能，以减少不可再生能源使用。

空气能是除太阳能外，目前应用范围较为广泛的可再生能源之一。所谓空气能是指空气中所蕴含的低品位热能量，将空气能收集利用起来的装置叫热泵，这种技术被称为空气能热泵技术，目前空气能热泵技术可广泛应用于空气能热泵热水领域、空气能热泵供暖领域，在绿色建筑上也有应用。

5.2.4 节水器具和设备

PCB的生产过程中水消耗量大，消耗的生产用水一般包括新鲜水、纯水和回用水，主要用于湿流程，如磨板、蚀刻、显影、电镀等工序。目前PCB工厂常用的节水设备、产线情况可详见本书第8章。

从绿色工业建筑的角度出发，本节所要介绍的节水器具和设备主要是指生产车间、办公生活等建筑内的基础供水、用水器具和设备，如各类水嘴阀门、淋浴器、小便器等。绿色工厂应优先使用《当前国家鼓励发展的节水设备（产品）目录》中公布的设备和器具，如满足《节水型生活用水器具》（CJ 164—2014）要求的节水型水嘴、节水淋浴器、节水便器等。具体生活用水器具的用水效率等级要求见表5-9和表5-10，其中水嘴、淋浴器、便器（包括坐便器、小便器、蹲便器）的用水效率限定值应满足其用水效率等级的3级水平和对流量均匀性、最小流量的要求；而节水水嘴、淋浴器应满足其用水效率等级的2级及以上水平及流量均匀性要求；节水便器（包括坐便器、小便器、蹲便器）的用水效率应满足其相应用水效率等级的2级及以上水平。

表5-9 水嘴和淋浴器用水效率等级要求

序号	器具名称		用水效率等级	流量限值要求/（L/s）	流量均匀性/（L/s）
1	水嘴	节水型水嘴	1级	≤0.100	≤0.033
			2级	≤0.125	
		其他水嘴	1级	≤0.100	≤0.1
			2级	≤0.125	
			3级	≤0.150	
2	淋浴器	节水型淋浴器	1级	≤0.08	≤0.033
			2级	≤0.12	
		其他淋浴器	1级	≤0.08	≤0.1
			2级	≤0.12	
			3级	≤0.15	

表 5-10 便器用水效率等级要求

序号	器具名称		用水效率等级	冲洗水量/L
1	坐便器	其他坐便器	1 级	≤4.0
			2 级	≤5.0
			3 级	≤6.4
		双冲坐便器	1 级	≤5.0
			2 级	≤6.0
			3 级	≤8.0
2	小便器		1 级	≤2.0
			2 级	≤3.0
			3 级	≤4.0
3	蹲便器		1 级	≤5.0
			2 级	≤6.0
			3 级	≤8.0

注：每个水效等级中，双冲坐便器的半冲平均用水量不大于其全冲用水量最大限定值的70%。

节水器具可通过采用特殊的材料、巧妙的构造和先进的技术等途径来进行设计，以达到节水的目的，一般从限制水嘴出水流量、缩短水嘴开关时间以及避免水嘴滴漏等方面进行设计。节水便器是在保证卫生要求、使用功能和管道输送能力的条件下，一次冲洗水量不大于6 L的便器，一般从材质、结构和水力等方面进行设计。目前部分代表性节水器具见表5-11。

表 5-11 部分代表性节水器具

序号	类别	节水器具名称	节水原理
1	节水水嘴	陶瓷片密封水嘴	采用2片精密研磨的硬质陶瓷片作为密封件，密封性好，能随时关闭而达到节水的目的
		陶瓷阀芯水嘴	水龙头的阀芯采用陶瓷，密封性好，开启、关闭反应快，减少跑冒滴漏
		充气水嘴	出水口装有使外界的空气被从水龙头流出的水卷吸、混合的起泡器
		全自动水嘴	根据光电效应、电容效应、电磁感应等原理控制起闭
		定量水嘴	每次开启且流出一定水量后，靠水压力及预压弹簧的增压而自动关闭
		节流水嘴	加有节水阀芯或节流塞，可有效减少水嘴因流量过大而浪费的水量
		停水自闭水嘴	停水后可以通过阀瓣或活塞的自重或弹簧复位自动关闭水流通道，反应速度较快

(续)

序号	类别	节水器具名称	节水原理
2	节水便器	喷射虹吸式坐便器	水一部分从边沿孔流出,另外一部分正对存水弯处喷射孔冲出向上喷射,使存水弯迅速充满并开始排水
		气水混合式冲洗	在缺水比较严重,而电力相对充足的城市可以考虑使用气水混合式节水设备,通过同时采用水和空气作为清洁的媒介,空气作为动力因素,水兼做动力和清洁因素
		自动冲洗装置	利用红外线感应技术,采用无接触设计
		两档式节水型便器	分别设置不同用水量的便器
3	节水淋浴器	红外感应式淋浴器	采用红外传感应技术应用到淋浴器,当人体进入能探测到的有效距离内,执行器即电磁阀开启,喷头出水,当超过有效距离后,电磁阀关闭,喷头停止出水
		延时自闭式淋浴器	通过人工控制电磁阀放水,执行一段时间后自动停止

5.2.5 场地及绿化

PCB行业绿色工厂的总体布局除满足《印制电路板工厂设计规范》要求外,为改善员工的工作环境,可设置遮阴避雨的步行连廊。为减少下雨时地表径流,增加雨水下渗,工厂内应尽量扩大透水地(包括自然裸露地、绿地、透水砖、镂空地)面积,保证透水地面积不小于室外总面积的30%。透水地可根据室外场地的使用功能采取灵活的布置方式,可以连续,也可以间断;存在污染隐患区域应避免设置透水地面,以降低下渗水对地下水污染的风险。

工厂的绿化不仅能美化厂容、吸收有害气体、降低噪声,同时还能够为员工提供一个良好的办公环境。在绿化过程中,绿地面积和种植的植物是工厂绿化的关键所在。在满足国家工业用地相关要求的基础上,鼓励企业尽量增加厂区绿化面积。对于种植的植物,除满足绿化和美观要求外,还应根据工厂的特点和所在地进行选择。首先工厂绿化宜优先种植本地且耐候性强的植物,以减少日常维护工作量及维护费用;其次对于PCB工厂而言,如洁净厂房附近不应选用散发花絮、绒毛的物种,存放易爆易燃化学品仓库和危险废物临时贮存场所周围宜选择能减弱爆炸气浪和阻挡火灾蔓延的枝叶茂盛、含水分大的大乔木、灌木,而不应种植松柏等含油脂的针叶树种等。

5.3 设备设施

5.3.1 专用设备

PCB 行业作为高技术含量的生产制造行业，生产中使用的专用设备种类繁多，且设备技术水平要求高，一般包括钻孔机、磨板机、印刷机、显影机、蚀刻机、层压机、沉铜线、电镀线、喷锡机、测试机等。PCB 行业的专用设备行业属性明显，且更新发展速度较快，目前并无明确的标准和要求来规定其绿色先进性。但从绿色工厂建设的角度来讲，企业使用的专用设备除满足生产需求外，应按照《印制电路板行业规范条件》《清洁生产标准 印制电路板制造业》（HJ 450—2008）以及行业中其他绿色制造相关的标准要求，选用资源能源利用效率高、污染物产生量少以及过程控制水平高的设备。例如，目前 PCB 行业的电镀、蚀刻、清洗等各生产环节都可实现自动连续工艺，这种生产工艺配套的设备设施不仅可以精准地控制加药量、用水量以及其他工艺参数，而且可大大提高生产线的密封性，减少有害气体逸散挥发，提高污染物的收集率。某 PCB 企业自动化设备如图 5-2 所示。

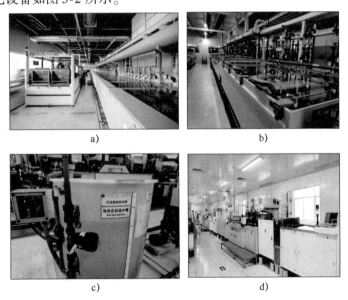

图 5-2 某 PCB 企业自动化设备

a）水平自动连续沉铜线 b）自动棕化生产线 c）自动加药槽 d）全自动文字印刷机

自动化、智能化设备可提升企业生产制造过程控制水平，从而支撑其绿色制造水平的提升。PCB 工厂生产工艺复杂，管控环节多，可通过实施诸如生产设备联网与数据采集系统，建设企业资源计划（ERP）、制造执行系统（MES）、供应商关系管理（SRM）、仓库管理系统（WMS）等信息化系统，以提高相关设备的自动化、智能化水平，从而实现降低运营成本、缩短生产周期、提高产品合格率、支撑绿色制造水平提升的目的。制造执行系统（Manufacturing Execution System，MES）是面向生产过程进行优化管理的系统，通过在生产现场采用包括可编程序控制器（PLC）、数据采集器、条码、各种计量及检测仪器、机械手等，以实现对生产现场（人、设备、物料、客户需求等）当前状态的实时优化。企业资源计划（Enterprise Resource Planning，ERP）系统是基于供应链管理的思想开发的管理系统，一般包括原辅料、生产、财务、成本、资产、供应链、销售及设备等管理模块，基本可涵盖企业生产的各个流程。以上两个系统可以单独进行企业内应用，也可进行集成应用，通过两者集成应用，MES 为 ERP 系统提供基础的生产数据，为 ERP 系统等统计和结算提供数据支撑，更为后续分析企业生产绩效和调整生产计划提供依据。

5.3.2 通用设备

根据《国民经济行业分类》（GB/T 4754—2017）中规定，通用设备是指那些通用性强、用途较为广泛的设备，其应用范围不局限于某一特定功能，如泵、风机等。在 PCB 工厂生产中，使用的通用设备种类也比较多，一般包括中央空调、变压器、各类泵、风机、空气压缩机等。

工业和信息化部、国家发展和改革委员会等国家主管部门定期会发布诸如《节能机电（产品）推荐目录》《"能效之星"产品目录》《国家工业节能技术装备推荐目录》《国家重点推广的电机节能先进技术目录》《高耗能落后机电设备（产品）淘汰目录》《部分工业行业淘汰落后生产工艺装备和产品指导目录》等文件，因此 PCB 工厂在引进设备和节能改造中应优先选用国家、行业推荐的节能型产品或效率高、能耗低、水耗低、物耗低的设备，淘汰国家明令禁止使用的设备。

通用设备的能源消耗一般占 PCB 工厂整体能源消耗的 30% 左右，比例较高，因此工厂选用的通用设备应达到相关标准中能效限定值要求，如冷水机组应满足《冷水机组能效限定值及能效等级》（GB 19577—2015）中第 4 章对能效的要求，其中对能效的要求包括冷水机组的性能系数（COP）和综合部分负荷性能系数（IPLV），不同名义制冷量的冷水机组的能效等级指标要求也不同；变压器应满足《电力变压器能效限定值及能效等级》（GB 20052—2020）中第 5 章对能效的要求，该标准规定了不同电压的电力变压器空载损耗和负载损耗的限值要求以及对应的能效等级。PCB 企业涉及的主要通用设备的能效要求见表 5-12。

表 5-12　PCB 企业涉及的主要通用设备的能效要求

序号	设备名称	执行标准
1	冷水机组	GB 19577—2015　冷水机组能效限定值及能效等级
2	电力变压器	GB 20052—2020　电力变压器能效限定值及能效等级
3	离心鼓风机	GB 28381—2012　离心鼓风机能效限定值及节能评价值
4	电动机	GB 18613—2012　中小型三相异步电动机能效限定值及能效等级
5	小功率电动机	GB 25958—2010　小功率电动机能效限定值及能效等级
6	容积式空气压缩机	GB 19153—2019　容积式空气压缩机能效限定值及能效等级
7	通风机	GB 19761—2020　通风机能效限定值及能效等级

除选用满足能效要求的通用设备外，在设备的实际运行过程中，应加强设备的管理和维护，保证设备的实际运行效率或主要运行参数符合该设备经济运行的要求，以达到设备节能的目的。如工厂使用的电力变压器应符合《电力变压器经济运行》（GB/T 13462—2008）中 9.2.1 节对经济运行的评价要求；工业锅炉应符合《工业锅炉经济运行》（GB/T 17954—2007）中 6.5 节对经济运行的评价要求；空气调节系统应符合《空气调节系统经济运行》（GB/T 17981—2007）中第 5 章对经济运行的评价要求；其他诸如通风机系统、压缩机等经济运行要求详见表 5-13。

表 5-13　部分通用设备经济运行要求

序号	设备名称	执行标准
1	电力变压器	GB/T 13462—2008　电力变压器经济运行
2	工业锅炉	GB/T 17954—2007　工业锅炉经济运行
3	空气调节系统	GB/T 17981—2007　空气调节系统经济运行
4	通风机	GB/T 13470—2008　通风机系统经济运行
5	风机（泵类）机组	GB/T 13466—2006　交流电气传动风机（泵类、空气压缩机）系统经济运行通则
6	空气压缩机机组	
7	容积式空压机	GB/T 27883—2011　容积式空气压缩机系统经济运行
8	三相异步电动机	GB/T 12497—2006　三相异步电动机经济运行
9	离心泵、混流泵、轴流泵与旋涡泵	GB/T 13469—2008　离心泵、混流泵、轴流泵与旋涡泵系统经济运行

5.3.3 计量设备

PCB 生产制造过程中，一般会消耗较大量的新鲜水、电及其他能源，按照《清洁生产标准 印制电路板制造业》（HJ/T 450—2008）中三级标准的要求，以双面板为例：单位双面板耗新鲜水量要低于 $1.32m^3/m^2$，单位双面板耗电量要低于 $70kW \cdot h/m^2$，以年产 20 万 m^2 的双面板的企业为例，每年大概消耗新鲜水量为 26 万 m^3，用电量达 1400 万 $kW \cdot h$，对于规模以下的企业单位产品消耗的新鲜水量、电量可能更大，因此对于 PCB 工厂而言，节水、节电是企业可持续发展以及满足绿色制造的必然要求，而安装水、电计量设施是有效掌控水、电消耗的一种非常有效的手段，也为企业提供数据依据。安装水表、电表、气表等并不是件复杂的工作，但目前行业内不少企业的计量设备配备情况并不理想，并不能满足工厂能耗、水耗情况统计分析的需要。

原国家质检总局分别在 2006 年和 2009 年发布了强制性国家标准《用能单位能源计量器具配备和管理通则》（GB 17167—2006）和《用水单位水计量器具配备和管理通则》（GB 24789—2009），要求工厂应按照标准配备、使用和管理能源、水计量器具，具体配备要求见表 5-14 和表 5-15。

表 5-14 能源计量器具配备率要求

序号	能源种类		能源计量器具配备率要求（%）		
			进出用能单位	进出主要次级用能单位	主要用能设备
1	电力		100	100	95
2	固体能源	煤炭	100	100	90
		焦炭	100	100	90
3	液态能源	原油	100	100	90
		成品油	100	100	95
		重油	100	100	90
		渣油	100	100	90
4	气态能源	天然气	100	100	90
		液化气	100	100	90
		煤气	100	90	80
5	载能工质	蒸汽	100	80	70
		水	100	95	80
6	可回收利用的余能		90	80	—

注：1. 进出用能单位的季节性供暖用蒸汽（热水）可采用非直接计量载能工质流量的其他计量结算方式。

2. 进出主要次级用能单位的季节性供暖用蒸汽（热水）可以不配备能源计量器具。

3. 在主要用能设备上作为辅助能源使用的电力和蒸汽、水、压缩空气等载能工质，其耗能量很小可以不配备能源计量器具。

表 5-15 水计量器具配备及计量要求

序号	考核项目	用水单位	次级用水单位	主要用水设备（用水系统）
1	水计量器具配备率（%）	100	≥95	≥80
2	水计量率（%）	100	≥95	≥85

注：1. 次级用水单位、用水设备（用水系统）的水计量器具配备率、水计量率指标不考核排水量。

2. 单台设备或单套用水系统用水量大于或等于 1 m^3/h 的为主要用水设备（用水系统）。

3. 对于可单独进行用水计量考核的用水单元（系统、设备、工序、工段等），如果用水单元已配备了水计量器具，用水单元中的主要用水设备（系统）可以不再单独配备水计量器具。

4. 对于集中管理用水设备的用水单元，如果用水单元已配备了水计量器具，用水单元中的主要用水设备可以不再单独配备水计量器具。

5. 对于可用水泵功率或流速等参数来折算循环用水量的密闭循环用水系统或设备、直流冷却系统，可以不再单独配备水计量器具。

PCB 工厂作为耗电和耗水大户，次级用能单位应严格按照上述标准安装计量设备，对于电镀线、沉铜线、蚀刻线、钻孔、成形、层压、废水处理系统、废气处理系统、空压系统、冷水机组、冷却塔、照明系统、锅炉（若有）等主要用能、用水设备或单元还应进行单独计量。随着信息化和智能化技术的广泛应用，对于规模以上的企业还可考虑建立智能计量网络系统，通过建立实时的资源能源数据采集系统，可更系统全面地掌握资源能源的消耗情况。

5.3.4 污染物处理设施

PCB 工厂产生的污染物有废水、废气、固废和噪声，污染物种类较多。工厂的废水一般包括磨板废水、有机废水、络合废水、电镀废水、综合废水、危险废液、生活污水等；废气一般包括粉尘、甲醛、含氰废气、有机废气、酸碱废气、锅炉废气、导热油炉废气、食堂油烟等；固废包括一般固废和危险固废（包括酸碱蚀刻液、污泥、废油墨渣、有机溶剂包装物等）；噪声一般为生产设备和辅助设备运行产生的噪声。

为保证工厂的污染物排放能够满足相关标准要求，工厂应建设合理的废水、废气处理设施，其中废水处理站应采用自动加药调节和监控系统，并对各种废水进行分类收集处理，如含镍废水、含氰化物废水等应进行预处理，其他种类的废水应采取合理的方式进行处理；为节约新鲜水的使用，鼓励工厂安装中水回用设施，对废水处理站的达标废水进行进一步处理后回用至生产工序；为防范废水处理站的突发状况，工厂应按照标准要求设置事故应急池，并制定突发环境事件应急预案；对于废气处理，工厂同样应根据废气的种类进行分类收集处理，保证废气有效收集和治理，特别是对于有机废气应建立多级处理方式，尽量减少单一处理方式，以保证有机废气的稳定达标排放；鼓励工厂安装在线监测系统对废水的流量、重金属、COD_{Cr}等进行监控。废水和废气处理系统使用的风机、泵等设备应能够自动控制，并选择国家、行业推荐的节能产品。

对于危险废物，工厂应建立符合《危险废物贮存污染控制标准》（GB 18597—2001）的危险废物贮存场所。蚀刻废液、电镀废液、废水处理站污泥等危险废物应标识清楚，并分类进行贮存，按照国家、地方有关规定将危险废物交由有资质的公司进行处理。工厂生产设备和辅助设备应选用低噪声的设备，同时对于空气压缩机、水泵等设备应采取防振、隔声等措施，以降低噪声的影响。

参 考 文 献

[1] 孙乐娟. 浅谈绿色工艺建筑的发展和设计［J］. 黑龙江科技信息，2016（2）：199.
[2] 孙华，刘兰香，王占景. 绿色建筑节材和材料资源利用技术［C］. 全国建工建材检测实验室可持续发展高峰论坛. 北京：中国硅酸盐学会，2014.
[3] 陆雯静. 厂区绿化植物的选择探析［J］. 现代园艺，2014（11）：89-90.
[4] 栾家斌. 工业建筑的照明系统节能技术设计［J］. 纯碱工业，2019（2）：45-46.
[5] 吴泽斌. 建筑照明的设计与节能［J］. 居业，2018（4）：36-37.
[6] 蔡浩. 绿色建筑照明设计探讨［J］. 江苏建筑，2017（6）：110-113.
[7] 李想. 室内绿色照明设计［J］. 居舍，2019（13）：32；181.
[8] 郭玉松. 加强能源计量管理促进企业节能降耗［J］. 农家参谋，2018（20）：242.
[9] 张素玲，胡涵，苏苒. 浅谈企业能源计量管理与器具配备［J］. 上海计量测试，2010，37（1）：59-60.
[10] 杨红菊. 如何做好企业的计量管理工作［J］. 科技经济导刊，2019，27（1）：194；188.
[11] 张为民. 中小企业如何做好计量器具的管理工作［J］. 中小企业管理与科技（上旬刊），2019（3）：45-46.
[12] 张治国，王茹玉. 太阳能利用现状和前景分析［J］山东工业技术，2019（3）：96.
[13] 深圳市人居环境委员会. 深圳市印制电路板行业清洁生产实施指引［Z］.2015.
[14] 荆师佳. 能源企业ERP与MES集成应用［J］. 电子技术与软件工程，2019（24）：150-151.
[15] 王奎. 空气能热泵在电镀厂的运用［J］. 劳动保护，2018，522（12）：26-27.
[16] 李进. 建筑节水设备的选择与应用［J］. 江苏建筑，2014（4）：110-113.
[17] 张旭，郗海涛，秦法增. 节水型生活用水器具的应用分析［J］. 山西建筑，2013，39（4）：208-209.

第6章

管理体系的建立与优化

6.1 PCB 企业绿色工厂管理体系框架

管理体系是企业组织制度和企业管理制度的总称，是帮助企业提高管理水平，提高整体绩效，引导企业高效运行和良性发展的关键因素。企业管理本身是一项非常复杂与烦琐的动态管控过程，它没有一成不变的模式，但是有一定可遵循的基本规律。优秀的管理体系是依据管理的基本规律的，可根据企业的战略目标规范合理的组织结构，能够以具体系统且严谨的管理流程、措施和办法，协助企业根据实际发展情况不断创新和自我调整。管理体系可以说是企业开展管理工作的依据和准绳。

企业的管理涉及方方面面，因此管理体系可根据管理需要分出不同种类和方向，目前比较常见且被大家所习惯的企业管理体系主要有质量管理体系、环境管理体系和职业健康安全管理体系。以上三种管理体系也常被称为"企业三大管理体系"。除此之外，还有能源管理体系、信息安全管理体系、计量管理体系等，当然企业也可根据自身实际的管理需求制定相应的管理体系。

管理体系为企业生产的正常运行、符合法律法规提供了一种重要的保障手段，因此被越来越多的政策法规和标准指南纳入了考核范围。在 PCB 行业也不例外，例如工业和信息化部 2019 年发布的《印制电路板行业规范条件》中规定："企业应建立、实施、保持和持续改进质量管理体系、环境管理体系、职业健康安全管理体系，鼓励通过第三方认证；企业应建立并不断完善的测量管理体系，并通过测量管理体系认证"。此外，原环保部 2008 年发布的《清洁生产标准 印制电路制造业》中设有"环境管理体系"这一指标，该指标的一级、二级要求中提到"建立 GB/T 24001 环境管理体系并被认证，管理体系有效运行"。

随着制造业的发展，行业与行业之间相互影响和渗透，供应链管理也在企业间得到越来越多的重视和应用。目前电器、汽车等终端产品行业企业为了自身水平的提升和发展，也对其 PCB 供应商的管理体系情况提出了相应的要求。

对于绿色工厂的创建，管理工作是其中非常重要的一部分内容，也决定了今后绿色工厂的运行情况和水平。《绿色工厂评价要求》和《绿色工厂评价通则》(GB/T 36132—2018) 中都有建立管理体系方面的评价要求，其中包括质量管理体系、职业健康安全管理体系、环境管理体系和能源管理体系，同时鼓励企业进行相应管理体系的第三方认证。

由此可见，PCB 企业在创建绿色工厂的过程中，建立或完善质量管理体系、环境管理体系、职业健康管理体系和能源管理体系是必不可少的，可将这些管理体系作为当前绿色工厂创建与运行的基础管理体系。而进行相应管理体系的认证可客观公正地体现企业管理体系是否合理、充分、适宜和有效，也能为企业提供增值价值，帮助其实现持续改进。因为绿色工厂的管理工作涉及面广泛，还需要其他相对应的管理体系来支撑，比如危害物质过程管理体系、计量管理体系、绿色供应链管理体系、社会责任管理体系等，可将这些管理体系作为当前绿色工厂创建与运行的支撑管理体系。这些支撑性的管理体系不仅可直接支撑绿色工厂，有些与四项基础性管理体系也有支撑或交叉关系，比如危害物质过程管理体系，是建立在质量管理体系基础上的有关有害物质过程管理的体系，危害物质的管理工作也会促进职业健康管理工作；计量管理体系中对能源消耗计量的管理要求，可对能源管理体系建设起到支撑作用。因此，企业可以根据自身的实际情况和发展需求，在质量管理、环境管理、职业健康管理、能源管理四项基础性管理体系的基础上扩充，或将相关的管理要求和内容融入以上四个管理体系。总之，PCB企业绿色工厂实施管理体系建设是非常必要的，其基本框架如图6-1所示。

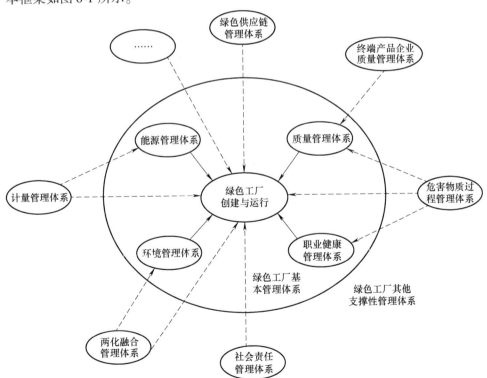

图6-1　PCB企业绿色工厂管理体系的基本框架

6.2 管理体系建立与优化的基本方法

管理体系的建立与优化一般包括企业决策、策划与准备、诊断分析、成文、试行和审核评审等阶段，其工作流程与步骤如图6-2所示。

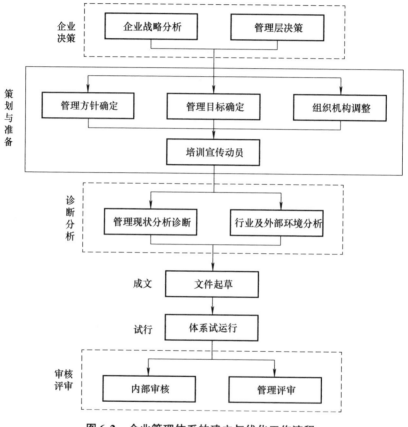

图6-2 企业管理体系的建立与优化工作流程

1. 企业决策

建立并运行管理体系会涉及企业管理理念与管理模式的重大变革，是一项重大的系统工程。管理体系的成功建立，需要与企业自身的战略方向相符，同时也离不开企业领导层的支持与决策。一般情况下，管理体系是根据企业的发展战略和实际需求而建立或者进行优化的，最高管理者不仅需要把握企业这一重大变革的方向，还需要在管理体系的建立与运行过程中承诺承担管理体系有效性的责任，并为管理体系的建立和运行提供必要的资源，如人员、资金、时间、办公条件、配合部门及信息资源等。

2. 策划与准备

在企业决策的基础上，建立并运行管理体系之初还需进行具体工作的策划与准备，包括确定管理方针，制定具体管理体系目标、指标和方案等。同时，管理体系的建立会改变原有管理思想和模式，会涉及人力资源的配置，需要对企业现有组织机构设置与职能进行优化或者调整。接着还需要在企业内部进行宣传培训，一方面使企业上下思想统一，接受管理理念与模式的调整，配合并落实后续相关工作，另一方面使企业员工学习管理体系所涉及的相关标准和要求。

3. 诊断分析

为使后续的管理体系能够与企业的实际情况相符，解决现实管理问题，就需要开展诊断分析工作。任何企业都会有原有的管理理念和模式，根据已经确定了的管理方针、管理目标去分析诊断现有管理工作中的漏洞与不足，可使后续的体系建立工作更有针对性。同时，了解分析同行业在相应管理领域的先进模式以及外部环境对企业的需求，可增加该体系建立工作的可操作性。

4. 成文

编制管理体系文件是企业建立、实施和保持管理体系标准并保证其有效运行和持续适用的重要基础工作，也是企业达到预定管理体系目标，评价与改进体系，实现持续改进必不可少的依据和见证。体系文件的编写首先由牵头责任部门制定出体系文件的框架与层次结构，以保证其系统性和全面性，然后由各相关岗位负责人编写具体管理文件，以保证其实操性和有效性。

5. 试行

体系的试行是指按照所制定的管理手册、程序文件、技术规范等文件的要求，在企业内部进行整体协调试运行。试运行的过程实际是在实践中不断检验体系的充分性、适用性和有效性，并发现企业活动中的问题，找出问题的根源，纠正、预防不符合的环节。一般的试运行应有三个月以上的时间。

6. 审核评审

审核评审是在管理体系运行后，定期或不定期地组织内部审核和管理评审的工作，这种评审也可借助外部评审人员。管理体系在运行过程中，由于各种原因可能存在管理走样或落实不到位的地方，同时企业的运营也是不断变化和发展的过程，体系中的一些管理制度也需要与时俱进，不断更新。审核评审就是体系运行过程中的检查和改进阶段，通过对照标准，可判断体系的符合性、适用性和有效性，对相应的机制、流程、要求、标识等进行修改完善。

由此可知，管理体系的建立与优化是一个动态的过程，应遵守的是"PDCA"模式，即"策划—实施—检查—处置"的循环。其中，"P"指策划（Plan），即企业依据自身的发展情况、活动特点及所处环境，优化调整管理方针和目标，并制定实现目标的具体措施；"D"指实施（Do），是企业为实现优化调整后的新目标，配备所需的资源、明确职责，根据实际需求、补充完善相关的管理程序、技术标准、作业指导书等，以此实现管理体系对企业活动的系统全面控制；"C"指检查（Check），指在活动实施过程中，有计划、有针对性地对具体过程进行监控、审核和评审，以保证实施的有效性；"A"指处置（Action），即对检查的结果进行相应的处理，成功的经验加以肯定，并予以标准化，且应用于实际，对于失败的教训进行总结分析，再和没有解决的问题一起提交给下一个"PDCA"循环中去完善、解决。

6.3 基本管理体系建立与优化要点

企业管理体系的建立运行思路与基本方法都是类似和相通的。质量管理体系、环境管理体系、职业健康管理体系和能源管理体系是绿色工厂创建和运行的基本管理体系，在此分别对PCB行业建立这四个管理体系的要点做基本介绍。无论哪种体系的建立和实施，都需要有企业领导层的支持、资源的配备，并且对企业所处环境的现状与实际情况进行充分识别，只有在这个基础上，才能确保管理体系建立工作的顺利开展。

6.3.1 质量管理体系

通过质量管理体系的实施，有利于PCB企业提高其稳定供应满足相关法律法规及客户要求的产品的能力。企业生产的产品，最终目的是为满足客户需求，同时符合法律法规的要求。对于PCB企业而言，建立质量管理体系要根据其行业特点，以客户为关注焦点，从产品的设计开发、原辅料采购、生产过程、包装、产品的检验检测以及交付等方面系统地开展质量管理工作。

1. 产品要求

产品要求一方面来自法律法规及标准要求，另一方面来自客户及其他相关方需求。这就要求企业在确定产品要求前，通常是在签订合同前，充分理解行业法律法规，与客户进行沟通，包括合同、订单及客户反馈等，确定并评价客户对产品的要求。

目前国内涉及 PCB 的法律法规标准很多，包括国家标准、行业标准等，国家标准部分与国际标准接轨，主要参照采用 IEC 标准，部分参照 IPC 标准。

在此值得讨论的一个问题是，如何确定"质量管理"的范围。一般而言，产品质量是指产品满足规定需要和潜在需要的特征和特性的总和，通常包括其性能、寿命、可靠性、维修性、安全性和适应性等方面。但 PCB 企业也可考虑将增塑剂、阻燃剂、铅等有害物质的管控纳入质量管理体系中。一方面是因为电路板中的有害物质含量虽然不是评判产品质量的直接指标，但与产品质量有着明显关系；另一方面是因为目前市场和客户对 PCB 的需求已不仅仅是可靠、耐用，也有其绿色属性的需求，同时相关的法律法规也对此提出了明确的要求。

2. 产品的设计和开发过程

对于有设计和开发过程的企业，应对设计和开发的各个阶段实施控制，一般包括设计和开发输入、设计和开发过程控制及设计和开发输出三个阶段。

设计和开发输入：该过程是设计和开发的重要环节之一，企业应针对具体类型的 PCB，确定设计和开发的基本要求。

设计和开发过程控制：确认输入后，企业应对设计和开发过程进行控制，控制的内容通常包括规定设计和开发拟获得的结果、实施评审、验证、确认等活动。

设计和开发输出：设计和开发的输出应确保满足输入的要求，并将是后续生产提供过程的关键输入。输出的形式可包括图样、产品规范、材料规范、过程规范、必要的生产设备、测试要求等。

3. 外部提供过程

对外部提供过程的控制包括采购、外包等外部提供的服务的控制要求。企业应建立管理外部供方的过程，包括对供方进行评价、选择、绩效监控及再评价等的准则。如要求材料供应商应通过相关权威认证机构认证，同时严格控制 PCB 生产原材料的采购和进料检验，从根源上做好物料质量的管控。

本书在后续章节中还将介绍绿色供应链管理的相关内容，绿色供应链管理章节中会从绿色发展的角度对企业的采购提出相应的建议和要求，这部分内容与质量管理体系中对外部提供过程的管控也可相辅相成。

4. 生产过程

生产过程是确保产品能否满足客户接收准则的关键，因此，企业应考虑生产的整个周期，包括对产品交付后活动的要求，如质保或投诉处理。企业应结合其产品的性质，确定在生产过程中需要哪些控制条件和采取什么控制措施，比如制定作业指导书。企业在设定控制条件时，通常可考虑人员、资源和方法。其中，人员方面包括能力、生产力和其他人为因素等，如 PCB 行业一线人员流动性大的现实问题；资源方面包括原材料、生产设备、测量设备和时间等要素，除常规的管理工作外，PCB 生产因工艺流程长、设备多，应将机器设备的维护和管理作为保证质量的一项重点工作；方法包括关键点控制、程序规范等，应注重生产工艺流程的核查监控力度，提高各工序工艺技术控制的执行力度。此外，企业还需确保产品在生产过程中和生产后的状态及相关标识清晰，保证产品可追溯和被有效防护。

另外，工作环境在一定程度上会影响到企业生产的产品质量，一个良好的工作环境有利于员工的身心健康，也有利于工作的现场识别与管理。从质量角度出发的工作环境的管理，可与职业健康管理体系兼顾协调。

5. 产品放行过程

企业在放行和交付产品之前，须对产品是否满足要求以及其包装情况进行检验，以确保产品质量并降低出货运输过程中的质量风险。

6.3.2 环境管理体系

环境管理体系建立和实施的目的是帮助企业在生产和服务过程中预防、减轻有害的环境风险和影响，履行相关合规义务，并提升其环境绩效。该体系的核心是围绕识别及评价出的重要环境因素、法律法规等合规义务，通过一系列措施，包括制定环境方针、提出环境目标指标及方案、运行策划与控制、应急准备与响应、内部审核及管理评审等，保障组织对环境管理的合规性，并尽量减轻或预防其有害的环境影响。因此，本部分主要从环境因素识别和法律法规等合规要求方面阐述 PCB 行业环境管理体系建立与实施的重点。

1. 环境因素识别

环境因素是指企业的生产活动和产品与环境发生相互作用的要素。PCB 企业在识别、评价环境因素时，要求企业充分考虑其能够控制或影响的各个环节，从三种时态（过去、现在、未来）、三种状态（正常、异常、紧急）、九种类型（大气污染、水体污染、固体废物、噪声、土壤污染、资源能源利用、能量释放、物理属性、其他环境问题）进行全面识别，并运用其制定的准则进行重要环境因素的评价。

通常来讲，重要环境因素多侧重于节能、降耗和减污。根据 PCB 生产的用能及产排污情况，企业主要消耗电力，使用大量化学品，排放 VOCs 废气、酸碱废气和含重金属废水及危险废物等，因此，PCB 企业容易产生重要环境因素的活动主要来自包括危险化学品的使用和贮存运输、危险废物的贮存及废水废气收集处理等过程，其常见的表现形式如下：

1）危险化学品或危险废物在贮存、使用过程中，因防腐、防泄漏措施不当等原因发生泄漏，造成土壤及水体污染。

2）生产区、危险化学品使用、贮运区域或危险废物暂存区域因火灾、爆炸产生大量的有毒有害气体，造成周边大气污染，消防废水携带环境风险物质通过雨水管道或外溢进入周边环境，造成土壤及水体污染。

3）废水收集处理设施因管道破裂、处理设施故障、员工违规或操作管理不当等原因造成废水超标排放，污染周边水体。

4）废气收集处理设施因发生故障或泄漏，导致含酸、碱、氰化物等有毒有害物质的气体超标排放，造成大气污染。

5）使用淘汰落后或能效低的设备设施，造成能源利用效率低。

▶ 2. 法律法规等合规要求

本部分所指合规义务主要指 PCB 企业与环境管理体系相关的法律法规和其他要求，因此，合规义务通常可包括强制性法律法规和其他自愿性要求，具体分类详见表 6-1。

表 6-1 环境管理体系相关要求分类

序号	相关要求类别	备注
1	政府机构或其他相关权力机构的要求	强制性法律法规
2	国际、国家和地方的法律法规	
3	许可、执照或其他形式授权中规定的要求	
4	监管机构颁布的法令、条例或指南	
5	法院或行政的裁决	
6	与社会团体或非政府组织达成的协议	其他自愿性要求
7	与公共机关或客户达成的协议	
8	组织的要求	
9	自愿性原则或业务守则	
10	自愿性环境标志或环境承诺	

基本的环保法律法规及标准一般在国家及地方的生态环保等部门的网站均可获取，对于 PCB 企业，在环境管理中常用的基本法律法规、标准等文件见表 6-2。

表6-2　PCB企业在环境管理中常用的基本法律法规及标准等文件

序号	文件名称	文件类别
1	中华人民共和国环境保护法	法律
2	中华人民共和国环境影响评价法	法律
3	中华人民共和国节约能源法	法律
4	中华人民共和国循环经济促进法	法律
5	中华人民共和国清洁生产促进法	法律
6	中华人民共和国大气污染防治法	法律
7	中华人民共和国水污染防治法	法律
8	中华人民共和国环境噪声污染防治法	法律
9	中华人民共和国固体废物污染环境防治法	法律
10	中华人民共和国消防法	法律
11	危险化学品安全管理条例	法规、规章
12	突发环境事件应急管理办法	法规、规章
13	电子废物污染环境防治管理办法	法规、规章
14	化学危险物品安全管理条例实施细则	法规、规章
15	废弃危险化学品污染环境防治办法	法规、规章
16	电器电子产品有害物质限制使用管理办法	法规、规章
17	国家危险废物名录	法规、规章
18	污水综合排放标准	标准
19	大气污染物综合排放标准	标准
20	锅炉大气污染物排放标准	标准
21	工业企业厂界环境噪声排放标准	标准
22	清洁生产标准 印制电路板制造业	标准
23	危险废物贮存污染控制标准	标准
24	一般工业固体废物贮存、处置场污染控制标准	标准
25	电镀污染物排放标准	标准
26	电子工业污染物排放标准（制订中）	标准
27	印制电路板行业废水治理工程技术规范	技术规范
28	吸附法工业有机废气治理工程技术规范	技术规范

目前，PCB行业内的大多数企业在环境管理体系的建立与运行过程中，关注的重点内容局限于末端治理、环境风险应急和环境预案等方面。从环境管理体系要求的"三种时态""三种状态"和"九种类型"以及PCB行业的实际生

产过程来看，管理范围应覆盖到绿色采购、清洁生产、资源回收利用、末端治理、废物转移、环境预案、环境风险应急等多个方面和环节。随着绿色制造理念的推行，PCB行业的企业在创建绿色工厂的过程中，需要系统性地兼顾到其他领域的工作，所以其环境管理体系应围绕产品的全生命周期，向原辅料采购、清洁生产、资源综合利用等工作延伸。

6.3.3 职业健康安全管理体系

职业健康安全管理体系是为解决企业现代职业健康和安全问题的系统化管理框架、组织制度和管理制度的总称。对于PCB企业而言，不仅具有需要用电、用热的各种生产工艺和机械设备，同时要消耗使用对人体健康有危害影响的化学药品，因此职业健康安全管理的主要目标应该包括防止职业健康安全事故和预防职业病危害两个方面。

职业健康安全管理体系强调通过危险源辨识、职业健康安全风险评价及其结果，策划并实施对潜在危害因素和危险源实施控制，以此实现预防事故，减少职业健康损害。在此，主要从危险源辨识、职业健康安全风险评价和所依据的基本法律法规、标准来介绍PCB行业职业健康安全管理体系建立与实施的要点。

1. 危险源辨识及职业健康安全风险评价

危险源辨识及职业健康安全风险评价是职业健康安全管理体系建立与实施的核心任务之一。该过程是识别和认识由企业活动过程产生的危险源，确保由潜在危害因素和危险源对人员产生的职业健康安全风险被全面充分评价，并将风险预先控制在可接受的程度。PCB企业的职业健康安全危险源包括健康安全事故源和职业病危害。

概括地讲，危害因素和危险源产生于物的不安全状态、人的不安全行为、作业环境的缺陷以及职业健康安全管理的缺陷。企业开展该工作可参考环境管理体系中的环境因素识别与评价，确定其识别与评价的方法。危险源辨识可从生产工艺流程、区域、设备设施等方面开展，应充分考虑"三种状态"（正常、异常和紧急）、"三种时态"（现在、过去和将来）和"四种类型"（物理的、化学的、生物的、心理的）。

PCB企业在识别危险源和评价职业健康安全风险时，应结合行业特点及其常见职业健康安全隐患，在相关的风险点处设置警示牌。表6-3为PCB行业部分工序常见的职业健康安全事故隐患及发生原因。

表 6-3 PCB 行业部分工序常见的职业健康安全事故隐患及发生原因

序号	工序	潜在职业健康安全事故	发生原因
1	钻孔、铣边	扎伤、割伤	人员违规操作等
2	电镀	火灾、爆炸、天车撞伤人、触电、化学品吸入中毒、灼伤等	地面湿滑；电源设备老化短路引起火灾；线上存放化学品超量、不规范引发泄漏；错误添加硫酸、过氧化氢等其他禁忌药水引发爆炸；加热器着火；沉铜线高锰酸钾缸高温引起火灾等
3	蚀刻	火灾、化学品泄漏、人员中毒、化学品灼伤	地面湿滑；电源设备老化短路引起火灾；线上存放化学品超量、不规范引发泄漏；药品加错、多加或喷溅；加热管及线路老化短路；传动设备的卷伤害等
4	油墨涂布	火灾、职业病、丝印机压伤	电气设备老化短路；线上存放超量易燃品；抽风不畅；设备未配置安全防护装置，或维护不当导致安全防护装置失灵，或人员违规操作等
5	喷锡	火灾、灼伤	电气元件质量不良，保养不到位；炭渣或助焊剂带入过多，温度过高；抽风管道残留油烟；人员违规操作等
6	压合	火灾、爆炸、伤/死人	设备老化或维修保养不到位或人员违规操作引起锅炉爆炸或高温油渗漏/泄漏伤人、起火；压机安全防护装置设计缺陷或失灵导致压机压伤/死人等
7	化学品供应系统	人员灼伤、中毒、火灾	设备、包装容器老化破裂或违规搬运导致化学品渗漏/泄漏；人员违规操作；标识不清及混合摆放；药品加错或多加；管道堵塞及设计缺陷；电气线路短路等
8	烘烤	烤箱火灾、爆炸	抽风管道积存油垢；烤箱维护保养不到位、温度传感器失灵等
9	冲压	压伤、砸伤	人员违规操作等
10	化学品仓	中毒、火灾、爆炸、腐蚀、灼伤	仓储温度、通风不可控，化学药品存放不规范、容器破损等

职业病危害是指企业员工在生产活动过程中因长期接触粉尘、有害物质等因素而引起的疾病危害。PCB 企业常见的职业病危害源分析见表 6-4。

表 6-4 PCB 企业常见的职业病危害源分析

序号	职业病危害因素	来源
1	生产性粉尘，主要为铜粉、玻璃纤维和树脂颗粒等	裁边磨边、刷磨、裁切钻孔、成形等工序
2	酸性气体，主要为盐酸、硫酸及氮氧化物	微蚀、酸洗、酸性蚀铜、活化、解胶、一次（二次）镀铜、预浸酸、镀锡、剥锡、镀镍、化学镍、化学银等工序

(续)

序号	职业病危害因素	来源
3	碱性气体，主要为氨气、氢氧化钠等	黑（棕）化、碱性蚀铜、碱洗、除胶等工序
4	氰化物	主要产生于电镀金、化学金等工序
5	非甲烷总烃	烘烤
6	有机废气，主要为油墨及各种溶剂、清洗剂中所含的甲苯、正己烷、醇类、乙二醇醚、丙烯酸酯、甲基丙烯酸酯、异丙醇、乙二醇、三氯乙烯等	贴膜压膜、热压合、膨松、整孔、化学铜、涂阻焊剂、文字印刷、烘烤、抗氧化、清洗等工序
7	甲醛	化学铜工序
8	锡烟	浸锡、热风整平等工序
9	可溶性镍	镀镍工序
10	噪声	钻孔、冲压、裁边等各种设备及风机、空气压缩机等
11	辐射，主要为 UV 光及其他射线	曝光、品检等工序

风险评价的目的是确定危害因素和危险源的风险可允许程度，分为可接受和不可接受两种。企业针对不同的区域或活动可采用不同的风险评价方法，在多数情况下，职业健康安全风险可使用简单的方法实施定性的评价，例如，对严重不符合法律法规及其他要求，或发生过死亡事故、重伤事故、多次轻伤但未采取有效控制措施的，可直接定性判定为不可接受风险，这种评价方式简单直接，也便于理解和控制，一般比较适合可造成安全事故的危险源；对于会造成的职业病危害的危险源，一般采用定量或半定量评价方法，综合考虑造成危害的可能性大小、人体暴露在某种风险环境中的频繁程度、事故造成后果的严重程度等因素。

2. 法律法规等合规要求

随着职业健康安全越来越受关注和重视，国家、地方及各行业的相关法律法规越来越多。针对 PCB 企业，建立职业健康安全管理体系过程中常用的法律法规和标准见表 6-5。

表 6-5 PCB 企业职业健康安全管理常用的法律法规和标准

序号	文件名称	文件类别
1	中华人民共和国劳动法	法律
2	中华人民共和国安全生产法	
3	中华人民共和国职业病防治法	

(续)

序号	文件名称	文件类别
4	生产安全事故应急预案管理办法	法规规章
5	安全生产事故隐患排查治理暂行规定	
6	生产经营单位安全培训规定	
7	职业健康检查管理办法	
8	职业健康监护管理办法	
9	作业场所职业健康监督管理暂行规定	
10	职业病分类和目录	
11	危险化学品安全管理条例	
12	特种设备安全监察条例	
13	特种设备作业人员监督管理办法	
14	职业性接触毒物危害程度分级	标准
15	常用化学危险品贮存通则	
16	工作场所有害因素职业接触限值　第1部分：化学有害因素	
17	工作场所有害因素职业接触限值　第2部分：物理因素	
18	工业企业卫生设计标准	
19	安全标志及其使用导则	
20	用电安全导则	
21	电镀化学品运输、储存、使用安全规程	
22	固定式压力容器安全技术监察规程	
23	电业安全工作规程	
24	有机溶剂作业场所个人职业病防护用品使用规范	技术规范
25	职业健康监护技术规范	
26	安全生产技术规范	

6.3.4 能源管理体系

能源管理体系的目的是帮助企业通过系统的能源管理，提高其能源绩效，包括降低能源消耗和提高能源利用效率，从而降低能源成本，减少温室气体排放和其他相关环境影响。能源消耗可影响到工厂运行的全过程，PCB企业在建立能源管理体系的过程中应根据法律法规要求，关注能源评审，能源绩效参数设置，过程控制，能源服务、产品、设备和能源采购，以及监视、测量与分析等环节。

▶ 1. 法律法规等合规要求

PCB 行业企业在建立能源管理体系时,收集相关的法律法规及其他要求可从以下几方面考虑:首先是国家、地方政府部门的基本能源发展政策导向,如国家推广的重点节能技术、淘汰高耗能落后机电设备(产品)等文件要求;其次是国家、地方政府部门对 PCB 行业的用能水平要求,如 PCB 行业规范条件、PCB 行业清洁生产标准等;再次是有关能耗计算及能耗限额的相关行业标准;最后是通用的耗能设备设施经济运行标准及节能监测标准。

PCB 企业建立能源管理体系时所需的基本法律法规和标准规范详见表 6-6。

表 6-6 PCB 企业能源管理体系基本法律法规和标准规范

序号	文件名称	文件类别
1	中华人民共和国节约能源法	法律
2	中华人民共和国清洁生产促进法	
3	中华人民共和国循环经济法	
4	中华人民共和国计量法	
5	工业节能管理办法	法规规章
6	重点用能单位节能管理办法	
7	节约用电管理办法	
8	节能机电设备(产品)推荐目录	
9	高耗能落后机电设备(产品)淘汰目录	
10	"能效之星"产品目录	
11	高效节能锅炉推广目录	
12	印制电路板行业规范条件	
13	印制电路板行业规范公告管理暂行办法	
14	工业企业能源管理导则	标准
15	综合能耗计算通则	
16	用能单位节能量计算方法	
17	企业能量平衡通则	
18	企业能流图绘制方法	
19	节能监测技术通则	
20	用能单位能源计量器具配备和管理通则	
21	清洁生产标准 印制电路板制造业	
22	通风机系统经济运行	
23	工业锅炉经济运行	

2. 能源评审

在能源管理体系建立和运行过程中，可通过能源评审对企业的能源使用和能源消耗状况进行调查摸底，以便能根据实际情况合理地确定能源基准、能源目标，以及能源绩效参数等重要指标。PCB 企业在能源评审时，应识别、评价对能源使用和能源消耗有重要影响的设备设施、系统、过程、操作规范和其他相关变量，包括工艺参数和质量参数等。

1) 识别 PCB 主要生产系统（层压、钻孔、成形过程，图形制作与蚀刻过程，孔金属化、电镀与表面处理过程，丝印、阻焊等）、辅助生产系统（动力、余热利用、检验和测量、机修、供水、供气、供热、制冷、照明以及安全环保设备设施）和附属生产系统（食堂、宿舍等）等各方面的能耗。

2) 基于过去 1~3 年统计期内和现在的能源数据报表、设备台账等能源基础资料，必要时对系统、设备、产品能耗进行实测，按照工艺生产流程、能源管理过程，分析能源使用和能源消耗。

3) 从人员、设备、原材料、方法、环境等方面，识别对主要能源使用有影响的相关变量，包括员工的技能水平、节能意识、设备的维修保养状况、产品质量的控制、生产计划的合理安排、能耗监视测量制度的建立实施以及季节的影响等。

4) 参考行业内能耗先进水平，评估能源使用和能源消耗情况，确定企业相关设备设施、系统、过程的能源绩效现状。

3. 能源绩效参数设置

企业在设定能源绩效参数时，应根据自身产品生产过程及用能特点，通过测量或计算，识别、确定、更新、记录并评审能源绩效参数。PCB 企业可根据其能源绩效管理和改进的需要，从以下方面设置能源绩效参数：

1) 公司、车间或工序等不同层级的能源绩效参数，如单位 PCB 综合能耗、单位 PCB 耗电量、万元产值综合能耗等。

2) 主要生产系统运行过程控制的能源绩效参数，如设备运转率。

3) 辅助生产系统设备运转控制的能源绩效参数，如制冷系统的温度、压力等运行参数；配电系统的功率因素、负载率等运行参数；空气压缩机组的压力、流量、温度、压差等运行参数等。

4. 过程控制（包括生产和辅助生产）

能源管理体系中运行控制主要是控制主要能源使用的运行状况，通过采取措施以确保运行是可控制的或能减少相关的负面影响，使运行能够满足能源方针与能源目标、指标的要求。

PCB 企业可从以下几个方面策划并实施运行控制：

1）制定严格的工艺文件并执行，确保产品的质量。

2）对主要耗能设备建立操作规程或经济运行要求，如主要生产设备、冰水机、空气压缩机、废水废气处理设备等。

3）对设备设施制定并实施维修/维护保养计划。

4）对能耗有重要影响的关键岗位人员制定节能工作标准等。

5）采取节能改造措施等。

5. 能源服务、产品、设备和能源采购

根据 PCB 企业的用能结构，其主要能耗为电力，其次为锅炉所需的燃料及余热利用。因此，企业在采购对能源绩效有重大影响的能源服务、产品、设备和能源时，需关注以下内容：

1）采购新设备时，应选用效率高、能耗低的设备，禁止采购国家列入淘汰目录的高耗能设备。

2）采购能源时，应合理选择供方，并规范能源采购合同。

3）如果有能源服务，应充分调研并评估服务项目的适用性及可行性。

6. 监视、测量与分析

该过程主要是确保对企业运行过程中决定能源绩效的关键特性进行监视、测量与分析，以便及时发现问题、采取措施，进行有效控制。对于 PCB 企业，监视、测量与分析的策划和实施主要可通过以下方面实现：

1）对关键特性的监视、测量与分析，如能源绩效参数、能源利用过程的重要参数。

2）能源计量设备的配置与管理应满足《用能单位能源计量器具配备与管理通则》（GB 17167—2006）的要求。

3）建立计量设备台账，并建立维护和校准要求，定期对监视测量设备进行维护和校准。

随着技术的发展，能源管理系统在企业得到了良好的应用，并且备受欢迎。能源管理系统是一种采用信息化、自动化技术和集中管理模式的系统能源管理技术，它利用生产过程控制技术、网络通信技术、数据库管理技术、展示平台开发技术、管理优化理论和技术等手段，对企业能源体系的运行进行扁平化与一体化的动态监控及数字化管理，并为生产组织、能源调度和其他能源业务管理提供必要而准确的数据参考，最终通过系统化管理达到高效利用能源和节约能源的目的。

能源管理系统不仅可以对企业的各环节进行能源计量，也能完成监视、测量与分析的工作，甚至可以实现能源调度与控制。PCB 企业在今后绿色工厂创建的过程中，应该以能源管理系统支撑企业的能源管理工作，该系统也可实现与企业的其他管理决策系统互联互通，这也是以信息化、智能化技术支撑绿色工厂的体现。在本书第 7 章还会对能源管理系统进行更为深入的介绍。

6.4　管理体系认证

企业在建立并有效试运行管理体系后，若有意愿可自行选择具有相应行业认可资质的第三方认证机构进行管理体系的认证。

企业的管理体系认证是指由认证机构按照认证标准，通过审核证明企业的管理体系符合相关的法律法规、标准和规范的评定活动。通过认证的企业，说明其在相应领域的管理能力和水平达到了一定的标准要求，对内有助于企业的运营管理水平提升，增加企业的竞争实力，对外可提高企业的社会形象，增强客户和市场对企业的信心和信任。

PCB 企业因生产工艺复杂、原辅料多、劳动力较密集，其内部管理工作复杂、要求高，同时作为电器电子、通信设备、汽车等多个产业链上的重要一环，需要面对众多客户和广阔的消费市场，因此，PCB 企业进行相关管理体系的认证是有现实意义的。另外，目前相关的绿色工厂评价标准在要求企业建立管理体系的同时，也鼓励企业通过管理体系的认证。

各大管理体系的认证过程基本一致，其流程如图 6-3 所示。

1. 企业提交认证申请书

当企业认为具备认证条件时，即可自行选择具有资质的第三方认证机构，并向认证机构提交申请书。

2. 认证受理

认证机构对企业提交的申请书及其他材料（包括企业基本信息、适用的标准清单、管理手册及程序文件等相关的支持性文件和记录）进行评审，确认其内容是否符合认证的基本条件，若不符合则通知企业不能予以认证，若符合则受理其申请并签订认证服务合同。

3. 审核启动

审核启动活动包括初次审核前的初访（必要时），审核方案策划，确定审核目的、范围和准则，确定审核的可行性，指定审核组长，选择审核组成员并与企业建立联系。企业可对指派的审核员和技术专家提出异议，同时为审核组提供审核文件和记录等。

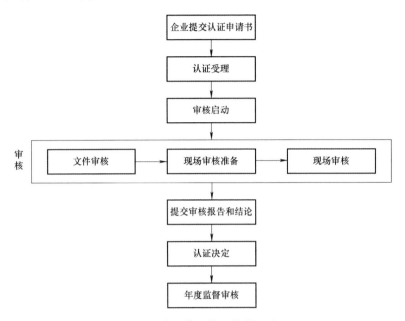

图 6-3 企业管理体系的认证流程

▷ 4. 文件审核

审核组对企业提供的管理体系文件及记录进行评审，确定其针对审核准则的适宜性和充分性。如果文件存在重大问题，则企业应对文件进行修改并重新提交；如果文件无重大问题，则可开始准备现场审核。

▷ 5. 现场审核准备

现场审核准备包括制定审核计划和准备工作文件，确定审核范围和日程、审核组工作分配。企业可就审核计划与审核方进行沟通，并达成一致。

▷ 6. 现场审核

现场审核包括一阶段审核和二阶段审核。审核组通常通过现场走访观察、查阅文件记录、访谈等方式，根据审核日程安排开展现场审核活动，企业则需配合审核组的审核安排，为审核组实施审核、获取审核证据提供必要的协助，确保审核活动的正常进行。

▷ 7. 提交审核报告和结论

现场审核后，审核组根据实际审核的情况提出结论，即建议予以注册、推迟注册和暂缓注册。

▶ 8. 认证决定

认证机构的技术委员会对审核组审核后提交上来的所有材料进行评审，并做出是否批准注册的决定，如果批准，则颁发认证证书。

▶ 9. 年度监督审核

认证机构对获得认证证书的企业进行年度监督审核，且企业获证三年后需申请再认证。

6.5 管理体系一体化建设建议

建立管理体系是企业提高其管理水平，保证其高效运行科学且有效的方法手段。但随着现代制造业的发展以及管理需求的提高，适用于企业的管理体系也会增多。绿色工厂的管理工作涉及面广泛，目前的标准要求其创建与运行需要质量管理体系、环境管理体系、职业健康安全管理体系和能源管理体系的支撑，但随着今后绿色工厂概念的深化，还需要危害物质过程管理、计量管理和绿色供应链管理等体系的支撑。

目前，绝大多数PCB企业的各项管理体系都是分割独立运行的，以绿色工厂所需的四项基本管理体系为例，通常是由质量、安环、动力或总经办等部门分别牵头负责，这样就形成几套文件系统，且每套文件相互独立、互不关联，从而导致大量的重复管理。这不仅会增加企业的管理成本，也会使企业的管理工作变得复杂，降低管理效率。

对于PCB企业而言，从上文的分析介绍中可以看出，这些管理体系虽因不同的管理目标和特征而有种类之分，但其建立的思想、思路和方法一致，管理体系的框架类似，运行模式相同；而且，有些管理体系具有相互支撑的作用，管理对象存在重叠交叉的现象，可以说各体系间存在着明显的兼容性。因此，PCB企业在绿色工厂创建与运行工作中，可考虑管理体系一体化建设工作。

所谓管理体系一体化建设是指将两种以上的管理体系，有机整合成系列公共管理要素，让这些管理体系在相同的管理框架中高效运行的方法和过程。该工作的实施具有一定的难度，目前绿色工厂以及其他法律法规对企业也无此要求，但目前已有不少关于企业管理体系一体化建设的研究，很多管理体系也具有融合和一体化建设的可行性。同时，认证机构在进行审核时，只要企业能证明该一体化的管理体系能够符合具体管理体系的要求，也是可以通过审核的。

更关键的是，该工作具有优化管理、降低管理成本等明显的现实意义，与企业绿色发展的方向一致。因此本书建议，PCB 企业可根据自身的管理水平、管理需要、管理成本等情况，逐步摸索和推进其管理体系的一体化建设工作。

参 考 文 献

[1] 中国认证认可协会．质量管理体系审核员 2015 版标准转换培训教材［M］．北京：中国质量出版社；中国标准出版社，2015．

[2] 解振华，叶汝求．环境管理体系审核员培训教程［M］．北京：航空工业出版社，1997．

[3] 陈全，陈波．职业健康安全管理体系审核员教程［M］．北京：中国质检出版社；中国标准出版社，2012．

[4] 中国国家认证认可监督管理委员会．能源管理体系 电子信息企业认证要求：RB/T 101—2013［S］．北京：中国标准出版社，2014．

[5] 黄烜．应用无线能源管理系统对 PCB 企业实施可持续节能管控的探讨［J］．印制电路信息，2013（5）：137-140．

[6] 刘川，周维新．某大型电子线路板生产企业职业病危害现况［J］．职业与健康，2010，26（17）：1927-1930．

[7] 吴培华，梅良英，黄健，等．某公司印制线路板建设项目职业病危害控制效果评价［J］．职业与健康，2009，25（19）：2088-2090．

[8] 范晓晔．多层线路板制造行业职业病危害识别与关键控制点分析［J］．中国工业医学杂志，2015，28（3）：217-218．

[9] 吕惠中，吴长龙，朱志良，等．线路板电子行业职业卫生现况调查［J］．中国公共卫生管理，2010，26（1）：99-100．

[10] 李飞宏，谢新兰，李爱华，等．印制电路板生产质量管理浅谈［J］．印制电路信息，2013（9）：55-57．

[11] 陈雨．分析企业如何建立职业健康安全和环境管理体系［J］．科技与创新，2020（4）：110-111．

[12] 肖振乾，张圆明，郭黄欢．企业能源管理中心高效运行的意义及有效措施分析［J］．应用能源技术，2017（1）：1-4．

[13] 袁欣梅．整合型管理体系建立与认证管理系统的实现［D］．青岛：中国海洋大学，2007．

[14] 倪开锋．试论质量、环境、职业健康安全一体化管理体系的理解要点［J］．现代经济信息，2019（22）：21-23．

[15] 邓辰．LC 公司一体化管理体系研究［D］．南昌：江西财经大学，2019．

第 7 章

能源使用与节约

7.1 PCB 行业用能节能概况与思路

对于大多数 PCB 制造企业来说，环保工作的紧要性更有切身体会，而节能的重要性与意义则更多地在成本核算时才被体现。但实际上，能源使用与节能工作是企业绿色制造水平非常关键和重要的体现，也是工厂竞争力的源泉之一。

2016 年 4 月，工业和信息化部颁布了《工业节能管理办法》，规定了主管部门对工业企业进行节能管理和节能监察的措施和手段，对工业企业节能提出了一系列要求，并明确了违反节能法律、法规的相关法律责任。其中，第二十六条提到："工业企业应当严格执行国家用能设备（产品）能效标准及单位产品能耗限额标准等强制性标准，禁止购买、使用和生产国家明令淘汰的用能设备（产品），不得将国家明令淘汰的用能工艺、设备（产品）转让或者租借他人使用。"淘汰落后的、高耗能的机电设备，选用高效节能的设备是开展节能工作的基础。在淘汰和选用的判定准则上，我国已经发布了用能设备（产品）的能效限定值及能效等级标准、《高耗能落后机电设备（产品）淘汰目录》和《国家工业节能技术装备推荐目录》等标准和目录，可作为企业选购、更换节能设备的依据。第二十七条提到："鼓励工业企业加强节能技术创新和技术改造，开展节能技术应用研究，开发节能关键技术，促进节能技术成果转化，采用高效的节能工艺、技术、设备（产品）。鼓励工业企业创建'绿色工厂'，开发应用智能微电网、分布式光伏发电、余热余压利用和绿色照明等技术，发展和使用绿色清洁低碳能源。"

"十三五"以来，我国对工业节能的要求越来越明确，管理也越来越严格。工业节能是实现绿色发展过程中极其重要的部分，是工业企业实施绿色制造的重要环节。工业企业不能仅仅把能源消耗看作一项成本，能源将是企业发展的必然约束，对能源的管控能力也是企业发展水平和竞争力的重要体现。比如，政府主管部门对企业的节能监察，是政府主管部门对工业企业执行节能法律法规情况、强制性单位产品能耗限额及其他强制性节能标准贯彻执行情况、落后用能工艺技术设备（产品）淘汰情况、固定资产投资项目节能评估和审查意见落实情况等进行核实、监管和检察的一项措施和手段。在节能监察过程中，发现有节能违法、违规情况的，将进行处罚并责令企业整改。

此外，《绿色工厂评价通则》等标准中不仅提出了能源低碳化的方向指引，同时引导企业建立节能管理体系，而且对建筑、照明、辅助设施和生产环节等提出了相关的用能及节能要求。例如：工厂使用的通用设备应达到相关标准中能效限定值的强制性要求，已明令禁止生产、使用的和能耗高、效率低的设备应限期淘汰更新；工厂厂区及各房间或场所的照明尽量利用自然光；节能型照明设备的使用占比不低于50%；工厂使用的通用用能设备采用节能型产品或效率高、能耗低、水耗低、物耗低的产品；工厂应优化用能结构，在保证安全、质量的前提下减少不可再生能源使用；建有能源管理中心；建有厂区光伏电站、智能微电网；使用低碳清洁的新能源；使用可再生能源替代不可再生能源；充分利用余热余压等。《工业和信息化部办公厅关于开展第五批绿色制造名单推荐及前两批名单复核工作的通知》（工信厅节函〔2020〕30号）中也明确提出，"被列入工业节能监察整改名单且未完成整改"的企业不得推荐申报第五批绿色工厂、绿色设计产品、绿色供应链管理企业，按照"每三年一复核"的原则，列入绿色制造名单内的企业，如果在复核中发现属于"被列入工业节能监察整改名单且未完成整改"的企业，将被撤销绿色工厂、绿色设计产品、绿色供应链管理企业等称号。

对于PCB行业而言，《印制电路板行业规范条件》中提出：企业不得使用国家明令淘汰的严重污染环境的、落后用能设备和生产工艺，设立专职节能岗位，制定产品单耗指标和能耗台账；鼓励企业开展节能技术应用研究，制定节能标准，开发节能共性和关键技术，促进节能技术创新与成果转化。

目前对于PCB行业，相关用能限额要求不多，《清洁生产标准 印制电路板制造业》（HJ 450—2008）和《绿色设计产品评价技术规范 印制电路板》（T/CESA 1070—2020）等标准对PCB制造业企业的生产用电提出了单位产品耗电量的指标要求，参考这些标准，具体限制要求见表7-1。

表7-1 单位PCB用电量要求 （单位：$kW \cdot h/m^2$）

序号	产品类别	一级	二级	三级
1	单面板	≤20	≤25	≤35
2	双面板	≤45	≤55	≤70
3	多层板（2+n层）	≤(45+20n)	≤(65+25n)	≤(75+30n)
4	HDI板（2+n层）	≤(60+40n)	≤(85+50n)	≤(105+60n)

PCB制造业的用能结构较为单一，电能是最主要的能源利用形式，部分企业会使用天然气、柴油等石化燃料，通过锅炉产生蒸汽或热导热油为压合等加热工序提供热源。PCB工厂内的用能环节或用能设备较多且分散，公辅设备的能源消耗量大，冷却系统、空调系统和压缩空气系统等生产辅助系统的能源消耗可占工厂总生产能耗的20%~40%，照明等公用系统能耗约占10%，生产加

工环节用能占50%~60%。而在生产过程中,电镀工序通常是用能最大的环节,能耗占比在10%以上,另外,电路成形、钻孔和阻焊(包括烘烤)等工艺环节的能耗也较大,不同企业因产品和工艺的不同,能源消耗分布也会有较大的差异。某PCB企业各环节的能耗占比情况如图7-1所示。

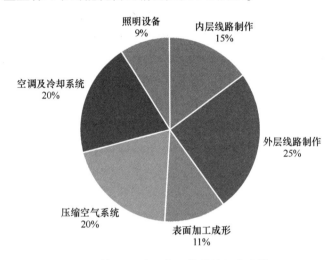

图7-1 某PCB企业各环节的能耗占比情况

工厂的节能工作主要涉及设备能耗与能效水平,需要采购使用能源效率更佳的节能设备,也与设备和生产运行方式有关,需要采用持续运行方法,加强能源管理。对于PCB企业而言,开展节能工作也应具备系统工作思维,为使节能工作更全面有效,可根据企业的实际用能情况,从高效节能设备使用、用能过程控制和能源结构优化等角度出发,制定综合的节能工作方案。PCB生产企业综合节能方案框架如图7-2所示。

使用高效节能设备是PCB企业开展节能工作相对来说思路简单但效果显著的方法,也是企业节能工作的基础,包括淘汰落后电机、更换节能灯具、采用高效配电变压器以及采用新型曝光机、空气压缩机等生产设备和辅助设备。另外,PCB企业的节能还应关注用能过程的控制,如通过加强能源计量、建立能源管理系统实现用能的精益化监控和管理,通过优化电能质量、建立智能微电网和加强余热回收利用等提高能源效率。在以上两方面工作的基础上,PCB企业还应持续挖掘节能空间,不断优化企业能源结构,除淘汰煤、柴油等石化燃料外,也应充分利用太阳能、风能、空气能等清洁能源和可再生能源,不仅可实现节能效果,也可促进能源低碳化发展。下文将按照以上总结出的PCB企业综合节能方案思路,对典型的节能方法和技术进行介绍。

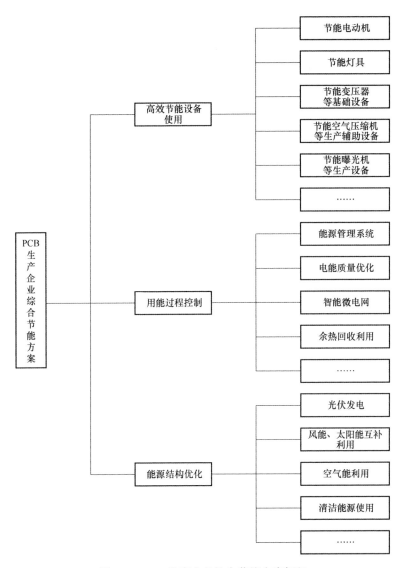

图 7-2 PCB 生产企业综合节能方案框架

7.2 典型节能方法与技术

7.2.1 高效节能设备使用

用能设备是能源管理和能源节约的主要对象。为了降低用能设备的用电量，最直接且有效的做法是：全面排查设备的用能效率，淘汰落后的、高耗能的设备设施，更换为先进的、高效的节能设备。

截至 2020 年 7 月，国家标准化委员会已发布了 61 款用能设备（产品）的能效限定值及能效等级国家标准，其中 PCB 工厂在生产运行过程中可能会用到的标准约有 39 个，涉及工厂办公、照明、输变电以及制冷供热通风等环节。PCB 工厂宜采购能效等级在二级及以上的用能设备（产品），不得使用不满足能效限定值的设备（产品）。与 PCB 工厂节能工作相关的国家标准清单详见表 7-2。

表 7-2　与 PCB 工厂节能工作相关国家标准清单

序号	标准号	标准名称
1	GB 12021.9—2008	交流电风扇能效限定值及能效等级
2	GB 17896—2012	管形荧光灯镇流器能效限定值及能效等级
3	GB 18613—2020	电动机能效限定值及能效等级
4	GB 19043—2013	普通照明用双端荧光灯能效限定值及能效等级
5	GB 19044—2013	普通照明用自镇流荧光灯能效限定值及能效等级
6	GB 19153—2019	容积式空气压缩机能效限定值及能效等级
7	GB 19415—2013	单端荧光灯能效限定值及节能评价值
8	GB 19573—2004	高压钠灯能效限定值及能效等级
9	GB 19574—2004	高压钠灯用镇流器能效限定值及节能评价值
10	GB 19577—2015	冷水机组能效限定值及能效等级
11	GB 19761—2020	通风机能效限定值及能效等级
12	GB 19762—2007	清水离心泵能效限定值及节能评价值
13	GB 20052—2020	电力变压器能效限定值及能效等级
14	GB 20053—2015	金属卤化物灯用镇流器能效限定值及能效等级
15	GB 20054—2015	金属卤化物灯能效限定值及能效等级
16	GB 20943—2013	单路输出式交流-直流和交流-交流外部电源能效限定值及节能评价值
17	GB 21454—2008	多联式空调（热泵）机组能效限定值及能源效率等级
18	GB 21455—2019	房间空气调节器能效限定值及能效等级
19	GB 21518—2008	交流接触器能效限定值及能效等级
20	GB 21520—2015	计算机显示器能效限定值及能效等级
21	GB 21521—2014	复印机、打印机和传真机能效限定值及能效等级
22	GB 24500—2020	工业锅炉能效限定值及能效等级
23	GB 25958—2010	小功率电动机能效限定值及能效等级
24	GB 28380—2012	微型计算机能效限定值及能效等级
25	GB 28381—2012	离心鼓风机能效限定值及节能评价值

(续)

序号	标准号	标准名称
26	GB 29142—2012	单端无极荧光灯能效限定值及能效等级
27	GB 29143—2012	单端无极荧光灯用交流电子镇流器能效限定值及能效等级
28	GB 29144—2012	普通照明用自镇流无极荧光灯能效限定值及能效等级
29	GB 29540—2013	溴化锂吸收式冷水机组能效限定值及能效等级
30	GB 29541—2013	热泵热水机（器）能效限定值及能效等级
31	GB 30253—2013	永磁同步电动机能效限定值及能效等级
32	GB 30254—2013	高压三相笼型异步电动机能效限定值及能效等级
33	GB 30255—2019	室内照明用LED产品能效限定值及能效等级
34	GB 30721—2014	水（地）源热泵机组能效限定值及能效等级
35	GB 30978—2014	饮水机能效限定值及能效等级
36	GB 31276—2014	普通照明用卤钨灯能效限定值及节能评价值
37	GB 32028—2015	投影机能效限定值及能效等级
38	GB 32031—2015	污水污物潜水电泵能效限定值及能效等级
39	GB 35971—2018	空气调节器用全封闭型电动机-压缩机能效限定值及能效等级

注：表中所列标准截至2020年7月。

除以上标准外，2009—2016年期间，工业和信息化部陆续发布了四批《高耗能落后机电设备（产品）淘汰目录》，该淘汰目录所列机电设备（产品）主要是不符合有关法律法规及标准规定，严重浪费资源、污染环境、不具备安全生产条件，需要淘汰的高耗能落后的机电设备（产品）。这四批淘汰目录较全面地囊括了工业企业常用的各类机电设备，企业应根据列入淘汰目录的机电设备型号与生产中使用的设备进行比对，及时淘汰高耗能的、落后的机电设备（产品），尽快更换高效节能设备（产品），并配合各级节能监察机构对淘汰目录中所列设备（产品）停止生产和淘汰情况的监督检查工作。四批高耗能落后机电设备（产品）淘汰目录概况见表7-3。

表7-3　四批高耗能落后机电设备（产品）淘汰目录概况

序号	批次	发布文号	目录内容
1	第一批	工节［2009］第67号	9大类272项设备（产品），包括电动机27项，电焊机和电阻炉13项，变压器和调压器4项，锅炉50项，风机15项，泵123项，压缩机33项，柴油机5项，其他设备2项
2	第二批	工业和信息化部公告2012年第14号	12大类135项设备（产品），包括电动机1项，工业锅炉8项，电器61项，变压器1项，电焊机1项，机床34项，锻压设备20项，热处理设备2项，制冷设备1项，阀1项，泵2项，其他设备3项

(续)

序号	批次	发布文号	目录内容
3	第三批	工业和信息化部公告 2014 年第 16 号	2 大类 337 项设备（产品），包括电动机 300 项、风机 37 项
4	第四批	工业和信息化部公告 2016 年第 13 号	3 大类 127 项设备（产品），包括三相配电变压器 52 项、电动机 58 项、电弧焊机 17 项

同时，为促进高效节能机电设备（产品）的推广应用，指导企业选择高效节能设备，2009 年工业和信息化部发布了第一批《节能机电设备（产品）推荐目录》，至 2016 年已发布七批目录，每批目录的有效期为 3 年。自 2017 年开始，工业和信息化部每年发布一批《国家工业节能技术装备推荐目录》，并配套《国家工业节能技术应用指南与案例》对节能技术的应用情况进行详细说明。该推荐目录通常分为工业节能技术和工业节能装备两部分，针对每一项节能技术的技术原理、适用范围、目前推广情况和未来 5 年节能潜力均做了介绍，更有助于指导企业选择和应用。已发布的国家工业节能技术装备推荐目录及应用与案例概况见表 7-4。

表 7-4 国家工业节能技术装备推荐目录及应用与案例概况

序号	年份	发布文号	目录内容
1	2017	工业和信息化部公告 2017 年第 50 号	推荐目录：重点行业节能改造技术、装备系统节能技术、煤炭高效清洁利用技术和其他节能技术；工业锅炉、变压器、电动机、泵、压缩机等节能装备 应用与案例：39 项节能技术案例
2	2018	工业和信息化部公告 2018 年第 55 号	推荐目录：重点行业节能改造技术、重点用能设备系统节能技术、煤炭高效清洁利用技术和其他节能技术；工业锅炉、变压器、电动机、泵、压缩机、风机、塑料机械等节能装备 应用与案例：39 项节能技术案例
3	2019	工业和信息化部公告 2019 年第 55 号	推荐目录：流程工业节能改造技术、重点用能设备系统节能技术、能源信息化管理技术、可再生能源及余能利用技术、煤炭高效清洁利用及其他工业节能技术；工业锅炉、变压器、电动机、泵、压缩机、风机、塑料机械等节能装备 应用与案例：86 项节能技术案例
4	2020	工业和信息化部公告 2020 年第 40 号	推荐目录：流程工业节能改造技术、余热余压节能改造技术、重点用能设备系统节能技术、能源信息化管控技术、其他工业节能技术；工业锅炉、变压器、电动机、泵、压缩机、风机、塑料机械、拖拉机等节能装备 应用与案例：55 项节能技术案例

以上标准及目录为 PCB 工厂采购、使用和更换用能设备（产品）提供了明

确的指导和依据，同时也是政府主管部门对企业进行节能监察的重要依据。关于淘汰高耗能设备，选用新型节能设备的工作除以上标准和目录以外，还有其他的指导文件，且这些文件一直在动态更新和变化。因此，根据以上文件进行设备采购和淘汰应该是 PCB 工厂节能的基础性工作。为挖掘更大的节能空间，企业还可根据其他要求和文件，对相关设备进行选择和淘汰，下文对配电变压器、空气压缩机等重点耗能设备的选择和淘汰做进一步介绍。

1. 高效节能配电变压器

配电变压器是指运行电压等级为 635 kV、容量在 6300 kV·A 及以下，直接向终端用户供电的电力变压器。据统计，我国输配电损耗占全国发电量的 6.6% 左右，其中配电变压器损耗占到 40%~50%。因此，对于 PCB 企业，使用高效节能的配电变压器是实现节能的重要措施之一。

2015 年，工业和信息化部、原质检总局和国家发展和改革委员会发布了《配电变压器能效提升计划（2015—2017 年）》（工业和信息化部联节〔2015〕269 号），鼓励企业主动淘汰运行时间不到 20 年但运行经济性差的 S9 系列配电变压器。2016 年，中国电器工业协会在《三相配电变压器能效限定值及能效等级》（GB 20052—2013）的基础上，编制发布了团体标准《6 kV~35 kV 变压器能效限定值和能效等级》（T/CEEIA 258—2016），为节能变压器的能效等级评定、检测、设计和用户采购提供更为完善的技术依据。

PCB 工厂在更换和选购配电变压器的过程中，还可以参考《配电变压器能效技术经济评价导则》（DL/T 985—2012）中的综合能效费用（Total Owning Cost，TOC）法，根据实际使用情况计算不同采购方案的经济效益，选择对企业最经济、最节能的变压器。理论上，部分高效节能变压器与落后的 S9 系列变压器相比，空载损耗可降低 50% 左右，负载损耗可降低 20% 左右，能实现显著的节能效果，并且运行时间越长，高效节能配电变压器的经济效益越明显。

工厂也可以参考国家发展和改革委员会、财政部、工业和信息化部联合发布的《节能产品惠民工程高效节能配电变压器推广目录（第一批）》和《节能产品惠民工程高效节能配电变压器推广目录（第二批）》进行选购。

目前，PCB 工厂采用的较常见的一种高效节能配电变压器为 SCBH15 系列干式非晶合金变压器，具有高效节能、抗谐波能力强等特点，其空载损耗约为传统 SB10 型变压器的 1/3。

2. 蒸发式冷凝器

采用蒸发式冷凝器替代水冷、风冷等传统冷却方式的冷凝器。在空调系统的冷凝过程中，随着冷凝温度的升高，为达到同等的制冷效果，压缩机的压力比会相应提高，压缩机的能耗也相应增加，冷凝温度每提高1℃，空调系统的制冷性能系数（COP）将下降2%~4%，在室外温度达到35℃以上时，传统冷却方式的空调系统的COP可能会降至2.2~2.4。

蒸发式冷凝器利用空气冷却、水冷却及两者联合传热传质共同作用进行工作，喷淋水量小于水冷式冷凝器，空气流动功率小于风冷式冷凝器，因此蒸发式冷凝器同时具有传统空气冷却、水冷却的优势，且传热效率更高。传统水冷式制冷机组的COP为3.5~4.2，而采用蒸发式冷凝器的制冷机组的COP可达到4.2~5.3，且与空气冷却相比，节电率可达30%~60%，从而实现节能的效果。

蒸发式冷凝器的工作原理如图7-3所示。

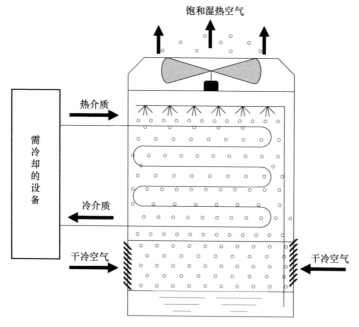

图7-3 蒸发式冷凝器的工作原理

3. 悬浮离心式中央空调机组

磁悬浮离心式中央空调机组是利用磁悬浮无油运转技术实现制冷压缩机节能效果的高效空调机组。

磁悬浮无油运转技术，又称磁悬浮轴承技术，是用磁场的作用，使压缩机转子悬浮，在旋转过程中不产生机械接触和摩擦，能量无机械损耗，机组能效可提高15%。磁悬浮轴承技术无须添加润滑油，压缩机在结构上可省去复杂的润滑油系统，符合绿色设计的理念。

市场上的磁悬浮离心式中央空调机组通常会联合使用全直流变频技术、高效换热器技术、双级压缩过冷器技术、智能抗喘振技术等其他节能技术，以达到机组综合能效比（IPLV）为11.1，机组最大制冷性能系数（COP）为26，机组起动电流仅2A的高效节能效果。

4. 中央空调高压微雾加湿器

PCB工厂部分车间必须严格控制温度和湿度条件，工厂中央空调及其加湿设备需常年开启。传统的加湿器有电加湿器、离心式加湿器等。目前，技术较为先进的高压微雾加湿器能在极短时间内使水分充分汽化，起到快速加湿、降温的效果，在满足同等工艺湿度要求下，加湿相同质量的水，能耗约为传统电加湿器的10%。如果结合空调主机的动态自动调频技术，在同等工艺温湿度需求下，中央空调机组将产生更大的节能效益。

5. 永磁变频螺杆空气压缩机

永磁变频螺杆空气压缩机，使用了永磁电动机、变频调速和螺杆式压缩等3项空气压缩机节能技术。

永磁电动机的转子为永磁体，其自身提供旋转磁场，由此可省去励磁绕组和磁极，减少损耗发热，运行效率高；变频调速技术是一种新型电力传动调速技术，用于交流异步电动机的调速，具有调速精度高、调速范围宽、电动机可软起动、易于实现自动控制等性能，从而实现电动机的高效节能运行；螺杆式空气压缩机属于回转式空气压缩机的一种，比传统的活塞式空气压缩机的能效高、可靠性强。以上3项节能技术的集成，使得永磁变频螺杆空气压缩机比普通的螺杆式空气压缩机、传统的活塞式空气压缩机的能效高。

6. 节能照明灯具

发光二极管（Light Emitting Diode，LED）利用电子与空穴复合辐射出可见光，是一种比荧光灯、钠灯等传统光源更加节能、使用寿命更长的电光源。LED灯不含汞等重金属，属于冷光源，具有明显的绿色、安全等属性。

在满足同等照度的情况下，11W的LED灯可替代40W的T8荧光灯或28W的T5荧光灯，照明节电率可达到60%以上。PCB工厂车间划分较多、工作走廊深长、能够利用自然采光作业的场所少，因此需要使用大量的照明灯具。使用LED灯代替传统的荧光灯，可实现显著的照明节能效果。

此外，无极灯也是受到不少工业企业青睐的一种节能照明灯具。无极灯属于磁能灯，因无电极而得名，与传统电光源相比，具有长使用寿命、高发光效率、不使用液态汞、瞬时启动、适用性广等优点，常作为厂区路灯、防爆灯使用。

7. LED 曝光光源

PCB 制作过程的曝光工序，需要使用特定的光源，同样存在使用 LED 光源的节能潜力，比如采用紫外 LED 光源替代传统气体发光光源。传统的 PCB 内层、外层、防焊的曝光及其他油墨的固化通常采用汞灯或其他气体发光光源，而紫外 LED 光源是利用一种新型的紫外光固化技术，通过由 LED 产生的紫外光照射，使引发剂产生自由基，与引发材料中的某些物质发生反应，形成固化结构。

传统的汞灯正常发光之前需进行预热，在正常发光过程中会产生大量的热和红外线，可能导致底片胀缩变形。相比之下，紫外 LED 光源即开即关，无待机损耗，在使用过程中发热量小、能耗低、使用寿命长、故障率低，且光强分布均匀、稳定，相比传统的汞灯，综合节能达 75% 以上。需要注意的是，更换光源的同时，还需要更换对应的固化剂，这也是 PCB 工厂需要考虑到的。

8. 高频开关电镀电源

电镀整流电源对电镀工序的能耗大小有着至关重要的影响。当前，高频开关电源凭借着体积小、能效高、精度高、对电网影响小等优势，已经普遍取代较为传统的晶闸管整流器。高频开关电源比晶闸管整流器可节能 20% 以上，属于较为节能的电镀电源。

随着电子控制技术的发展，通过更加精确的数字控制技术，可以进一步提高高频开关电源的节能效果。如通过改进电源监控软件的功能，在保证正常稳定运行的情况下，关闭多余的整流模块，提升电能转化效率。同时，根据实际运行情况，在稳定供电的前提下，调节整流模块的效率并对整流模块进行轮换启停，降低能耗并延长电源使用寿命。

7.2.2 用能过程控制

能源在供应、输送、转化和使用过程中，同样会出现损耗。减少能源浪费，提高能源利用效率，对用能过程精益化管控、提升电网电力传输质量、优化现有用能设备能效，是实现工厂节能的另一个重要方向。

以下介绍用能过程控制及优化的几种典型技术及方法。

1. 能源管理系统

本书前文中已经提到能源管理的重要性，简单来说，能源管理的目的主要有两个：一是保障，保障能源供应及生产安全；二是优化，使用能过程持续优化，即节能。面对 PCB 工厂用能环节多、耗能设备种类复杂的情况，传统的能源管理方式在实现这两个目的的过程中往往存在许多问题和困难，常见的有：①计量人员专业性不足，计量管理难度大；②能耗统计数据不准确，绩效目标管理难度大；③节能技改效益数据不充分，持续优化难度大；④设备故障响应慢，应急管理难度大；⑤缺乏系统性分析手段，全面节能难度大等。

能源管理系统，或称能源管理中心，是利用自动化和信息化技术，帮助工业企业进行一体化能源管理、实现供能保障及用能优化的一种高效工具，拥有设备能耗实时监控、全覆盖扁平化集中管理、数据模型分析决策、数据共享在线管控等信息化优势，可以实现的基本功能有：①实时能耗统计与分析；②节能目标设置与考核；③节能技改评估与验证；④设备报警与应急；⑤电网质量监视与维护；⑥能耗趋势与用能平衡分析等。通过以上功能，PCB 工厂可以采用更加科学和高效的方式对能源供给与利用过程进行管控，解决传统能源管理的难题，实现系统化、精益化、数字化的用能节能管理。

此外，能源管理系统还可以与企业的资源计划系统、制造执行系统、在线环境监测系统等信息化管理平台相结合，进行协同管理，达到节能、降耗、减污、增效的目的，这也是通过智能化手段走绿色化道路的未来趋势。能源管理系统功能示意图如图 7-4 所示。

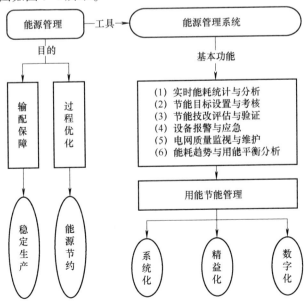

图 7-4　能源管理系统功能示意图

2. 谐波治理技术

PCB 工厂使用的机电设备数量多、规格型号差异大，遍布生产的整个过程，并且为了节约能耗，不少机电设备具备变频功能或加装了变频器。大量使用变频器，可能产生大量的谐波，使电网电压发生严重畸变，对电网和连接在电网的用电设备产生不利影响。机电设备配备不合理，比如出现"大马拉小车"等情况，也会导致无功功率增大、电流增大，从而产生谐波，使设备及线路损耗增加。

为保障用电安全、提高电能质量、减少电能损耗，则需要使用抑制谐波产生或降低谐波影响的技术手段。总的来说，可以分为主动治理和被动治理两个方向。主动治理，指针对谐波产生的源头进行谐波抑制或防止谐波产生的治理方式，比如使用产生较少谐波的矩阵式变频器；被动治理，指通过在电网中加装提高电能质量的治理装置，比如安装利用无功补偿技术的电力滤波器。

无功补偿技术主要指应用电气自动化技术特点，通过补充无功、抑制谐波等方法对电气系统进行补偿，使电力损耗降到最低，并且为电气系统的运行提供相应的安全保障。

有源电力滤波器，属于无功补偿技术的一项重要应用，是一种新型的动态跟踪补充无功、抑制谐波的电力系统辅助装置，其各方面性能均优于传统的电容补偿柜。通过安装使用有源电力滤波器，可实现无功功率补偿、谐波治理等功效，间接地提高了电能使用效率，起到了节能的效果。此外，相对于传统的无源补偿柜，有源电力滤波器性能更加稳定、安全，采用线性补偿，使供电质量更加平滑。

3. 机电设备变频改造

PCB 制造过程有大量的清洗环节，需使用各类药液、排放多种废水，生产过程和污染物治理过程使用数量较多的水泵，其中不少环节，根据工艺技术要求，需要实时调节水泵流量，甚至需频繁起停水泵。

常见的水泵调速方法有以下几种：采用液力耦合器调节水泵转速；采用多速电动机调节水泵转速；采用内反馈串级调速电动机进行调速；使用变频装置进行调速。其中，变频调速技术，是利用电动机转速与工作电源输入频率成正比的关系，通过改变电动机工作电源频率以改变电动机转速的一种技术。该技术具有适用范围广、可靠性高、运行成本低、可实现无级调速等特征，适用于对 PCB 工厂各类水泵的改造。经过变频改造或装配变频器后的水泵，通过软起动和轻负载降压等原理，水泵消耗的功率会随着水泵转速的下降而降低，由此可实现明显的节电效果。

比如，用于喷淋水泵的变频改造。传统普通喷淋水泵的功率输出固定，产生的水压必须高于生产工艺参数范围，然后在下端喷淋阀门处手动调节，降低喷淋压力以达到正常的生产工艺参数范围。该过程中，喷淋水泵在持续输出大于实际需求的功率。

对喷淋水泵增加变频器，无须限制喷淋阀门，变频器根据水压情况调节喷淋水泵的输出功率，使喷淋水泵产生达到正常的生产工艺参数范围的喷淋压力，减少了多余功率的输出，降低了能源消耗。PCB制造过程喷淋工序较多，通过对喷淋水泵的变频改造，可达到明显的节能效果。

同样的原理，除水泵外，部分风机、空气压缩机、传送带电动机等机电设备也可考虑进行变频节能改造。比较常见的有空气压缩机变频改造，加装变频器后，节能量可达35%左右，并且适合使用合同能源管理的形式，以降低工厂节能改造前期投资负担。

不过，如前文所说，大量使用变频器会产生谐波，干扰电网，因此，车间在安装变频器的同时，也要考虑加装滤波器。也有部分变频设备内部自带谐波治理功能，以在源头减少变频设备的副作用。

▷ 4. 加热系统保温

PCB制造过程中有多处加热工序，在加热以及输送热源的过程中，如果缺乏有效的保温措施，将损失大量的热能，同时散失在环境中的热量也加重了空调系统的负担。因此，有效的保温措施可以起到双重的节能效果。

PCB制造过程中，加热温度较高的工序当属层压（压合）工序。导热油炉是PCB层压工序的常用供热设备，导热油炉通常采用电加热，使导热油温度升高，然后进入导热油输送管，通过循环泵，连通层压机，为层压机供热，之后低温的导热油通过输送管回到导热油炉再次加热，循环使用。

导热油炉、输送管和层压机三者形成了一个闭环的导热油循环系统，能源以电能的形式进入循环系统后转换为热能，除了一部分在层压机内得到有效利用之外，其他的热能则主要通过导热油炉、输送管及层压机的表面散失。

因此，应合理规划导热油输送管，减少输送管道的敷设长度，加强保温措施或更换性能好的保温材料，以减少导热油循环系统中的设备表面热量散失，起到节能的效果。

其他的加热工序也一样，一方面是尽可能减少热量散失的表面面积，另一方面则是根据不同的保温要求，选用合适的、性能较好的保温材料，加强设备设施保温。

常见的保温材料及特性见表7-5。

表7-5 常见的保温材料及特性

序号	保温材料	密度/(kg/m^3)	使用温度/℃	耐火等级	热导率/[$W/(m·K)$]	特性
1	闭孔橡胶泡沫	40~80	60~80	B1	0.037	密度小、有独立的气泡结构、耐腐蚀、耐老化
2	硬质聚氨酯泡沫	30~60	30~80	B1	0.028	保温效果稳定、热导率低、易施工，但易燃、耐热性差
3	酚醛泡沫保温板	40~120	130~180	B1-A2	0.056	密度小、不易燃、最高耐火等级可达到A2
4	硅酸钙材料	轻质材料可低至100	≤650（托贝莫来石）	A	0.043	密度小、强度高、使用温度高
5	硅酸铝材料	≤220	≤300	A	0.047	强度高、不易燃，但造价高、维护成本高
6	复合硅酸盐材料	180~200	≤300	A	0.030	热导率低、耐高温、耐腐蚀，但不易施工
7	岩棉	≤150	350	A	0.038	耐火、耐腐蚀，但石棉纤维对人体有害
8	离心玻璃棉	40	20~300	A	0.035	密度小、热导率低、耐腐蚀
9	纳米气凝胶	18~220	50~450	A	0.0020	热导率低、耐高温、易施工，但造价较高

工厂应根据实际保温需求，选择合适的保温材料和保温层厚度。此外，《设备及管道绝热技术通则》（GB/T 4272—2008）中提到了保温层厚度的"经济厚度"，即绝热后的年散热（冷）损失费用和投资的年分摊费用之和为最小值时绝热层的计算厚度，标准中给出了相应的计算原则，工厂也可以参照使用。

▶▶5. 余热回收利用

余热，顾名思义，指某一热载体，在当前环境温度下，释放出来的"多余的热"。这部分热的热量，经过技术和经济分析，被认为回收利用后可产生一定的经济效益，则称之为可回收利用的余热，即余热资源。

《工业余能资源评价方法》（GB/T 1028—2018）中，按照余能资源的可用势、温度、压力等因素，将余能资源划分为4个等级，1级余能资源回收价值最高，应优先回收；4级余能资源回收价值较低，视工厂的实际情况考虑回收。

PCB 工厂可参考这一等级划分方式，自查工厂中余热（余能）资源，并采用相应的回收利用措施。余能资源等级划分见表 7-6。

表 7-6 余能资源等级划分

余能资源种类		等级	可用势 $e/(kJ/kg)$	温度 $T/℃$	压力 p/MPa	回收技术选择推荐
工业烟气	水蒸气含量高、温度高	1级	>110	≥300	—	余热发电
	水蒸气含量低、温度高	2级	>80	≥300	—	余热发电或梯级利用供热
	水蒸气含量高、温度低	3级	≥30	<300	—	低沸点工质循环发电或热泵提质供热
	水蒸气含量低、温度低	4级	<30	<300	—	热泵提质供热
水蒸气	温度较高	1级	≥700	≥150	—	余热发电或梯级利用供热
	温度较低	2级	<700	<150	—	热泵提质供热
余压气	表压高、温度高	1级	—	≥300	≥0.1	余压发电或温度、压力梯级利用
	表压低、温度高	2级	—	≥300	<0.1	梯级利用供热
	表压高、温度低	3级	—	<300	≥0.1	余压发电或压力梯级利用
	表压低、温度低	4级	—	<300	<0.1	热泵提质供热
液态	表压高、温度高	1级	—	>200	≥4	余热余压发电
	表压中、温度中	2级	—	95~200	1~4	梯级利用供热
	表压低、温度低	3级	—	<95	<1	热泵提质供热
固态	温度高	1级	—	>700	—	余热发电
	温度中	2级	—	400~700	—	余热发电或梯级利用供热
	温度低	3级	—	<400	—	热泵提质供热

PCB 工厂可开展余热回收利用的环节不少，比如有空气压缩机系统、制冷机组、导热油系统、烤板烤箱等。下面以常见的空气压缩机、制冷机组、锅炉和烘箱为例进行介绍。

（1）空气压缩机的余热回收利用 目前，相比传统的活塞式空气压缩机，较为节能高效的喷油螺杆式空气压缩机已得到普遍使用。螺杆空气压缩机在运行过程中，电能除了转化为动能外，还有一部分转化为了热能，而这类热量非常可观的热能大部分都散发在空气中，造成了能量的浪费。

通过改造螺杆空气压缩机，在喷油管路中加装水冷热回收换热器，配套蓄热设备，以水为介质回收空气压缩机多余的热能，产生的热水，可用于加热工艺的预热、保温，或供给员工生活用热水。有研究表明，空气压缩机可回收热量占输入功率的60%以上。那么，1台250 kW的螺杆空气压缩机，按60%的能量回收率计算，1h可回收能量150 kW，相当于节电150 kW·h。

（2）制冷机组的余热回收利用　制冷机组在压缩冷凝时会产生一定量的热能向空气中排放，通过加装高效热交换器，将该部分热量进行回收利用。有研究表明，制冷剂在高温高压蒸气状态下，温度达到70℃以上时，可将常温水加热至45~60℃。对制冷机组进行余热回收利用改造，一方面可提高工厂能源利用效率，另一方面可提高制冷机组散热效率，降低压缩机冷凝负荷，同样起到节能的效果。

（3）锅炉烟气的余热回收利用　不少PCB工厂的导热油炉采用天然气为燃料，其燃烧排放的烟气温度可达110~180℃。通过安装余热回收换热器，可使排烟温度降低至75℃，减少环境影响，同时回收的余热可满足生产工艺加热的需求。

（4）高温烘箱的热风循环　在丝印工序之后，常常需使用高温烘箱对PCB板面进行加热。普通烘箱中的高温热风通常通过出风口直接排除，造成了热量的浪费。热风循环高温烘箱则将大部分热风通过热风管道的引导在箱体内进行反复循环，使箱体内受热更加均匀，且提高了烘箱的热效率。某PCB工厂通过计量测试，使用了热风循环装置的高温烘箱比普通烘箱节电约30%。从广义上讲，这也属于余热的一种回收利用途径。

6. 导热油炉可编程序逻辑控制器（PLC）

国内还有部分PCB工厂使用燃料锅炉加热导热油，为层压工序供热。传统人工控制的锅炉，通过员工的个人经验，控制锅炉的起停、火焰的高低，难以保证导热油系统的经济运行和故障监控应急。为导热油炉加装PLC，可有效提高导热油炉的运行效率，并具备运行监控和故障关闭功能。

PLC是一种实现自动化控制的工业控制装置。通过传感器，向PLC输入导热油的温度、压力、油位等参数，经过设定的程序，控制导热油炉的燃料进量、鼓风量、点火和熄火等操作，根据加热工序的供热需求，及时调整燃烧状态，使导热油炉始终保持在较为经济的运行状态，起到节能的效果。

7.2.3　能源结构优化

PCB工厂的能源结构较为单一，多使用电能，国内还存在少部分工厂仍使用煤、柴油等石化燃料，用于导热油的加热。通过对太阳能、风能、地热能、水力等可再生能源的利用，可丰富和优化 PCB 工厂的能源结构，在节省电费之余，减少温室气体的排放，是实现低碳生产的重要措施。

1. 太阳能的利用

太阳能的利用可简单分为两类：一类是将太阳能转化为热能，比如人们熟悉的太阳能热水器；另一类是利用半导体光生伏特效应，将太阳能直接转化为电能，即人们常说的光伏发电，以新能源电力替代市政电网的常规化石能源电力，实现低碳、节能的效果。

我国一直以来都鼓励光伏发电，个别地方政府会以资金补贴、合同能源管理、示范项目申报等形式鼓励工业企业建设光伏发电项目，最常见的就是屋顶分布式光伏发电。

屋顶分布式光伏发电，是利用工厂厂房屋顶布设光伏组件，通过太阳光照发电，以补充工厂自用电，也可以与公共电网并网，为公共电网供电，甚至由此收取一定的费用。屋顶分布式光伏发电技术比较成熟，按华东地区 3 万 m^2 的光伏电板敷设面积，装机容量约 2 MW，发电量约 8000 kW·h/天，年日照天数按 250 天计算，结合地方发电补贴，在 7~8 年可以全部收回投资成本，光伏蓄电池使用寿命在 25 年以上，投资回报期过后还可以长时间继续使用，除了产生可观的经济效益外，其环境效益、社会效益将更加显著。

此外，PCB 工厂还可考虑应用光伏直驱变频空调技术。其工作原理是把光伏发电技术与高效直流变频制冷设备相结合，将光伏直流电直接接入机载换流器直流母排，形成光伏电直接驱动空调的运行模式。该技术相比简单的光伏发电+变频空调模式，省去了上网和供电时进行交/直流电变化的能源损耗，电能利用率达到 99.04%，比普通光伏发电上网再利用的能源效率提高了 5%~8%。

2. 空气热能的利用

低环境温度空气源热泵（冷水）机组，通常简称空气能热泵，其工作原理是通过利用较少量的电能驱动压缩机压缩制冷剂，将环境空气中的低温热能吸收，使制冷剂温度升高，通过热交换器，利用制冷剂的热量加热冷水，释放出热量的制冷剂则重新进入压缩机循环使用。

简单来说，空气能热泵就是利用逆向热力学循环将热量从低温热源转移到高温热源的装置，是利用空气中低温热能的一种有效手段。

传统的利用电能加热的设备，其制热性能系数（COP）理论情况下为 1.0，可理解为：输入 1 kW·h 的电，理论上可产生 3600 kJ 的热量，但实际应用中存在损耗，则传统电加热设备的 COP 必然小于 1.0。

根据《低环境温度空气源热泵（冷水）机组　第1部分：工业或商业》（GB/T 25127.1—2020）的要求，风机盘管型热泵名义制热性能系数至少为2.3。也就是说，同等条件下，使用空气能热泵，输入1 kW·h的电，驱动压缩机工作，吸收环境空气中的热能，再集中释放，在非极端环境空气温度（不低于 -20 ℃）下，将产生约8280 kJ的热量。

在PCB工厂中，可以通过采用空气能热泵替代传统电加热管加热液槽，实现显著的节能效果，同时能杜绝电加热管的安全隐患。此外，由空气能热泵的工作原理可知，其在供暖制热的同时，也在不断制冷，因此空气能热泵也可以作为空调制冷系统应用，从而减少工厂空调系统的负荷，进一步起到节能的效果。

3. 可再生能源互补利用

各类可再生能源的利用方式也可以互相结合和补充，比如城市中常见的风光互补LED路灯。

风光互补LED路灯，是结合了太阳电池板、风力发电机、蓄电池和LED照明装置的自发电照明系统，可用于工厂道路照明和厂房建筑照明。该系统在较低风速（2 m/s）下即可发电，白天同时通过太阳电池板蓄电，无须额外供电。结合时间控制系统和自动光控系统，可实现一天工作6h（18时—24时全光照明、0时—6时半光照明）、阴雨天连续工作3~7天的照明需求。

另外，太阳能和热泵也同样能有机结合，形成高制热性能的装置。

太阳能热泵技术是将太阳能集热技术和空气源热泵技术有机结合的产物，既克服了太阳能集热技术受天气条件影响的缺陷，又提高了空气源热泵技术的热性能，既有效利用了清洁的可再生能源，又能实现高效节能的效果。

根据太阳能集热器和热泵蒸发器的组合形式，太阳能热泵系统可以分为直膨式和非直膨式；根据热能的传递方式，非直膨式又可以分为串联、并联和混联3种方式。

直膨式系统将太阳能集热器和热泵蒸发器组成一个整体，制冷剂通过太阳能集热器的作用吸热蒸发，之后进入热泵压缩机，经过压缩进一步提高制冷剂的热能，接着进入水箱中的冷凝器释放热量，使水箱中的水温上升，最后制冷剂回到集热器继续循环。

串联式系统将太阳能集热器加热后的热水作为热泵的低温热源，吸收热水热能后的制冷剂进入压缩机进一步提高热能，进水水箱释放热能，之后继续循环。因此，可以将串联式太阳能热泵系统中的热泵理解为水源热泵。

并联式系统中太阳能集热系统和热泵系统相互独立同时为水箱加热。混联系统即同时存在串联和并联两种组合形式，受热介质的连接方式更加复杂。

太阳能热泵系统，相对于太阳能集热系统或热泵系统，都极大地提高了能效，系统的 COP 值可达到 3.0~4.0，高效利用了太阳能资源，并减弱了气象环境条件的负面影响。

4. 智能微电网

对于部分规模较大、占地面积较多的 PCB 工厂或大型 PCB 产业园区，有条件建设装机容量较大的光伏发电项目、风力发电项目，能够使用天然气、生物质颗粒等清洁能源驱动小型汽轮机发电，可以考虑建设智能微电网。

智能微电网是集成了分布式发电技术、微网技术和智能配电技术的一种新型供电系统。分布式发电的一个优势在于可以同时使用多种能源形式，包括太阳能、风能、燃气轮机发电等，且发电端通常靠近用户端，电力传输损耗低；微电网技术能够对分布式发电并网过程起到协调作用，并保证储电功能的使用；智能配电技术则通过利用信息化、数字化技术，优化用电配置，提高电能可靠性，使得微电网发挥最大功效。综合以上技术优势，形成智能微电网的特征是：既可以并网运行，又可以独立运行；能够利用多种能源形式，特别是清洁能源和可再生能源的利用，能够最大限度地优化用能结构；具有继电保护功能，能够保障用电，可以调峰用电；能够提高电网质量，提高电能利用效率。

7.3 节能量测量方法

节能效果的评估、分析及验证，是开展节能工作的关键依据。因此，掌握科学、实用的节能量测量方法，也是工厂开展节能工作的重要支撑。

节能量是指满足同等需要或达到相同目的的条件下，能源消耗或能源消费减少的数量。常规的节能量测量方法可参考表 7-7 中的相关标准，以下将主要介绍最常使用的归一化法和直接比较法。

表 7-7　节能量测量方法相关标准

序号	标准名称	标准编号
1	用能单位节能量计算方法	GB/T 13234—2018
2	节能监测技术通则	GB/T 15316—2009
3	电解、电镀设备节能监测	GB/T 24560—2009
4	节能量测量和验证技术通则	GB/T 28750—2012
5	节能量测量和验证技术要求　泵类液体输送系统	GB/T 30256—2013

(续)

序号	标准名称	标准编号
6	节能量测量和验证技术要求　通风机系统	GB/T 30257—2013
7	节能量测量和验证技术要求　照明系统	GB/T 31348—2014
8	节能量测量和验证技术要求　中央空调系统	GB/T 31349—2014
9	节能量测量和验证实施指南	GB/T 32045—2015

7.3.1 归一化法

归一化是指为了达到满足同等需要或达到相同目的的要求，根据相关变量的变化关系，对能源消耗数据进行修正的过程。通过确定用能单位的边界、能源基期和报告期，对基期和报告期的能源消耗进行归一化，根据归一化后的基期和报告期能源消耗之差，计算得出用能单位节能量。该方法适用于能源消耗量因产品产量变化而变化的用能单位的节能量测量，比如工厂的年度节能量测量。

归一化法可分为3种基础方法，要根据用能单位的实际情况进行选用。

1. 后推校准法

该方法按照报告期条件进行归一化，适用于基期和报告期内，用能单位的运行和操作条件未发生重大变化，可采用同样的相关变量进行归一化的情况。

假设某工厂仅使用电能，2017年（基期）和2018年（报告期）的实际用电量见表7-8。

表7-8　某工厂基期和报告期生产用电量

月份	2017年		2018年	
	产品产量/m²	生产用电量/万 kW·h	产品产量/m²	生产用电量/万 kW·h
1	24546	586	62723	1348
2	12414	307	69332	307
3	16471	386	18164	383
4	12527	288	59146	1224
5	16953	398	19387	410
6	27045	626	39434	821
7	31210	729	52439	1102
8	32362	758	33244	701
9	18057	425	30947	656

(续)

月份	2017 年		2018 年	
	产品产量/m²	生产用电量/万 kW·h	产品产量/m²	生产用电量/万 kW·h
10	15408	360	139777	2939
11	20989	498	250435	5348
12	18008	424	20318	431
合计	245990	5785	795346	15670

由表 7-8 可知,产品产量为生产用电量的主要相关变量。选择后推校准法进行归一化,将基期(2017 年)12 个月的产品产量(变量 x)与生产用电量(因变量 y)的数据进行回归分析,得出基期校准电耗公式 $y = 0.0232x + 6.7844$,拟合度 $R^2 = 0.9984$。基期月度产品产量与用电量的线性回归分析结果如图 7-5 所示。

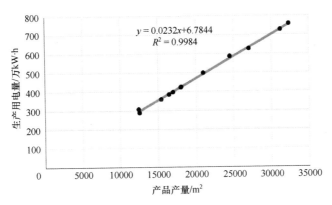

图 7-5 基期月度产品产量与用电量的线性回归分析结果

将报告期(2018 年)产品产量(变量 x')代入基期校准电耗公式,得出基期校准电耗(因变量 y'),然后与报告期电耗进行对比,得出节电量。按照综合能耗折算系数 [0.1229 kg/(kW·h)] 换算,得出某工厂 2018 年的节能量为 3519.86 tce。节能量计算结果见表 7-9。

表 7-9 节能量计算结果

月份	基期(2017 年)校准电耗/万 kW·h	报告期(2018 年)实际电耗/万 kW·h	节电量/万 kW·h	节能量/tce
1	1462	1348	114	140.11
2	1615	307	1308	1607.53
3	428	383	45	55.31
4	1379	1224	155	190.50

（续）

月份	基期（2017年）校准电耗/万 kW·h	报告期（2018年）实际电耗/万 kW·h	节电量/万 kW·h	节能量/tce
5	457	410	47	57.76
6	922	821	101	124.13
7	1223	1102	121	148.71
8	778	701	77	94.63
9	725	656	69	84.80
10	3250	2939	311	382.22
11	5817	5348	469	576.40
12	478	431	47	57.76
合计	18534	15670	2864	3519.86

2. 前推校准法

按照基期条件进行归一化，即：根据报告期能耗（因变量 y）及相关变量（变量 x）的数据，计算出报告期能耗校准公式，然后把基期条件（变量 x'）代入公式，得出报告期校准能耗（因变量 y'），与基期能耗进行对比，最后得出节能量。当基期能源消耗以及相关变量数据不完善时，适合采用该方法。

3. 参考条件校准法

按照参考条件进行归一化，即：根据某参考条件下的能耗及相关变量的数据，计算出参考条件能耗校准公式，然后分别把基期条件和报告期条件代入公式，分别得出基期校准能耗和报告期校准能耗，并进行对比，最后得出节能量。该方法不受基期和报告期条件变化的影响，适用于连续跟踪节能量，以反映典型历史条件及未来最可能存在的报告期条件，比如典型年的生产水平。

7.3.2 直接比较法

当节能措施可关闭且不影响项目正常运行时，可通过比较在典型工况下节能措施关闭前后的能耗，得出项目典型工况的节能量，进而转化为整个统计报告期的节能量。

其中，最常用的一种直接比较法为"相似日比较法"，即：在统计报告期内选择外部影响因素（如气温、湿度等）和内部影响因素（如产量等）相似的 2 天及以上的天数，分别确定节能措施开启和关闭时的能耗，进而计算得出整个报告期的节能量。

假设某工厂洁净室中央空调系统加装了变频节能设备，以该项目 2017 年 6

月的实测数据为统计报告期数据,在报告期内选取 2 天按照节能措施关闭工况运行,测量其用电量,然后在主要能耗影响因素最大允许偏差范围(表 7-10)内按照节能措施开启工况运行 2 天,监测其用电量。相似日能耗及主要影响因素对比见表 7-11 和表 7-12。

表 7-10 主要能耗影响因素最大允许偏差范围

参数名称	日平均室外温度	日平均室外湿度	日产品产量
相似日最大允许偏差	±5%	±5%	±10%

表 7-11 相似日 1 的能耗及主要影响因素对比

工况	日用电量/kW·h	日平均室外温度/℃	日平均室外相对湿度(%)	日产品产量/m²
节能措施关闭	14306	24.6	79	1080
节能措施开启	11860	24.2	82	1031
参数偏差		1.6%	-3.8%	4.5%

表 7-12 相似日 2 的能耗及主要影响因素对比

工况	日用电量/kW·h	日平均室外温度/℃	日平均室外相对湿度(%)	日产品产量/m²
节能措施关闭	17897	27.5	71	1263
节能措施开启	14825	27	69	1257
参数偏差		1.8%	2.8%	2.8%

依据 GB/T 31349—2014,相似日比较法节能量的计算公式如下:

$$E_s = E'_r \frac{\eta_s}{1 - |\eta_s|} \tag{7-1}$$

$$E'_r = E_r - S_b \tag{7-2}$$

$$\eta_s = \frac{S_r - S_b}{S_b} \times 100\% \tag{7-3}$$

式中,E_s 是中央空调系统节能量(kW·h);E'_r 是节能措施开启状态下的中央空调系统统计报告期能耗(kW·h);η_s 是节能率;E_r 是中央空调系统统计报告能耗(含节能措施关闭状态下各测试日的累计能耗)(kW·h);S_b 是节能措施关闭状态下测试日的累计能耗(kW·h);S_r 是节能措施开启状态下测试日的累计能耗(kW·h)。

根据以上公式,本系统采用相似日比较法的节能量测量和验证过程如下:
1)节能措施关闭工况下,测试日累积能耗为

14306 kW·h + 17897 kW·h = 32203 kW·h

2）节能措施开启工况下，测试日累积能耗为
$$11860 \text{ kW} \cdot \text{h} + 14825 \text{ kW} \cdot \text{h} = 26685 \text{ kW} \cdot \text{h}$$

3）节能率为
$$\frac{26685 - 32203}{32203} = -17.14\%$$

4）统计报告期（2017年6月）内该项目总用电量为421387 kW·h，则节能措施开启工况下该项目统计报告期能耗为
$$421387 \text{ kW} \cdot \text{h} - 32203 \text{ kW} \cdot \text{h} = 389184 \text{ kW} \cdot \text{h}$$

5）项目统计报告期内的节能量为
$$389184 \text{ kW} \cdot \text{h} \times \frac{-17.14\%}{1 - |-17.14\%|} = -80505 \text{ kW} \cdot \text{h}$$

参 考 文 献

[1] 中华人民共和国国家发展和改革委员会. 国家重点节能低碳技术推广目录（2017年本低碳部分）技术报告 [R]. (2017-03-17) [2019-04-19]. http://www.mee.gov.cn/ywgz/ydqhbh/wsqtkz/201904/t20190419_700394.shtml.

[2] 吴志明. 风光互补LED路灯照明系统项目经济分析 [D]. 哈尔滨：哈尔滨工程大学, 2011.

[3] 陈志特. UV LED固化技术应用探析 [J]. 科技风, 2013 (24)：98.

[4] 邓四际, 李长生, 严来良, 等. PCB行业节能改造案例分析 [J]. 印制电路信息, 2014 (4)：220-223.

[5] 闵秀红. PCB设备热平衡节能改造实践应用 [J]. 印制电路信息, 2015, 23 (3)：219-223.

[6] 中国机械工业联合会. 低环境温度空气源热泵（冷水）机组 第1部分：工业或商业用及类似用途的热泵（冷水）机组：GB/T 25127.1—2010 [S]. 北京：中国标准出版社, 2011.

[7] 涂爱民, 朱冬生, 吴治将, 等. 蒸发式冷凝器空调系统的性能及应用 [J]. 华南理工大学学报（自然科学版）, 2007 (11)：66-71.

[8] 马洁. 蒸发式冷凝器传热传质特性数值模拟与实验研究 [D]. 南京：南京师范大学, 2017.

[9] 程嘉颖, 陈刚. 蒸气压缩循环蒸发冷却式冷水（热泵）机组的技术调研和应用展望 [J]. 工程建设与设计, 2018 (17)：102-105；109.

[10] 中华人民共和国国家发展和改革委员会, 国家重点节能低碳技术推广目录（2017年本节能部分）技术报告 [R]. (2018-02-13) https://www.ndrc.gov.cn/xxgk/zcfb/gg/201802/t20180212_961202.html.

[11] 石松, 段惠玲, 孙菁. 蒸发冷却螺杆式热回收冷水机组应用分析 [J]. 工程建设与设

计, 2017 (22): 55-56.
[12] 王秋林. 变频节能改造中合同能源管理的研究与应用 [D]. 北京: 华北电力大学 (北京), 2008.
[13] 席海涛. 空压机余热回收利用设计与效益分析 [J]. 煤炭工程, 2014, 46 (6): 22-24.
[14] 岑曦. 空气压缩机热能回收系统的开发 [D]. 上海: 上海交通大学, 2010.
[15] 李婷. 带有余能回收功能的蒸发式冷凝制冷机组的节能研究 [D]. 广州: 华南理工大学, 2017.
[16] 全国能源基础与管理标准化技术委员会. 用能单位节能量计算方法: GB/T 13234—2018 [S]. 北京: 中国标准出版社, 2018.
[17] 全国能源基础与管理标准化技术委员会. 节能量测量和验证实施指南: GB/T 32045—2015 [S]. 北京: 中国标准出版社, 2015.
[18] 全国能源基础与管理标准化技术委员会. 节能量测量和验证技术要求 中央空调系统: GB/T 31349—2014 [S]. 北京: 中国标准出版社, 2015.
[19] 耿佳节. 浅谈钢铁企业能源管理系统建设应用 [J]. 现代信息科技, 2018, 2 (5): 125-127.
[20] 肖振乾, 张圆明, 郭黄欢. 企业能源管理中心高效运行的意义及有效措施分析 [J]. 应用能源技术, 2017 (1): 1-4.
[21] 盛剑辉, 李海玲. 电气工程及其自动化无功补偿技术的实际应用 [J]. 江西建材, 2018 (1): 173; 175.
[22] 翁利民. 电力电子技术与谐波抑制、无功功率补偿技术研究综述 [J]. 电力电容器, 2004 (3): 6-10.
[23] 邢江, 李洪明, 孟冬梅, 等. 节电滤波器节能效果及分析 [J]. 石油矿场机械, 2006 (S1): 88-90.
[24] 魏翠琴, 王丽萍, 贾少刚, 等. 太阳能热泵应用现状与性能分析 [J]. 制冷与空调 (四川), 2017, 31 (2): 159-163.
[25] 严安, 许高超. 热力管道保温材料在通行管沟中的应用分析 [J]. 工程建设与设计, 2016 (4): 73-75.
[26] 王文海, 邱亮. 高频开关电源节能技术 [J]. 中国新通信, 2019, 21 (6): 225-226.
[27] 汪栋. 无极灯技术的节能效果检验 [J]. 电子世界, 2012 (13): 59-60.
[28] 高倩. 工业企业能源管理优化探讨 [J]. 上海节能, 2018 (11): 927-929.
[29] 寇群. 分布式发电、微网与智能配电网的发展与挑战 [J]. 中国科技纵横, 2017 (21): 162-163.
[30] 罗安, 吴传平, 彭双剑. 谐波治理技术现状及其发展 [J]. 大功率变流技术, 2011 (6): 1-5; 9.
[31] 李佳. 沥青混合料搅拌设备导热油加热器 PLC 控制系统 [J]. 筑路机械与施工机械化, 1998, 15 (1): 11-12.

第 8 章

水资源使用与节约

8.1 PCB 行业用水节水概况及思路

当前我国水资源面临的形势十分严峻，水资源短缺、水污染严重、水生态环境恶化等问题日益突出，已成为制约经济社会可持续发展的主要瓶颈。基于这些现状，2012 年 1 月 12 日，国务院印发了《关于实行最严格水资源管理制度的意见》（国发〔2012〕3 号），这是继 2011 年中央 1 号文件和中央水利工作会议明确要求实行最严格水资源管理制度以来，国务院对实行水资源管理制度做出的全面部署和具体安排，是指导当前和今后一个时期我国水资源工作十分重要的纲领性文件。同年，工业和信息化部发布了《关于深入推进节水型企业建设工作的通知》（工业和信息化部联节〔2012〕431 号）。自此，国内关于工业企业节水的推广力度越来越大，政策要求也越来越严格。2017 年"十九大"报告中提出，推进绿色发展，推进资源全面节约和循环利用，实施国家节水行动，降低能耗、物耗，实现生产系统和生活系统循环链接。为贯彻落实党的"十九大"精神，大力推动全社会节水，全面提升水资源利用效率，形成节水型生产生活方式，保障国家水安全，促进高质量发展，2019 年国家发展和改革委员会发布了《国家节水行动方案》。

积极开展节水工作，是企业实践绿色制造的重要方面，是创建绿色工厂的关键途径，也是从源头上减轻废水排放环保压力的有效措施。《绿色工厂评价通则》（GB/T 36132—2018）中提出绿色工厂应按照《节水型企业评价导则》（GB/T 7119—2018）的要求开展节水评价工作，且满足取水定额系列标准（GB/T 18916）中对应本行业的要求。在考核绿色工厂绩效时也需要计算工厂的废水回用率。

在传统印象中，PCB 制造业也属于"用水大户"和"排污（水）大户"，主要是因为 PCB 生产工艺存在大量的用水工序，除沉铜、电镀、蚀刻等湿流程外，因 PCB 的品质和工艺要求，板面清洗、槽缸清洗等各种清洗工序贯穿于整个工艺流程的始终，再加上地坪清洗、循环冷却等环节，可以说整个生产制造过程都离不开水资源。

目前，取水定额系列标准（GB/T 18916）中没有 PCB 行业对应的标准，行业内对 PCB 生产过程单一工序的用水量无明确要求，也没有统一的水质要求，各工厂依据各自的管理体系程序、操作规程等，根据产品质量的要求，会控制不同工艺、不同工序的具体水质参数，包括电导率、氯化物含量、pH 值、硬度等。《清洁生产标准 印制电路板制造业》（HJ 450—2008）、《绿色设计产品评价技术规范 印制电路板》（T/CESA 1070—2020）及部分地方法规标准常以单位产品取水量（单位产品新鲜水用量）、工业水重复利用率和中水回用率等指标来限定 PCB 工厂的用水情况。

其中，《清洁生产标准 印制电路板制造业》对不同类型的 PCB 产品的新鲜水耗用量和水的重复利用率提出了明确要求，并且划定了三个级别，一级为国际清洁生产先进水平；二级为国内清洁生产先进水平；三级为国内清洁生产基本水平。《绿色设计产品评价技术规范 印制电路板》是以《清洁生产标准 印制电路板制造业》中的二级水平作为评判绿色设计产品的标准值。《清洁生产标准 印制电路板制造业》对印制电路板制造业的用水要求见表 8-1。

表 8-1 《清洁生产标准 印制电路板制造业》对 PCB 制造业的用水要求

（单位：m^3/m^2）

序号	产品类别	一级	二级	三级
1	单面板	≤0.17	≤0.26	≤0.36
2	双面板	≤0.50	≤0.90	≤1.32
3	多层板（2+n 层）	≤(0.5+0.3n)	≤(0.9+0.4n)	≤(1.3+0.5n)
4	HDI 板（2+n 层）	≤(0.6+0.5n)	≤(1.0+0.6n)	≤(1.3+0.8n)
5	工业用水重复利用率（%）	≥55	≥45	≥30

部分省市制定了制造业用水定额要求的标准，其中对 PCB 的单位产品用水量和水的重复利用率提出了相应的要求。另外，有一部分地方的环保相关专项整治工作中，也会对 PCB 企业的用水情况提出要求。各省市关于 PCB 制造业的用水定额要求见表 8-2。

表 8-2 各省市关于 PCB 制造业的用水定额要求

序号	地区	限值要求		标准依据
1	天津市	双面板	≤0.96 m^3/m^2	天津市地方标准《工业产品取水定额》（DB 12/T 697—2016）
		多层板	≤3.30 m^3/m^2	
2	河北省	考核值	≤0.20 m^3/m^2	河北省地方标准《用水定额 第2部分：工业取水》（DB 13/T 1161.2—2016）
		准入值	≤0.16 m^3/m^2	
3	江苏省	单面板	≤0.28 m^3/m^2	《江苏省工业、服务业和生活用水定额（2014 年修订）》[苏水资〔2015〕33 号]
		双面板	≤1.08 m^3/m^2	
		多层板	≤5.42 m^3/m^2	
4	内蒙古自治区	单面板	0.17~0.26（m^3/m^2）	内蒙古自治区地方标准《行业用水定额》（DB 15/T 385—2015）
		双面板	0.50~0.90（m^3/m^2）	
		多层板	0.5+0.3n~0.9+0.4n（m^3/m^2）	
		HDI 板	0.6+0.5n~1.0+0.6n（m^3/m^2）	

（续）

序号	地区	限值要求			标准依据
5	湖北省	用水定额		≤6.5 m³/m²	《湖北省工业与生活用水定额（修订版）》[鄂政办发〔2017〕3号]
		重复利用率		≥97.9%	
6	福建省	6.8~13（m³/m²）			福建省地方标准《行业用水定额》（DB 35/T 772—2013）
7	广东省	≤2.0 m³/m²			广东省地方标准《广东省用水定额》（DB 44/T 1461—2014）
8	广西壮族自治区	单面板	先进值	≤0.17 m³/m²	广西壮族自治区地方标准《工业行业主要产品用水定额》（DB 45/T 678—2017）
			准入值	≤0.26 m³/m²	
			通用值	≤0.36 m³/m²	
		双面板	先进值	≤0.50 m³/m²	
			准入值	≤0.90 m³/m²	
			通用值	≤1.32 m³/m²	
9	海南省	≤3.65 m³/m²			海南省地方标准《海南省用水定额》（DB 46/T 449—2017）
10	四川省	单面板	通用值	≤0.36 m³/m²	四川省地方标准《用水定额》（DB 51/T 2138—2016）
			先进值	≤0.26 m³/m²	
		双面板	通用值	≤1.32 m³/m²	
			先进值	≤0.90 m³/m²	
		多（3）层板	通用值	≤1.80 m³/m²	
			先进值	≤1.30 m³/m²	
		HDI板	通用值	≤2.10 m³/m²	
			先进值	≤1.60 m³/m²	
11	陕西省	单面板	先进值	≤0.26 m³/m²	陕西省地方标准《行业用水定额》（DB 61/T 943—2014）
			通用值	≤0.36 m³/m²	
		多面板（2+n层）	先进值	≤0.9+0.4n（m³/m²）	
			通用值	≤1.3+0.5n（m³/m²）	
		HDI板（2+n层）	先进值	≤1.0+0.6n（m³/m²）	
			通用值	≤1.3+0.8n（m³/m²）	

当前PCB制造业中，推动水资源节约工作所存在瓶颈性或者说根本性问题，常常表现为工厂缺乏水资源节约的动力和紧迫性，缺少行业专业的技术指导。其原因主要有：

1）与原料成本、能源成本、管理成本等相比，工厂的用水成本相对较低，通过节约用水降低成本的动力不足,并且部分工厂可能没有意识到,节水也是减排的关键。

2)部分节水技术的实施和管理的技术要求较高、成本较高,回报的经济效益不明显,比如中水回用设备的运行和管理成本通常高于节约的用水成本。

3)针对 PCB 行业的用水管理和节水评价等方面的标准缺失,工厂开展水平衡测试、用水审计及水效对标等工作缺乏行业标准依据。

4)部分工厂对产品质量管控的技术和能力不足,无法准确评估部分工序减少用水量对产品质量的影响,对使用和改进节水工艺技术的信心不足。

针对以上情况和问题,PCB 企业要创建绿色工厂不仅需要改变观念、增强意识,还需要掌握节水工作的关键方法并且建立系统的节水工作思路。PCB 企业综合节水思路框架如图 8-1 所示。

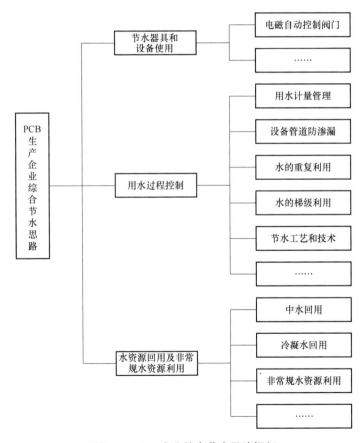

图 8-1 PCB 企业综合节水思路框架

PCB 工厂开展节水工作可从使用节水器具和设备、加强用水过程控制、水资源回用及非常规水资源利用三个方面开展。其中节水器具和设备的使用是企业节水工作的基础，用水过程控制是 PCB 工厂节水的关键，包括用水计量管理、水的重复利用、水的梯级利用和各种节水工艺和技术。另外水资源回收利用及非常规水资源利用是 PCB 工厂需要关注和挖掘节水空间的关键点，也是工业节水工作的热点和潜力点。需要强调的一点是，水资源的回用利用及非常规水资源利用与废水的分类收集、水处理等工作有着密切的关系，因此 PCB 工厂在实际的绿色工厂创建及运行过程中应将用水、节水、水处理和水的回用利用等环节的工作联系在一起，作为一个系统性问题对待。

节水器具和设备的使用往往与节水工艺技术是密不可分的。在选用高耗水工艺、技术和装备、开展节水技术改造的过程中，可参考工业和信息化部、水利部、全国节约用水办公室编制发布的《国家鼓励的工业节水工艺、技术和装备目录》和《高耗水工艺、技术和装备淘汰目录》。截至 2020 年 3 月，《国家鼓励的工业节水工艺、技术和装备目录》已发布 3 批，《高耗水工艺、技术和装备淘汰目录》发布了 1 批。特别在《国家鼓励的工业节水工艺、技术和装备目录》中介绍了大量共性通用节水技术，比如水重复利用技术、循环水处理技术、废水回用技术、非常规水利用技术、水资源监控管理技术、给水排水管网检漏技术等，对于 PCB 工厂有很好的借鉴意义。下文将针对 PCB 制造业，具体介绍适用于该行业的典型节水方法与技术。

8.2 典型节水方法与技术

8.2.1 节水器具、设备使用

在 PCB 制造过程中，通过使用节水型用水设备和具有节水效果的装置等，可以获得显著的节水效果。

1. 垂直连续电镀替代龙门电镀

垂直连续电镀（Vertical Continuous Plating，VCP）是结合了电镀液喷射电镀工艺和垂直连续传输装备的一种 PCB 电镀生产线，多用于镀铜，也有用于镀镍金。VCP 线可设置成环形，使上料工位和下料工位相连，由此称为环形垂直连续电镀线。

VCP 线采用了电镀液喷射电镀工艺，喷射到产品上的电镀液随重力下流至贮液槽，可循环使用，除油、酸洗、水洗等工序同样采用喷嘴喷孔循环喷射的方法，比传统龙门电镀线采用大容积液槽浸泡的方式使用更少的水量。

某 PCB 工厂将 VCP 线与传统龙门电镀线的用水量进行了对比，通过实际的计量和统计可知，VCP 线的用水量仅为传统龙门电镀线的 40% 左右，具体用水量对比分析见表 8-3。

表 8-3 电镀线用水量对比

序号	工序	龙门电镀线（6个铜槽）			VCP 线（6 段铜槽，每段长 3m）		
		槽体容积/L	理论溢流量/(L/min)	每月用水量/L	槽体容积/L	理论溢流量/(L/min)	每月用水量/L
1	剥挂架	3200	—	12800	400	—	1600
2	水洗	1300	15~25	14000+686400	600	5~10	2400+257400
3	高位水洗	2200	—				
4	清洁	1600		6400	900		3600
5	水洗1	1300	15~25	10400+686400	400	5~10	3200+257400
6	水洗2	1300			400		
7	镀铜1~6	4000×6		28800	2200×6		15840
8	镀铜后水洗1	1300			400		
9	镀铜后水洗2	1300	10~15	10400+514800	400	5~10	3200+257400
10	酸洗	1600	—	7680	400	—	1600
11	合计	—	—	1978080	—	—	803640

注：用水量为新鲜水量和重复用水量之和。

2. 带出液回槽辅助设备改进

经过电镀工序后的 PCB 板材表面会附着一定量的电镀液带出液，如果该部分带出液直接进入清洗工序，一方面，电镀槽内的电镀液会不断减少，快速损耗；另一方面，清洗水中污染物浓度会快速提高，为保证清洗效果，清洗水用量要相应增加。因此，减少电镀液带出液可有效节约电镀生产线用水。

最简单的减少带出液的方法是延长停留时间，使带出液在重力作用下下落回槽，但该方法降低了生产速度，且带出液回槽效果较差。更好的办法是对电镀线进行改进，比如：安装压缩空气吹除装置，将板面带出液吹落回槽，但该方法应确保压缩空气纯净，避免污染板面；或者安装挂件轻微振动或摆动装置，使得带出液掉落回槽。

3. 高压喷射水洗装置

采用孔径更小的喷嘴、喷孔等喷淋装置，提高水压或辅助使用高速气流，形成覆盖整个板面的细小的高压喷射水流，提高对板面上的缝隙、电路、孔洞的清洗效果，进而减少喷淋水洗的用水量。

4. 电磁阀自动供水系统

主要用水生产线或生产设备的供水管上安装电磁阀，电磁阀控制系统与生产输送系统相连，"机停水关，机开水开"，避免停机后继续溢流的现象，在此基础上，部分生产输送系统可安装感应器，在一定时间内，如果传输系统上检测不到产品，则自动停机关水，避免溢流水浪费。

8.2.2 用水过程控制

为提高水资源利用率的用水过程控制，可大致分为：水的重复利用，用水计量管理，输水管网、设备的防漏和快速堵漏修复，冷却水损耗管控等几个方面。

1. 水的重复利用

增加重复利用水量，提高工业用水重复利用率，是工业节水的最关键且最基础的措施和方法。根据水的来源和去向划分，重复利用水可简单分为两类：串联用水和循环用水。

串联用水可理解为：在 A 用水单元或系统使用后的水，经过处理或不处理，再供于 B 用水单元或系统继续使用。PCB 制造工厂中最常见的串联用水是逆流漂洗水。此外，进入废水处理站处理后的回用水也属于串联用水。

循环用水可理解为：在 A 用水单元或系统使用后的水，经过处理或不处理，再循环用于 A 用水单元或系统，即循环用于同一过程。PCB 工厂中最常见的有循环冷却水和循环喷淋水等。串联用水与循环用水概念示意图如图 8-2 所示。

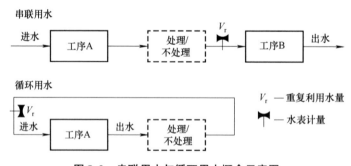

图 8-2　串联用水与循环用水概念示意图

增加重复利用水量有一个非常重要的基础，就是做好"分质分流"，才能分类利用。工厂应了解生产各个环节用水、排水的水质情况，不同水质的水必须做好分流，同时清楚各个生产环节用水的水质要求，才能有针对性地且最大化地进行水的重复利用。

以下介绍两个关于逆流漂洗的案例。

（1）漂洗流量最小化　逆流漂洗是通过串联用水，提高水重复利用率而达到节水效果的一种漂洗方式，在当前PCB工厂的清洗工序已经完全普及。逆流漂洗虽属于节水技术，但逆流漂洗用水量仍然可占全厂新鲜水用量的40%左右，通过精确控制，适当降低逆流漂洗水流量，将获得可观的节水效益。

过度降低逆流漂洗水流量，会减弱板面清洗效果，直接影响PCB产品质量。因此，在探索漂洗流量最小化的过程中，可通过连续检测溢流清洗水的pH值和电导率，并开具工艺试验单及偏差单跟进若干批次，以保证漂洗水量变化不会影响后端工序产品及成品的质量，最后实现逆流漂洗水流量最小化，完成用水精益化管理。

（2）清洗水串联改造　逆流漂洗是PCB工厂最常用的串联用水方式，串联层级普遍能达到3~4级。传统的逆流漂洗工艺，以干膜前处理流程为例，包括入板—酸洗—水洗—加压水洗A—磨板—加压水洗B—超声浸洗—高压冲洗—烘干，去离子水自高压冲洗工序进入，使用后溢流进入超声浸洗工序，之后进入加压水洗B工序，然后作为清洗废水排出。水洗—加压水洗A-磨板，同样使用了三级逆流漂洗的方式。

为进一步提高水重复利用率，在保证产品质量的前提下，考虑到高压冲洗后溢流水水质较高，能够满足磨板工序用水的水质要求，保持高压冲洗工序新鲜水量不变或略微增加，将高压冲洗后的溢流水分成两股，一股继续用于超声浸洗工序，另一股则作为磨板工序的新鲜水，或代替磨板工序的一部分新鲜水。如此，则相当于在水洗—加压水洗A—磨板的三级逆流漂洗基础上再增加一级串联，减少生产线整体新鲜水耗用量，提高了水重复利用率，并可以此类推至其他漂洗工序。清洗水串联改造示意图如图8-3所示。

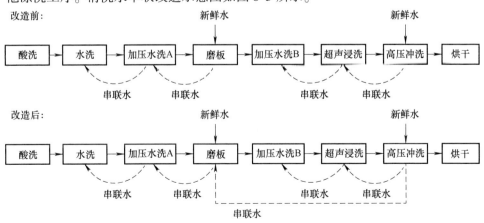

图8-3　清洗水串联改造示意图

2. 用水计量管理

PCB 制造过程用水环节较多，自来水、纯水、回用水、串联用水等不同水质的用水均有使用，不同工艺的用水水质要求也有差异。因此，对不同环节、不同层级、不同水质要求的用水的计量统计及分析尤为重要。

但是，不少工厂的水计量器具配备仍无法达到最基本的《用水单位水计量器具配备和管理通则》（GB 24789—2009）的三级计量要求，即用水单位、次级用水单位、主要用水设备（用水系统）的水计量器具均符合标准的配备要求。

1）用水单位，指独立核算的工业企业，通常为 PCB 制造工厂。

2）次级用水单位，指工厂下属的用水核算单位，通常为各个生产车间、废水处理站、行政办公楼、室外公共用水（绿化、地面清洗）等。

3）主要用水设备（用水系统），指用水量大于或等于 $1\ m^3/h$ 的单台设备或单套用水系统，例如，单套沉铜线、1 台碱性蚀刻机、1 套纯水制备装置、1 套冷水机组等，甚至可以细化至某一条生产线的某一段清洗工序进行单独用水计量。

PCB 工厂用水环节、用水设备多，给传统的人工定期定时抄表带来了很大的困难，难以实现全部水计量器具每日同时抄表，容易造成水计量统计数据的较大误差，工厂对自身用水情况无法得到客观的评价，节水管理则无从谈起。

针对这一点，有条件的工厂，可以采用具有自动读表、无线传输和远程阀控的智能电子水表，可监控实时流量，定时采集用水量，并将数据传输至服务端，形成水计量统计报表、用水趋势分析图、水平衡现状。

例如，用水计量管理较差的 PCB 工厂，"跑冒滴漏"现象通常极为普遍，甚至非常严重，这就是因为该类工厂无法通过客观数据了解"跑冒滴漏"现象对水资源浪费的严重程度。通过加强用水计量管理，可及时发现管网漏损点、异常用水设备等，有效避免"跑冒滴漏"等水资源浪费的现象发生。

此外，良好的水计量管理，也是工厂开展节水评价与水平衡测试的基础。通过开展节水评价，将帮助工厂全面了解自身用水节水状况，有助于进一步开展用水管理和节水分析，关于节水评价与水平衡测试的具体内容详见 8.3 节。

3. 输用水管网、设备的防漏和快速堵漏修复

PCB 工厂用水、用药液的环节较多，输送水、药液、废水、废液的管道敷设范围较大、敷设距离较长、接口较多，很容易出现"跑冒滴漏"的现象，如果没有及时发现和处理，积少成多，既大量浪费水资源，又存在不同程度的环境和安全风险。因此，针对工厂内输用水管网、设备的防漏和快速堵漏修复工

作十分重要。

PCB制造工厂内检查管道泄漏的方法可以有"望、闻、问、切、测"五种方法：

1）望：多观察，日常多检查管道焊缝、接口、弯头等部位，多观察地面是否有积水。

2）闻：嗅味，比如出现强酸、氨水、有机溶剂等的泄漏，应该警惕刺激性气味的产生。

3）问：经常询问或核查各部门、各设备的用水情况，是否出现异常用水。

4）切：切断（关停）进水，怀疑有泄漏的管道，可关闭阀门后，观察水表是否继续转动。

5）测：试纸检测，发现滴水、渗水或积水，可使用pH试纸加以验证，必要时可采用超声流量测试仪测量管道内水体流速，结合水表计量数据，分析核算是否出现泄漏。

发现泄漏后，快速堵漏修复方法多为带压堵漏，常见的有：卡箍法（俗称打卡子）、焊补法、胶粘剂法、密封胶法等。PCB工厂应具备常规的管道快速堵漏修复技术，加强管道沿途的巡查，能够及时发现泄漏情况，并做到"亡羊补牢"。同样地，在管道设计和敷设的时候，应该考虑明管安装，便于及时发现泄漏问题。

4. 冷却水损耗管控

水资源的意外损耗不仅仅存在于管道沿线。大多数PCB工厂仍使用风冷冷却塔对循环冷却水进行降温。除了输水管道，循环水在冷却塔运行过程中也会出现较大的水资源损耗，损耗的方式通常有蒸发损失、风吹损失、溅洒损失和排放损失。

增加除雾器可减少蒸发损失；使用多折收水挡水器代替普通直板挡水器可降低风吹损失和蒸发损失；根据季节、温度及湿度的变化，适当降低风机转速，同样可降低风吹损失和蒸发损失；适当减少新鲜水补水水量和浓水排放水量，将浓缩倍数保持在4~5，以减少排放损失。其中，浓缩倍数是指循环冷却水与其补充水的含盐量的比值。

8.2.3 水资源回用及非常规水资源利用

处理后的废水、收集的雨水通常都作为下水排放了。但是，只要通过利用合理的处理技术，结合不同水质要求的用水需求，这部分"下水"同样可以作为资源回收利用。

1. 水资源回用

生产过程产生的废水，经过处理或不处理，收集后可用于合适水质要求的用水环节，因此，水资源回用也属于串联用水的一种形式。PCB 工厂可进行回用的水资源较多，以下列举几个水回用环节作为参考。

（1）磨刷清洗水回用　PCB 生产过程中有多处磨刷工序，磨刷清洗水及磨刷后第一道清洗水中会含有一定量的细颗粒铜单质，经过铜粉回收机过滤处理后，清洗水可直接回用至磨刷工序。通常会存在多余的磨刷清洗水回用水，该类水质较好，可贮存至特定的回用水蓄水池，供其他水质要求不高的清洗工序使用。

此外，PCB 工厂制备纯水的过程中会产生大量的反渗透（RO）浓水，由于磨刷工序用水的水质要求不高，可以考虑使用 RO 浓水，减少新鲜水使用量，同时减少废水排放量。

（2）蚀刻清洗浓水回用　蚀刻工序之后的首道清洗工序清洗水含有浓度较高的蚀刻液成分，多次使用后的浓水，可转移至备用蓄水池，作为蚀刻液配药用水，以减少新鲜水取水量。首次回用时，需检测清洗浓水和蚀刻液的有效成分含量，确定合适的配比，并逐渐形成机制，确保蚀刻效果和产品质量。

（3）蒸发式冷凝冷却机组冷凝水回用　中央空调的蒸发式冷凝冷却机组运行过程中产生的冷凝水不直接排放，而是作为蒸发器的蒸发补充水。冷凝水的水温通常低于常温自来水，在 10~14℃，用于蒸发器的补充用水，可提高蒸发器的散热效率，同时产生节水和节能的效果。

2. 非常规水资源利用

现阶段，国家鼓励发展雨水、海水、矿井水、再生水等非常规水资源利用技术的应用。但是，PCB 制造工艺对水质的要求较高，相对来说，非常规水资源的纯化处理成本较大，大部分情况下，PCB 制造工厂是不适用于利用非常规水资源的。对于 PCB 制造工厂而言，最可能利用的非常规水源应该只有雨水和城市污水处理厂的再生水。

通常，PCB 制造工厂的厂房房顶仅用于放置废气处理装置，大面积的房顶处于空置的状态，特别是建造于华东、华南等雨水资源充沛地域的工厂，可考虑通过厂房屋面雨水收集利用系统将雨水收集，作为中水回用于冲厕、绿化、景观、道路冲洗等，从而减少新鲜水的使用。

雨水收集量主要取决于汇水面积（屋面面积）、降雨量、初期雨水弃流量、径流损失等，其计算公式如下：

$$V = \psi H A \alpha \beta \qquad (8\text{-}1)$$

式中，V 是可收集雨水量（m^3）；ψ 是径流系数，取 0.9；H 是降雨量（m）；A 是径流面积（m^2）；α 是季节折减系数，取 0.85；β 是初期雨水弃流系数，取 0.87。

按广州市年均降雨量 1720 mm 计算，假设屋面汇水面积 30000 m^2，其他损失水量按 10% 计算，则年可回收利用雨水约 31000 m^3，可相应减少新鲜水用量。

常规屋面雨水收集利用系统由雨水收集系统、雨水处理系统和雨水回用系统三部分组成。

雨水收集系统即雨水排水系统，通常分为重力流和压力流（虹吸原理）两种，将降落在厂房屋面的雨水收集并排入后续的处理和蓄水系统。

收集的屋面雨水属于轻度污染水，不可直接使用，其中可能含有大气污染物、屋面表面污染物及屋面材料析出物等污染物质。同时，为了降低后续处理设施对雨水的处理难度，通常需要使用初期雨水弃流设施将降雨初期污染物浓度较高的雨水予以弃除。

根据水回用的用途，雨水处理的工艺会有一定的区别，目前处理效果较为成熟的工艺流程为：雨水—格栅—初期雨水分流—过滤/人工湿地/土地处理/稳定塘—蓄水池—消毒。经处理，达到一定水质要求后的雨水进入蓄水池，作为低质水进行利用。

此外，工厂邻近的城市污水处理厂输出的再生水，也属于非常规水资源的范畴，必须根据其水质要求合理利用。再生水的水质要求，可以参考城市污水再生利用水质的相关标准。

城市污水再生利用相关标准的水质要求见表 8-4。

表 8-4 城市污水再生利用相关标准的水质要求

序号	标准名称		标准号
1	城市污水再生利用	城市杂用水水质	GB/T 18920—2020
2	城市污水再生利用	景观环境用水水质	GB/T 18921—2020
3	城市污水再生利用	工业用水水质	GB/T 19923—2005
4	城市污水再生利用	绿地灌溉水质	GB/T 25499—2010

8.3 节水评价与水平衡测试

开展节水型企业评价是生产企业了解自身用水节水情况的有效途径，而水平衡测试则是开展节水型企业评价的主要分析手段和依据。节水评价与水平衡测试也是挖掘工厂节水潜力和探究节水方法与技术的重要前提。因此，《绿色工厂评价通则》（GB/T 36132—2018）的必选指标要求中提到，工厂应按照《节水型企业评价导则》（GB/T 7119—2018）的要求开展节水评价工作。针对 PCB 工厂用水环节多而复杂的情况，节水评价与水平衡测试更是科学、客观进行用水、节水的有力手段。

当前未发布 PCB 行业的节水型企业评价标准，节水型企业的要求主要依据《节水型企业评价导则》（GB/T 7119—2018）。节水型企业评价的内容主要分为三个方面的要求，分别为基本要求、管理指标要求和技术指标要求。

节水型企业的基本要求主要考察工厂是否满足取水、用水、排水和计量等的相关规定和要求。要求企业做到节水"三同时、四到位"，即：节水设施应与主体工程同时设计、同时施工、同时投入运行，做到用水计划到位、节水目标到位、管理制度到位、节水措施到位。

管理指标要求主要考核工厂的用水管理和计量管理等，包括管理制度、管理机构、管网（设备）管理、水计量管理、水平衡测试、节水技术改造及投入和节水宣传等。

技术指标要求主要考核工厂的取水、用水（重复利用、用水漏损）、计量、排水和非常规水资源利用等。

水平衡测试则是证明以上节水指标或获取以上用水数据的一套技术方法。

8.3.1 节水型企业的管理指标要求

2018 年发布的《节水型企业评价导则》（GB/T 7119—2018）替代了 GB/T 7119—2006 标准。新标准中对节水型企业管理指标及要求有较大程度的修订，也体现了工业企业用水节水管理的新要求和新趋势。具体指标要求及修订内容见表 8-5。

表 8-5 节水型企业管理指标要求

序号	指标名称	现行要求	2006 年版要求
1	管理制度	有科学合理的节约用水管理制度；实行用水计划管理，制定节水规划和年度用水计划并分解到各主要用水部门；有健全的节水统计制度，应定期向相关管理部门报送节水统计报表	有节约用水的具体管理制度；管理制度系统、科学、适用、有效；计量统计制度健全、有效
2	管理机构	节水管理组织机构健全。有主要领导负责用水、节水工作，有用水、节水管理部门和专（兼）职用水、节水管理人员且岗位职责明确	—

(续)

序号	指标名称	现行要求	2006年版要求
3	管网（设备）管理	用水情况清楚，有详细的供排水管网和计量网络图；有日常巡查和保修检修制度，有问题及时解决，定期对管道和设备进行检修	有近期完整的管网图，定期对用水管道、设备等进行检修
4	水计量管理	原始记录和统计台账完整规范并定期进行分析；内部实行定额管理，节奖超罚	具备依据GB/T 12452要求进行水平衡测试的能力或定期开展水平衡测试；原始记录和统计台账完整，按照规范完成统计报表
5	水平衡测试	依据GB/T 12452进行水平衡测试；保存有完整的水平衡测试报告书及有关文件	—
6	节水技术改造及投入	企业注重节水资金投入，每年列支一定资金用于节水工程建设、节水技术改造，所采用的生产工艺与装备，应符合国家产业政策、技术政策和发展方向，采用节水型设备	—
7	节水宣传	经常性开展节水宣传教育，提高职工节水意识	—
8	管理人员	—	有负责用水、节水管理的人员，岗位职责明确
9	计量设备	—	企业总取水，以及非常规水资源的水表计量率为100%；企业内主要单元的水表计量率≥90%；重点设备或者各重复利用用水系统的水表计量率≥85%；水表精确度不低于±2.5%

新标准中的管理指标要求，对节水管理机构、水平衡测试、节水技改和节水宣传4个方面提出了明确的要求，去掉了管理人员和计量设备的指标，对管理制度、管理机构、水计量管理和水平衡测试4个指标设置了特殊的计分方式，其反映和体现了新的节水要求和管理理念。

1）从旧标准中的管理人员指标，转化为对管理机构的要求，说明了节水工作是一项系统的、专业的、重要的组织管理工作。

2）提出了水平衡测试的要求，进一步强调了水平衡测试对节水评价的重要性。

3）提出了节水技改及投入的要求，要求节水工作必须落到实处，并持续开展。

4）提出了节水宣传的要求，只有从根本上了解了节约水资源的重要性，才更有利于节水工作的全面开展和深入开展。

5) 取消了对计量设备的要求。《用水单位水计量器具配备和管理通则》(GB 24789—2009) 中对水计量器具的配备和管理已有明确的要求,该标准 (GB 24789—2009) 也是工业企业用水管理的重要依据。

8.3.2 节水型企业的技术指标要求

工厂可以从取水、重复利用、用水漏损、计量、排水和非常规水源利用等6个方面了解工厂的用水节水情况,以上6个方面细分了多个技术指标,用以考量工厂水资源利用效率。其中除了单位产品新鲜水用量和水重复利用率2项常规指标之外,工厂还可以选用万元产值用水量、万元增加值用水量、冷凝水回用率、废水回用率、用水综合漏损率、非常规水资源替代率等反映水资源利用水平的指标进行横向或纵向的对比分析,以了解和改善工厂水资源利用情况,并设置用水节水目标,且以此目标为导向开展用水管理和节水技术改进。

节水型企业的技术指标要求见表8-6。

表8-6 节水型企业的技术指标要求

序号	考核内容	技术指标
1	取水	单位产品取水量
		化学水制取系数
2	重复利用	重复利用率
		直接冷却水循环率
		循环水浓缩倍数
		蒸汽冷凝水回收率
		蒸汽冷凝水回用率
		废水回用率
3	计量	水表计量率
		水计量器具配备率
4	用水漏损	用水综合漏失率
5	排水	单位产品排水量
		达标排放率
6	非常规水源利用	非常规水源替代率
		非常规水源利用率

各考核指标的计算方法如下:

1) 单位产品取水量是工厂最基本的用水指标,《清洁生产标准 印制电路板制造业》（HJ 450—2008）及国内大多数省份的用水定额均有单位产品取水量的限额要求，具体要求见表8-2。单位产品取水量的计算公式为

$$V_{ui} = \frac{V_i}{Q} \tag{8-2}$$

式中，V_{ui}是单位产品取水量（m^3/m^2）；V_i是在一定计量时间内，工业用水的取水量（m^3）；Q是在一定计量时间内的产品产量（m^2）。

2）重复利用率是反映PCB制造工厂用水情况的重要指标，湖北省地方用水定额要求PCB工厂水重复利用率达到97.9%。该指标计算的关键在重复利用水量的计量，其计量位置示意可参考本章图8-2重复利用率的计算公式为

$$R = \frac{V_r}{V_i + V_r} \times 100\% \tag{8-3}$$

式中，R是重复利用率；V_r是在一定计量时间内，工厂的重复利用水量（m^3）；V_i是在一定计量时间内，工厂的取水量（新鲜水量）（m^3）。

3）直接冷却水循环率。PCB制造工厂通常不存在直接冷却水。直接冷却水循环率的计算公式为

$$R_d = \frac{V_{dr}}{V_{df} + V_{dr}} \times 100\% \tag{8-4}$$

式中，R_d是直接冷却水循环率；V_{dr}是直接冷却水循环量（m^3/h）；V_{df}是直接冷却水循环系统的补充水量（m^3/h）。

4）间接冷却水循环率。PCB制造工厂中间接冷却水通常指空调制冷机组冷却水。间接冷却水循环率的计算公式为

$$R_c = \frac{V_{cr}}{V_{cf} + V_{cr}} \times 100\% \tag{8-5}$$

式中，R_c是间接冷却水循环率；V_{cr}是间接冷却水循环量（m^3/h）；V_{cf}是间接冷却水循环系统的补充水量（m^3/h）。

5）蒸汽冷凝水回用率。PCB制造工厂通常较少使用蒸汽。蒸汽冷凝水回用率的计算公式为

$$R_b = \frac{V_{br}\rho}{D} \times 100\% \tag{8-6}$$

式中，R_b是蒸汽冷凝水回用率；V_{br}是标准状态下，蒸汽冷凝水回用量（m^3/h）；D是产汽设备的产汽量（t/h）；ρ是标准状态下，蒸汽体积质量（t/m^3）。

6）废水回用率，也称中水回用率。在许多地区，废水回用率是生态环境主管部门对PCB制造工厂提出的关键指标。废水回用率的计算公式为

$$K_w = \frac{V_w}{V_d + V_w} \times 100\% \tag{8-7}$$

式中，K_w 是废水回用率；V_w 是在一定计量时间内，工厂对外排废水自行处理后的回用水量（m³）；V_d 是在一定计量时间内，工厂的排水量（m³）。

7）非常规水源替代率。目前极少 PCB 制造工厂使用非常规水源，这与 PCB 制造工艺的水质要求较高有一定关系。非常规水源替代率的计算公式为

$$K_h = \frac{V_{ih}}{V_i + V_{ih}} \times 100\% \tag{8-8}$$

式中，K_h 是非常规水源替代率；V_{ih} 是在一定计量时间内，非常规水源替代的取水量（m³）；V_i 是在一定计量时间内，工厂的取水量（m³）。

8）非常规水源利用率。目前极少 PCB 制造工厂使用非常规水源，这与 PCB 制造工艺的水质要求较高有一定关系。非常规水源利用率的计算公式为

$$K_u = \frac{V_{iu}}{V} \times 100\% \tag{8-9}$$

式中，K_u 是非常规水源利用率；V_{iu} 是在一定计量时间内，非常规水源利用量（m³）；V 是在一定计量时间内，非常规水源总量（m³）。

9）用水综合漏失率。降低漏失率，将漏失率控制在合理范围内（小于3%），是开展节水评价工作的前提。用水综合漏失率的计算公式为

$$K_l = \frac{V_l}{V_i} \times 100\% \tag{8-10}$$

式中，K_l 是用水综合漏失率；V_l 是在一定计量时间内，工厂的漏失水量（m³）；V_i 是在一定计量时间内，工厂的取水量（m³）。

10）达标排放率。必须保证 100% 达标排放，工厂的废水处理系统也应该设置相应的应急处理设施，避免不达标废水外排。达标排放率的计算公式为

$$K_d = \frac{V_{d'}}{V_d} \times 100\% \tag{8-11}$$

式中，K_d 是达标排放率；$V_{d'}$ 是在一定计量时间内，工厂的达到排放标准的排水量（m³）；V_d 是在一定计量时间内，工厂的排水量（m³）。

11）水表计量率。一般用于计算水表计量率的取水、用水量有：入厂的取水量（一级）、非常规水源用水量、主要用水单元（二级）及重点用水设备或系统（三级）的用水量，特别是循环用水系统、串联用水系统、外排废水回用系统的用水量（即重复利用水量）。水表计量率的计算公式为

$$K_m = \frac{V_{mi}}{V_i} \times 100\% \tag{8-12}$$

式中，K_m是水表计量率；V_{mi}是在一定计量时间内，工厂或工厂内各层次用水单元的水表计量的用（或取）水量（m^3）；V_i是在一定计量时间内，工厂内各层次用水单元的用（或取）水量（m^3）。

12）化学水制取系数。化学水可以理解为经过物理软化和/或化学除盐后的用水，在PCB制造工厂中通常称为纯水、去离子水。化学水制取系数的计算公式为

$$k_1 = \frac{V_{cin}}{V_{ch}} \tag{8-13}$$

式中，k_1是化学水制取系数；V_{cin}是制取化学水所用的取水量（m^3）；V_{ch}是化学水水量（m^3）。

13）循环水浓缩倍数。通常指间接冷却循环冷却水的浓缩倍数，比如空调冷却水。循环水浓缩倍数的计算公式为

$$N = \frac{C_{cy}}{C_f} \tag{8-14}$$

式中，N是循环水浓缩倍数；C_{cy}为循环冷却水实测某离子浓度（mg/L），比如氯离子或钾离子的浓度；C_f是循环冷却系统补充水实测某离子浓度（mg/L）。

14）蒸汽冷凝水回收率。PCB制造工厂通常较少使用蒸汽。蒸汽冷凝水回收率的计算公式为

$$R_b = \frac{V_{br}\rho_b}{D} \times 100\% \tag{8-15}$$

式中，R_b是蒸汽冷凝水回收率；V_{br}是在统计期内，蒸汽冷凝水的回收量（m^3/h）；D是在统计期内，产汽设备的产汽量+进入装置的蒸汽量–外供出装置的蒸汽量，单位为t/h；ρ_b是冷凝水体积质量（t/m^3）。

15）单位产品排水量，是衡量工厂用水情况和污染物排放情况的重要指标。单位产品排水量的计算公式为

$$V_{ud} = \frac{V_d}{Q} \tag{8-16}$$

式中，V_{ud}是单位产品排水量（m^3/m^2）；V_d是在一定计量时间内，工业的排水量（m^3）；Q是在一定计量时间内的产品产量（m^2）。

以上节水评价指标数据主要从企业的水平衡测试结果中获取。其中，单位产品取水量、重复利用率可参照《清洁生产标准 印制电路板制造业》（HJ 450—2008）及部分地方用水定额中的先进值进行对标；废水回用率，各地方要求不同，行业内多以40%为基本要求，部分地区要求PCB工厂废水回用率达到

60%以上；用水综合漏失率小于3%时可视为无异常泄漏。

8.3.3 水平衡测试

水平衡测试，指对用水单位和用水系统的水量进行系统的测试、统计、分析，得出水量平衡关系的过程，主要依据为《企业水平衡测试通则》（GB/T 12452—2008）。

1. 水量测试

水量测试是水平衡分析的基础工作和前提条件，也是工厂自行开展或配合第三方机构开展工作过程中工作量较大且技术要求较高的环节。水量测试的方法和步骤如下：

（1）划分用水单元　根据生产流程或供水管路等的特点，把具有相对独立性的生产工序、装置（设备）或生产车间、部分等，划分为若干个用水系统（单元），即水平衡测试的子系统。PCB工厂可把单独的用水生产线、冷却水系统、使用水喷淋的大气污染物处理设施和废水处理站等划分为单一的用水单元，比如蚀刻一线、蚀刻二线、沉铜线、废气喷淋塔等。

（2）选取测试水量的时段　选取生产运行稳定、有代表性的时段，每次连续测试时间为48~72 h，每24 h记录一次，共取3~4次测试数据。

（3）确定测试参数　主要的测试参数包括水量参数、水质参数和水温参数。

水量参数包括：新鲜水量V_f、循环水量V_{cy}（V'_{cy}）、串联水量V_s（V'_s）、耗水量V_{co}、排水量V_d和漏失水量V_l。由这些水量参数可计算单元过程的用水量V_t。各水量参数等量关系为

$$V_t = V_{cy} + V_f + V_s = V'_{cy} + V_{co} + V'_s + V_d + V_l \tag{8-17}$$

水平衡基本水量参数示意图如图8-4所示。

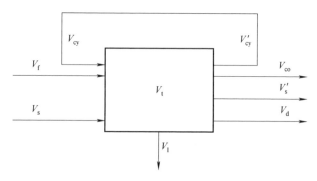

图8-4　水平衡基本水量参数示意图

水质参数包括：新鲜水、去离子水的水质检测，通常包括 pH 值、电导率或电阻率、常见的阳离子（钠、铜、钙、镁）和阴离子（磷酸根、硫酸根、硝酸根）含量等；PCB 工厂排放废水的水质检测，通常包括 pH 值、化学需氧量、氨氮、总氮、总磷、氰化物和各类重金属等污染因子，具体应以工厂环境影响评价批复和污染物排放许可证的要求为准。

水温参数包括：循环水进出口及对水温有要求的串联水的控制点的水温，比如循环冷却水。

（4）测定漏失水量　漏失水量的测定方法根据现场实际情况可大致分为 3 种，当发现存在异常漏失时，应对可能漏水的部件进行检查，及时维修，确保用水系统或单元无异常泄漏以后，进行水平衡测试。漏失水量测定方法见表 8-7。

表 8-7　漏失水量测定方法

序号	现场条件	漏失水量
1	系统或单元可在一定时间段内关闭全部用水阀门，停止用水	如果水表继续走动，则表明管网存在漏水，水表走动的读数可近似认为是该系统或单元的漏失水量
2	能够采用容积法或现场安装超声波流量计等方法对全部水表进行校验，二级水表的计量率为 100%	一级水表计量数值与二级水表计量数值之差即为漏失水量
3	无条件对全部水表进行校验，二级水表的计量率为 100%	一级水表计量数值与二级水表计量数值之差大于 3%（具体取值依据水表校验情况而定）时，可近似认为其大于部分为该系统或单元的漏失水量

（5）获取其他水量数据　根据水量参数的需要，获取工厂各用水系统或单元的用水数据，主要方法如下：

1）对于用水档案齐全，有稳定、可靠的水表、电磁流量计、孔板流量计、涡街流量计等计量器具并记录完整的用水系统或单元，可通过对历史数据的统计分析得到水量数据，该方法多用于工厂新鲜水量、各系统进水量、工厂排水量的获取。

2）对于用水定额稳定、运行可靠的用水设备，可采用设备的用水定额值，比如纯水机、冷水机等。

3）实测水量可采用水表计量、容积法、流速法、堰测法以及便携超声波流量计等方法测定，当前较为常用的为便携超声波流量计测定法。

4）敞开式循环冷却水系统耗水量计算方法参见 GB/T 12452—2008 中的附录 A，在 PCB 工厂中，该类型耗水量通常占比很小。

2. 水平衡测试结果

工厂在水量测试的基础上，进行水平衡统计、计算、分析和评估，完成水平衡测试后，通常可得出以下结果：

（1）测试数据汇总　包括取水水源情况表、年用水情况表、工厂及用水单元水平衡测试表等。

（2）水平衡方框图　通过方框和箭头的方式，更加形象和清晰地表明各用水单元的各种水量参数、水流走向，同时兼顾各用水单元的实际工艺流程顺序和水量分配关系。

（3）用水评价指标计算结果　包括单位产品取水量指标、重复利用率、漏失率、排水率、废水回用率、冷却水循环率、冷凝水回用率、达标排放率、非常规水资源替代率等。

（4）节水分析及改进方案　主要分析的方面包括：判断工厂或某用水单元的漏失程度，分析漏失原因，提出修复及预防的方案；分析工厂日常计量统计制度和方法的改进和完善空间，以提高用水计量统计的精确度和准确度；分析测算相关节水改造项目的节水效益和成本，评估相关节水措施的可行性；与行业内企业的水平进行对比或与相关标准进行对标，了解工厂用水重点环节，找出工厂节水短板，挖掘节水潜力。

PCB行业缺少节水型企业评价和水平衡测试的行业标准，PCB工厂可参考地方行业用水定额、清洁生产标准等标准要求，更重要的是，工厂可通过连续开展水平衡测试，与历史用水情况做对比，形成更客观、更合理的节水目标和计划，指导工厂持续开展用水节水工作。

参 考 文 献

[1] 陈江波，林性恩，朱永康. 印制电路板生产过程中的节水控制案例 [J]. 印制电路信息，2016，24（8）：58-60.

[2] 工业和信息化部节能与综合利用司. 工业企业用水管理导则：GB/T 27886—2011 [S]. 北京：中国标准出版社，2012.

[3] 刘建波，朱爱明. 垂直连续电镀线取代传统龙门式电镀线是必然趋势 [J]. 印制电路信息，2018，26（1）：46-50.

[4] 苗展堂. 微循环理念下的城市雨水生态系统规划方法研究 [D]. 天津：天津大学，2013.

[5] 陈俊宇，李伟英，周文颖，等. 浅议两种屋面雨水收集利用系统 [J]. 净水技术，2019，

38（2）:114-120.
[6] 中华人民共和国住房和城乡建设部. 建筑与小区雨水控制及利用工程技术规范：GB 50400—2016［S］. 北京：中国建筑工业出版社，2017.
[7] 张宗农. 雨水收集利用技术介绍［J］. 环境与发展，2018，30（1）：90-91.
[8] 梁志立. PCB企业节水重在转变观念、措施得力［J］. 印制电路资讯，2008（4）：18-21.
[9] 邹莉莉. PCB制造前处理节水方案的研究［J］. 科技广场，2017（1）：72-75.
[10] 顾湧. PCB节能减排标准化工作现状［J］. 印制电路信息，2014（2）：67-70.
[11] 贺小刚，李军强. 工业循环冷却水系统节水技术［J］. 金属世界，2017（4）：76-78.
[12] 全国节水标准化委员会. 节水型企业评价导则：GB/T 7119—2018［S］. 北京：中国标准出版社，2019.
[13] 国家发展和改革委员会资源节约和环境保护司，国家标准化管理委员会工业一部，全国节约用水办公室. 企业水平衡测试通则：GB/T 12452—2008［S］. 北京：中国标准出版社，2008.

第9章

原辅料与有害物质管控

9.1 原辅料管理

9.1.1 原辅料管控能力建设

PCB的生产工艺复杂，不同类型的PCB消耗的原辅料也略有差别，但一般使用到的原辅料包括覆铜板、铜箔、底片和硫酸铜、蚀刻液、抗蚀剂、油墨、盐酸等各种化学原料。原辅料的质量不仅直接影响PCB产品的质量，同时也受到国际和国内各种环保法规的约束，因此工厂非常有必要从源头即从原辅料方面做好管理。

1. 加强供应商管理

供应商指为工厂提供产品的个人或组织。在工厂的正常发展和运营过程中，供应商是保证产品质量、价格、交货期等的关键要素之一，也是工厂实现可持续发展需解决的重点问题之一。据美国先进制造研究报告表明，采购成本在企业总成本中占据着相当大的比例，对美国制造企业而言，原辅料采购成本一般占产品单位成本的40%~60%，同时采购成本所占比例将随着核心能力的集中和业务外包比例的增加而增加。而新的物流和采购方式的出现，对供应商的管理和合格供应商的选择提出了更高的要求。所谓供应商管理是指对供应商的了解、选择开发、使用和控制等综合性管理工作的总称。供应商管理的目的，就是为工厂建立一个稳定可靠的供货渠道，为工厂的生产提供可靠的物资供应。供应商管理简单概括起来就是：①供应商提供的产品、服务等满足质量和数量要求；②供应商可提供最及时的产品、服务；③工厂以最低的成本获得最优的产品和服务；④供应商的动态调整，淘汰不合格的供应商，开发有潜质的供应商；⑤维护和发展良好的供应商合作关系。

为确保供应商可以持续、稳定地提供符合要求的物料，工厂应建立有效的供应商管理部门，对相关人员进行必要的业务方面的培训，同时制定包括供应商选择、准入、评价、绩效等方面的供应商管理制度。从绿色工厂建设的角度出发，加强供应商管理主要涉及绿色供应商和绿色供应链管理的内容，关于PCB企业的绿色供应商和绿色供应链管理内容可详见本书第15章。

2. 建立原辅料检验能力

原辅料是工厂进行生产的基础，同时也是产品的组成部分，没有优质的原辅料供应，工厂是很难生产出优质工业产品的。可以说，原辅料的质量是关乎工厂生存和可持续发展的重要影响因素之一。随着科学技术的不断发展，工厂自身的原料检测水平也越来越受到企业和社会的关注。对于如何建立及提升企业的检测能力，可从以下几点考虑：

（1）建设检测人员队伍　检测人员作为整个检测过程的操作者，其专业程度、业务能力等将在一定程度上决定着检测结果的准确性，因此提高检测人员的操作水平是提升工厂检测能力的首要任务。工厂应建设一支稳定的检测队伍，制定合理可操作的考核机制并定期考核，提高检测人员工作的积极性和主动性；同时可以采取邀请行业专家或外派学习的方式对检测人员进行业务培训，培训内容尽量要做到理论和实际操作相结合，既扩展检测人员理论知识，又可提高实际的操作水平。除此之外，要不断加强检测人员的主人翁意识和职业道德的培养，增强检测人员的责任心以及质量意识，最大程度地保证检测结果的真实性和准确性。

（2）加强仪器设备管理　在检测过程中，除检测人员外，另一个重要的执行者即为检测所用的仪器设备。仪器设备的质量和准确性将直接决定检测结果的准确度，正所谓"工欲善其事，必先利其器"。工厂需根据检测方法要求配备合格的仪器设备，并制定仪器操作规范或作业指导书，尽量做到"专器专用"，避免仪器设备混用；仪器设备在投入使用前或使用一段时间后应根据计量规范要求进行计量校准，以保证检测结果的准确性。同时在日常工作中，应设立专门的人员和制定维护保养制度对仪器设备进行维护和保养，一方面保证仪器设备的准确性，另一方面延长仪器设备的使用寿命，降低工厂的运行成本。随着检测仪器设备的进步和新型仪器设备的出现，仪器设备的检测精度和准确度也随之提高，工厂可在经营成本允许的条件下，优先选择先进的仪器设备，从而进一步提高检测效率和检测水平。

（3）检测方法的选择　上文提到随着检测仪器设备的进步和新型仪器设备的出现，不仅仪器设备的检测精度和准确度有所提高，与之相关的检测方法也随之而改变，并向着简单、快捷的方向发展。如对PCB中重金属铅、镉等检测，原来使用原子吸收或原子荧光方法进行检测，操作过程复杂，随着电感耦合等离子技术的发展和应用，目前已开发出可采用电感耦合等离子体光谱和质谱的方法进行检测，不仅检测流程快捷、方便，同时检测的精度更高。因此，工厂在对检测方法的选择上，应结合工厂检测实验室仪器设备的投入情况，优先选择国家标准、行业标准、地方标准、团体标准、企业标准或者客户要求的标准方法。但无论选择何种检测方法，在投入检测工作之前，都应对标准方法进行验证，以确认仪器设备和检测人员能力满足标准要求。

（4）实验室认证认可　目前，对于国内检测实验室主要有两种认证认可类型，分别为 CMA 实验室资质认定和 CNAS 实验室认可。其中，CMA 为中国计量认证/认可（China Metrology Accreditation）的英文缩写；CNAS 为中国合格评定国家认可委员会（China National Accreditation Service for Conformity Assessment）的英文缩写，两者既有相通之处，又存在一定的区别。CMA 是依据《中华人民共和国计量法》《中华人民共和国认证认可条例》等有关法律、法规的规定，对为社会出具公证数据的实验室进行的强制考核，是政府对第三方实验室的行政许可，CMA 主要适用于第三方检测机构；而 CNAS 认可则是中国合格评定认可委员会对机构（如实验室）开展评价、监督后，确认其能够开展相关合格评定活动（如检测），是实验室的自愿行为，适用于所有从事实验室活动的组织，包括企业内部开展检测活动的实验室。因此对于只是用于工厂内部原料或产品检测认证的实验室，申请 CNAS 认可即可。通过开展实验室的相关认证认可工作，不仅可以规范实验室的检测工作，提升检测能力，同时 CNAS 认可也得到了国内、国际的认可，进一步提高了工厂实验室检测结果的可信度。原辅料检测能力建设见表 9-1。

表 9-1　原辅料检测能力建设

序号	建设项目	具体内容
1	检测人员能力培养	通过对检测人员的培训，提升检测人员的检测知识、样品处理及仪器操作能力等
2	检测仪器配备	配备基本的检测仪器，定期维护保养，保证满足计量要求
3	选择合适的检验方法	采用国家、行业、地方或团体标准，或制定实验室检测方法或作业指导书，并进行方法验证
4	建立管理制度	建立人员培训管理、仪器使用维护计量、标准物质、环境条件以及质量管理等方面的管理制度，保证实验室人、机、料、法、环等要素满足实验室管理要求
5	开展能力验证和实验室比对	根据检测的项目主动参与实验室间比对和能力验证活动，检验实验室的管理和技术能力水平
6	开展实验室认证认可	在有能力的基础上，申请 CNAS 认可

9.1.2　危险化学品的管理和贮存

根据《危险化学品安全管理条例》（2002 年 1 月 26 日中华人民共和国国务院令第 344 号公布，2011 年 2 月 16 日国务院第 144 次常务会议修订通过）第三条，危险化学品是指具有毒害、腐蚀、爆炸、燃烧、助燃等性质，对人体、设施、环境具有危害的剧毒化学品和其他化学品。由于 PCB 工艺复杂，在生产中会使用到包括易燃易爆清洗剂、有毒有害的含镍化合物、含氰化合物及具有刺激性的盐酸、硫酸、硝酸等多种类型的危险化学品。因此，PCB工厂在实际生产过程中，必须严格遵守危险化学品的管理、贮存和使用的规定，避免由于马虎大意、管理不善引起的环境污染、人员伤亡等问题。

1. 加强危险化学品管理

首先，工厂应根据所使用的危险化学品的种类、危险特性以及使用量和使用方式等，建立并健全使用危险化学品的安全管理规章制度和安全操作规程，保证危险化学品的安全使用。管理制度应目的明确、流程清晰、标准准确、具可操作性，同时应落实危化品安全管理责任，明确各岗位的管理职责，做到责任到人。

其次，加强对危险化学品管理人员、使用人员的培训工作，使相关人员了解和掌握危险化学品的特性、危害、防护及应急处理措施。工厂还可根据实际情况开展全员的危险化学品宣传教育工作，强化全体员工的安全意识，培养全体员工的危险化学品安全使用习惯，减少安全事故的发生。

电路板的表面处理过程中，镀金、镀银过程会使用含氰镀液。以含氰化合物的管理为例，由于含氰化合物为剧毒物质，工厂在管理上应严格执行"双账、双锁、双人保管、双人发货、双人领用"的管理制度，同时贮存的场所应独立设置并与公安局进行联网监控；应建立氰化物泄漏的应急管理制度，包括泄漏的处理方式、消防措施以及人员救护方法等，并定期开展应急演练，保证使用安全。

2. 危险化学品贮存

工厂的危险化学品贮存场所需遵照《危险化学品安全管理条例》《常用化学危险品贮存通则》（GB 15603—1995）等国家法律、法规的规定设置。PCB工厂生产涉及的化学品达到上百种，根据《常用化学危险品贮存通则》，危险化学品贮存场所需根据化学品种类设置，如设置压缩气体贮存区、高锰酸钾等氧化剂贮存区、一般化学试剂贮存区、易燃易爆化学试剂贮存区及剧毒化合物贮存地等。其中，压缩气体贮存区应单独隔离，区域应保持阴凉、干燥、远离还原剂、热源、火种及金属粉末；氧化剂贮存区应单独隔离，区域应干燥、阴凉、通风；一般化学试剂贮存区应分类放置，保持区域阴凉、通风、远离火种及热源；易燃易爆化学试剂应单独区域存放，并设置防火隔离门与其他化学品进行隔离，区域内阴凉、通风、远离火种、热源。上述贮存场所除满足环境要求外，贮存场所内还应满足消防用电需要，场所内应设置符合安全要求的输配电线路、灯具、火灾事故照明和疏散指示标志等；剧毒化合物如含氰化合物的贮存，除满足上述要求外，还应设置双人双锁，并与公安机关联网监控，保证贮存安全。

另外，PCB 行业所用的原辅料中包括盐酸等易制毒品，其采购、管理和贮存也须符合公安机关的相关要求。某印制电路板企业化学品仓库如图 9-1 所示。

图 9-1　某 PCB 企业化学品仓库

9.2　有害物质限制使用

9.2.1　有害物质限制使用法律法规

PCB 作为电子电器产品的主要元件，需要遵守有关电子电器产品关于有害物质限制使用的相关法规和指令要求。

1. 国内法规及标准要求

2016 年 1 月 6 日，工业和信息化部等 8 部委联合发布了《电器电子产品有害物质限制使用管理办法》（工业和信息化部、国家发展和改革委员会、科学技术部、财政部、环境保护部、商务部、海关总署、国家质量监督检验检疫总局令第 32 号，以下简称《管理办法》），被称作中国 RoHS 2.0，自 2016 年 7 月 1 日起实施，并废止了 2006 年 2 月 28 日发布的《电子信息产品污染控制管理办法》（信息产业部、发展改革委、商务部、海关总署、工商总局、质检总局、环保总局令第 39 号）。《管理办法》要求电器电子产品中限制使用的有害物质为铅及其化合物、镉及其化合物、汞及其化合物、六价铬化合物、多溴联苯、多溴二苯醚，同时规定纳入《电器电子产品有害物质限制使用达标管理目录》的 12 种整机产品中的上述有害物质含量符合《电子电气产品中限用物质的限量要求》（GB/T 26572—2016），即构成电子电气产品的均质材料中，铅、汞、六价铬、多溴联苯和多溴二苯醚的含量不得超过 0.1%（质量分数），镉的含量不得超过 0.01%（质量分数）。

另外，根据《清洁生产标准 印制电路板》（HJ 450—2008）和《绿色设计产品评价技术规范 印制电路板》（T/CESA 1070—2020）的要求，工厂在生产过程不应使用氢氟氯化碳（HCFCs）、1,1,1-三氯乙烷（$C_2H_3Cl_3$）、三氯乙烯（C_2HCl_3）、溴丙烷（C_3H_7Br）、二氯乙烷（CH_3CHCl_2）、二氯甲烷（CH_2Cl_2）、三氯甲烷（$CHCl_3$）、四氯化碳（CCl_4）、正己烷（C_6H_{14}）、甲苯（C_7H_8）、二甲苯 $[C_6H_4(CH_3)_2]$ 等物质作为清洗剂。此外，2020年3月4日国家市场监督管理总局发布了强制标准《油墨中可挥发性有机化合物（VOCs）含量的限值》（GB 38507—2020），该标准规定了溶剂油墨、水性油墨、能量固化油墨等不同种类油墨的挥发性有机化合物（VOCs）的含量限值。油墨作为PCB生产中使用的主要原辅料，在满足生产工艺要求的前提下，工厂应尽量选择低VOCs含量的水性油墨和能量固化油墨。

2. 国际法规要求

2011年7月1日，欧盟发布了2011/65/EU《关于在电子电气设备中限制使用某种危险物质指令》（简称RoHS 2.0），RoHS 2.0替代了欧盟于2003年1月23日通过的2002/95/EC指令，RoHS 2.0中对限制使用的有害物质保持不变，为铅及其化合物、镉及其化合物、汞及其化合物、六价铬化合物、多溴联苯、多溴二苯醚；同时规定构成电子电气产品的均质材料中，铅、汞、六价铬、多溴联苯和多溴二苯醚的含量不得超过0.1%（质量分数），镉的含量不得超过0.01%（质量分数）。2015年6月4日，欧盟发布指令（EU）2015/863对RoHS 2.0附录Ⅱ进行修订，将邻苯二甲酸（2-乙基己基酯）（DEHP）、邻苯二甲酸丁苄酯（BBP）、邻苯二甲酸二丁酯（DBP）、邻苯二甲酸二异丁酯（DIBP）纳入指令范围，且均质材料中每种物质其含量不得超过0.1%（质量分数），由此RoHS 2.0限制使用的物质种类达到了10类。

另外，REACH法规（EC）No 1907/2006是欧盟对进入其市场的所有化学品进行的预防性管控要求，REACH的英文全称为Registration, Evaluation, Authorization and Restriction of Chemicals，即化学品注册、评估、许可和限制，该法规已于2007年6月1日正式实施。REACH法规是一部综合性法规，其中与PCB产品紧密相关的是附录ⅩⅦ的限制物质清单和高关注物质（SVHC）。

REACH法规附录ⅩⅦ的限制物质清单，在2006年12月发布时有限制物质52项，截至2019年6月，限制物质清单总计进行了33次的修订，限制物质也由原来的52项增加到73项。在限制物质清单中，每类限制物质都规定了其限制使用的范围，因此PCB企业需结合产品类别决定需要管控的限制物质，但石棉、有机锡化合物、多环芳烃、富马酸二甲酯、全氟辛酸（PFOA）等物质是电子电器企业重点关注的物质,因而 PCB 工厂也需要重点关注。

高关注物质(SVHC),英文全称为 Substance of Very High Concern,根据 REACH 法规第 57 条,满足以下一种或一种以上危险特性的物质,可被确定为高关注物质。

1)第 1 类、第 2 类致癌、致畸、具有生殖毒性的物质,即 CMR1/2 类物质。

2)持久性、生物累积性和毒性的物质,即 PBT 物质。

3)高持久性、高生物累积性的物质,即 vPvB 物质。

4)具有内分泌干扰特性,或具持久性、生物累积性和毒性,或具高持久性、高生物累积性但不符合 1)、2)两项的标准,同时有科学证据证明对人类或环境引起严重影响的物质。

自 2008 年 10 月欧洲化学品管理署(ECHA)确认第一批 15 种 SVHC 以来,截至 2020 年 1 月,ECHA 总计确认了 22 批次总计 205 种高关注物质。在 REACH 法规中,将产品分为物质、混合物和物品三类,其中 PCB 应属于物品类别。根据 REACH 法规要求,当物品中 SVHC 含量大于 0.1%(质量分数)时,必须向物品的接受方或消费者提供 45 日内的免费信息;另外,对于物品中的 SVHC 含量超过 0.1%(质量分数),且在出口物品中的总量大于 1 t/a 时,则应向 ECHA 进行通报。

POPs 即持久性有机污染物,英文全称为 Persistent Organic Pollutants。2004 年 4 月 29 日,欧盟发布了关于持久性有机污染物的法规(EC)No 850/2004。该法规自颁布以来进行了多次的修订,为了使法规更加清晰明了且与其他法规保持一致,2019 年 6 月 25 日,欧盟委员会发布了新的 POPs 法规(EU)2019/1021,并取代法规(EC)No 850/2004,该法规于 2019 年 7 月 15 日正式生效。新的 POPs 法规附件 I part A 中所列 26 种物质如果不符合相关的豁免条款,将不得用于生产、投放市场和用于物质、混合物或物品,其中 PCB 行业应重点关注的物质包括四溴二苯醚、五溴二苯醚、六溴二苯醚、七溴二苯醚、十溴二苯醚、全氟辛烷磺酸及其衍生物(PFOS)、六溴联苯、六溴环十二烷及短链氯化石蜡等。

PCB 作为电子元器件的载体,为了防止因短路发热而引起的燃烧事故,PCB 中一般都会添加阻燃剂,而卤素化合物作为阻燃性能良好的阻燃剂在 PCB 中曾经大量使用。但经研究确定,含有卤素阻燃剂的废弃 PCB 在焚烧时会产生严重污染物二噁英,由此为了限制卤素阻燃剂的使用,国际电工委员会(IEC)发布了针对无卤 PCB 中卤素含量要求的国际标准 IEC 61249-2-21:2003,该标准中规定无卤的 PCB 中总氯含量应小于 900 ppm(行业内通用单位,代表 mg/kg),总溴含量小于 900 ppm,氯和溴的总量小于 1500 ppm。其他诸如国际电子工业联接协会（IPC）发布的 IPC4101、日本电子封装和电路协会（JPCA）发布的 JP-CA-ES01：2003 等均对无卤 PCB 中的卤素含量进行了规定，其限值与 IEC 61249-2-21：2003 的要求一致。

PCB 企业涉及的有害物质及其限制要求见表 9-2。

表 9-2 PCB 企业涉及的有害物质及其限制要求

序号	项目	有害物质	法规	限量要求
1	PCB	铅及其化合物	《电器电子产品有害物质限制使用管理办法》、2011/65/EU《关于在电子电气设备中限制使用某种危险物质指令》	≤0.1%（质量分数）
		镉及其化合物		≤0.01%（质量分数）
		汞及其化合物		≤0.1%（质量分数）
		六价铬化合物		≤0.1%（质量分数）
		多溴联苯		≤0.1%（质量分数）
		多溴二苯醚		≤0.1%（质量分数）
		邻苯二甲酸(2-乙基己基酯)	2011/65/EU《关于在电子电气设备中限制使用某种危险物质指令》	≤0.1%（质量分数）
		邻苯二甲酸丁苄酯		≤0.1%（质量分数）
		邻苯二甲酸二丁酯		≤0.1%（质量分数）
		邻苯二甲酸二异丁酯		≤0.1%（质量分数）
		205 种 SVHC	REACH 法规（EC）No 1907/2006；当物品中 SVHC 含量大于 0.1%（质量分数）时，必须向物品的接受方或消费者提供 45 日内的免费信息；另外，对于物品中的 SVHC 含量超过 0.1%（质量分数），且在出口物品中的总量大于 1 t/a 时，则应向 ECHA 进行通报	
		REACH 法规附录Ⅻ	具体根据产品类别选择限制物质和限量要求	
		POPs 法规	具体根据产品类别选择限制物质和限量要求	
2	无卤 PCB	总氯	JPCA-ES01：2003、IPC 4101、IEC 61249-2-21：2003	≤900 ppm
		总溴		≤900 ppm
		氯和溴总量		≤1500 ppm
3	油墨	溶剂油墨（网印） 挥发性有机物	《油墨中可挥发性有机化合物（VOCs）含量的限值》(GB 38507—2020)	≤75%（质量分数）
		水性油墨（网印） 挥发性有机物		≤30%（质量分数）
		能量固化油墨（网印）		≤5%（质量分数）

(续)

序号	项目	有害物质	法规	限量要求
4	清洗剂	氢氟氯化碳、1,1,1-三氯乙烷、三氯乙烯、溴丙烷、二氯乙烷、二氯甲烷、三氯甲烷、四氯化碳、正己烷、甲苯、二甲苯	《清洁生产标准 印制电路板》（HJ 450—2008）、《绿色设计产品评价技术规范 印制电路板》（T/CESA 1070—2020）	不得使用

9.2.2 有害物质替代

PCB生产过程中涉及的原辅料多达上百种，其中包含了一些剧毒的物质和国内国际限制使用的物质，如氰化物、含铅化合物、含有破坏臭氧层物质的清洗剂等。这些限制使用的物质已经证实会对环境和人类健康产生不良影响，随着技术的发展，有些物质可被低毒低害甚至无毒无害的物质替代。现将PCB行业已经可以实现替代的物质情况进行汇总，具体见表9-3。

表9-3 有害物质（材料）替代建议

序号	有害物质（材料）	替代物质（材料）建议
1	聚溴联苯（PBBs）、聚溴联苯醚（PBDEs，基板阻燃剂）	氧化铝阻燃剂、磷阻燃剂等
2	溴化环氧树脂（基板）	含磷环氧树脂
3	银氧化镉（接点材料）	银氧化锡
4	锡铅合金（焊料）	无铅焊料
5	锡铅合金（可焊性涂覆材料）	锡、银或镍/金镀层
6	氟碳溶剂清洗剂（F-113）	无氟清洗剂、水性清洗剂
7	氰化物、焦磷酸盐、氟硼酸盐型镀铜液	无氰硫酸铜电镀铜液
8	酒石酸钾钠化学镀铜络合剂	不含螯合物的化学镀铜液/四羟丙基乙二胺络合剂
9	含甲醛的化学镀铜液	磷酸盐化学镀铜液
10	碱性氰化物镀金液	无氰硫酸盐镀金液/柠檬酸盐微氰镀金液
11	氟硼酸型退锡剂	硝酸-烷基磺酸型退锡剂/硝酸型退铅锡剂
12	磺酸盐体系铅锡镀液、氟硼酸体系铅锡镀液	硫酸锡镀液
13	重铬酸盐水溶性光敏抗蚀剂	重氮化合物水溶性光敏抗蚀剂
14	溶剂型抗蚀干膜抗蚀剂	水溶性抗蚀干膜抗蚀剂

(续)

序号	有害物质（材料）	替代物质（材料）建议
15	三氯化铁蚀刻剂、铬酸-硫酸蚀刻剂	过氧化氢-硫酸蚀刻剂/碱性氯化铜蚀刻剂/酸性氯化铜蚀刻剂
16	浓铬酸（去钻孔胶渣）	碱性高锰酸钾/浓硫酸
17	溶剂型显影油墨	水性显影油墨

参考文献

[1] 罗联耀."放管服"改革新形式下的炼化企业供应商管理探讨[J].市场与运营，2020(5)：28-29.

[2] 王春香，雷安祥，吴建英.钢铁企业供应商管理问题与对策分析[J].中外企业家，2020(12)：88.

[3] 李有铖，陈杰华，于中玉.供应商分级分类管理策略研究[J].中国设备工程，2019(6)：32-33.

[4] 李浩楠.企业供应商内部控制管理研究[J].金融财税，2020(10)：122-123.

[5] 陈旭伟.化工原料质量检验检测问题分析[J].当代化工研究，2019(11)：18-19.

[6] 任爽.石油化工原料质量检验检测方面的问题分析[J].化工设计通讯，2020(46)：27-28.

[7] 马丽丽.剖析如何加强危险化学品安全管理[J].化工管理，2020(2)：82-83.

[8] 欧国海.浅谈火力发电企业危险化学品的安全管理[J].电力安全，2020(4)：105-106.

[9] 黄振伟.浅谈加强危险化学品安全管理[J].化工管理，2020(2)：87.

[10] 万福全，任元.电子电气产品热点环保法规管控趋势分析[J].信息技术与标准化，2019(12)：50-54.

[11] 罗道军.国际电子电气产品环保法规最新进展[J].环球视野，2012(8)：60-62.

[12] 张家量.全球无卤刚性覆铜板的发展现状[J].电子科学技术，2014(1)：117-128.

[13] 马丽丽，包生祥，BHANU S，等.无卤阻燃剂在印制电路板中的应用进展[J].材料导报：综述篇，2010(12)：50-54.

第 10 章

典型绿色工艺与技术

10.1 加成法电路成形工艺

PCB制造业的发展已经有半个多世纪，但其电路成形的典型工艺仍是光刻腐蚀法，即"减成法"，目前大多数PCB企业仍然在使用这种方法。该方法首先是在覆铜板上光致抗蚀膜（感光材料），接着将设计的电路图案做成影像转移到附有光致抗蚀膜的覆铜板上进行曝光，再用显影液与未曝光的抗蚀膜反应，露出需要蚀刻的铜面，然后用蚀刻液将覆铜板上非电路部分的铜蚀刻掉，最后退膜形成电路，其工艺流程示意图如图10-1所示。

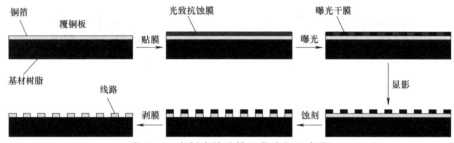

图10-1 光刻腐蚀法的工艺流程示意图

"减成法"能够成为PCB制造业的主流技术，主要依赖于20世纪50年代覆铜板的研发成功及产业化。覆铜板不仅解决了铜箔和树脂层压板的粘合问题，而且能够承受焊接时的高温热冲击，性能稳定可靠。但这种技术方法也暴露出了明显的问题：首先资源浪费大，铜箔利用率低，据不完全统计有2/3~3/4的铜箔都会被蚀刻掉；其次需要消耗大量的蚀刻液，产生的废蚀刻液属于危险废弃物，同时会给企业的生产废水引入金属络合物，增加了废水处理及环保工作难度；另外蚀刻液对铜箔蚀刻时，常常有侧腐蚀现象，形成的电路不规整，因此难以生产出高精度、高密度及细线条的高端PCB。

在绿色发展的思想指导下，与"减成法"相对，人们提出了"加成法"的PCB制造思路。把导体材料通过一定的工艺方法加到非导体基础材料上，最终得到电路图形的所有方法都可称为"加成法"。"加成法"可在一定程度上解决上述"减成法"存在的绿色发展问题，现在发展中的较有潜力的方法有"半加成法""全加成法""激光直接成型法"和"印刷催化油墨配合化学镀法"。

10.1.1 半加成法

"半加成法"的原理是通过减薄铜、化学镀铜以及磁控溅射等工艺在PCB基材树脂上制备出一层1~3 μm厚的铜薄膜，然后贴膜并根据制作电路的要求对非电路区域进行曝光,待显影露出铜薄膜后再进行图形电镀以加厚电路的铜层,接着将剩下的干膜褪去,最后差分蚀刻掉非电路区域的铜薄膜,其工艺流程示意图如图 10-2 所示。

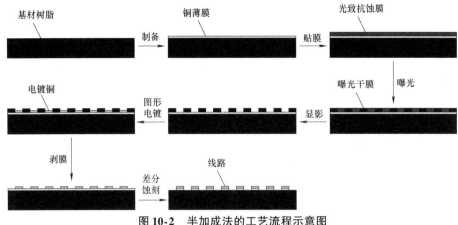

图 10-2　半加成法的工艺流程示意图

与"减成法"相比,"半加成法"蚀刻的铜少了,同时也减少了蚀刻液的消耗,具有减少资源浪费和环境污染的效果。但"半加成法"仍具有环境污染的特点,另外"半加成法"需要差分蚀刻,即电路和非电路区域被同时蚀刻,由于电路区域蚀刻的程度很难控制,常常导致图形电路厚度的实际值与设计值存在较大差距,因此很难制备高铜厚 HDI 板。

10.1.2　全加成法

"全加成法"是特指使用催化性基板加成制造 PCB 的工艺。一般的"全加成法"首先是在基材树脂上贴光致抗蚀膜,接着根据电路的图形需要,曝光、显影留出加成电路区域,然后对电路区域的基材进行活化,形成图形电路导电种子层,再通过化学沉铜方法加厚铜层,最后退膜从而形成导电图形电路,其工艺流程示意图如图 10-3 所示。

由以上工艺可知,"全加成法"不需要蚀刻,工艺相对简单,减少了资源浪费和环境污染,同时也解决了电路侧蚀的问题,且便于增加图形电路的铜层厚度,因此受到了广泛的关注。不过"全加成法"制作导电电路是通过化学沉铜形成的,该工艺生产周期较长,更重要的问题是导电电路与基材之间结合力较弱,后续压合过程中会发生电路移位甚至脱落,可靠性还有待提高;另外进行活化形成导电层需要特制催化性基板,这种特制的基板需要掺加大量的催化金属,成本很高。

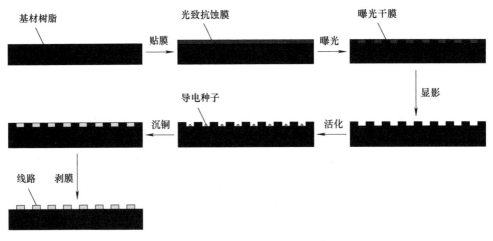

图 10-3 全加成法的工艺流程示意图

10.1.3 图形转移法

针对以上"全加成法"存在的问题,杨为正等人曾提出过一种新型加成法,即图形转移法。该方法选用表面光洁平滑、厚度为 0.3~0.5 mm 的金属基板,金属基板便于后续工艺电镀,同时也便于揭下电路进行图形转移,一般可选用铝基板。然后直接在基材上贴膜,接着根据电路图形的需要,曝光、显影留出加成电路区域。因为基板具有导电性,此时可在电路图形区域直接电镀,随后对电路进行棕化或其他表面处理,以增加铜线表面的粗糙度,为后续图形电路与绝缘树脂基材提供更好的界面结合力,最后将图形电路揭下转移压合或粘结到绝缘基材上,其工艺流程示意图如图 10-4 所示。

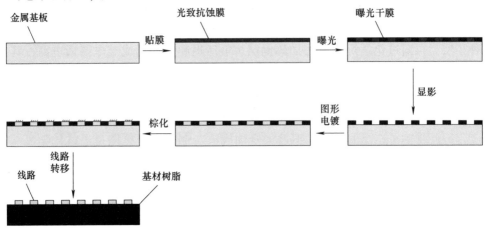

图 10-4 图形转移法的工艺流程示意图

这种新型加成法的电路图形是由电镀直接得到的,与一般的全加成工艺相比,不需要活化工序,不仅节约时间和成本,并且更符合绿色发展理念。但该方法自从提出后,未见持续的研究报道,也未见企业产业化应用,应该是在具体的工艺控制环节还存在问题,比如电路转移过程中的偏差问题、结合力问题,以及在金属基板上进行图形电镀的相关技术问题等。

10.1.4 激光直接成型法

激光直接成型技术对绝缘基材有特殊要求,首先需要将具有催化作用的金属有机物添加到高分子材料中,根据产品设计将这种高分子材料注塑成产品配件,以产品配件作为电路的高分子绝缘基材,目前可应用激光直接成型技术的材料有聚碳酸酯(PC)、ABS塑料、聚丙烯(PP)、尼龙(PA)等多种。然后用激光按照所需的目标电路图形照射基材表面,烧蚀去掉部分高分子树脂,使树脂中的金属有机物活化,微金属颗粒聚集在电路图形底部形成催化层。接着将激光活化后的基材直接放入化学镀铜液中,催化层可以加速化学沉积,形成所需的电路,其工艺流程示意图如图10-5所示。

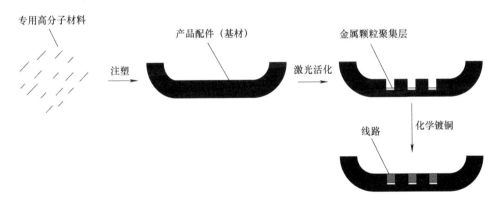

图10-5 激光直接成型法的工艺流程示意图

该方法与全加成工艺相比,工艺简单,不需要图形转移,也不需要使用较贵的干膜耗材和昂贵的曝光机,也不产生蚀刻废液,而且制成的图形具有可修复性,如电路存在不足,通过二次激光活化和金属化即可修复。

激光直接成型法从节材和减污的角度看,其绿色属性明显。但该技术受基材中金属有机物活性粒子大小及激光束的反射影响,太细的电路可能会存在短路风险。另外因添加了活性粒子,对基板的力学性能、热学性能等都会产生影响,相应的质量和可靠性风险也会有所增加。还有,配套该技术所需的基板成本过高,专用设备成本也高,且无法应用于挠性PCB的生产。

10.1.5 印刷催化油墨配合化学镀法

印刷催化油墨配合化学镀法是根据电路图形需求，在基板上通过丝网印刷的方式印制含有催化金属的浆料，然后对制备好的基板进行化学沉铜，以此得到导电电路的图形制备方法，其工艺流程示意图如图10-6所示。

图10-6 印刷催化油墨配合化学镀法工艺流程示意图

印刷催化油墨配合化学镀法常常存在电路电阻较大、电路与基板结合不牢、产品可靠性低等问题，另外丝网印刷催化油墨的精密度也不高。为此，常煜、杨振国提出了一种改进的方法，根据其具体的工艺流程和方法，可将其简单命名为"印刷吸附催化离子配合化学镀法"。该方法首先是根据电路图形需要，在基板上采用喷墨印刷、凹版印刷、丝网印刷或微接触印刷等方法印制离子吸附油墨，然后将基板置于烘箱中烘烤，油墨干燥后基板表面形成了一层吸附层，接着将基板放入催化离子溶液中，催化离子与吸附层中的基团发生反应，固定在电路图形上，最后取出经过一系列工艺处理后的基板，水洗干燥后进行化学沉铜，形成金属电路图形，其工艺流程示意图如图10-7所示。

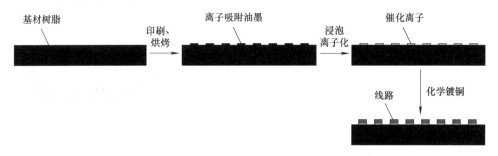

图10-7 印刷吸附催化离子配合化学镀法的工艺流程示意图

该技术中吸附油墨中的添加剂主要是强化树脂、偶联剂和填料。强化树脂起到对离子吸附树脂强化的作用，使成膜强度更高。偶联剂可与基板和铜镀层都形成化学键合，使电路黏附力提高。印刷好吸附油墨的基板需浸入催化离子溶液中，其吸附原理是油墨中的胺基、羧基、羟基等与催化离子中的铂、钯、金、银以配位键的形式络合，催化离子吸附的量及其在吸附层内的分布决定着后续沉铜的效果和质量。

10.1.6 纳米金属导电油墨喷印法

纳米金属导电油墨喷印法是新的技术热点,该技术是按照电路图形的需要,使用喷墨或者凹版印刷等方式将纳米金属导电油墨直接印刷在基板上,然后低温烧结固化成形,使纳米颗粒融化成膜,最终获得致密的导电电路,其工艺流程示意图如图10-8所示。

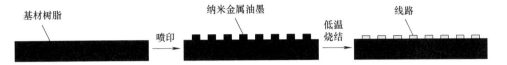

图10-8 纳米金属导电油墨喷印法的工艺流程示意图

纳米金属导电油墨喷印法是把纳米金属导电油墨与印制技术结合起来制作导电电路的技术,不需要贴膜、蚀刻、电镀等工艺,就可以直接形成高精度的导电电路,具有非常明显的优势。采用该技术产业化生产PCB,高性能的纳米金属导电油墨是关键环节之一。纳米金属导电油墨要满足喷墨等工艺对油墨的物理、化学性能要求,如颗粒小、黏度低、与基板匹配性好、导电性高、烧结温度低等。在铂、钯、金、银、铜、镍等常用制备纳米金属油墨的原料中,银因具有最高的电导率(6.3×10^7 S/m)和热导率[450 W/(m·K)],所以纳米银导电油墨成为目前使用且受关注最多的原料。但是纳米银极易被氧化,为保证其电导率,制备及使用过程中需要惰性气体保护,因此生产成本很高。另外,纳米金属导电油墨的烧结温度高低会影响到基板材料的选用,一般烧结温度大于200℃,所以聚对苯二甲酸乙二醇酯(PET)等不耐热材质基板无法使用,需要考虑采用聚酰亚胺(PI)、玻璃等基材。目前,也有公司开发出了烧结温度在70~150℃的纳米银油墨,扩大了基材的选择范围,不仅可用聚酰亚胺,也可用成本更低的聚对苯二甲酸乙二酯(PET)等。

目前,光刻腐蚀减成法仍然是国内PCB制造业中最普遍、最常用的方法,半加成法在一些产品的生产中也有应用,激光直接成型法更多应用于移动天线的制造,还未见到直接应用于PCB的产业化生产,而其他种类的加成法基本都处于研究开发阶段。不过随着加成法关键技术以及配套材料的突破,绿色制造理念的深入等,相信加成工艺将会在PCB的制造中越来越成熟、越来越普及。

PCB电路成形工艺总结对比情况见表10-1。

表 10-1 PCB 电路成形工艺总结对比情况

序号	技术名称	资源消耗	污染产生	特点比较			
				基材要求	工艺难度	质量可靠性	局限因素
1	光刻腐蚀法	1. 需要蚀刻液、干膜、显影液等 2. 金属铜利用率低	1. 污染物产生量大、种类多 2. 废水处理难度大 3. 有危险废物产生	—	工艺流程长且复杂，需要贴膜、曝光、显影、蚀刻、退膜等	质量可靠性高	难以生产出高精度、高密度及细线条的高端PCB
2	半加成法	1. 需要蚀刻液、干膜、显影液等，但减少了蚀铜液用量 2. 金属铜利用率较高	1. 污染物种类多，数量较光刻腐蚀法减少 2. 废水处理难度大 3. 有危险废物产生	特定基板	工艺流程长且复杂，与光刻蚀法比还需要图形电镀，且蚀刻为差分蚀刻	质量可靠性高	电路厚度难以控制，难以制备高铜厚HDI板
3	全加成法	1. 需要干膜、显影液等，但不需要覆铜板、蚀刻液等关键原材料 2. 金属铜利用率高	无蚀刻废液，污染物种类、产生量明显减少	特制催化性基板	工艺相对简单，不需要蚀刻	导电电路与基材之间结合力较弱，可靠性有待提高	基板成本高，产品可靠性不够
4	图形转移法	1. 需要干膜、显影液等，但不需要覆铜板、蚀刻液等关键原材料 2. 金属铜利用率高	无蚀刻废液，污染物种类、产生量明显减少	需要金属基板作为过渡载体	工艺相对简单，不需要蚀刻	待研究验证	相关研究较少，具体工艺乃至细节还需开发研究

（续）

特点比较

序号	技术名称	资源消耗	污染产生	基材要求	工艺难度	质量可靠性	局限因素
5	激光直接成型法	1. 不需要干膜、显影液、蚀刻板、覆铜板等原材料 2. 需要专用高分子材料及沉铜液	原材料利用率高，污染物产生很少	含金属有机物的高分子材料	工艺简单，不需要蚀刻，也不需要曝光显影等工序	太细的电路存在短路风险，基材力学、热学等性能受到改变，可靠性受到影响	基材成本过高，专用设备成本也高，且无法应用于挠性PCB生产
6	印刷催化油墨配合化学镀法	1. 不需要干膜、显影液、蚀刻板、覆铜板等原材料 2. 需要金属催化浆料及离子吸附油墨和沉铜液	原材料利用率高，污染物产生很少	需要表面粗化处理	工艺简单，不需要蚀刻，也不需要曝光显影等工序	可靠性不高，待研究验证	相关研究较少，具体工控制细节还需开发研究
7	纳米金属导电油墨喷印法	1. 不需要干膜、显影液、蚀刻板、覆铜板、沉铜液等原材料 2. 需用纳米金属导电油墨	原材料利用率高，污染物产生很少	基材需要耐受烧结温度	工艺简单，不需要蚀刻、曝光显影以及沉铜等工序	可靠性高	纳米金属导电墨成本高，工艺要求高

10.2 激光直接成像（LDI）技术

传统的图像转移工艺是对采用底片的图像转移工艺而言的，这种底片成像工艺可分为接触式底片成像工艺和非接触式底片成像工艺。接触式底片成像工艺是将底片直接接触到光敏材料进行曝光来成像的；非接触式成像工艺是通过底片投影来成像的。采用底片直接接触光敏材料进行曝光成像是目前制造常规PCB时普遍采用的方法，是一种很成熟并能熟练掌握的工艺，但其流程长、环节多，底片及药水使用多，同时由于底片尺寸误差、稳定性等因素，对于生产HDI板和多层板，该工艺合格率较低。

激光直接成像（Laser Direct Image，LDI）技术是利用激光直接成像原理将电路图像以激光束的形式直接投射在涂有光致抗蚀剂的基板上从而实现图形转移的一种技术。LDI技术也属于非接触式成像工艺，但不需要底片，是使用激光直接在基板上光刻图像的技术，受基板涨缩系数的影响较小，简化了图形转移工序，从而节省了时间，提高了工作效率。同时不必使用底片，具有节省消耗、节约成本的优势，另外也保证了产品合格率。LDI技术与传统接触成像技术的工艺流程对比如图10-9所示。

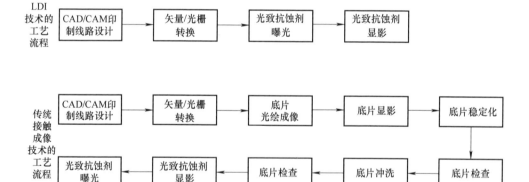

图 10-9　LDI 技术与传统接触成像技术的工艺流程对比

随着技术的发展，LDI技术除了上述激光在涂有感光材料的基板上成像的工艺外，还有激光直接在镀覆有锡层的基板上成像和激光直接在覆铜板上成像的工艺。

激光直接在镀覆有锡层的基板上成像的工艺，是在基板铜箔上镀覆一层锡箔，然后通过激光蚀去不需要的锡镀层及其底下 3~5 μm 厚的铜箔，形成图形，接着以锡层为抗蚀剂进行碱性蚀刻，最后便可得到精细的电路图形。

激光直接在覆铜板上成像的工艺是指激光直接在覆铜箔板上烧蚀去不需要的绝大部分厚度的铜箔，而仅留 3~5 μm 厚的底部铜箔，然后用蚀刻液对基板上的铜箔进行整体蚀刻，快速控制蚀刻掉激光烧蚀残留在底部约 3~5 μm 厚度的底部铜箔，形成电路。这种 LDI 工艺不需要感光材料和镀锡层，形成电路的过程更加直接。某 PCB 厂 LDI 设备如图 10-10 所示。

图 10-10　某 PCB 厂 LDI 设备

10.3　微纳压印技术

微纳压印技术是通过可塑性树脂辅助，将模版上的微纳结构通过压印转移到待加工材料上的技术。该技术的应用过程一般首先要进行模版加工，常使用电子束刻蚀、电铸等手段，在硅或其他衬底上加工出所需要的结构作为模版，模版须有适当的硬度、耐用度和热稳定性，硬模版主要采用硅类材料，软模版主要使用聚二甲基硅氧烷和光敏树脂等。其次是图形转移，在待加工的材料表面涂上可塑性树脂，然后将模版压在其表面，采用加压的方式将模版图案转移到光刻胶上。最后用加热、紫外光、激光等方式使树脂固化，移开模版后，用蚀刻液将上一步未完全去除的树脂蚀刻掉，露出待加工材料表面，再使用化学蚀刻的方法进行加工，完成后去除其余树脂，最终得到高精度加工的材料。

将微纳压印技术应用到 PCB 的制作过程中，可替代包括曝光、显影等工序的传统的图形转移工艺。用硬模版微纳压印技术进行图形转移和印制电路制作的工艺流程示意图如图 10-11 所示。

软性微纳压印技术是将 PDMS（聚二甲基硅氧烷）等材料的溶液浇注到模版上，形成 PDMS 等材料制成的软性模版，然后用软性模版接触压印复制图形。具体的软性微纳压印技术又有不同的类型，在此不做详细介绍。

总体而言，将微纳压印技术应用于 PCB 制作过程中的图形转移工序，一块模版可大量复制图像，图像转移制作成本低、生产效率高，而且减少了底片制作、曝光、显影等工序,缩短了工艺流程,同时避免了显影液、底片等使用,减少了污染物的产生。

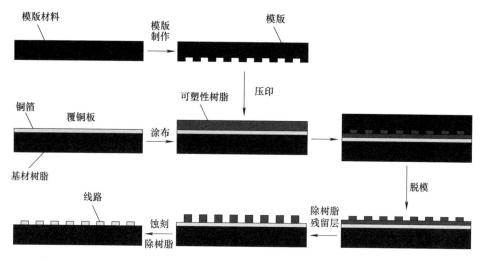

图 10-11　硬模版微纳压印技术进行图形转移和印制电路制作的工艺流程示意图

以上方法在图形转移环节有着明显的绿色属性,但后续电路成形仍然需要蚀刻。目前,也有将微纳压印技术与电路成形加成技术结合,形成更加绿色的 PCB 生产工艺方案,其工艺流程示意图如图 10-12 所示。

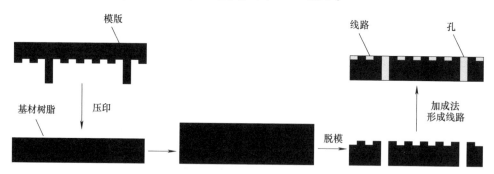

图 10-12　微纳压印技术与电路成形加成技术结合的工艺流程示意图

以上将微纳压印技术与电路加成技术结合的工艺,所用的基材应是可压印的热塑性与热固性树脂,比如环氧树脂、聚醚砜、聚四氟乙烯等,但树脂中的玻璃纤维应是短纤维,避免长纤维影响压印。压印出电路和孔位后,可在电路和孔位金属化沉铜后再电镀铜,形成电路和通孔。但这种方法往往难以精确控制沉铜和电镀铜区域,可能会在其他区域也产生铜层,这就需要在电路铜上印刷抗蚀剂,然后用蚀刻的方法把多余的铜蚀刻掉。随着技术的发展,参见前文中的加成技术，也可用导电金属油墨填充电路和孔位，以此形成电路。

微纳压印技术可大大缩短PCB的生产工艺流程，不仅省去了照相制版、感光成形等工艺，而且省去了前段覆铜板的制作、裁板和钻孔等工序，相应的原辅料消耗也都会明显减少。

10.4 直接电镀孔金属化工艺

孔金属化是指在制作双面板、多层板的过程中，用化学镀和电镀的方法，使绝缘的孔壁上镀上导电金属从而实现不同面及不同层的电路互相导电连通的生产工艺，是PCB生产制造过程中的关键环节。经过此工艺形成的金属化孔要求有良好的机械韧性和导电性，孔中金属铜层均匀完整，厚度在 $5\sim10~\mu m$ 之间，无严重的氧化现象，孔内不分层、无气泡、无钻屑、无裂纹，一般孔电阻小于 $1000~\mu\Omega$（部分产品也有小于 $500~\mu\Omega$ 的要求）。

采用化学沉铜进行孔金属化的工艺在PCB生产中已有约60年的历史，该技术工艺成熟，形成的金属化孔质量稳定可靠，被广泛采用。然而，化学沉铜孔金属化也存在一些明显的缺点：①其工艺复杂，生产效率低，生产过程质量控制难度大，沉铜反应复杂，溶液稳定性差；②化学镀铜层的附着力以及力学性能较差，沉铜后要尽快二次电镀铜，否则24 h后可能会出现金属化膜层氧化失效，造成孔无铜或者孔壁破洞；③该工艺对于微小孔的金属化质量不可靠；④从绿色制造的角度讲，该工艺耗水量大、药剂用量多，同时药剂中含有络合物，增加了后端废水处理的压力，且需使用甲醛作为 $[Cu(EDTA)]^{2-}$ 的还原剂，对生产车间员工职业健康有影响。

鉴于这些问题，20世纪80年代就有专家学者探索替代化学沉铜孔金属化的绿色工艺，到20世纪90年代中期，一些直接电镀孔金属化工艺得到了部分PCB厂商及行业的认可，并进入了应用阶段，目前相对成熟的工艺有金属钯导电膜法、高分子导电膜法和黑孔化法。

10.4.1 金属钯导电膜法

金属钯导电膜法是用催化胶体钯在孔内形成导电胶体粒子层，然后借助于导体粒子的外延生长作用，在孔内直接进行电镀金属的技术。

1963年，Radovsky首次使用该技术在PCB的钻孔内沉积上钯导电膜，然后电镀实现孔金属化。随后我国国内专家也在不断探索该技术的应用性，开发具有分散性好、吸附能力高等特点的催化剂。此方法可替代传统的化学镀铜工艺，简化了工序,提高了生产效率,改善了车间作业环境,但钯贵金属盐的使用成本较高。另外,这种工艺形成导电胶体粒子层后,进行全板电镀时,铜沉积首先是在通孔两端边缘进行,然后逐渐延伸到孔的中心汇合,这种工艺常常会产生"狗骨型"沉积,也就是孔中心的沉积层较薄,而孔口两端的铜沉积层较厚。因此,改变这种"狗骨型"沉积的关键是提高镀覆速度,提高钯导电层覆盖率、均匀性、导电性,从而实现更佳的孔金属化效果,目前国内已有相关的研究。

10.4.2 高分子导电膜法

高分子导电膜法是用高分子导电材料在钻孔内生成很薄的导电膜,然后电镀铜实现孔金属化的技术。具有导电性的聚合物主要是多炔、聚吡咯、聚噻吩、聚硫代苯和聚苯胺等,这些都是共轭聚合物,都具有π电子轨道,在相互作用下可以形成能带结构,当聚合度增加至某一数值时,便具有了导电性。其中聚吡咯商业应用价值较高,吡咯在弱酸性溶液中,在氧化剂高锰酸钾($KMnO_4$)的作用下发生聚合反应,从而生成高聚吡咯膜。

形成高分子导电膜后还需要进行电镀,在电镀过程中导电高分子膜上可形成局部电场,于是镀液中的铜离子就会在膜上形成铜核,然后以铜核为中心向四周蔓延沉积,在铜核之间的桥接作用下,最后在导电高分子膜上形成无空隙的致密镀铜层。

国内某 PCB 企业建立了高分子导电膜生产线替代了原有的化学沉铜线,技改前后的工艺流程对比如图 10-13 所示。

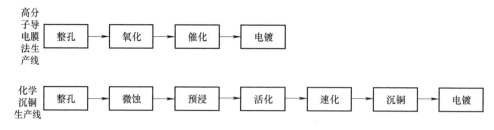

图 10-13 高分子导电膜法生产线与化学沉铜生产线的工艺流程对比

该公司在实践过程中发现,高分子导电膜工艺进行孔金属化可靠性能够满足产品品质要求,且与传统的沉铜工艺相比具有明显优势:①工艺流程减少了近一半,由至少七道工序简化为四道,生产线自动化程度和生产效率提高、生产周期缩短;②水耗、电耗、人工减少,总体成本可降低 20%~30%;③实现了封闭式作业,无甲醛、无气味,减少了车间空气污染,大大改善了工作环境;④提高了制程能力,化学沉铜工艺制作的板厚为 0.3~2.4 mm,最小孔径为

0.2 mm，高分子导电膜工艺制作的板厚为 0.2~2.4 mm，最小孔径为 0.075 mm。

10.4.3　黑孔化法

黑孔化法是用炭黑或石墨在钻孔内形成导电基层，然后进行电镀的孔金属化方法。该技术通过催渗剂将细微的炭黑或石墨均匀地分散在水性体系中，形成具有良好的稳定性、润湿性的黑孔液，黑孔液与电路板的钻孔接触时通过电荷调整使炭黑充分吸附在孔壁表面，从而形成细致、均匀且结合牢固的导电层。黑孔化处理后的孔壁有了炭黑层，然后便可以直接进行电镀，从而实现通孔。

相较于金属钯导电膜法和高分子导电膜法，黑孔化法成本较低，且加工较简单，原材料环保无毒。黑孔化法常用的导电层物质有石墨和炭黑两种。其中，石墨导电性好，但颗粒较大，且需加入烯丙基等作为连接剂，而且还不易清洗；炭黑颗粒较小，可达到纳米级别，在基材表面涂布均匀，但导电性好的炭黑本身在水中不易分散。因此，也有专家着力研究纳米炭孔金属化技术，并不断对此技术进行改良，该技术不仅弥补了传统化学沉铜工艺的不足，而且相比常规黑孔化法也有明显的技术优势。

目前，纳米炭黑孔化法在计算机、医疗设备、通信雷达等电子产品用的 PCB 生产中都有应用，也就是说该工艺技术可行，完全可替代传统的化学沉铜工艺。而且该方法应该是印制双层板、多层板和软板制作技术的发展方向之一，具有很高的推广价值和应用空间。

10.5　孔线共镀铜工艺

随着电子电器产品微型化、集成化、智能化发展，以及信号传输速度的提高，PCB 也需要朝着更加精细化和微小化方向发展，这就需要开发生产高密度互连（HDI）PCB。HDI 板不仅要求线宽、线距设计不断缩小，层数增多，而且其连接层与层间的导通孔越来越小、厚径比却越来越大，因此其制作难度也明显增大。传统常规的生产工艺已无法满足 HDI 板的产品要求，比如采用照相底版成像技术进行图形转移时，其误差较大，无法制作精细电路，电路蚀刻过程中往往会有侧蚀现象，且线宽、线距越小，侧蚀就会越严重。同时，HDI 板的厚径比往往较大，大厚径比的板材在通孔的过程中需长时间才能完成孔金属化，因此也会导致面铜过厚从而给后续的蚀刻增加难度，并且浪费资源。

孔线共镀工艺结合了半加成法、孔金属化和图形电镀的技术要点，缩短了工艺流程。其制作过程是：首先按设计要求对超薄铜箔基板进行钻孔，接着进行贴膜、曝光和显影，此工序是采用负相抗蚀层来覆盖基板的非电路区域，然后整板活化后用电镀方法同时增加导通孔的孔壁铜层与精细电路的厚度，最后去除抗蚀层并快速差分蚀刻底层超薄铜层，从而实现导通孔金属化与精细电路的同时制作，其工艺流程示意图如图10-14所示。

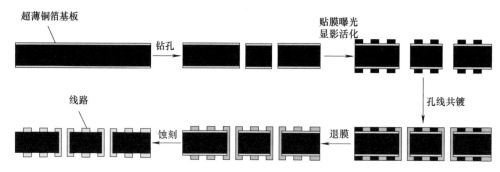

图10-14　孔线共镀工艺的工艺流程示意图

与传统的减成法相比，该方法可消除精细电路制作的侧蚀问题，制作的电路侧蚀量小，电路截面基本呈矩形，保证了电路的制作质量，满足导通孔的孔壁铜层厚度要求，而且巧妙地应用了半加成工艺，可同时完成导通孔的孔金属化及精细电路的加厚制作。另外，从绿色制造的角度讲，孔线共镀铜工艺缩短了工艺流程，减少了资源消耗，提高了资源利用效率，是一种效率极高的PCB制造方法。

10.6　垂直连续电镀和水平连续电镀

电镀是目前PCB生产制造过程中不可或缺的工艺流程，传统的生产线是龙门式设备。龙门电镀生产线采用龙门起重机来吊运带挂具的极杆或滚镀用的滚筒，电镀所需的各种药剂槽平行布置成一条直线或多条直线，龙门起重机沿轨道做直线运动，并且利用起重机上的升降吊钩来吊运，使自动线按照设置的程序完成加工任务。但龙门电镀线在资源能源消耗、车间现场环境等绿色制造方面存在明显的改善空间，同时其加工性能不能满足高端产品的需求，因此目前部分PCB生产企业开始采用垂直连续电镀和水平连续电镀工艺。

垂直连续电镀线可通过电气控制系统和传动系统带动电路板完成电镀工艺，能依次完成除油、水洗、微蚀、水洗、酸浸和电镀等全部过程。垂直连续电镀线构造封闭，电镀过程中连续无停顿，可通过机械设备自动上下板，前后处理用水可重复利用，而且垂直连续电镀在电镀时有高低电流密度区，高电流密度区阻抗较小，可依靠阳极遮蔽使电力线分布更均匀，从而得到质地更均匀的镀层，减少后期蚀刻过程的其他问题，因而电镀生产效率高，产品质量稳定，劳动条件好，减排、节能，更符合绿色制造的需求。

水平连续电镀工艺是将 PCB 由垂直镀液液面放置改为平行镀液液面放置的电镀工艺。水平连续电镀线同样具备空间占据小、自动化水平高、工序连续、构造密闭、镀液流动性均一等特点。同时，水平连续电镀工艺采用不溶性阳极，对阳极的保养相对简单省事。

垂直连续电镀线和水平连续电镀线的设计还有很多需要考虑和改进的问题，也还有朝着更加智能化和绿色化方向发展的潜力和空间。某 PCB 厂电镀线技改前后对比如图 10-15 所示。

a)   b)

图 10-15 某 PCB 厂电镀线技改前后对比

a) 传统龙门沉铜电镀线 b) 垂直连续自动电镀线

10.7 化学镀锡工艺（无铅化焊接性涂覆工艺）

为了保证 PCB 在后续的装配及使用中具有焊接性，根据实际还需要对其表面电路进行焊接性镀覆处理。应用最普遍的工艺是热风整平工艺，该工艺是将已经制备好的双面板或多层板浸入热熔的锡合金中，然后将过厚的锡料用高速热风吹走，从而获得平整的热镀锡层。这种工艺简单、成熟、有专用配套设备，所以至今仍有部分企业采用。但是，热风整平工艺本身深镀能力不好，镀层不均匀，材料消耗量大，成本较高。而且热风整平工艺制作的锡镀层往往因存在过厚或不均匀的问题，会导致电路间短路或者微孔堵塞，不能满足 PCB 向高密度、高平整化、更小孔径、更小焊盘进步的要求。另外，热风整平工艺所用焊料含铅，随着人们对环境问题的深入关注，欧盟及我国先后出台了关于电器电子产品有害物质限制使用的指令及法规，这种生产工艺及所用的锡铅焊料已无法满足PCB行业的绿色发展需求。

因此，一些新的技术方法应运而生，如化学镀铅锡、化学镀镍金、化学镀锡等工艺。但是化学镀锡铅涉及有害物质及相应的环保问题，化学镀镍金工艺成本偏高、镀液较难管理且不好调整。因此，化学镀锡工艺技术就在这种背景下逐步发展。化学镀锡工艺可保证PCB后续优良的焊接性，锡层平整致密，可承受多次焊接，工艺适应性强，镀液稳定，成本低廉，适用于高密度PCB生产。

化学镀锡工艺与化学沉铜、沉镍工艺具有相似之处，但化学镀锡不需要对表面进行活化，工艺相对简单，其过程主要是电位置换反应，反应的化学式可表示为

$$2Cu + Sn^{2+} \rightarrow 2Cu^+ + Sn \qquad (10\text{-}1)$$

锡在电路表面沉积的过程主要可分为置换反应阶段、铜锡共沉积和自催化沉积的共存期以及自催化沉积期三个阶段。

1. 置换反应阶段

化学反应的初始阶段就是置换反应阶段，要加入相应铜离子的络合剂作为电位调整剂。在该置换反应过程中，当基体得到覆盖之后，其反应就会立即停止，因此所形成的锡镀层很薄。与此同时，基体铜与镀层锡会因扩散作用而形成铜锡合金相。

2. 铜锡共沉积和自催化沉积的共存期

锡是新形成镀层中的主要成分，初期的置换反应受还原剂和络合剂等作用，铜锡发生了共沉积，镀层中还有少许铜锡合金。另外，还原剂还会与锡离子发生氧化还原反应，这就让锡出现了自催化沉积现象，锡发生自催化沉积过程中的电子主要来源于还原剂。

3. 自催化沉积期

化学镀锡的镀层会随着时间延长而增厚，锡含量会得到不断增加，铜锡的合金相成分则会相对逐渐减少。由于镀液本身不含铜离子，初期置换到镀液中的铜离子量也很少，在铜离子得到完全共沉积后，其反应仍会继续，此时不再有铜析出，发生的是锡连续自催化沉积过程。

10.8 数字喷墨打印技术

印刷是PCB生产过程中不可或缺的生产工艺，包括抗蚀油墨印刷（现代工

艺常采用贴膜技术替代)、阻焊油墨印刷、文字油墨印刷等,这也是"印制电路板"名称的由来。目前 PCB 生产过程中的印刷工序常采用丝网印刷,简称"丝印"。丝印是把所要印刷的图形或文字在丝网上做成漏孔版,用刮板压力把油墨通过网孔转移到被印刷物表面,形成所需要的图文。传统的丝印技术不仅生产工艺流程长,而且废弃物产生量较大,网版清洗还要消耗溶剂,产生新的污染物。

　　随着数字喷墨打印技术的发展,已有企业将该技术应用于文字印刷工序。数字喷墨打印是将预先在计算机上设计好的数字图形直接喷印在承载物上的技术。具体在 PCB 字符工艺中就是将特制的文字墨水根据 CAD(计算机辅助设计)或 CAM(计算机辅助制造)软件中的文件资料打印到电路板上,然后用紫外灯进行即时固化。喷印文字的分辨率是与喷射的墨滴大小和像素点数(Drops per Inch,DPI)有关系的,喷射油墨的体积越小,DPI 越大,喷墨打印的字符图形分辨率就越高。

　　数字喷墨打印技术与传统文字丝印工艺流程对比如图 10-16 所示。

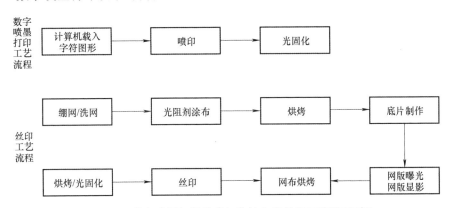

图 10-16　数字喷墨打印技术与传统文字丝印工艺流程对比

　　显而易见,数字喷墨打印技术可根据 CAD 或 CAM 资料直接喷印文字图形并即时固化,与传统丝印工艺相比,其工艺流程简单,可减少网版制作、洗网和文字烘烤流程,缩短了产品生产周期,提高了生产效率,也节省了生产场地与空间,同时不需要底片、网版和清洗溶剂,减少了材料消耗。

　　另外,不规则的尺寸涨缩问题一直以来都是 PCB 制造行业的技术困扰,在传统的丝网印刷中这种问题尤为明显,特别是 HDI 板,常常因电路板不规则的尺寸涨缩问题导致文字图形偏移。而目前的数字喷印机带有自动对位功能,能根据电路板的尺寸变化自动调整文字图形的大小,使喷印的文字图形尺寸与制板实际尺寸匹配。数字喷墨打印技术还有一个优势是,可保持墨水喷印的连续性,克服高低落差处丝网印刷难以印到的不足及缺陷。

同时，数字喷墨打印技术具有明显的绿色环保优势。数字喷墨打印技术无须制作网版，所以可避免网版在制作和清洗过程中产生的大量有机废液，也可减少丝印、烘烤过程中 VOCs 的排放。目前，配套数字喷墨打印技术开发的墨水也更加符合绿色环保理念，可满足有害物质限制使用（如 RoHS、REACH 法规）和无卤素等要求。

在文字工艺上，数字喷墨打印技术与传统的丝印技术相比具有明显的优势，从理论上讲，该技术也可考虑替代抗蚀贴膜和阻焊丝印工艺。

将数字喷墨打印技术应用到抗蚀环节，可以针对电路板的电路图形需要直接进行抗蚀剂的喷印，形成抗蚀膜，这样可以省略贴膜、曝光、显影等工序。这种工艺设想与传统贴膜工艺流程的对比如图 10-17 所示。

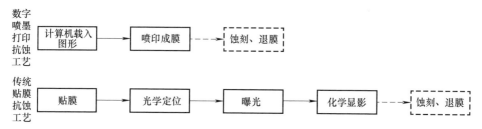

图 10-17　数字喷墨打印抗蚀工艺与传统贴膜抗蚀工艺的工艺流程对比

由图 10-17 可见，按电路需要，可通过数字喷墨打印技术将抗蚀刻液直接喷印在基材铜箔表面形成抗蚀膜，与传统贴膜流程相比，其制程明显缩短，可以省去干膜、压合、显影等工序，提高生产效率，减少材料消耗和污染物产生。

将数字喷墨打印技术应用到阻焊环节，也可根据电路板上的阻焊区域需要进行阻焊剂喷印，这样就可以省去传统阻焊油墨印刷工艺中的制版、洗网等工序。这种工艺设想与传统阻焊油墨丝印工艺的工艺流程的对比如图 10-18 所示。

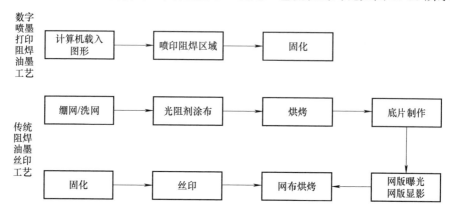

图 10-18　数字喷墨打印阻焊油墨工艺与传统阻焊油墨丝印工艺的工艺流程对比

类似于抗蚀刻图形形成，在阻焊图形形成工艺中，如果使用数字喷墨打印技术，阻焊层图形可直接喷印于 PCB 之上形成保护层，同样可省去网版制作、定位、网版清洗等工序，可缩短工艺流程，提高生产效率，减少材料消耗和污染物产生。

目前，PCB 文字的喷印技术已在实际产生中有所应用，该技术具有生产周期短、喷印质量高和绿色环保的优点，在行业中已得到快速的发展。将数字喷墨打印技术推广应用于抗蚀刻图形制作和阻焊层工艺并且产业化，还需要更多的研究和试验，比如可用于喷墨打印的抗蚀油墨、阻焊油墨的开发，但从大的发展方向来看，数字喷墨打印技术在 PCB 行业的应用有很大的空间，对于 PCB 行业的绿色发展会产生重要的影响。某印制电路板厂数字喷墨打印技术的应用如图 10-19 所示。

a)　　　　　　　　　　　　　　b)

图 10-19　某 PCB 厂数字喷墨打印技术的应用

a）文字喷印设备　b）阻焊自动静电喷涂设备

10.9　通孔盲孔同镀工艺

随着通信技术对元器件要求的提高，PCB 也在不断向着多层板、HDI 板的方向发展，这些新的 PCB 产品不仅越来越轻薄微型，同时其布线密度也越来越高，因此 PCB 不仅需要通孔，还要进行盲孔（不通孔）和埋孔的制作。通孔、盲孔和埋孔都是为了实现不同层电路的导通，通孔金属化及微盲孔填铜的品质在很大程度上决定了 PCB 的品质和可靠性。

盲孔在电镀过程中，电镀液在孔内的对流性差，因此其与通孔电镀的工艺过程和要求有着很大的区别，例如 HDI 板通孔电镀需高酸低铜镀液，而盲孔填铜则需高铜低酸镀液。因此，目前 PCB 的通孔电镀和盲孔镀铜一般是分为两次电镀进行的，其一般工艺流程简图如图 10-20 所示。

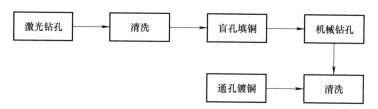

图 10-20　盲孔填铜、通孔镀铜的一般工艺流程简图

电镀是 PCB 生产过程的关键环节，以上这种将通孔和盲孔分开进行两次电镀的工艺，不仅增加电镀工时，降低了生产效率，增加了电镀缺陷率，而且还会增加清洗过程，降低水、铜、药剂的利用率，增加生产成本，同时还会产生更多的废物。

如果将盲孔填铜和通孔电镀同时进行，开发通孔盲孔同镀工艺，以上问题就可得到改善，无疑可提高 PCB 生产的绿色制造水平。通孔盲孔同镀工艺的工艺流程简图如图 10-21 所示。

图 10-21　通孔盲孔同镀工艺的工艺流程简图

目前国外已有将通孔盲孔同镀工艺用于实际量产的先例，国内相关产业对此也做过相关研究，也有相关的文献发表。

宁敏洁、何为等人对同镀所需的药剂和工艺进行了试验研究，其试验先经过水平脉冲电镀对 HDI 板闪镀一层 5～8 μm 的铜层作为基础，然后用垂直连续电镀进行同镀实验。在同镀过程中，垂直连续电镀的电流密度、电镀时间以及通/盲孔的孔径、间距都会影响到同镀的效果，经过同镀参数优化试验后，在通孔孔径为 0.2 mm、0.25 mm、0.3 mm，槽孔尺寸为 1 mm ×2 mm，盲孔孔径为 0.075 mm、0.1 mm、0.125 mm 和 0.15 mm，通盲孔间距为 0.15 mm 和 0.2 mm 的情况下，试验结果均能符合 IPC（印制电路协会）的品质要求。

10.10　硬板盲孔干制程工艺

为了满足 HDI 板微孔的生产需求，目前很多 PCB 生产企业采用高精度激光进行微盲孔的加工，常用的激光包括 UV 激光和 CO_2 激光。UV 激光能量高，在加工过程中无须对 PCB 表面进行处理，但因其加工处理时间过长，不利于大量生产。CO_2 激光成本低、效率高，在短时间内可以精确地处理大量的板件，因此

目前很多厂家采用 CO_2 激光进行微盲孔的加工。但铜箔太厚，会影响 CO_2 激光钻孔的效果和品质，铜箔本身对激光的光谱吸收比很低，因此在钻孔之前还需要减薄铜和棕化工序。CO_2 激光钻盲孔的工艺流程如图 10-22 所示。

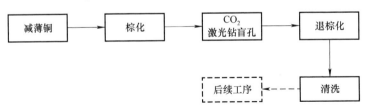

图 10-22　CO_2 激光钻盲孔的工艺流程

减薄铜工艺是通过药水对铜面进行微蚀，使铜面厚度均匀减薄的过程。棕化工艺是为了增强铜箔表面对激光能量的吸收而对铜面进行处理的过程。在实际生产中，这两道工序也是一个复杂的过程，需要消耗水和化学药剂等。减薄铜工艺流程图如图 10-23 所示。棕化工艺流程图如图 10-24 所示。

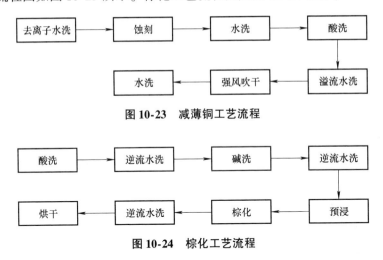

图 10-23　减薄铜工艺流程

图 10-24　棕化工艺流程

可见，CO_2 激光钻盲孔工艺流程长，工序环节多，需要消耗水和酸、碱等化学试剂，这无疑增加了资源能源的消耗和污染物的产生。对此，目前有相关技术人员提出硬板盲孔干制程工艺，其具体方法是采用"高功率纳秒激光高效可靠开盖＋高功率超短脉冲除胶"，直接采用干制程，不用减薄铜和棕化，整个工艺简化了不少现有的工艺环节，后续镀铜量也会减少，整个工艺过程效率提高，成本降低，减少了原材料消耗，大大减少了污染物产生量。目前，该技术工艺相关的研究和报道还比较少，但不失为一种 PCB 行业绿色制造的研究方向。

10.11 激光清洗技术

PCB在生产制造的过程中有很多清洗工序，比如在通孔镀铜和盲孔填铜之前，为保证镀铜质量，需对孔内碎屑、残胶等进行充分清洗。这些清洗工序不仅需要消耗水资源，还需要耗用清洗剂和化学药剂，同时产生污染物。

目前也有一些先进的清洗技术，比如挠性电路板生产中，在激光钻孔之后，一些企业采用了等离子体清洗工艺。虽然等离子体清洗可解决上述清洗消耗水、清洗剂、化学药剂，污染物产生量多的问题，但成本高，应用范围小。为此，也有技术人员提出将激光清洗技术应用于PCB制造业，在挠性电路板的激光钻孔和等离子体清洗工序中，开发激光钻孔同步清洗技术，另外激光清洗技术也可开发应用于硬板钻孔后的解胶等其他工艺环节。

激光清洗技术是指采用高能激光束照射清洁对象表面，使其表面的残渣、污物、斑迹或涂层发生瞬间烧蚀、分解、电离、降解、熔化、燃烧、汽化、振动、飞溅、膨胀、收缩、爆炸、剥离、脱落等物理化学变化，从而达到洁净的工艺技术。激光清洗技术具有清洗效果佳、应用范围广、精度高、非接触式和可达性好等优势，与清洗剂、超声波和机械方式的清洗方法形成鲜明对照，其有望部分或完全替代传统清洗方法，成为最具发展潜力的绿色清洗技术。20世纪90年代中期，激光清洗技术在德国、美国和日本的飞机脱漆领域快速应用发展，也是受到了蒙特利尔议定书生效，一些传统的污染环境的化学试剂被禁，环保和绿色发展的需求所激发而产生的。激光清洗技术因其具有省时、省力，对基材无损害，不需要清洗剂、化学试剂以及环境污染小等优点，被称为现代"绿色"清洗技术。

目前国内激光清洗技术的开发和应用主要集中在钢材除锈、轻质合金表面除氧化膜等领域。除此以外，研究范围还涉及复合材料的表面漆层、有机物等污物的清洗，核电装置内部核微粒清洗，以及镀膜玻璃表面微小颗粒的清洗等。

目前，激光清洗技术在PCB制造领域还没有应用，但20世纪90年代，IBM公司的研究人员通过激光烧蚀清洗和液膜辅助式清洗方法去除了光掩刻膜表面的吸附颗粒，并成功实现了激光清洗技术在微电子元器件制造过程中的产业化应用。另外也有文章提到，有专家曾用脉冲能量为300 mJ、脉冲宽度为20 ns、频率为1 Hz的激光，清洗了电路板表面的钝化膜。这些研究和报道都为该技术在PCB制造业的应用提供了一种可能性和指引。

参考文献

[1] 杨为正. 线路转移法制造印制电路板 [J]. 电子工艺技术, 2006 (4): 218-220.

[2] 林金堵. 我国PCB工业面临的"四大"挑战 (4) ——"减成法"技术的创新发展的挑战 [J]. 印制电路信息, 2012 (6): 7-9.

[3] 刘水城. 浅谈LDI激光直接成像技术 [C].《IT时代周刊》论文专版 (第296期): 广东省电子学会, 2014: 66-70.

[4] 林金堵. 激光直接成像技术 [Ⅰ] ——传统的图像转移工艺面临着的挑战 [J]. 印制电路信息, 2001 (10): 9-11.

[5] 林金堵. 激光直接成像技术 (Ⅲ) ——LDI类型与优势 (特点) [J]. 印制电路信息, 2001 (12): 28-32.

[6] 林金堵. 激光直接成像技术 (Ⅴ) ——化学镀Sn和直接覆铜板上的LDI [J]. 印制电路信息, 2002 (2): 34-37.

[7] 杨振国. 一种面向PCB的全印制电子技术 [J]. 印制电路信息, 2008 (9): 9-12.

[8] 罗观和, 陈世荣, 胡光辉, 等. 一种应用于全印制电子沉铜催化浆料制备及其应用[J]. 印制电路信息, 2012 (4): 143-146.

[9] 纪丽娜, 唐晓峰, 杨振国. 喷墨印制PCB用新型纳米银导电油墨的研发现状及趋势[J]. 印制电路信息, 2009 (6): 26-30.

[10] TAO Y, YANG Z G, LU X L, et al. Influence of filler morphology on percolation threshold of isotropical conductive adhesives (ICA) [J]. Science China Technological Sciences, 2012, 55 (1): 28-33.

[11] TAI Y L, YANG Z G. Preparation of stable aqueous conductive ink with silver nanoflakes and its application on paper-based flexible electronics [J]. Surface and interface analysis, 2012, 44 (5): 529-534.

[12] 杜芬. HDI高铜厚精细线路制作关键技术研究 [J]. 科技创新与应用, 2018 (26): 21-22; 24.

[13] 黄勇, 吴会兰, 陈正清, 等. 半加成法工艺研究 [J]. 印制电路信息, 2013 (8): 9-13.

[14] HE W, CUI H, MO Y Q, et al. Producing fine pitch substrate of COF by semiadditive process and pulse reverse plating of Cu [J]. Transactions of the IMF, 2009, 87 (1): 33-37.

[15] KAMALI-SARVESTANI R, NIELSON E, WEBER P. Sustainability in printed circuit board manufacturing decreasing waste using additive technology [C] //2015 IEEE Conference on Technologies for Sustainability (SusTech). IEEE, 2015: 67-72.

[16] MUKAI K, BRANDT T M L, KIM K, et al. Adhesive enabling technology for directly plating metal on molding compound [C] //2014 9th International Microsystems, Packaging, Assembly and Circuits Technology Conference (IMPACT). IEEE, 2014: 267-270.

[17] 何慧蓉. HDI高铜厚精细线路制备关键技术研究 [D]. 重庆: 重庆大学, 2017.

[18] 向思思, 张涛, 于雪莹, 等. 激光直接成型化学镀铜加速剂优选及性能研究 [J]. 电镀与精饰, 2016, 38 (2): 1-5; 17.

[19] 史书汉, 涂清兰. LDS技术在印制电路板行业应用前景分析 [J]. 印制电路信息, 2014 (1): 23-25; 67.

[20] 常煜, 杨振国. 一种制造印制电路板的加成法新工艺 [J]. 印制电路信息, 2014 (1): 12-15.

[21] 纪丽娜, 唐晓峰, 杨振国. 喷墨印制PCB用新型纳米银导电油墨的研发现状及趋势 [J]. 印制电路信息, 2009 (6): 26-30.

[22] 何为. 印制电路与印制电子先进技术: 上册 [M]. 北京: 科学出版社, 2016.

[23] 龚永林. 压印图形的PCB制造技术 [J]. 印制电路信息, 2006 (11): 28-29.

[24] 陈达宏. 印制电路孔金属化 [J]. 电子工艺技术, 2001 (3): 102-105.

[25] 魏国平. 两种孔金属化工艺的运用体会 [J]. 印制电路信息, 2012 (6): 22-24; 46.

[26] 张彦娜, 郭萍, 黄菲. 孔金属化新工艺探索 [J]. 科技信息 (学术研究), 2008 (36): 328.

[27] 代洋洋. PCB用黑孔液组成及其制备的研究 [D]. 哈尔滨: 哈尔滨工业大学, 2016.

[28] RADOVSKY D A, RONKESE B J. Method of electroplating on a dielectric base: U. S. Patent 3, 099, 608 [P]. 1963-7-30.

[29] 石萍, 李桂云. 对印制板孔金属化直接电镀工艺的评价 [J]. 电镀与精饰, 1999 (6): 15-17.

[30] 王艳坤. 印制电路板孔金属化新工艺的研究 [J]. 河南教育学院学报 (自然科学版), 2002 (2): 33-34.

[31] 叶锦群. 有机导电膜孔金属化新工艺应用 [J]. 印制电路信息, 2014 (12): 61-64.

[32] 陈建良. 黑孔化工艺技术 [J]. 印制电路资讯, 2008 (1): 73-75.

[33] 段远富, 高四, 张伟, 等. 纳米碳孔金属化直接电镀技术 [J]. 装备环境工程, 2013, 10 (1): 114-117.

[34] 何波, 崔浩, 何为, 等. COF (Chip on Film) 30 μm/30 μm 精细线路的研制 [J]. 印制电路信息, 2008 (3): 29; 32.

[35] 陈壹华. HDI精细线路制作工艺的探讨 [J]. 印制电路信息, 2004 (11): 25-29.

[36] 陈苑明, 何为, 黄志远, 等. 电镀式半加成法制作精细线路的研究 [J]. 电镀与精饰, 2012, 34 (7): 5-8; 13.

[37] 汪洋. 刚挠结合板的孔金属化研究 [D]. 成都: 电子科技大学, 2006.

[38] 何杰,何为,陈苑明,等.印制电路板孔线共镀铜工艺研究[J].电镀与精饰,2013,35(12):27-30;43.

[39] 吴梅珠,林金堵.LDI和喷印技术是解决"甚高密度"PCB的最佳出路[J].印制电路信息,2011(11):18-21.

[40] 何为.印制电路与印制电子先进技术(下册)[M].北京:科学出版社,2016.11.

[41] 陈先明.基于垂直电镀线与Minitab软件改善IC载板电镀均匀性研究[D].成都:电子科技大学,2012.

[42] 吴志鹏,李建中,江泽军.谈垂直连续电镀铜线的设计[J].印制电路信息,2019,27(7):20-23.

[43] 刘建波,朱爱明.垂直连续电镀线取代传统龙门式电镀线是必然趋势[J].印制电路信息,2018,26(1):46-50.

[44] 孙武.PCB上化学镀锡工艺的研究[D].哈尔滨:哈尔滨工业大学,2006.

[45] 张志祥.PCB的化学镀锡应用技术[J].印制电路信息,2003(4):49-52;55.

[46] 黄同科.线路板丝印技术[J].网印工业,1997(6):31-36.

[47] 卢玉蛟,黄哲赞,李宝.数字喷墨打印技术在PCB字符工艺中的应用[J].印制电路信息,2011(12):55-59.

[48] 林金堵.用于PCB蚀刻线路的数字喷墨打印技术[J].印制电路信息,2008(3):8-14.

[49] 周金鑫,李宝.数字化文字喷印及其在PCB生产中应用[J].印制电路信息,2013(12):11-13.

[50] 宁敏洁,何为,唐先忠,等.HDI印制板通孔电镀和盲孔填铜共镀技术研究[J].印制电路信息,2012(S1):294-302.

[51] 熊海平.垂直电镀线盲孔和通孔同步电镀工艺[J].印制电路信息,2009(6):46-48.

[52] 陈剑红.印制电路板通盲孔同镀[J].科技创新与应用,2018(27):102-103;105.

[53] 胡友作,何为,薛卫东,等.CO_2激光钻挠性板盲孔工艺参数的优化[J].印制电路信息,2012(4):10-12.

[54] 李晓蔚,陈际达,徐缓,等.单纯型优化法在CO_2激光钻盲孔工艺参数中的应用研究[J].印制电路信息,2013(S1):70-75.

[55] 刘师锋,李加余,周定忠.CO_2激光直接成盲孔工艺探讨[J].印制电路信息,2015,23(6):39-44;70.

[56] 傅运香,郭文亮,冯治乾,等.不锈钢表面激光清洗技术研究[J].金属加工(热加工),2019(9):14-16.

[57] 雷正龙,田泽,陈彦宾.工业领域的激光清洗技术[J].激光与光电子学进展,2018,55(3):60-72.

[58] 周礼君.树脂基复合材料表面涂层激光清洗应用技术研究[D].南昌:南昌航空大

学，2017.

[59] 赵吉，李天然，于航. 利用激光清洗光学元件表面的实践研究 [J]. 科技创新与应用，2018（34）：78-79.

[60] 宋峰，邹万芳，刘淑静，等. 激光清洗——微电子元件 [J]. 清洗世界，2006（1）：38-43.

第 11 章

污染物的产生与处理

11.1 PCB 生产工艺产排污分析

污染物的合法合规处理处置与达标排放是 PCB 企业创建绿色工厂的底线，也是目前行业绿色发展过程中的重点和难点。而要做好污染物的处理处置，首先应熟悉生产工艺，掌握污染物的来源、性质、产生量等信息，如此才能在综合处理、分类处理等思想的指导下，研究应用有针对性的处理处置技术原理与工艺控制方法。

PCB 习惯上的分类方式一般有三种：①按电路层数，可分为单面板、双面板和多层板；②按基材主要组成成分，可分为纸基、玻璃纤维布基、合成纤维基等；③按基材软硬程度，可分为刚性、挠性和刚挠结合等。

不同类别的 PCB 具体的制作工艺是有所区别的。多层板的生产工艺可完全覆盖单面板和双面板，刚性板与挠性板的生产工艺在总体上大致相同，PCB 行业内企业多以生产刚性板为主，且刚性板作为最传统的 PCB，其生产工艺和原理是所有 PCB 生产的基础。

由于 PCB 的具体生产工序复杂繁多，不同厂家根据产品的需求，其工艺流程与技术方法也会有所不同，而且行业内的技术工艺也在不断进行着提升与改进。为方便系统梳理，本书以刚性多层板目前常规的生产工艺流程为主体，按照主要的生产工段和具体工序特性，将刚性多层板的总工艺流程划分为内层电路制作、电镀、外层电路制作、表面加工成形和后期处理 5 大模块，进行产排污分析。

挠性 PCB 的生产工艺总体上与刚性板大同小异，但由于其基材和用途的不同，在个别工段或工序上存在一定的差别。一般而言，与刚性板相比，挠性板的生产工艺中没有碱性蚀刻、黑（棕）化、化学沉铜、涂阻焊剂等工序，而特有黑孔、覆盖膜前处理、贴保护膜、贴补强等工序。因此，下文仅对挠性板的特有工序进行介绍和产排污分析，其他工段或工序可参考刚性板。刚挠结合板由刚性板和挠性板压合而成，其主要生产工艺和产排放情况可参考刚性板和挠性板。

此外，PCB 企业的部分生产辅助设备也会产生污染物，下文也会对其进行相应的分析介绍。为避免内容重复累赘，同一模块或不同模块中相同的工序简介和产排污分析仅在首次出现时介绍。

刚性多层板工艺模块划分及工艺流程如图 11-1 所示。

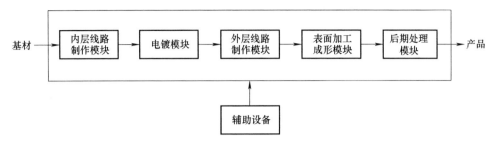

图 11-1　刚性多层板工艺模块划分及工艺流程

11.1.1　内层电路制作模块

内层电路制作模块，在基材铜层上图形蚀刻形成电路，将各层板料层间对位压合，之后裁切钻孔，为外层电路之间的导通做好准备。内层电路制造模块工艺流程如图 11-2 所示。内层电路制造模块工艺产排污分析见表 11-1。

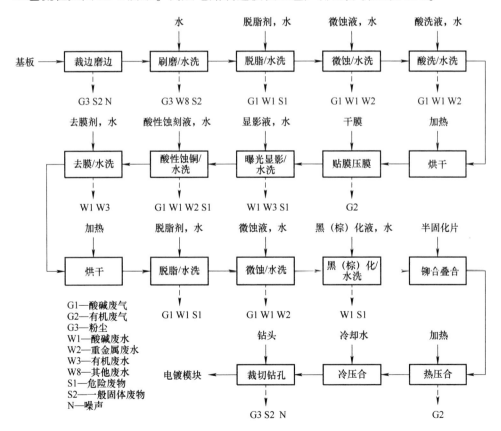

图 11-2　内层电路制造模块工艺流程

表 11-1 内层电路制造模块工艺产排污分析

序号	工序名称	工序简介	输入物料	可能产生的污染物
1	裁边磨边	按所需尺寸要求裁切基板,再磨削裁切边	—	边角料、粉尘、噪声
2	刷磨/水洗	对基板表面进行刷磨,去除板面污物,并增加板面粗糙度	水	铜粉、清洗废水
3	脱脂/水洗	一般使用碱性无机盐混合溶液作为脱脂剂去除板面上的油脂	脱脂剂,水	碱性废水、碱性废气、废脱脂剂
4	微蚀/水洗	一般使用稀硫酸和过氧化氢去除板面上的氧化层,并增加板面粗糙度	微蚀液,水	酸性含铜废水、酸性废气
5	酸洗/水洗	使用稀硫酸进一步去除板面上的污渍	酸洗液,水	酸性含铜废水、酸性废气
6	贴膜压膜	通过热压,在板面上形成一层光致抗蚀干膜	干膜	有机废气
7	曝光显影/水洗	利用既定的电路图形底片,对板面干膜上的特定区域进行曝光,使其发生光化学反应,之后利用显影液[一般为浓度1%(质量分数)左右的$NaHCO_3$]将未曝光的干膜溶解去除	显影液,水	碱性有机废水、废底片、废显影液
8	酸性蚀铜/水洗	一般使用酸性氯化铜混合溶液作为酸性蚀刻液将显影后暴露在外的铜箔蚀刻去除	酸性蚀刻液,水	酸性含铜废水、酸性废气、废蚀刻液、滤渣
9	去膜/水洗	一般使用强碱液将板面上剩余的干膜溶解去除	去膜剂,水	碱性有机废水
10	黑(棕)化/水洗	利用黑(棕)化液在电路上形成一层铜氧化物绒毛,以增加铜表面的粗糙度,有利于内层铜与树脂的结合	黑(棕)化液,水	酸碱性废水、废黑(棕)化液
11	热压合	一般在140~200℃之间采用程序升温压合基板和半固化片	—	有机废气
12	裁切钻孔	将压合后基板周边的余胶裁切,并钻出导通孔	钻头	边角料、粉尘、噪声

11.1.2 电镀模块

电镀模块,在已完成钻孔的内层基材上,清除孔污,在通孔内壁沉积一层铜,使得各层铜层互连,再通过电镀,加厚通孔内壁和外层板面上的铜层。电镀模块工艺流程如图11-3所示。电镀模块工艺产排污分析见表11-2。

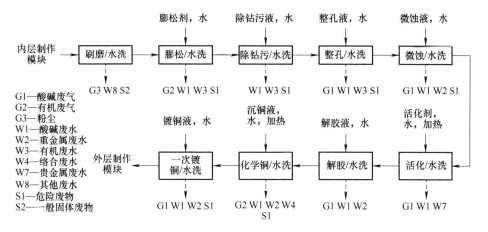

图 11-3　电镀模块工艺流程

表 11-2　电镀模块工艺产排污分析

序号	工序名称	工序简介	输入物料	可能产生的污染物
1	膨松/水洗	利用膨松剂（一般为酰胺类碱性有机溶液）将钻孔过程中产生的钻污溶胀	膨松剂，水	有机废气、碱性有机废水、废膨松剂
2	除钻污/水洗	利用除钻污液（一般为高锰酸钾和氢氧化钠的混合液）溶解钻污	除钻污液，水	碱性有机废水、废除钻污液
3	整孔/水洗	利用碱性有机溶液进一步去除基板通孔及表面上的微粒、指纹、油脂等	整孔液，水	碱性有机废水、有机废气、废整孔液
4	活化/水洗	钯活化剂主要成分一般为氯化钯（$PdCl_2$）、氯化锡（$SnCl_2$）和盐酸的混合液，工作温度一般为 50～60 ℃，在非金属孔壁表面上沉积一层催化剂金属钯	活化剂，水，加热	酸性含钯废水、酸性废气、废活化剂
5	解胶/水洗	一般使用盐酸或硫酸溶解去除活化后在胶体钯催化层表面残留的碱式锡盐和胶体离子外表面的氯离子、锡离子等	解胶液，水	酸性含锡废水、酸性废气
6	化学铜/水洗	又称化学沉铜，一般使用硫酸铜、甲醛、氢氧化钠和乙二胺四乙酸钠的强碱（pH = 12～13）混合溶液，在工作温度 60～65 ℃下，在通孔壁上沉积一层金属铜	沉铜液，水，加热	碱性含铜络合废水、甲醛废气、废残液、滤渣、废沉铜液

（续）

序号	工序名称	工序简介	输入物料	可能产生的污染物
7	一次镀铜/水洗	镀铜溶液主要成分一般为硫酸铜、硫酸和少量添加剂，阳极为铜球，工作温度一般为25 ℃，通过电镀，加厚通孔和板面上的铜层	镀铜液，水	酸性含铜废水、酸性废气、废残液、滤渣、废镀铜液

11.1.3 外层电路制作模块

外层电路制作模块，一般有两种制作方法。一种是减成法，与内层电路制作原理相同，通过正片影像转移，利用抗蚀干膜保护必要的铜层，蚀刻去掉多余的铜，最终退膜形成电路；另一种是半加成法，通过负片影像转移，裸露电路，通过电镀加厚电路上的铜层，接着在电路上电镀覆盖一层锡以保护电路，退膜后蚀刻去掉多余的铜，再去除锡层，形成铜层电路。外层电路制造模块工艺流程如图11-4所示。外层电路制造模块工艺产排污分析见表11-3。

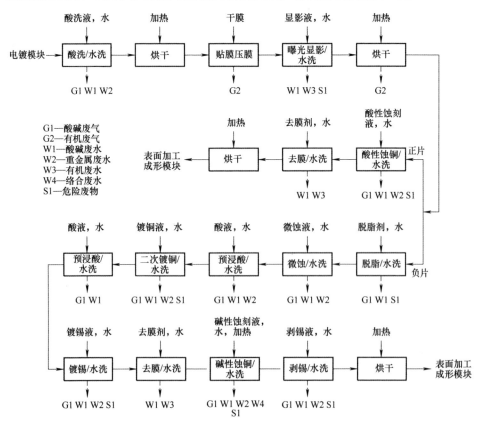

图 11-4 外层电路制造模块工艺流程

表 11-3 外层电路制造模块工艺产排污分析

序号	工序名称	工序简介	输入物料	可能产生的污染物
1	曝光显影/水洗	利用既定的电路图形底片,对板面干膜上的特定区域进行曝光,使其发生光化学反应,之后利用显影液将未曝光的干膜溶解去除。正片影像转移,与内层电路制作工艺相同,曝光电路部分;负片影像转移,则曝光电路以外的部分,将电路裸露	显影液,水	碱性有机废水、废底片、废显影液
2	预浸酸/水洗	利用硫酸溶液,去除裸露电路铜箔表面的氧化层	酸液,水	酸性含铜废水、酸性废气
3	二次镀铜/水洗	与一次镀铜工艺相同,镀铜溶液主要成分一般为硫酸铜、硫酸和少量添加剂,阳极为铜球,工作温度一般为25℃,通过电镀,加厚通孔和板面上的铜层	镀铜液,水	酸性含铜废水、酸性废气、废残液、滤渣、废镀铜液
4	镀锡/水洗	镀锡溶液主要成分一般为硫酸亚锡、硫酸和少量添加剂,阳极为锡球,为裸露电路表面镀上一层抗蚀层	镀锡液,水	酸性含锡废水、酸性废气、废残液、滤渣、废镀锡液
5	碱性蚀铜/水洗	碱性蚀铜液主要成分一般为氯化铜、氨水和氯化铵,工作温度一般为40~60℃,目的在于去除电路以外的铜箔	碱性蚀刻液,水	碱性含铜络合废水、碱性废气、废蚀刻液、废残液、滤渣
6	剥锡/水洗	又称退锡,一般利用硝酸将铜箔表面的锡层去除	剥锡液,水	酸性含锡废水、酸性废气、废剥锡液

▶11.1.4 表面加工成形模块

表面加工成形模块,根据产品的最终用途,对外层电路制作完成的基板表面进行加工处理,之后根据需要,在基板上印刷文字或标记,最后将基板裁切成固定的形状大小。

PCB 表面处理最基本的用途在于增强焊接性,为表面组装(SMT)提供基础。目前,常见的表面处理工艺有:热风整平、电镀或化学镀镍和金、化学镀银等。表面加工成形模块工艺流程如图 11-5 所示。表面加工成形模块工艺产排污分析见表 11-4。

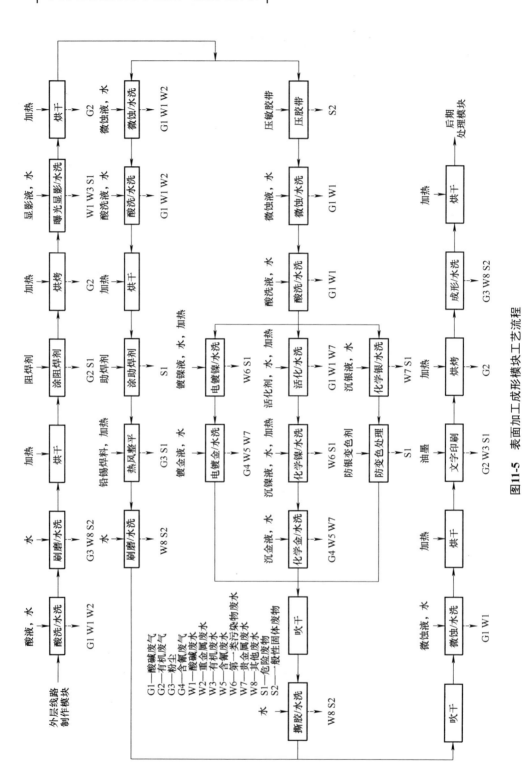

图11-5 表面加工成形模块工艺流程

表 11-4　表面加工成形模块工艺产排污分析

序号	工序名称	工序简介	输入物料	可能产生的污染物
1	涂阻焊剂	阻焊剂又称阻焊油墨、绿油，主要成分一般为环氧树脂和丙烯酸树脂，涂覆在电路板表面起保护作用	阻焊剂	有机废气、废阻焊剂
2	曝光显影/水洗	利用既定的电路图形底片，对板面干膜上的特定区域进行曝光，使其发生光化学反应，之后利用显影液将未曝光的干膜溶解去除，将需进一步表面加工处理的通孔和电路裸露	显影液，水	碱性有机废水、废底片、废显影液
3	涂助焊剂	涂覆助焊剂	助焊剂	废助焊剂
4	热风整平	又称喷锡，是将电路板浸入熔融的铅锡焊料中，再通过热风将电路板的表面及金属化通孔内的多余焊料吹掉，从而得到一个平滑、光亮的焊料涂覆层	铅锡焊料，加热	含铅锡（粉尘）废气、废铅锡渣、废铅锡焊料
5	压胶带	在插头表面处理前，使用压敏胶带贴盖插头上方部分电路，起到保护作用	压敏胶带	废胶带
6	电镀镍/水洗	镀镍溶液主要成分一般为氨基磺酸镍、氯化镍和少量添加剂，工作温度一般为 38~60 ℃，在特定电路（金手指）表面镀一层镍	镀镍液，水，加热	含镍废水、废残液、滤渣、废镀镍液
7	电镀金/水洗	镀金溶液主要成分一般为氰化金钾、柠檬酸盐和少量添加剂，在特定电路（金手指）镍层表面镀一层金	镀金液，水	含氰含金废水、含氰废气
8	活化/水洗	钯活化剂主要成分一般为氯化钯、氯化锡和盐酸的混合液，工作温度一般为 50~60 ℃，在特定电路（金手指）表面上沉积一层催化剂金属钯	活化剂，水，加热	酸性含钯废水、酸性废气、废活化剂
9	化学镍/水洗	化学镍溶液主要成分一般为硫酸镍、次磷酸钠和少量添加剂，工作温度一般为 80~90 ℃，在特定电路（金手指）表面沉积一层镍	沉镍液，水，加热	含镍废水、废沉镍液、废残液、滤渣
10	化学金/水洗	化学金溶液主要成分一般为氰化金钾、柠檬酸铵、次磷酸钠和少量添加剂，在特定电路（金手指）表面镍层沉积一层金	沉金液，水	含氰含金废水、含氰废气、废沉金液、废残液、滤渣
11	化学银/水洗	化学银溶液主要成分一般为硝酸银、亚硫酸钠和乙二胺四乙酸二钠，工作温度一般为室温，在特定电路表面沉积一层银	沉银液，水	含银废水、废沉银液、废残液、滤渣

（续）

序号	工序名称	工序简介	输入物料	可能产生的污染物
12	防变色处理	一般在化学银溶液中添加防银变色剂，或在银层表面涂覆一层防银变色保护剂	防银变色剂	废防银变色剂
13	撕胶/水洗	将贴盖在电路板上的压敏胶带去掉	水	废胶带、清洗废水
14	文字印刷	一般利用丝网印刷将文字油墨印制在板面的特定位置上	油墨	有机废气、有机废水、废油墨、油墨渣
15	烘烤	通过高温烘烤使印在电路板上的文字油墨固化	—	有机废气
16	成形	按产品要求将电路板裁切成形	—	粉尘、废边角料、清洗废水

11.1.5 后期处理模块

后期处理模块，在完成字符印刷后，对 PCB 进一步表面处理，最后进行检测，合格的产品包装入库。后期处理模块工艺流程如图 11-6 所示。后期处理模块工艺产排污分析见表 11-5。

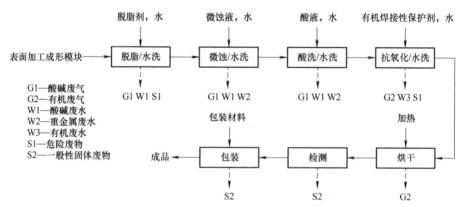

图 11-6 后期处理模块工艺流程

表 11-5 后期处理模块工艺产排污分析

序号	工序名称	工序简介	输入物料（能源）	可能产生的污染物
1	抗氧化/水洗	有机焊接性保护剂（简称 OSP）的主要成分一般为烷基苯并咪唑，将电路板浸入其中，使电路表面上形成一层有机抗氧化保护膜	有机焊接性保护剂，水	有机废水、有机废气、废有机焊接性保护剂

(续)

序号	工序名称	工序简介	输入物料（能源）	可能产生的污染物
2	检测	对电路板最终外观、功能、可靠性等进行全面检测	—	废电路板
3	包装	按照客户的需求，一般使用纸质包装材料将电路板包装保护	包装材料	废包装材料

11.1.6 生产辅助环节

在PCB的生产线之外，还需配备一系列的生产辅助环节，一般会有纯水制备装置、空气压缩机、冷却系统、空调系统和供热系统，另外还有些辅助工艺，比如电镀和化学镀的挂具退镀、油墨印刷中的洗网版。在此，对会产生污染物的环节和工艺进行介绍。

1. 纯水制备

电镀、化学镀、蚀刻等许多工序均需要使用纯水，PCB企业使用的纯水制备工艺一般为多介质过滤、活性炭过滤、离子交换树脂吸附和反渗透，纯水制备过程中会产生一定量的浓水、反冲洗废水和废活性炭等。

2. 供热系统

PCB生产过程中的热压合工序需要在140~200℃的工作温度下运行，压合机的加热方式目前主要有蒸汽加热、过热水加热、热油加热三种方式，因此PCB企业一般会使用锅炉或导热油炉进行供热。锅炉和导热油炉会因所用的煤、油等石化燃料而产生烟尘、二氧化硫和氮氧化物等大气污染物，另外锅炉也会产生一定量的废水。

3. 挂具退镀

电镀和化学镀过程中挂具表面同样会形成镀层，传统的工艺多使用浓硝酸退镀，退镀过程中会产生大量的酸性废气、酸性废水和含大量重金属的废退镀液，目前部分企业使用电解退镀，不产生酸性废气，镀层上的重金属溶出，最终形成固体沉淀去除。

4. 丝印洗网

油墨印刷使用的丝网在清洗后可重复利用，洗网水一般为有机溶剂，洗网过程中会产生有机废气、废油墨（渣）、废有机溶剂，而人工手动洗网目前仍比较普遍。

11.1.7　挠性 PCB 工艺流程及产排污环节

挠性 PCB，一般以 PI（聚酰亚胺）为基材，具有可弯折、重量轻、厚度薄等特点。挠性板也可分为单面板、双面板和多层板，其主要生产工艺流程与刚性板相似，大部分工序、生产辅助系统和环保设施模块可参考刚性板进行审核。

与刚性板相比，挠性板生产工艺中的特有工序有：黑孔、覆盖膜前处理、贴保护膜、贴补强等。

1. 黑孔

基板在钻孔、除钻污、整孔等工序之后，在电镀铜工序之前，刚性板一般采用化学沉铜，在孔壁上沉积一层铜，而挠性板则采用黑孔工序，在孔壁上浸涂一层碳层，为电镀铜提供导电层。黑孔液一般包含精细的石墨、炭黑粉末和催渗剂。黑孔工序可能产生的污染物有：有机废水、废黑孔液、残渣等。

2. 覆盖膜前处理

挠性板的覆盖膜是盖在铜箔电路上的一层半透明薄膜，一般为聚酰亚胺膜或聚酯膜，起到表面绝缘和保护电路的作用，也称保护膜。覆盖膜前处理包括：备料、裁断、冲窗口。生产过程中会产生废边角料、废覆盖膜等。

3. 贴保护膜

将准备好的铜箔和覆盖膜表面涂上一层粘结剂后烘干，常用的粘结剂有酚醛缩醛胶或酚醛丁腈胶，将铜箔和覆盖膜对位贴合，在一定温度下压合固定。贴保护膜的生产过程中可能会产生有机废气、废粘结剂、废覆盖膜等。

4. 贴补强

贴补强主要是为了提高挠性板插接部位的强度。根据产品的用途，补强板的材料也有所区别，常见的材料有：酚醛树脂、玻璃纤维布、聚酰亚胺、不锈钢等。贴补强的生产工艺与贴保护膜相似，先是涂粘结剂，然后与铜箔对位贴合，最后压合固定。生产过程中可能会产生有机废气、废粘结剂、废补强板等。

11.2　污染物的处理与处置

PCB 行业属于典型的高污染行业，产生的废水量大、污染物种类多、浓度高、处理难度大，产生废气的工序多，产生的危险废物也存在数量大、种类多的特点。所以，PCB 企业必须配备相应的污染物处理设施，对生产废物进行处理与处置。

11.2.1 废水处理

PCB企业在生产经营过程中产生的废水量大、种类多,一般可分为磨板废水、废酸液、高浓度有机废水、低浓度有机废水、络合废水、含氰废水、含金属废水、含第一类污染物或贵金属的废水、一般清洗废水等。对于废水处理,其中污染物成分越单一越好处理,因此对于PCB这种的废水种类多、废水量大的行业,对其进行废水处理的科学、有效且经济的思路是先分类收集,接着对每类水进行针对性的处理并考虑资源回收利用,然后对综合废水进行处理,最后深度处理回收利用或达标排放。针对上文分析的废水产生节点,PCB企业的废水分类情况见表11-6。某印制电路板厂废水分类收集管道如图11-7所示。

表11-6 PCB企业的废水分类情况

序号	废水类型	工序来源	常见处理方式	备注
1	磨板废水	磨板及其后清洗工序产生的废水,主要含铜粉、灰尘、玻璃纤维等	采用超滤回收铜粉,超滤后清水也可回用	—
2	废酸液	酸洗缸缸液,pH值约为1	用于酸化高浓度有机废水	废酸液属于危废,但行业内将其用于废水处理的情况较多,该处理方法应取得所在地环保主管部门的许可
3	高浓度有机废水	显影、去膜等工序槽液及首次清洗水,洗网版废水,COD_{Cr}浓度为10000~20000 mg/L	酸化、后续进行生化处理或高级氧化法	碱性强。显影、去膜等工序槽液属于危废,但行业内对其进行处理的情况较多,该处理方法应取得所在地环保主管部门的许可
4	低浓度有机废水	显影、去膜等工序二次清洗水、膨松、除钻污、整孔、除胶、除油等工序清洗水。COD_{Cr}浓度为50~400 mg/L	酸化、后续进行生化处理或高级氧化法	相关工序常用酸、碱清洗,废水也有一定的酸、碱性
5	络合废水	碱性蚀铜、化学铜等工序清洗废水,主要含铜氨络合物、乙二胺四乙酸(EDTA)、COD和氨氮(NH_3-N)等	常用的处理技术有硫化钠、硫酸亚铁沉淀法,也可用氧化还原法、螯合沉淀法、离子交换法等。根据企业的废水排放情况,选择增加NaClO等脱氮工艺	碱性蚀铜清洗废水也是废水中NH_3-N的主要来源

(续)

序号	废水类型	工序来源	常见处理方式	备注
6	含氰废水	产生于电镀金、化学金等工序	次氯酸钠二次破氰	水量一般不大,但毒性强
7	含金属(Cu、Sn)废水	镀铜、镀锡、剥锡等工序,含有较高浓度的铜、锡等金属离子	一般采用碱式絮凝沉淀工艺处理,也可用离子交换法、膜分离法等	—
8	含第一类污染物或贵金属的废水	电镀镍、电镀金、化学镍、化学金、化学银等工序,含金、镍、银等金属元素,其中镍、银属于一类污染物,必须在车间内或车间外专门处理该类污染物的环保处理设施处理达标后排出	一般采用沉淀法或树脂吸附法回收废水中的贵金属	—
9	一般清洗废水	裁边磨边、刷磨、撕胶、成形等各工序后的清洗废水,以及车间地面清洗水,污染物成分简单、浓度低,主要污染物为悬浮物(SS)、COD_{Cr}和少量金属离子等	与其他预处理后的废水混合进行混凝沉淀等综合处理	—

图 11-7　某 PCB 厂废水分类收集管道

另外,含氮磷的废水来源比较分散,存在于不同的分类废水中,比如氨氮主要来源于碱性蚀刻,总氮可能来源于去钯、退锡、除油、化学镍、微蚀等工序,总磷可能来源于除油、棕化、化学镀镍等工序,一般而言,废水处理系统中的生化法、高级氧化法除了去除 COD_{Cr} 和 BOD_5 外,也起到脱氮除磷的作用。

根据以上分类方法介绍,某 PCB 企业的先进行废水分类收集预处理,再进行综合处理的工艺流程如图 11-8 所示。

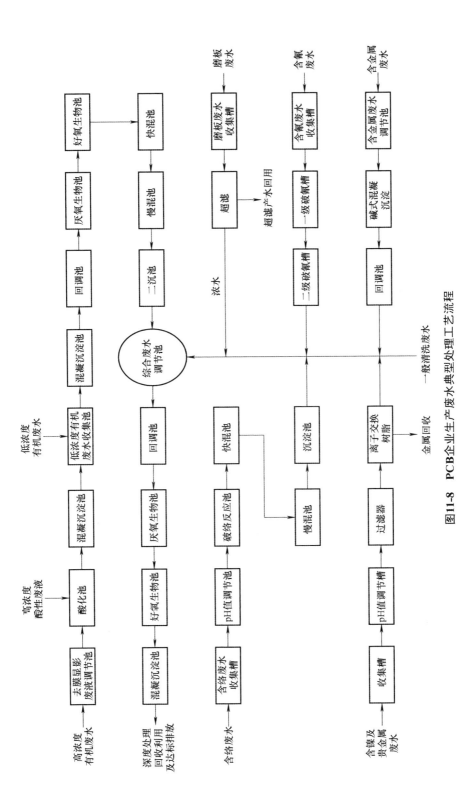

图11-8 PCB企业生产废水典型处理工艺流程

以上仅为 PCB 行业废水处理常见且典型的一种系统的处理工艺，其中的生化方法为活性污泥法（A/O 工艺）、铜离子沉淀为碱式絮凝沉淀法、破氰为次氯酸钠法、破络为硫化钠法，这些技术虽然都比较成熟，在工业废水处理领域已应用多年，但对于目前国内的一些 PCB 企业而言，能做好废水分类，将以上整套工艺运行好仍然并非易事。

废水处理效果一方面在于处理技术，更重要的是管理，所以在实际的工作中，企业需要根据其废水水质、水量、稳定性、废水分类情况以及各类水的占比，结合废水处理技术的原理，灵活进行工艺的设计和运营管理，比如有些企业将高浓度有机废水进行酸化处理后，与低浓度有机废水一起直接进入了综合调节池，然后对综合废水进行微电解反应、厌氧、好氧、MBR 工艺（见图 11-10）等一系列有机物去除工艺。再比如，有些企业的含络合物的废水产生量大，对其进行破络预处理后，综合废水处理工艺没有使氨氮稳定达标，因此会在破络后增加脱氮的处理工艺。

另外，企业在进行废水处理的过程中，要抓住废水处理的技术关键点，比如 PCB 企业产生的各类废水，pH 值有所不同，而 pH 值又对很多环节的处理效果有着明显影响，比如碱式沉淀，pH 值达不到一定要求，Cu^{2+} 就无法沉淀下来，所以在整个废水处理过程中，必须对其 pH 值进行全面分析，才能保证处理效果。再比如，绿色工厂评价指标会对企业的废水回用率有要求，目前部分地方政府对 PCB 企业的中水回用也提出了明确要求，对此企业常见的做法是直接对最后可以满足排放要求的废水进行膜过滤及反渗透（RO）过滤。该操作方法排放的废水虽然满足排放标准 $COD_{Cr} < 80 \text{ mg/L}$ 的要求，但仍然含有很多有机物，常常会造成 RO 膜堵塞。因此就应该考虑根据废水分类和预处理的情况，对不同类的废水单独进行反渗透回用，或者提高废水处理设施有机物的去除能力，减小有机物对 RO 膜的负担。

以上 PCB 废水处理工艺虽然成熟典型，但也存在占地面积大、加药量多、水处理时间长等不足。因此，废水分类也可以分得更为细致，以便提升废水处理效率及资源回收率。随着 PCB 产业的发展，近些年对于其行业废水处理的技术研究和开发很多，下文将对一些典型的技术进行介绍，企业可根据废水产生情况和经济成本，结合上述废水分类收集预处理的思路，综合应用相关技术和方法，优化企业废水处理工艺。

▶ 1. 芬顿氧化法

芬顿氧化法是目前废水处理领域中最为成熟的高级氧化方法之一，是通过混合一定比例的亚铁离子（Fe^{2+}）和过氧化氢（H_2O_2），反应产生氧化能力很强的羟基自由基（—OH），从而无选择地与有机物质发生氧化反应，使其碳链断裂，最后生成二氧化碳和水，进而达到较为彻底地去除废水中有机污染物的目的。芬顿氧化法对难降解有机污染具有很强的去除能力，是一种处理高浓度有机废水的有效方法，使其在废水处理中应用很广泛。

芬顿氧化法在 PCB 废水处理中有着很好的应用效果，不仅可以去除 COD_{Cr}，也有脱氮除磷效果。除了传统的芬顿氧化法外，在芬顿氧化法的基础上，相关研究人员还开发出了电芬顿氧化法、光芬顿氧化法、微波芬顿氧化法和超声芬顿氧化法等。如电芬顿氧化法，是利用电化学法产生的亚铁离子（Fe^{2+}）和过氧化氢（H_2O_2）发生反应，具有化学药剂添加量少、电解过程可控性强、易于实现自动化等优点，在工业污水处理上同样具有较广的应用。而超声芬顿氧化法，它与电芬顿氧化法不同，其本质上是超声与芬顿氧化的协同应用方法。

2. 铁炭微电解法

铁炭微电解又称铁屑内电解，是在酸性条件下，铁屑与炭形成无数微型的腐蚀电池，其中，高电位的炭成为阴极，低电位的铁成为阳极，在酸性溶液中两者构成无数的微型回路，因而被称作微电解。该方法在处理废水时，以废水为电解质发生电化学反应，具有氧化还原、絮凝、吸附、置换等综合效应。其中主要的作用机理是氧化还原和电富集，当铁屑和炭粉浸入废水中时，由于 Fe 和 C 之间存在 1.2 V 的电极电位差，因而会形成无数的微电池系统，在其作用空间构成一个电场，阳极反应生成大量的二价亚铁离子（Fe^{2+}）进入废水，进而氧化成三价铁离子（Fe^{3+}），形成具有较高吸附和絮凝能力的絮凝剂。阴极反应产生大量新生态的氢、氧活性成分，这些成分在偏酸性的条件下能与废水中的许多组分发生氧化还原反应，使有机大分子发生断链降解，从而去除有机物或提高了废水的可生化性。

铁炭微电解技术是目前处理高浓度有机废水的一种理想工艺，可大幅度地降低废水的色度和 COD_{Cr}，提高 B/C 比值（BOD_5 与 COD 比值的缩写），即提高废水的可生化性，已广泛地应用于印染、化工、电镀、制浆造纸、制药等各类工业废水的处理及回用工程。

铁炭微电解法在处理 PCB 企业有机废水方面也有很多应用，另外有技术人员用该方法处理 PCB 企业的含络废水，也取得了很好的效果。用铁炭微电解法处理含络废水时，是利用重金属络合物在酸性条件下不稳定、容易离解的特点，用铁粉将 Cu^{2+} 置换出来，然后在 pH 值升高时，生成铁的氢氧化物与铜发生共沉淀，从而实现铜的去除。同时，阴极产生一定量的新生态氢，又能降低 COD_{Cr}，提高废水的可生化性，还原部分络合剂。

练文标等人采用铁炭微电解法处理 PCB 络合铜废水，有效地进行破络，使络合废水的铜的去除率达到 99.8%，COD_{Cr} 的去除率约为 25%。何明等人采用铁炭电解法处理某 PCB 厂的络合铜废水，总铜浓度从 1679 mg/L 下降至 0.29 mg/L，COD_{Cr} 的去除率在 20% 左右。

另外，有试验报道，在铁炭反应后加 H_2O_2，阳极反应生成的亚铁离子（Fe^{2+}）与 H_2O_2 构成芬顿（Fenton）试剂氧化体系，可以增强该系统对废水中的有机物的分解和去除能力。

3. BAF 工艺

BAF 是指曝气生物滤池（Biological Aerated Filter），也是一种生化氧化法的废水有机物处理工艺。该方法是将微生物生物氧化和悬浮物质截留过滤相结合，在氧化去除 COD_{Cr} 的同时，截留去除悬浮物（SS），同时具有一定的脱氮除磷作用。BAF 工艺系统示意简图如图 11-9 所示。

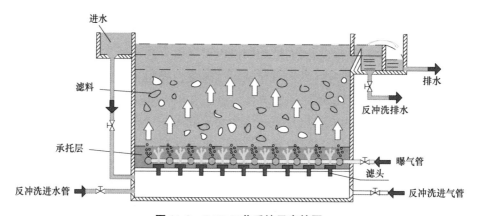

图 11-9　BAF 工艺系统示意简图

在滤池中装填粒径较小的粒状滤料，常用的滤料是火山岩、硅砂、改性聚氨酯、活性炭、焦炭和陶粒等，滤料为微生物载体，表面生长着高活性的生物膜。在运行过程中需向滤池内部曝气，废水则从滤池底部流入，从下往上流动，在此过程中滤料表面的生物膜可对有机物等污染因子进行降解。同时，滤料可截留住废水中的悬浮物，且保证脱落的生物膜不会随水漂出。运行一段时间后，因截留物的增加，废水流动受阻，需对滤池进行反冲洗，以排除截留的悬浮物并且使生物膜得到更新。其废水处理原理是反应器内填料上所附生物膜中微生物对有机物的氧化分解作用以及生物膜内部微环境和厌氧段的反硝化作用。

与普通活性污泥法相比，BAF 工艺的滤料可以截留过滤悬浮物质，省去二沉池的基建投资，同时容积负荷和水力负荷较高，且水力停留时间较短，因而节省了一定的运行费用。BAF 工艺通常用于出水水质要求较高的废水的深度处理及微污染水体的处理，BAF 工艺中核心介质滤料的选择是建设运行的关键。

BAF 工艺常用来对 PCB 企业有机废水进行深度处理，相关的研究报道比较多，相关研究和实际工程案例都发现采用 BAF 工艺对 PCB 企业有机废水进行深度处理，处理效果良好，排放废水中的 COD_{Cr}、$NH_3\text{-}N$ 等污染因子远低于排放标准。

4. MBR 工艺

MBR 是指膜生物反应器（Membrane Bio-Reactor），MBR 工艺是将膜分离过程（如微滤和超滤）与悬浮生长反应器相结合的水处理技术。MBR 工艺系统示意简图如图 11-10 所示。

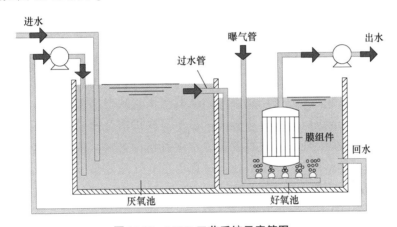

图 11-10　MBR 工艺系统示意简图

如图 11-10 所示，待处理废水经调节后进入 MBR 工艺系统，实现微生物对污染物的分解去除。MBR 工艺常采用缺氧和好氧组合形式，废水先进入厌氧区，在此将大分子量长链有机物分解为易生化的小分子有机物，然后污水进入好氧区进行有机物生物降解，同时进行生物硝化反应，并通过回流到厌氧区进行反硝化，完成脱氮功能。不能被降解的杂质和活性污泥则被膜组件分离后留在膜池内，膜过滤产水则达标回用或排放。

MBR 工艺利用了具有高效截留效能的膜分离技术，因此可取代传统活性污泥处理法中所必需的二次沉淀池，其占地面积小，对场地要求低。膜的截留作用使曝气池中活性污泥浓度增大，废水中的大分子也获得更长的降解时间，因此提高了有机物的去除效率，同时污泥中也会有特效菌（特别是优势菌群）的出现，使氮磷和难降解有机物也可去除。由于其高污泥浓度，MBR 工艺能耐够受较大的水质变化冲击。另外，该工艺操作简单，易实现自动化控制，有利于和其他处理单元组合。目前，MBR 工艺在制药、印染、化工、造纸等工业行业废水的处理中有着广泛的应用。随着膜材料、MBR 相关控制技术以及相关废水处理研究的不断深入，MBR 工艺还将有更为广阔的发展前景和应用空间。

有研究学者采用 MBR 工艺对 PCB 生产中的有机废水进行了应用可行性的研究，其结果表明 MBR 出水稳定，COD_{Cr} 去除率在 87% 左右，Cu^{2+} 去除率在 70% 左右，同时系统抗负荷冲击能力强。目前，一些 PCB 企业的废水处理也应用了 MBR 工艺，并且有着良好的运行和处理效果。在 MBR 工艺的基础上，在 PCB 企业废水处理中，也有技术人员开发并应用了 FMBR（兼氧膜生物反应器）工艺技术，该工艺以兼性厌氧菌为主，有机物的降解主要是在兼性厌氧菌作用下完成的。

5. 膜处理工艺

膜处理工艺是一种将微滤、超滤、纳滤、反渗透、电渗析等过滤方法单独使用或有机结合起来处理废水，去除水中污染物的技术工艺。膜处理工艺的基本原理是废水在外部动力的作用下到达滤膜表面，其中小于膜截留相对分子质量的物质或分子透过膜，形成透析液，大于膜截留相对分子质量的物质分子则被膜截留下来。膜处理工艺适宜分离废水中有机污染物、悬浮性固体、重金属离子、无机盐等物质，它在废水处理过程中具有处理效果好、效率高、无二次污染、可重复性好等特点。随着膜材料、生产工艺的创新和发展，膜处理工艺在废水处理方面具有极大的优势。目前，膜处理工艺在工业废水处理方面应用广泛，在印制电路板企业废水处理领域也有很好的应用，其中反渗透和超滤是目前印制电路板企业废水处理领域应用最多的技术。

反渗透（RO）是一种以反渗透膜（半透膜）两侧的压力差为推动力，从废水中分离出水的膜分离操作。对膜一侧的废水施加压力，当压力超过它的渗透压时，水分子会逆着自然渗透的方向做反向渗透，从而在膜的低压侧得到透过的水，高压侧得到浓缩的废液。因为反渗透膜的膜孔径很小，通过反渗透处理水可除去绝大部分无机盐类和几乎全部的有机物、微生物和胶体。反渗透主要的分离对象是溶液中的离子，除盐率的多少主要受反渗透膜的选择性影响。反渗透法已大规模应用于电镀漂洗水和重金属废水的处理，并且获得了很好的经济效益，而且应用反渗透法处理后的水可以回用，减少了废水的排放。目前，PCB 企业的废水经过处理后，常用反渗透工艺进行深度处理，以实现中水回用。

超滤（UF）是在膜两侧压力差的推动力作用下溶质与溶剂的筛孔分离过程，超滤膜的孔径在 1.5 nm～0.2 μm 之间，一般不能直接截留无机金属离子。

超滤是目前技术成熟且应用范围广泛的膜分离技术,它具有通量大、能耗低、操作简单等优点。

膜处理工艺在应用过程中存在膜污染的问题。膜污染是指部分污染物沉积、吸附在膜表面或膜微孔内,引起膜孔的堵塞现象。膜污染不仅使膜的通量下降,而且容易使膜发生裂化,导致膜的使用寿命缩短,因此,在应用膜处理废水的过程中要定期对膜进行清洗,一般采用高速流水冲洗或者稀酸、稀碱、酶、催渗剂等化学清洗剂清洗。

膜技术在 PCB 企业的废水处理应用中,除用于中水回用外,也常用于金属回收,而且常常是以不同类型的膜技术组合形式出现的。一方面是为了实现更好的废水处理效果,另一方面是为了延长膜寿命和降低废水处理成本。

某 PCB 企业对含镍废水处理的原有工艺是加片碱、絮凝剂进行碱式沉淀,这种工艺过程细节控制要求高,而且沉淀物的压滤废水含镍量很高,镍属于一类污染物,环保管控要求高,而且金属镍也无法得到回收。为此,该企业采用了反渗透(RO)膜过滤工艺,其工艺流程如图 11-11 所示。

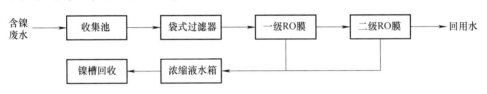

图 11-11　某 PCB 企业含镍废水膜处理工艺流程

该处理工艺由两部分组成,即含镍废水预处理部分和反渗透部分。其预处理系统由收集池和袋式过滤器组成,主要是除去大部分固体悬浮物、大分子胶体等杂质,使进入 RO 膜的水质得到最大的优化,便于 RO 浓液回收利用,也可对 RO 膜起到保护作用。废水经过预处理后,对含镍的废水中经过两级 RO 膜后,被分离出来的水可直接回用到电镀生产工序作为漂洗用水。同时,还得到浓度大约为 6g/L 的含镍浓缩液,回收后可作为镍槽的补充。

6. 超声波法

超声波是一种机械波,目前公认的超声波化学效应机理为空化效应。空化效应是指在一定强度的声场作用下,溶液中的微小气泡发生振动并被迅速地压缩或扩展,当声波强度达到一定值时,气泡迅速膨胀,然后以极高的速度最终崩溃闭合的一系列动力学过程。在该过程中,空化泡由于在极短时间内振动、膨胀、收缩、崩裂,而在液体环境中产生了局部异常的高温和高压环境,形成"能量点"。当废水受到超声波作用时,就是发生超声空化效应,从物理形态可划分为空化气泡、空化气泡表面层和液相。废水中有机物的分解去除机理包括：①高温热解效应，"能量点"处的高温高压使进入空化气泡的液体介质和溶解于液体中的疏水性、易挥发有机物蒸气发生化学键断裂；②自由基氧化效应，空化气泡崩裂时使物质分子裂解产生羟基自由基（—OH），可对有机物产生氧化分解作用；③超临界氧化效应，"能量点"使空化气泡表面层的水分子成为超临界水，具有很高浓度的—OH，可加速氧化和水解水中的有机物；④机械效应，空化气泡的崩裂产生的巨大冲击力可以使溶解在液体中的有机物分子化学键断裂或受到影响，从而起到分解有机物的作用。因此，超声波法对有机物具有集高温热解、高级氧化及超临界氧化等多种技术于一身的处理功能。

超声波法在造纸废水、印染废水、制革废水、焦化废水、制药废水、垃圾渗滤液的处理中都有应用，并取得了较好的效果。超声波处理废水时，有机物去除率有限，但可提高废水的可生化性，因此常与其他生化技术协同使用。

对于PCB行业废水，处理过程中常用的厌氧好氧处理工艺，一般处理时间长，微生物存在一定的适应期，如果有机废水成分变动大，生物处理池中微生物可能会因为适应不了而死亡，而超声处理工艺就可作为一种辅助工艺，解决这些问题。超声法协同芬顿氧化法时，就是超声芬顿氧化法，超声可将大分子的有机物分解变小，同时也有自由基氧化效应，可提高芬顿氧化法的有机物去除效率。

每种废水处理技术或工艺都有其优缺点，应根据实际情况开发不同技术工艺的组合以得到更佳的处理效果和更低的运行成本，这是目前在PCB行业废水处理的实际工程中常见且重要的方式。不同的组合方式在PCB行业废水处理中的应用越来越多，如曝气生物滤池（BAF）工艺和膜生物反应器（MBR）工艺的联用工艺、铁炭微电解法和芬顿氧化法联用工艺、膜生物反应器（MBR）工艺和芬顿氧化法联用工艺等。随着国内环保产业的发展，相信还会有更多更好的针对PCB行业废水处理的技术和工艺。

11.2.2 废气处理

PCB生产工艺复杂，流程长，因此产生废气的环节较多，不同工艺环节产生的废气量和污染因子差异也较大。PCB企业在生产经营过程中产生的废气，一般可分为酸碱废气、有机废气、粉尘、含氰废气等。根据不同种类废气的污染物成分及浓度，需选用不同的废气处理工艺。PCB企业中常见的废气处理工艺喷淋、活性炭吸附、布袋除尘、旋风除尘等。PCB企业的废气分类情况见表11-7。

表 11-7　PCB 企业的废气分类情况

序号	废气类型	工序来源	常见处理方式	备注
1	含尘废气	粉尘主要产生于裁边磨边、刷磨、裁切钻孔、成形等工序，主要为铜粉、玻璃纤维和树脂颗粒	一般采用水喷淋、布袋除尘、旋风除尘等工艺	现在的钻孔、磨边等设备一般都会带有集尘装置
2	酸性废气	微蚀、酸洗、酸性蚀铜、活化、解胶、一次（二次）镀铜、预浸酸、镀锡、剥锡、镀镍、化学镍、化学银等工序，主要污染物为 H_2SO_4 和 HCl 等	喷淋处理，喷淋液多为氢氧化钠溶液，需按要求加药和更换以保证处理效果	—
3	含氰废气	含氰废气主要产生于电镀金、化学金等工序，主要污染物为 HCN	一般先采用氧化剂破氰处理，氧化剂多选用次氯酸钠，之后采用碱液喷淋处理，去除剩余的酸雾	属于酸性废气，但氰化氢为剧毒
4	甲醛废气	化学沉铜等工序，主要污染物为 CH_2O	喷淋处理，喷淋液多为氢氧化钠溶液，需按要求加药和更换以保证处理效果	也可将其归类为有机废气
5	碱性废气	黑（棕）化、碱性蚀铜等工序，主要污染物为氨气	喷淋处理，喷淋液多为硫酸溶液，需按要求加药和更换以保证处理效果	—
6	有机废气	贴膜压膜、热压合、膨松、整孔、化学铜、涂阻焊剂、文字印刷、烘烤、抗氧化等工序。污染因子种类多样且成分复杂，常以非甲烷总烃和总挥发性有机化合物（TVOCs）来表征	一般采用活性炭吸附、催化分解、催化燃烧等方式	—
7	含锡废气	浸锡、热风整平等工序，会产生一定量的含锡废气	一般使用水喷淋，喷淋废水含铅锡尘粒	若用化学镀锡等工艺替代浸锡、热风平整，可不产生此废气
8	锅炉废气	锅炉、导热油炉产生，其污染物主要因所用燃料产生，常见污染因子为烟尘、SO_2 和 NO_x	一般常用麻石水浴脱硫除尘、布袋除尘等	—

PCB 企业的废气种类多，成分较复杂且分散，但与该行业的废水处理相比，

废气处理的技术相对比较成熟，工艺比较简单，如锅炉废气、含尘废气、酸性废气和碱性废气的处理工艺等。在实际工作中，做好各工艺废气的识别、收集、分类，按实际需要做好监测、加药和处理设施的运行管理工作，对于大多数企业而言，都可做好废气处理。相对特殊的两种废气是含氰废气和有机废气，下面将对这两种废气的有效处理进行详细介绍。

1. 含氰废气处理

HCN 是剧毒物质，环境影响和危害大，但目前很多 PCB 企业将含氰废气作为酸性废气，只是进行碱液喷淋，而未对其进行破氰处理，虽然碱液喷淋对处理含氰废气有一定的效果，但环境风险大，可能会造成污染物转移。如果只是用碱液喷淋处理，应将含氰废气与其他酸性废气分开处理，并且将喷淋废水转移到废水处理系统的破氰环节进行破氰处理。

目前，处理含氰废气的工艺方法主要有化学吸收法、浸渍活性炭吸附法和焚烧法等。PCB 企业产生的含氰废气量较少，HCN 浓度较低，因此可选择用化学吸收法。化学吸收法具有工艺简单、成本低、技术成熟、去除效率高的特点，也能达到较好的治理效果。

为进一步提高含氰废气的处理效果，通常采用多级喷淋吸收。喷淋药剂可以选用 NaClO 和 NaOH，NaClO 遇到酸性的含氰废气可以反应为 NaOH 和 HClO，HClO 具有强氧化性，可将 HCN 转化为无毒的氰酸（HCNO），氰酸（HCNO）在次氯酸盐的作用下进一步分解为碳酸盐和 N_2，以此实现破氰。然后用 NaOH 喷淋，中和掉多余的酸雾，最后达标排放。

也有研究利用过氧化氢（H_2O_2）作为喷淋药剂，这种方法需要先用 NaOH 喷淋液喷淋，然后 H_2O_2 才可在碱性环境和催化剂的辅助下氧化氰化物，破氰生成氰酸根（CNO^-）和铵根（NH^{4+}）等无毒物质。

2. 有机废气处理

PCB 制造业的挥发性有机物排放种类主要有甲醛、醇类（乙醇、异丙醇、丁醇、丙醇）、酮类（丁酮）、酯类（乙酸乙酯、乙酸丁酯）、甲苯、二甲苯和烃类等。PCB 企业有机废气产生点分散，不同工序环节产生的有机废气也有所差别，但总体来看，所产生的有机废气浓度都较低。

鉴于 PCB 制造业的有机废气有着低浓度、小风量的排放特点，其排气回收价值较低。对于有机废气的处理，目前 PCB 企业常采用活性炭吸附法或水喷淋与活性炭吸附相结合的方法。水喷淋是利用雾化器将水充分细化，增加水与废气的接触面积，将有机废气中大颗粒成分沉降下来，但对于有机废气而言，水喷淋的作用极为有限。活性炭吸附是利用活性炭的微孔结构产生的引力作用，将分布在气相中的有机物分子或分子团进行吸附，以达到处理净化有机废气的目的。活性炭吸附机理分为物理吸附、化学吸附和离子交流吸附等三种类型，不同类型的吸附其吸附力是不一样的。活性炭吸附有机废气一般为物理吸附，吸附后的有机物聚集在活性炭的微孔内，当积累到一定量时活性炭便失去了吸附能力，即活性炭吸附饱和了。活性炭吸附法对于低浓度有机废气的处理而言，本身是一项比较适合的技术，但在实际应用时，管理要求很高，企业常因为更换不及时，而导致活性炭吸附装置对有机废气的处理形同虚设。因此，目前我国一些地方的环保主管部门，对于单独活性炭吸附或其与水喷淋联用的处理有机废气的工艺是不予认同的。

其他适合 PCB 企业有机废气处理的技术工艺有"水喷淋预处理 – UV（紫外）光解 – 活性炭吸附""吸附 – 催化燃烧（或高温焚烧）"和"沸石转轮吸附浓缩 – 蓄热燃烧技术"等。

其中，"水喷淋预处理 – UV（紫外）光解 – 活性炭吸附"适用于风量较小且有机物浓度较低的 PCB 企业。UV 光解技术是在紫外光的作用下进行的化学反应，高能紫外光能迅速分解空气中的氧分子和水分子，从而生成具有强氧化性的氧自由基、羟基自由基和臭氧，这些自由基和臭氧对有机物具有极强的氧化作用，进而将有机污染物分子分解，同时紫外光也可协同促进部分有机物分子结构断裂。该工艺处理过程中，有机废气经过 UV 光解后再经活性炭将残余的污染物吸附，实现有机废气处理，最后达标排放。该工艺治理成本相对来说比较低，UV 光解操作运行简单，为众多中小企业所青睐，但该工艺会产生二次污染物质臭氧（O_3），另外 UV 光解的光解能力有限，如果有机物浓度过高，其处理效果就会大打折扣，同时也存在后续活性炭需及时更换的问题。

对于风量较大且有机物浓度较高的 PCB 企业可考虑采用"吸附 – 催化燃烧"技术工艺，其示意简图如图 11-12 所示。有机废气首先进入吸附装置，有机物被吸附装置吸附后，净化后的气体再经风机高空达标排放。当其中一个吸附装置饱和后，通过阀门切换至另一吸附装置。同时起动脱附风机对饱和装置进行脱附。脱附产生的高浓度有机废气进入催化燃烧装置，温度加热到 300 ℃左右的催化起燃温度，有机污染物则会转化为无害的 CO_2 和 H_2O，以达到去除有机污染物的目的。产生的高温催化燃烧废气经换热器回收余热后直接排放，回收的余热可回用协助脱附。

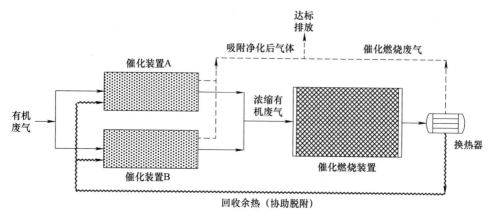

图 11-12 "吸附－催化燃烧"工艺示意简图

另外,"沸石转轮吸附浓缩－蓄热燃烧"技术工艺目前在 PCB 企业中得到了很好的应用。

蓄热式氧化炉(Regenerative Thermal Oxidizer,RTO)因其净化效率高、热回收效率高、适用面广、维护成本低等特点,被广泛应用于有机废气处理。以三室蓄热式氧化炉为例说明其工艺过程,三室蓄热式氧化炉有三个燃烧蓄热室,当低温有机废气经 1 号蓄热室吸热升温后,进入燃烧室加热升温至 800 ℃焚烧,使有机物燃烧分解成 CO_2 和 H_2O,此时 1 号蓄热室实现了"放热",随后立即引入适量洁净空气进行清扫。氧化后的高温气体流经 2 号蓄热室,与其中的陶瓷蓄热体进行热交换后排放,从而节省废气燃烧前升温所需的燃料量,并且使 2 号蓄热室"蓄热"。三个蓄热室依次经历"蓄热－放热－清扫"程序,如此反复运行。

"沸石转轮吸附浓缩－蓄热燃烧"是沸石转轮吸附同蓄热式氧化炉的组合工艺,该工艺通过沸石转轮的吸附浓缩使有机废气浓缩,高浓度气体再经蓄热式氧化炉燃烧分解为 CO_2 和 H_2O。转轮的工作原理为:转轮以一定转速连续旋转,转过吸附区、脱附区和冷却区,有机废气在吸附区被吸附净化,吸附在转轮中的有机物在脱附区被热风脱附浓缩后进入蓄热式氧化炉,脱附后的转轮转到冷却区被冷却,再旋转至吸附区,以此持续吸附处理有机废气。"沸石转轮吸附浓缩－蓄热燃烧"工艺示意简图如图 11-13 所示。

"吸附－催化燃烧"和"沸石转轮吸附浓缩－蓄热燃烧"与活性炭吸附法、UV 光解法相比虽然运行成本可能会高点,但对有机污染物的处理更加充分彻底,且不存在废活性炭转移和二次污染的问题,因此生产规模较大、废气量大的 PCB 企业可考虑采用这两种处理工艺。但使用这两种工艺还需注意安全问题,实际设施应安装阻火器，注意各环节运行温度的控制，其中"吸附-催化燃烧"工艺中的吸附材料为活性炭或活性炭纤维时，脱附气流温度不得高于120℃，吸附材料为分子筛时，脱附气流温度不得高于200℃。

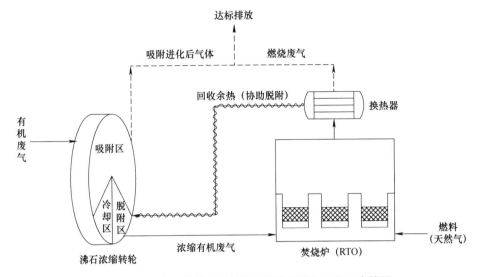

图11-13 "沸石转轮吸附浓缩-蓄热燃烧"工艺示意简图

对于有机废气的治理，目前已经出台了《吸附法工业有机废气治理工程技术规范》（HJ 2026—2013）、《催化燃烧法工业有机废气治理工程技术规范》（HJ 2027—2013）和《蓄热燃烧法工业有机废气治理工程技术规范》（HJ 1093—2020）等技术规范，PCB企业可在实际的有机废气治理过程中结合实际工艺采用。

11.2.3 固体废物处理处置

PCB企业产生的固体废物虽然量不大，但种类繁多，而且危险废物种类多，造成二次污染的风险大，其中大部分危险废物还有一定的回收利用价值，这些因素导致PCB企业的固废管理工作繁杂，难度较大。因此，对危险废物必须严格管理，按照《危险废物转移联单管理办法》（国家环境保护总局令第5号）执行联单管理制度，跟踪每种废物的产生、处理、处置情况。在厂内暂存要按照《危险废物贮存污染控制标准》（GB 18597）的要求，做好堆场的防渗、防雨、防风、防晒等工作，并按标准设置相关的信息栏和标识。

1. 危险废物

按照《国家危险废物名录（2016）》的分类和定义，PCB企业生产过程中产生的危险废物可细分为9大类，对应的危废类别及编号见表11-8。

表11-8 危险废物识别及分类

序号	危废类别	危险废物	危废编号
1	废有机溶剂与含废有机溶剂废物	洗网版、整孔等工序产生的废有机溶液，有机废气处理中吸附饱和的废活性炭等	HW06
2	染料、涂料废物	曝光显影、涂阻焊剂、防变色处理、文字印刷等工序产生的废油墨、油墨渣，废水处理酸解池等环节产生的浮渣和沉渣等	HW12
3	有机树脂类废物	废覆铜板、印制电路板、钻孔磨边工序粉尘，除胶、清钻污工序的槽底沉淀物、废水处理废弃的离子交换树脂等	HW13
4	感光材料废物	曝光显影工序产生的废显影液、废胶片等	HW16
5	表面处理废物	化学铜、化学金、化学银、电镀铜、电镀金等工序产生的废化学沉积液、废电镀液等，以及连续循环过滤槽液产生的废残液、滤渣等	HW17
6	含铜废物	蚀刻废液、含铜污泥等	HW22
7	废酸	除胶、酸洗、剥锡、挂件退镀等工序产生的废酸液	HW34
8	废碱	脱脂、黑（棕）化、除钻污等工序产生的废碱液	HW35
9	含镍废物	电镀镍、化学镍废液及工序连续循环过滤槽液产生的废残液、滤渣等	HW46

危险废物必须由具有危废处理资质的单位进行转移、处理和处置，而在转移之前，必须严格按照《危险废物贮存污染控制标准》（GB 18597）等相关要求贮存，贮存场所按规定做到防风、防雨、防晒、防扬散、防流失、防渗透、分类存放等要求。

PCB企业的很多危险废物仍具有一定的回收利用价值，目前行业内一些企业存在内部利用或处置一些危险废物的情况，比如企业对蚀刻铜废液和微蚀铜废液进行铜回收，同时再生蚀刻液，还有将废酸液用于高浓度有机废水的酸解。涉及这些操作，企业应充分论证具体操作方式的安全性和可行性，并且及时向所在地环保主管部门进行报备，在得到许可后方可实施。

2. 一般固体废物

生产过程中产生的一般固体废物应统计分类，建立台账，并且按照《一般工业固体废物贮存、处置场污染控制标准》（GB 18599）等相关要求贮存、处理。

参考文献

[1] 张仲仪. 印制电路板产污环节分析和清洁生产 [J]. 印制电路信息, 2008 (6): 52-59.

[2] 李亭举. 挠性印制电路板制造方法 [J]. 航天工艺, 1984 (1): 54-57; 62.

[3] 董颖韬. 嵌入挠性线路印制电路板工艺技术研究及应用 [D]. 成都: 电子科技大学, 2014.

[4] 吴丽芳, 游志华, 毛龙满, 等. 论挠性电路板与刚性电路板产污环节的相同与不同[J]. 江西科学, 2011, 29 (5): 630-634.

[5] 李文杰, 苏现伐, 孙剑辉. 印制电路板废水的水质特点与排放管理 [J]. 工业用水与废水, 2012, 43 (4): 7-10.

[6] 林锋, 陆朝阳, 周辰, 等. PCB废水分类处理技术研究现状 [J]. 印制电路信息, 2013 (10): 67-70.

[7] 邵宇航. PCB废水破络预处理控制及对AAS-BAF工艺处理效能的影响 [D]. 哈尔滨: 哈尔滨工业大学, 2015.

[8] 金洪建, 闫梦博. 降低印制电路板行业废水氮磷浓度的工艺方法探讨 [J]. 印制电路信息, 2017, 25 (11): 54-59.

[9] 邝萍, 廖蔚峰. Fenton法在印制线路板高COD废水处理中的应用 [J]. 印制电路信息, 2005 (1): 58-59.

[10] 宋文哲, 石太宏, 姚娟, 等. Fe/C微电解和Fenton氧化联合处理印刷电路板废水 [J]. 环境工程学报, 2013, 7 (9): 3471-3475.

[11] 许文卿. MBR-Fenton组合工艺处理印制电路板 (PCB) 综合废水升级改造的工程实践 [D]. 广州: 华南理工大学, 2017.

[12] 李浩, 苏敏茹. 电芬顿氧化法在工业污水处理中的应用进展 [J]. 化工管理, 2020 (4): 75-76; 170.

[13] DIEK, G, FERYAL A. Comparison of Fenton and electro-Fenton processes for oxidation of phenol [J]. Process Safety and Environmental Protection, 2016, 103: 252-258.

[14] 温尚龙, 周旭礼, 张艳芳, 等. 曝气式微电解处理PCB显影脱膜预处理废水的试验研究 [J]. 广东化工, 2014, 41 (13): 215-216; 229.

[15] 梁定民. 超声/化学综合处理线路板有机废水的研究与应用 [D]. 长沙: 中南大学, 2011.

[16] 陈成义, 彭鹏, 陈晓东. MBR工艺在印刷电路板 (PCB板) 废水中的应用 [J]. 建设科技, 2017 (21): 84-85.

[17] 曾益峰. 双膜工艺在梅州印制电路板废水处理技术中的应用研究 [D]. 广州: 广东工业大学, 2018.

[18] 丘伟聪. PCB废水处理及回用的技术方案及工程应用 [D]. 武汉: 武汉工程大

学,2015.
- [19] 张晓临.加载絮凝+多元膜处理电子电镀工业废水的试验研究[D].长沙:湖南大学,2015.
- [20] 黄坤平.PCB镍废水的零排放工艺研究[J].印制电路信息,2012(8):62-67.
- [21] 刘研萍,李文龙,朱佳,等.加载絮凝—超滤—反渗透组合工艺处理PCB电镀废水[J].化工环保,2019,39(1):16-21.
- [22] 黄思聪.铁碳微电解—重金属捕集—沉淀-BCO-吸附工艺处理PCB废水的工程应用[D].广州:华南理工大学,2012.
- [23] 陈义.PCB行业废气治理项目工艺设计与应用[J].绿色科技,2019(8):89-90;92.
- [24] 张海柱,张凯,唐红军,等.线路板企业污染治理及验收监测存在的问题探讨[J].四川环境,2017,36(1):120-125.
- [25] 陈洁英.线路板生产中挥发性有机物的污染与防治[J].环境与发展,2018,30(8):49;68.
- [26] 马英歌.印刷电路板(PCB)厂挥发性有机物(VOCs)排放指示物筛选[J].环境科学,2012,33(9):2967-2972.
- [27] 席玉松,郭鹏宗,张国良,等.化学吸收法处理PAN纤维预氧化含氰废气[J].合成纤维工业,2014,37(1):1-4.
- [28] 朱跃华.RTO尾气回收在印制电路板行业中的应用[J].山东化工,2017,46(13):170-171;173.
- [29] 张瑜,羌宁,李世杰.大风量、低浓度非连续排放有机废气治理的经济性探讨[J].四川环境,2019,38(5):138-145.
- [30] 环境保护部科技标准司.吸附法工业有机废气治理工程技术规范:HJ 2026—2013[S].北京:中国环境科学出版社,2013.
- [31] 环境保护部科技标准司.催化燃烧法工业有机废气治理工程技术规范:HJ 2027—2013[S].北京:中国环境科学出版社,2013.
- [32] 生态环境部科技与财务司,生态环境部法规与标准司.催化燃烧法工业有机废气治理工程技术规范:HJ 1093—2020[S].北京:中国环境科学出版社,2020.

第 12 章

资源综合利用

12.1　PCB 企业资源综合利用概况

参照《工业固体废物综合利用术语》(GB/T 34911—2017)中的术语定义，工业固体废物综合利用是指固体废物经过一定的处理或加工，使其中所含的有用物质被提取出来，继续在工业生产过程中发挥作用，或使有些固体废物改变形态成为新的能源或资源的过程。按照绿色制造的理念，物质应该在自然界与人类经济社会之间或其中的部分环节循环起来。因此，可以说废物只是放错了地方的资源，且可以综合利用的废物不局限于固体废物。本章所讨论的资源综合利用，则是指生产企业将废物或其中的物质通过某些技术转化成生产原辅料或燃料被利用的活动，涵盖了废物的资源化、回收利用、再生利用等概念。当然，对一个企业而言，在废物中回收的资源并不一定能被其直接利用，常常可能是其他行业、企业的资源。

由本书前面章节的内容可知，对于 PCB 工厂而言，废物的产生源头多、种类杂、产生量大，其处理和处置给工厂带来了巨大的环保压力和减排挑战，同时也具有明显的资源综合利用的空间。资源综合利用与企业对资源的使用、废物的管理和处理等工作都有着密切的联系，这就又涉及本书中反复提到的"绿色制造的系统集成性"这个观点，因此，资源综合利用工作需要与生产过程控制、废物处理等工作统筹协调，通过资源综合利用，不仅可减少 PCB 工厂的废物的产生与排放，也可以有助于减轻企业的生产成本。

目前，不少 PCB 工厂也在通过各种技术和方法积极地探索资源综合利用的空间，常见的方向有：废物中高附加值金属的提取、废液的再生利用、废水的回收利用等。但行业内企业因为发展观念、管理能力、技术水平和企业发展历史等问题，开展资源综合利用的程度和水平参差不齐。

同时，因为资源综合利用常与废物处理工作协同开展，这就增加了实际工作的复杂性，需要更高要求的技术支撑，不当的过程不仅不能实现资源综合利用，还可能会影响废物处理效果，甚至造成污染问题的转移。因为涉及废物处理和生产过程，PCB 工厂在开展资源综合利用前，可能还需要开展环评、办理相关行政许可工作。

另外，PCB 工厂在进行资源综合利用过程中，可能会涉及危废管控及处理处置的问题。以含金电镀废液为例，该废液中贵金属含量高，具有较高的经济价值，但是同样含有毒性极强的氰化物。如果生产企业过程管控不够，采用成本较低、收益较高的锌片置换法或树脂吸附法对废液进行处理，提取高附加值的金，在反应过程中则会产生剧毒的氰化氢酸雾，对人的身体健康、生命安全和周围的环境造成极大危害，建设项目的防护距离等环保措施和要求也需相应升级。因此，地方生态环境部门对此也保持较为谨慎的态度，这也是目前 PCB 工厂进行资源综合利用工作的困难和问题。

对于 PCB 生产制造行业明显的资源综合利用方向，目前已有比较成熟和稳定的技术方法，如果辅助上规范严格的过程控制和管理，资源化过程中的二次污染及风险问题也能得到很好的解决。例如，废蚀刻液的铜回收与再生利用技术，已有应用成熟的成套设备。另外，在推动绿色制造的过程中，地方主管部门也在逐步通过优化改善相关政策和管理方式，以推动企业开展资源综合利用工作。

原广东省经济和信息化委员会联合原广东省环境保护厅发布了《广东省关于全面推进绿色清洁生产工作的意见》（粤经信节能〔2016〕235 号），其中提出："企业在不改变项目性质和生产规模、不增加污染物排放量和排放种类的情况下对生产工艺进行改进的，可不另行办理相关环境影响评价手续，其变动由经济和信息化、环境保护部门组织清洁生产验收的方式予以确认"。

此后，广东省的 PCB 制造企业在这些创新管理方式的帮助和指导下，开展资源综合利用工作的积极性有所提升，且办理相关流程手续清晰简洁。好的资源综合利用技术方法，应该综合考虑了技术、环境、资源和经济等因素，使其综合效益最大化。下文将详细介绍 PCB 行业目前综合效益大且技术成熟的资源综合利用技术和方法。

12.2　废液及其金属的回收利用

PCB 制造过程中使用的工艺槽液具有成分复杂、数量大、毒性强的特点，这些槽液经过重复使用后失去了原有的功能而形成废液，废液中通常含高浓度重金属、强酸或强碱等，多属于危险废物，其处理一直是 PCB 行业"老大难"的问题。由于这些槽液使用成本高，废液处理成本高，且废液中富含重金属，因此对废液中的成分进行回收利用，甚至将废液再生重新作为槽液补充液回到生产线，是 PCB 制造过程资源综合利用技术研究的一大重点。目前 PCB 行业中具有较高回收价值且回收利用技术较为成熟的工艺槽液废液有蚀刻废液、微蚀废液、电镀废液、化学镀废液和退锡废液等。

12.2.1　蚀刻废液

蚀刻液根据溶液的 pH 值可简单分为酸性蚀刻液和碱性蚀刻液两大类。采用酸性溶液进行化学蚀刻是 PCB 蚀刻工序最传统和常用的一类技术方法，行业中已存在的酸性蚀刻液有盐酸－三氯化铁体系、硫酸/铬酸/过氧化氢－过硫酸铵体系、盐酸－过氧化氢体系、盐酸－氯化铜体系，其中目前最普遍使用的为盐酸－氯化铜体系，即酸性氯化铜蚀刻液。碱性蚀刻液则是溶液为碱性的氯化铜体系蚀刻液，适用于图形电镀金属抗蚀层（如镀金、镍、锡铅合金等）覆盖的 PCB 板面蚀刻。

酸性氯化铜蚀刻液和碱性氯化铜蚀刻液的对比见表 12-1。

表 12-1 酸性氯化铜蚀刻液和碱性氯化铜蚀刻液的对比

项目	酸性氯化铜蚀刻液	碱性氯化铜蚀刻液
主要成分	氯化铜、盐酸、氯化钠或氯化铵、过氧化氢	氯化铜、氨水、氯化铵，补助成分有氯化钴、氯化钠、氯化铵或一些含硫化合物
适用领域	多层印制板的内层电路图形的制作或微波印制板阴板法直接蚀刻图形的制作	多层印制板的外层电路图形的制作及纯锡印制板的蚀刻
抗蚀剂	干膜、液态光致抗蚀剂等	图形电镀的金属抗蚀层，如镀覆金、银、锡等
蚀刻特点	蚀刻速度快（约 0.5 mil/min），侧蚀小；溶铜能力强，蚀刻易控制	蚀刻速度快（约 1.0 mil/min），蚀刻质量高；溶铜量大，蚀刻易控制
溶液毒性	较高	较低
废液处理	可回收再生利用	可回收再生利用
水洗水处理	调节 pH 值，采用混凝沉淀法可去除铜离子	含铜氨络合物，不易处理

注：1 mil = 25.4×10^{-6} m。

在蚀刻过程中，蚀刻液中一价铜离子浓度不断升高，直到蚀刻效果不稳定或失效而成为废液。我国 PCB 工厂每天产生蚀刻废液 8000t 以上，其中铜含量可达 100~150g/L，因此蚀刻液具有较大的回收利用价值和空间。蚀刻废液的回收利用，通常是将废液中多余的铜离子通过物理、化学手段提取出来，或将过多的一价铜离子氧化成二价铜离子，使溶液中一价铜离子浓度下降，恢复其原有的蚀刻能力，也称再生，另外提取出来的金属铜或铜盐可进行回收。

为实现废液的再生和铜金属的回收，蚀刻废液回收利用技术主要有溶剂萃取法、电解法、还原法和氧化法。

1. 溶剂萃取法

溶剂萃取法，也称液液萃取法，是分离金属离子的传统工业方法。高含铜蚀刻废液作为待萃取的目标溶液，其中的铜离子（一价或二价）即为待萃取的溶质，利用物质在不同溶剂中溶解度不同的特性，将互不相容的有机相和水相充分混合接触，选择性地将溶质从水相中分离进入有机相，再利用有机相和水相互不相容且密度不同的特性，将两相分开。经过萃取的蚀刻废液，铜离子浓度降低，通常再补充添加少量盐酸（或氨水、氯化铵）、氯化铜后即可重新输送至蚀刻线使用。

使用的有机相萃取剂可分为酸性萃取剂、碱性萃取剂和中性萃取剂。酸性萃取剂主要有羟肟类和 β–二酮萃取剂，羟肟类萃取剂适用于酸性硫酸铜溶液的多级萃取，β–二酮萃取剂适用于碱性硫酸铜溶液的萃取。碱性萃取剂多为胺类萃取剂，适用于酸性高氯化物溶液中铜的萃取。中性萃取剂则利用与铜离子络合的形式实现萃取，比如磷酸三丁酯能够选择性地萃取酸性氯化铜蚀刻废液中的一价铜离子。关于萃取剂的选择，企业可根据实际待萃取的含铜溶液确定。

另外，在萃取中需特别注意的是，碱性蚀刻废液中铜离子的存在形式与酸性蚀刻废液中不同。在氨性溶液的水相中，铜离子以铜氨配位离子的形式存在，会阻碍萃取剂与铜离子的萃取反应，且水相中 pH 值越高，铜氨配位离子的结合越紧密，将严重抑制铜离子的萃取。

有机相萃取铜离子至饱和后，同样利用萃取的原理，使用溶解度更高的水相物质，通常为硫酸，将有机相中的铜离子反向萃取至水相溶液，形成成分单一的、浓度较高的铜盐溶液，比如硫酸铜溶液。经过反向萃取的有机相可继续用于萃取，循环使用。

经过反向萃取获得的高纯度铜盐溶液，可以通过中和浓缩，使溶液析出铜盐进行回收，或采用电解法，在阴极析出纯度较高的金属铜进行回收。萃取–反萃取过程简易示意图如图 12-1 所示。

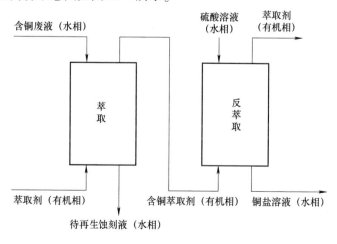

图 12-1　萃取–反萃取过程简易示意图

2. 电解法

蚀刻废液在电解过程中实现再生回用,同时获得纯度较高的金属铜,是蚀刻废液最常见的一种回收再生利用技术,其中又可细分为常规电解法(也称直接电解法)、碳毡或石墨毡阳极电解法、离子膜电解法和隔膜电解法等。

酸性蚀刻废液和碱性蚀刻废液的主要化学成分有所不同,pH 值差异也较大,电解反应过程会有明显的区别,以下分别进行介绍。

(1) 酸性蚀刻废液　酸性蚀刻废液的常规电解法,以蚀刻废液为电解液,石墨为阳极,纯铜或钛为阴极,通过电解反应,在阳极处,Cu^+ 失去电子生成 Cu^{2+},在阴极处,Cu^+、Cu^{2+} 得到电子析出金属铜,如反应式(12-1)~反应式(12-5)。由于酸性蚀刻废液中富含 H^+、Cl^-,在电解过程中容易发生副反应,在阳极生成氯气,在阴极生成氢气,如反应式(12-2)和反应式(12-6)。

阳极:
$$Cu^+ - e \rightarrow Cu^{2+} \tag{12-1}$$
$$2Cl^- - 2e \rightarrow Cl_2 \uparrow \tag{12-2}$$

阴极:
$$Cu^{2+} + e \rightarrow Cu^+ \tag{12-3}$$
$$Cu^+ + e \rightarrow Cu \downarrow \tag{12-4}$$
$$Cu^{2+} + 2e \rightarrow Cu \downarrow \tag{12-5}$$
$$2H^+ + 2e \rightarrow H_2 \uparrow \tag{12-6}$$

常规电解法的电解液中同时存在阳极和阴极,在阳极由 Cu^+ 生成的 Cu^{2+},通过分子扩散运动,在阴极获得电子又还原为 Cu^+,之后又重新回到阳极,如此反复,导致电流效率低下。

为了使阴极上的 Cu^{2+} 能够获得电子后直接还原为金属铜,通常会使用"大阳极、小阴极"的方法,阳极和阴极的表面积之比为 5:1~7.5:1,使阴极电流密度大于阳极,可减少 Cu^+ 在阴极的生成。但是,当阳极表面 Cu^+ 较少时,或由于两极电流密度不同而导致电压分布不均匀时,容易发生副反应生成氯气。

氯气逸出会造成环境污染,甚至人员伤害,不过电解过程中产生的氯气也有回收利用的空间,例如:用其将蚀刻废液中的 Cu^+ 氧化成 Cu^{2+};与铁条进行反应,生成三氯化铁,可用作废水处理站的絮凝剂;用氢氧化钠溶液吸收,反应生成次氯酸钠,可用于处理高氨废水等。

如果为解决氯气析出的问题,进一步降低环境风险,则可使用多孔碳毡或石墨毡代替石墨、铂等作为阳极。多孔碳毡或石墨毡内部空隙众多,与电解液充分接触下,其实际表面积远大于表观面积,由此可使阳极电位下降,防止氯气析出。

为进一步解决常规电解法电流效率低下的问题，可在阴阳两极之间使用多孔膜（多孔陶瓷膜等）隔离，阴极区和阳极区可注入不同成分、不同浓度的电解液同时电解，即为隔膜电解法。较为典型的一套系统是：使用 2 个电解池，池内均使用多孔膜隔离，第一个电解池的阴极负责将 Cu^{2+} 还原为 Cu^+，通过一个控制池将富含 Cu^+ 的蚀刻废液转移至第二个电解池的阴极区，然后将 Cu^+ 还原为金属铜沉积；2 个电解池的阳极区则负责把蚀刻废液中的 Cu^+ 氧化成 Cu^{2+}，将废液再生。该方法的好处是可间歇性操作，可适用低电压。不过其应用过程中最关键的是：需要使用氮气等气体，保护富含 Cu^+ 的电解液在转移过程中不被氧化成 Cu^{2+}，实际使用要求高，也不适用于大批量废液的处理。多孔膜隔离双电解池示意图如图 12-2 所示。

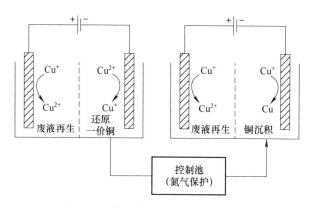

图 12-2 多孔膜隔离双电解池示意图

使用离子交换膜代替多孔膜将两极隔离，则形成离子膜电解法，是目前较为常用的一种电解法。在离子膜的作用下，阴极区和阳极区同样可使用不同成分、不同浓度的电解液同时进行电解。通常在阳极区加入蚀刻废液，在阴极区加入稀释 10 倍后的蚀刻液。在浓度差的作用下，阳极区的 Cu^{2+} 可穿过离子膜进入阴极区，而阴极区的 Cu^+ 无法进入阳极区，也因此避免了使用不同面积的两极而造成电流密度不同的问题。离子膜电解法优点明显，但同样存在显著的缺点：需使用高电压，并由此产生高温和高能耗，析出的金属铜易脱落等问题。电渗析法即与离子膜电解法原理相同。

（2）碱性蚀刻废液 以碱性蚀刻废液为电解液，通常以石墨为阳极，经特殊表面处理的不锈钢为阴极，通过电解反应，在阳极处，Cu(Ⅰ) 失去电子生成 Cu(Ⅱ)，同时 OH^- 失去电子生成水和氧气，在阴极处，Cu(Ⅰ)、Cu(Ⅱ) 得到电子析出金属铜，电解过程通常不产生氯气，其反应式如下：

阳极：

$$Cu(I) - e \rightarrow Cu(II) \tag{12-7}$$

$$4OH^- - 4e \rightarrow 2H_2O + O_2 \uparrow \tag{12-8}$$

阴极：

$$Cu(II) + e \rightarrow Cu(I) \tag{12-9}$$

$$Cu(I) + e \rightarrow Cu \downarrow \tag{12-10}$$

$$Cu(II) + 2e \rightarrow Cu \downarrow \tag{12-11}$$

经过电解后的蚀刻液铜离子浓度下降，适当添加补剂调节组分后，即可回到蚀刻线使用。碱性蚀刻废液同样可使用隔膜电解法或离子膜电解法再生，并提取纯度更高的金属铜，但是由于碱性蚀刻废液的直接电解法操作简单、不产生新的污染物、一次投入成本和维护成本相对较低，PCB 行业中多选择直接电解法回收利用碱性蚀刻废液。

3. 还原法

还原法是通过使用还原剂，将蚀刻废液中的铜离子还原为金属铜进行回收的一种方法。

最常见的还原法即金属置换法，是利用较活泼金属与较不活泼金属离子发生置换反应的原理，通过往蚀刻废液中加入铁粉或铝粉，反应生成铜粉进行回收，而反应后的废液可作为含铁或铝的絮凝剂使用。但是，该方法提取的铜粉纯度较低。

此外，有研究采用水合肼、葡萄糖、二氧化硫脲等还原剂，在特定操作工艺下提取细颗粒、高纯度金属铜的方法。

4. 氧化法

氧化法通常用于酸性蚀刻废液的再生。通过往酸性蚀刻废液中加入氧化剂，将 Cu^+ 氧化成 Cu^{2+}，使废液恢复原有的蚀刻能力的一种方法。氧化法通常不单独使用，而是与其他蚀刻废液再生利用技术结合，以避免氧化剂的大量使用。例如，在蚀刻废液经过萃取、电解等提铜工序之后，回用到生产线之前加入氧化剂，以提高蚀刻液的氧化还原能力，恢复其蚀刻性能。

常用的氧化剂有空气或氧气、氯气、臭氧、次氯酸钠、氯酸钠、过氧化氢等。各类氧化剂的优缺点对比见表 12-2。

表 12-2 各类氧化剂的优缺点对比

序号	氧化剂	优点	缺点
1	空气或氧气	成本低，不引入杂质	再生反应速率低

(续)

序号	氧化剂	优点	缺点
2	氯气	成本低，再生速率高	环境风险高
3	臭氧	再生速率高，水中溶解度高	环境风险高
4	次氯酸钠	再生能力强	成本高，环境风险高，含盐量增加使废液难处理
5	氯酸钠	再生速率高	含盐量增加使废液难处理
6	过氧化氢	再生速率高，不引入杂质	性质不稳定

12.2.2 微蚀废液

在 PCB 制造过程中，微蚀工序属于许多工序的前处理过程，如孔金属化、图形电镀、热风整平、涂覆有机焊接性保护剂等工序前均需要使用微蚀液，用以去除铜表面上的氧化层并增加表面粗糙度，以加强铜表面在后续工序的结合力。

常见的微蚀液体系有过硫酸钠（或过硫酸钾、过硫酸铵）/硫酸（或磷酸）、过氧化氢/硫酸、酸性和碱性氯化铜、硝酸/硝酸盐等。其中，最传统且普遍使用的微蚀体系是过硫酸盐/硫酸、过氧化氢/硫酸，均具有较强的氧化性和酸性，蚀刻效果好。过硫酸盐/硫酸微蚀液通常用于孔金属化和图形电镀的前处理，废液中铜离子含量为 15~25g/L；过氧化氢/硫酸微蚀液则多用于内、外层及防焊的前处理，废液中铜离子含量为 30~40g/L。此外，也有使用单过硫酸氢钾作为氧化剂的新型微蚀液。

相比蚀刻废液，微蚀废液中的铜含量较低，甚至可能低于 10g/L，但由于含有大量硫酸，直接处理对废水处理系统的要求较高、难度较大，因此考虑对微蚀废液进行再生回用，同时提取其中的铜，能实现环境效益和经济效益的双赢。

微蚀废液的主要成分及化学性质与酸性蚀刻废液接近，其回收利用技术可互相参考使用，最常用的为电解法。

将微蚀废液置于电解槽，采用直接电解法，可在阴极获得金属铜，主要反应过程如下：

阳极：

$$4OH^- - 4e \rightarrow 2H_2O + O_2 \uparrow \tag{12-12}$$

阴极：

$$Cu^{2+} + e \rightarrow Cu^+ \tag{12-13}$$

$$Cu^+ + e \rightarrow Cu \downarrow \tag{12-14}$$

$$Cu^{2+} + 2e \rightarrow Cu \downarrow \tag{12-15}$$

$$2H^+ + 2e \rightarrow H_2 \uparrow \quad (12\text{-}16)$$

经过电解后的蚀刻废液，铜离子含量可降低至 500 mg/L 以下，废液进一步调配后可循环使用，或用于中和油墨废水。

此外，也有研究以过氧化氢体系微蚀废液作为化学原料，与氧化铜、碳酸钠反应，制备碱式碳酸铜，这也是微蚀废液资源综合利用的一种新思路。

12.2.3 电镀废液

PCB 制造过程中的电镀环节主要有孔金属化过程中的一次镀铜、外层电路制作过程中的二次镀铜和镀锡、表面处理过程中的镀镍和镀金等。

电镀液在重复使用过程中会逐渐累积杂质，为使电镀液保持在特定的工艺要求范围内，行业内已基本普及在电镀线配置在线循环过滤系统，可持续去除电镀液中的杂质。只有当电镀液中的杂质不可控、无法继续满足工艺要求时，才考虑部分更换或全部更换电镀液。因此，PCB 工厂通常 2~3 个月才产生一批电镀废液，电镀废液多为强酸性，含金属络合物，且成分复杂，处理难度较大，但因为废液中富含重金属或贵金属，使其具有很高的回收价值。各电镀工序电镀液的主要成分见表 12-3。

表 12-3 各电镀工序电镀液的主要成分

序号	电镀工序	电镀液主要成分
1	一次镀铜/二次镀铜	硫酸铜、硫酸和少量添加剂
2	镀锡	硫酸亚锡、硫酸和少量添加剂
3	电镀镍	氨基磺酸镍、氯化镍和少量添加剂
4	电镀金	氰化金钾、柠檬酸盐和少量添加剂
5	电镀银	硝酸银、硫代硫酸盐和少量添加剂

根据电镀液的主要金属成分，电镀废液可分为含铜电镀废液、含镍电镀废液、含金电镀废液、含银电镀废液和含锡电镀废液，其回收利用技术大致相同，主要有沉淀法、电解法、氧化还原法、吸附法等，但由于回收的金属不同而略有差异。其中，含锡电镀废液可参考退锡水回收利用技术。

以下对各类电镀废液的回收利用技术进行介绍。

1. 含铜电镀废液

含铜电镀废液的回收利用技术与酸性蚀刻液、微蚀液基本相同，其中最常见的为电解法。含铜电镀废液属于硫酸铜-硫酸体系的电解液，其电解反应与微蚀废液相同，见反应式（12-12）~反应式（12-16）。同样为了解决电解过程电流密度不均匀等共性问题，需对常规电解法进行改良，形成隔膜电解法、超声脉冲电解法等。

2. 含镍电镀废液

含镍电镀废液的常见回收利用技术有碱沉淀法和电解法。

（1）两步碱沉淀法　往过滤固体杂质后的含镍电镀废液中加入氨水，调节pH值至7.5左右，使大部分镍离子生成氢氧化镍沉淀，再使用氢氧化钠进一步使剩余的镍离子沉淀，当pH值调至12~13时，废液中镍离子去除率可达到99%以上。沉淀的氢氧化镍使用硫酸溶解，浓缩结晶后可获得纯度较高的硫酸镍。对于含铜离子浓度较高的电镀废液，可利用氢氧化镍和氢氧化铜的解离常数不同的特点，使用氨水调节pH值至6.5左右，先使铜离子生成氢氧化铜沉淀，过滤后再进一步调节pH值使镍离子生成沉淀。该方法工艺技术简单，成本低，但产生的含氨碱性过滤液处理难度大。

（2）电解法　以钌铱涂层钛板为阳极，不锈钢板为阴极，含镍电镀废液为电解液，电解反应如反应式（12-17）~反应式（12-19），可加入乙酸-乙酸钠缓冲液以减少氢气的析出，在镍离子含量为20 g/L的情况下，镍回收率可达到80%以上。该方法的好处是工艺技术简单、二次污染少，但直接电解法的回收率不高，还需进行多级电解，或搭配其他回收技术进一步处理废液。

阳极：
$$4OH^- - 4e \rightarrow 2H_2O + O_2 \uparrow \qquad (12\text{-}17)$$

阴极：
$$Ni^+ + e \rightarrow Ni \downarrow \qquad (12\text{-}18)$$
$$2H^+ + 2e \rightarrow H_2 \uparrow \qquad (12\text{-}19)$$

3. 含金电镀废液

含金电镀废液中，金离子及其他金属离子与氰根形成稳定的可溶性氰化物络合物，为分离金离子增加了难度，而且氰根遇酸易产生剧毒的氰化氢气体挥发，对人体健康和生命安全的危害极大。因此，回收利用含金电镀废液必须着重考虑氰根的处理问题。

常见的含金电镀废液回收利用技术有破氰沉淀法、碳纤维阴极电解法、锌片置换法、树脂吸附法等。

（1）破氰沉淀法　使用次氯酸钠在碱性条件下二级破氰，在去除剧毒物质氰化物的同时，使金离子沉淀回收。具体步骤为：使用氢氧化钠调节电镀废液的pH值至10~11，加入次氯酸钠，破坏氰金络合物，形成氢氧化金沉淀，见反应式（12-20）和反应式（12-21）；调节pH值至8～9，再次加入次氯酸钠，进一步将氰化物氧化为氮气和二氧化碳等无害物质，见反应式（12-22）；将沉淀物分离，使用稀硫酸溶解沉淀物上的其他金属化合物杂质，得到纯度较高的氢氧化金，加热至900℃即可获得粗金，见反应式（12-23）。该方法的优点是能够有效控制和降低环境风险，缺点是无法直接获得纯度较高的金。

反应式：

$$Au(CN)_2^- + 2ClO^- + 3H_2O \rightarrow Au(OH)_3 \downarrow + 2CNCl + 3OH^- \quad (12\text{-}20)$$

$$CNCl + 2OH^- \rightarrow CNO^- + Cl^- + H_2O \quad (12\text{-}21)$$

$$2CNO^- + 3ClO^- + H_2O \rightarrow 2HCO_3^- + N_2 + 3Cl^- \quad (12\text{-}22)$$

$$4Au(OH)_3 \rightarrow 4Au + 3O_2 \uparrow + 6H_2O \quad (12\text{-}23)$$

（2）碳纤维阴极电解法　使用比表面积巨大的碳纤维材料作为阴极，添加亚硫酸钠防止沉积的金反溶，可对低浓度（5～50mg/L）含金电镀废液进行无隔膜直接电解，获得金属金沉积，反应式（12-24）～反应式（12-27），该方法的金回收率可达99%。

反应式：

阳极：

$$4OH^- - 4e \rightarrow 2H_2O + O_2 \uparrow \quad (12\text{-}24)$$

$$2OH^- + CN^- - 2e \rightarrow CNO^- + H_2O \quad (12\text{-}25)$$

阴极：

$$Au(CN)_2^- + e \rightarrow Au \downarrow + 2CN^- \quad (12\text{-}26)$$

$$2H_2O + 2e \rightarrow H_2 \uparrow + 2OH^- \quad (12\text{-}27)$$

（3）锌片置换法　在酸性条件下，使用锌片作为还原剂，置换出金沉淀，使用硫酸和清水清洗沉淀物后，加热至900℃即可获得粗金。该方法的优点是反应速度快，置换率高（99%及以上），可获得纯度较高金属金，缺点是反应过程会产生剧毒的氰化氢酸雾，环境风险较大。

（4）树脂吸附法　使用弱碱性离子交换树脂吸附氰金络合阴离子，之后将吸附饱和的树脂进行高温熔炼，树脂及其吸附物为碳氢氮化合物，加热分解后可获得纯度较高的金属金。该方法的缺点是离子交换和高温熔炼过程中会产生氰化氢酸雾和烟尘等污染物，环境风险较大。

▶ 4. 含银电镀废液

含银电镀废液的常见回收利用技术有氯化银沉淀法、电解法、氧化还原法、吸附法等。

(1) 氯化银沉淀法　利用氯化银的解离常数比其他常见金属氯化物小的特点，通过加入氯化钠，使银离子转化为氯化银形成沉淀，并避免与其他金属杂质形成共沉淀，从而将电镀废液中的银分离回收。但是如果加入过量的氯离子，会生成可溶性的氯银络合物而使沉淀重新溶解。

(2) 电解法　利用银的电极电位较高的特点，通过电解可获得纯度较高的金属银。电解法宜用于银含量高于 200 mg/L 的溶液，因此可结合氯化银沉淀法，将沉淀的氯化银溶解在硝酸中，获得较高浓度的硝酸银溶液，再电解硝酸银溶液回收金属银。

(3) 氧化还原法　使用铁、锌、铝等还原剂，将废液中的银离子还原成金属银进行回收。当使用硼氢化钠等强还原剂时，银的回收率可达 96%，回收的银纯度可达到 99.5%。

(4) 吸附法　使用特定的吸附剂，选择性地吸附电镀废液中的银离子，之后通过解吸富集银离子进行回收。其中，使用离子交换树脂进行吸附，可回收银含量在 1.5 mg/L 的低浓度含银电镀废水，具有处理容量大、出水水质好、可重复使用、操作简单等特点，但该方法对树脂的维护、再生及更换的要求高，成本也较高。

12.2.4　化学镀废液

化学镀与电镀的工作原理接近，区别在于：电镀有外接电流，而化学镀则无须接电，由化学还原剂提供电子，使金属离子还原为金属。PCB 行业中常见的化学镀工序有镀铜、镀金、镀银和镀镍，又称沉铜、沉金、沉银和沉镍。

化学镀液的组分通常比相同镀种的电镀液更复杂一些，化学镀液一般需包括镀种主盐、还原剂、络合剂、催化剂、稳定剂、缓冲剂等多种功能成分。工厂通常采用补加药剂、在线循环过滤等方式来长期保持镀液的有效性。必要时，为控制镀液中的杂质在工艺要求范围内，需将部分或全部镀液进行更新，由此产生化学镀废液，也称化学镀老化液。化学镀废液中往往还存在还原剂等的分解产物，比如甲酸、磷酸盐等，因此增加了废液处理的难度。化学镀液中较常使用的主要成分见表 12-4。

表 12-4　化学镀液中较常使用的主要成分

序号	镀种	主盐	还原剂	络合剂
1	铜	硫酸铜	甲醛（或次磷酸盐等）	酒石酸（或 EDTA 等）
2	金	氰化金钾	硼氢化钾（或二甲基硼烷）	氰根离子

(续)

序号	镀种	主盐	还原剂	络合剂
3	银	硝酸银	甲醛（或葡萄糖、酒石酸盐、硼氢化钾等）	氨水
4	镍	硫酸镍（或氯化镍）	次磷酸盐（或硼氢化钠、氨基硼烷等）	乙醇酸（或柠檬酸等）

化学镀废液的常见回收利用技术有沉淀法、电解法和电渗析法、离子交换法。

（1）沉淀法　向废液中投加氢氧化物、碳酸盐、硫化物、氯化物等合适的沉淀剂，使铜、镍、金、银等金属形成难溶沉淀物，进行回收；废液中的次亚磷酸根和亚磷酸根等也可以通过使用氢氧化钙等沉淀剂沉淀回收。

（2）电解法和电渗析法　化学镀液的电解反应可参考电镀废液，通过电解可实现化学镀液的再生及金属的回收。但是，针对使用次磷酸盐为还原剂的化学镀废液，常规的电解法难以去除其中的次磷酸盐及其副产物，因此，可使用电渗析法，通过具有选择性的高分子膜使废液中的次磷酸根离子、硫酸根离子、钠离子等杂质进入浓室而分离去除，处理后可实现废液的再生。

（3）离子交换法　通过使用高选择性的离子交换树脂将废液中的有用物质吸附分离，之后进行洗脱得到高纯度的金属盐。但该方法不适用于直接处理含高浓度COD_{Cr}的废液，因此在离子交换之前需进行破络氧化，或使用其他吸附材料、膜系统等进行预处理。

12.2.5　退锡废液

退锡水，行业内也称剥锡液，是用于去除铜层上的锡层或铅锡合金层以及氧化铜等杂质的一类药剂溶液。目前行业内最常使用的退锡水主要成分为硝酸，以及硝酸稳定剂、缓释剂（硝酸铁）等辅助成分。此外还有新型的烷基磺酸－硝酸型退锡水，增加了强有机酸烷基磺酸以优化工艺效果，其他成分与传统的硝酸型退锡水接近。

退锡水在反复使用过程中会积累大量的锡（锡、铅）和少量铜等金属离子及其络合物，其中二价和四价锡离子并存，浓度可高于100 g/L，因此退锡废液的处理难度大，但是再生和回收价值高。

退锡废液的常见回收利用技术有沉淀法、隔膜电解法、蒸馏浓缩法。

（1）沉淀法　可使用硫化钠作为沉淀剂，与退锡废液中的金属离子反应生成金属硫化物混合物，过量的硫化钠可与四价锡反应生产硫代锡酸盐不溶物。在使用硫化钠沉淀剂的基础上，加入PAM（聚丙烯酰胺）等絮凝剂可增加金属的去除效果。沉淀后的滤液补充硝酸、硝酸铁等成分后即可回用。滤液中残留的硫离子，由于其具有强还原性，重新补充硝酸后，可与硝酸反应生成硫黄沉淀，在退锡水再生过程中得以去除。该方法操作简单，成本低，但再生过程会产生硫化氢、氮氧化物等气体。

（2）隔膜电解法　以退锡废液为阳极电解液，稀硝酸或烷基磺酸溶液为阴极电解液，电解过程中金属阳离子不断从阳极电解槽穿过隔膜进入阴极电解槽，并在阴极析出，电解过程如反应式（12-28）~反应式（12-31）。阳极电解槽中的退锡废液经过电解后实现再生，调节有效成分后可回用。

反应式：

阳极：

$$4OH^- - 4e \rightarrow 2H_2O + O_2 \uparrow \qquad (12\text{-}28)$$

阴极：

$$Sn^{4+} + 2e \rightarrow Sn^{2+} \qquad (12\text{-}29)$$

$$Sn^{2+} + 2e \rightarrow Sn \downarrow \qquad (12\text{-}30)$$

$$2H^+ + 2e \rightarrow H_2 \uparrow \qquad (12\text{-}31)$$

（3）蒸馏浓缩法　针对硝酸型退锡水，利用硝酸的强挥发性，通过减压、升温，使硝酸挥发，采用碱液或水将硝酸回收再用，浓缩后的退锡废液将逐渐结晶析出锡盐等金属盐进行回收。

12.3　废水及其金属的回收利用

PCB 工厂产生的废水，通常来源于各生产工艺的板清洗水、洗槽水、车间地面冲洗水、废气处理设施喷淋废水，以及"跑、冒、滴、漏"产生的废水等。此处区别于无法直接进入工厂废水处理系统的工艺槽液等废液。

PCB 生产过程中用水环节多，废水产生环节也同样多，且废水中通常含有较高浓度的重金属污染物，对金属废水的回收利用，可减少新鲜水的使用，提高各类金属的利用率、有效减少重金属污染物的排放总量。

PCB 生产过程中废水种类及其产生量情况、相应的水质情况见表 12-5 和表 12-6。

表 12-5　PCB 工厂废水种类及其产生量情况

序号	废水种类	来源	水量占比（%）
1	含氰废水	电镀镍金和化学镍清洗水	0.1~2

（续）

序号	废水种类	来源	水量占比（%）
2	含镍废水	镀镍清洗水	0.1~2
3	高浓度有机废水	显影、剥膜、除胶一级清洗水	3~6
4	低浓度有机废水	脱膜、显影的二级后清洗水；贴膜、氧化后、镀锡后及保养清洗水、有机废气处理喷淋水等	8~15
5	络合铜废水	含 EDTA 等络合物的化学镀铜等清洗水	3~8
6	铜氨废水	碱性蚀刻清洗水，过硫酸铵体系的微蚀清洗水	1~5
7	含铜废水	电镀铜、酸性蚀刻工艺的清洗水	20~45
8	磨板废水	钢板磨刷线、表面处理、陶瓷磨板线等磨板及其清洗工序废水	15~30

表 12-6　PCB 工厂废水水质情况

序号	废水种类	主要污染物	pH 值	COD_{Cr} 含量/（mg/L）	Cu 含量/（mg/L）	Ni 含量/（mg/L）	CN 含量/（mg/L）	NH_4-N 含量/（mg/L）
1	含氰废水	总氰、总镍等	8~10	<80	<0.5	<0.5	<100	<20
2	含镍废水	离子态镍、络合态镍等	2~5	<80	<0.5	<50	<0.2	<20
3	高浓度有机废水	有机物等	>10	5000~15000	2~10	<0.5	<0.2	<20
4	低浓度有机废水	有机物等	<10	200~600	10~50	<0.5	<0.2	<20
5	络合铜废水	络合铜、硝态氮、有机物等	5~10	200~300	150~250	<0.5	<0.2	<20
6	铜氨废水	氨氮、络合铜等	8~10	200~300	150~250	<0.5	<0.5	60~200
7	含铜废水	离子态铜等	3~5	80~300	20~100	<0.5	<0.2	<20
8	磨板废水	悬浮物等	5~7	<30	<3	<0.5	<0.2	<5

含铜废水的产生量大，占总废水产生量的 20%~45%，但含铜量不高，仅为 20~100 mg/L，进行回用处理的难度大、成本高，经济效益低，因此较少工厂对含铜废水中的铜进行回收利用。

磨板废水产生量仅次于含铜废水，来源于内外层电路制作、电镀、表面处理加工等工序的前处理（刷磨）工序，其污染物成分单一，主要为悬浮物（铜粉），且浓度较低，可采用铜粉回收机在线循环利用。

含金、银等贵金属废水、含镍等第一类污染物废水通常采用离子交换法在线上回收,满足排放标准限制后排入工厂废水治理工程。

以下介绍几种废水及其金属的回收利用技术。

1. 铜粉回收机在线循环利用技术

铜粉回收机通常安装在刷磨工序附近,主要由进水槽、过滤装置和回用水槽组成。其中,过滤装置由缓冲板、1套或数套内外过滤筒和过滤袋构成。通过水泵,将进水槽的含铜粉刷磨废水泵入过滤装置,经过缓冲板降低水压,并起到搅动废水使铜粉分散的作用,然后进入内过滤筒;过滤袋套装在内过滤筒和外过滤筒之间,水流通过时,铜粉被截留在过滤袋中,并形成一层泥饼附着在过滤袋表面,进而提高过滤袋的过滤能力;过滤后的废水进入回收水槽,可作为刷磨用水循环使用。

2. 膜分离中水回用技术

膜分离技术是指,以压力为驱动力,以微滤膜、超滤膜、纳滤膜、反渗透膜等膜单元为过滤介质,将悬浮物、离子、有机物等溶质从废水中分离的技术。产出的清水可回用至生产线,如果是含单一金属离子的反渗透浓水可直接回用至镀槽。该技术在水处理领域中的应用已经非常普及。

膜分离中水回用技术的常见工艺流程如图12-3所示。

图 12-3　膜分离中水回用技术的常见工艺流程

各种膜单元功能适宜性见表 12-7。

表 12-7　各种膜单元功能适宜性

膜单元种类	过滤精度/μm	截留分子量/dalton	功能	主要用途
微滤(MF)	0.1~10	>100000	去除悬浮颗粒、细菌、部分病毒及大尺度胶体	饮用水去浊,中水回用,纳滤或反渗透系统的预处理
超滤(UF)	0.002~0.1	10000~100000	去除胶体、蛋白质、微生物和大分子有机物	饮用水净化,中水回用,纳滤或反渗透系统的预处理
纳滤(NF)	0.001~0.003	200~1000	去除多价离子、部分一价离子和分子量为200~1000 dalton的有机物	脱除井水的硬度、色度及放射性镭,部分去除溶解性盐,工艺物料浓缩等

(续)

膜单元种类	过滤精度/μm	截留分子量/dalton	功能	主要用途
反渗透（RO）	0.0004~0.0006	>100	去除溶解性盐及分子量大于100 dalton的有机物	海水及苦咸水淡化、锅炉给水、工业纯水制备、废水处理及特种分离等

膜分离系统对进水的水质要求较高，废水中的悬浮颗粒、溶解性盐、微生物、氧化剂、有机物等污染物均有可能造成膜堵塞或膜损坏，进水前宜采用混凝-沉淀-过滤工艺进行预处理，因此，大部分工厂的膜分离系统安装在综合废水处理系统之后，已经满足工厂排放标准的废水一部分外排，一部分则进入膜分离系统处理，实现中水回用。

经过膜分离技术处理后的中水水质较好，可用作设备冷却水，也有PCB工厂将该类中水与自来水按照一定比例混合，作为常规的生产用水。

3. 离子交换回收技术

对于成分较为单一、电导率较低的废水，可使用具有选择性的离子交换树脂，将目标金属离子从废水中分离并在树脂中富集，处理后的清水可进行回用或排入综合废水处理系统。树脂饱和后需使用化学溶剂冲洗，使树脂中的金属离子解析、重新溶解在溶液中，并实现树脂的再生。树脂的解析废液含有浓度较高的目标金属离子，可进行回收利用。PCB行业中多使用离子交换法处理含镍废水，也有PCB工厂使用树脂吸附镀金工序后首道清洗水中的氰化金钾，富集后解析，解析废液可用于镀金溶液的调配。

离子交换回收技术的常见工艺流程如图12-4所示。

图12-4 离子交换回收技术的常见工艺流程

不同的金属离子需选用不同的树脂类型，常见的对应关系见表12-8。

表12-8 各类金属废水与离子交换树脂的适配性

废水种类	树脂类型
含铜废水	大孔型强酸性阳离子交换树脂
含镍废水	钠型凝胶型强酸阳离子交换树脂、大孔型弱酸阳离子交换树脂、凝胶型弱酸阳离子交换树脂等

(续)

废水种类	树脂类型
含金（氰）废水	强碱性阴离子交换树脂
含银废水	弱碱性阴离子交换树脂

PCB 制造过程产生的废水种类多、数量大，并且特质明显，分质分流之后，可以进行梯级利用，代替废水处理的药剂溶液。例如，酸洗废水，pH 值为 2~3，铜离子浓度较低，可以将这部分废水代替酸性溶液用以中和碱性废水；BOD_5 浓度较高的生活污水可用于调节生化处理池。以废治废必须遵守的一个基本原则就是不能产生二次污染。

12.4 固体废弃物的回收利用

PCB 工厂产生的固体废弃物包括一般固体废弃物和危险废物。其中，一般固体废弃物通常有生活垃圾、废包装材料、废铝片、废钻刀、钻孔粉尘等 依据《国家危险废物名录 2018 版》，危险废物通常有各类工艺槽液废液、油墨渣、含铜污泥、废电路板（不合格成品）、覆铜板边角料、废荧光灯管、废机油等。

《清洁生产标准 印制电路板制造业》（HJ 450—2008）中涉及 PCB 工厂固体废弃物回收利用的要求可归纳总结为 2 条：①各类固体废弃物应该分类回收，不同工序产生的、不同材质组分的废弃物应严格分类收集和存放，这是后续有效处理、处置的前提；②工厂产生的废弃物如果是可利用资源应无污染地回用处理，不能自行回用则交有资质专业回收单位处理，做到再生利用，不产生二次污染。以上也是 PCB 工厂处理固体废弃物的基本原则。

目前，除前文提到的各类工艺槽液废液的回收利用外，对于大多数 PCB 工厂而言，没有能力和条件，也没有必要直接回收利用其他的固体废弃物。但是，工厂可以在有限的技术能力范围内，采用适当的处埋方法，比如破碎分解、压缩、脱水等技术手段，提高废弃物的细分程度，减少废弃物的贮存空间和转运数量，减少发生二次污染的风险，便于后续专业机构的综合利用。

例如，与专业的资源综合利用机构合作，使用污泥深度脱水技术，使污泥含水率降低到 45% 以下，再转移到专业机构进行资源化处理，这样既降低了污泥转运体积和重量，也便于污泥中金属的熔炼和提取。

此外，PCB 产品及原料的废包装材料是工厂常常会忽视的一部分固体废弃物，不少工厂将其与生活垃圾一起交给环卫部门处理。实际上，其中多为塑料类、纸类等可重复利用、可再生利用的材料，除了委托相应的资源综合利用机构进行资源化外，也可随供应商的逆物流回收。

参考文献

[1] 邢征．电路板蚀刻废液循环回用与铜回收的过程研究［D］．广州：华南理工大学，2017．

[2] 辰光．酸性氯化铜蚀刻液与碱性氯化铜蚀刻液比较［J］．印制电路信息，2003（9）：38-57．

[3] 王春振．电化学法再生印刷电路板蚀刻液及石墨毡阳极改性研究［D］．天津：天津大学，2016．

[4] 黄玉文．印制板生产中过硫酸盐微蚀液的分析调整和维护［J］．印制电路信息，2005（10）：31；55．

[5] 伊洪坤，王维仁．一种新型单过硫酸氢钾/磷酸微蚀体系在PCB微蚀中的应用［J］．表面技术，2012，41（6）：75-77；127．

[6] 陈茹．印制板蚀刻液及微蚀液中铜回收的技术研究［J］．自动化与仪器仪表，2016（1）：11-12．

[7] 赵成军．适合选择性化金板的新型抗贯凡尼效应——过一硫酸氢钾微蚀刻液（OSP/SENIG）［J］．印制电路信息，2013（8）：43-45．

[8] 张庆喜，童张法，陈志传．利用微蚀刻废液制备碱式碳酸铜［J］．河北科技大学学报，2012，33（3）：274-278．

[9] 陈加福．化学镀技术1000问［M］．北京：机械工业出版社，2015．

[10] 刘镇权，吴培常，邬通芳．新型烷基磺酸退锡机理分析及再处理工艺可行性的研究［J］．印制电路信息，2017，25（6）：29-32；46．

[11] 枚芳．酸性氯化铜蚀刻废液再生处理的试验研究［D］．广州：暨南大学，2013．

[12] 王红华，蒋玉思．酸性氯化铜液蚀刻化学及蚀刻液再生方法评述［J］．印制电路信息，2008（10）：57-60．

[13] 左小华，屈媛．资源化回收工艺处理某电子公司高氨氮废水的探索［J］．广东化工，2018，45（18）：137；145．

[14] 杨征宇．电化学法再生酸性氯化铜蚀刻液与铜回收的研究［D］．天津：天津大学，2013．

[15] 孙云飞，徐策，薛伟，等．PCB蚀刻废液回收铜制备铜粉的技术综述［J］．印制电路信息，2017，25（5）：63-66．

[16] 保积庆，沈筱芳，徐劼，等．膜电解法再生$FeCl_3$蚀刻液的蚀刻性能研究［J］．中国腐蚀与防护学报，2014，34（2）：195-198．

[17] 缪晓芳．蚀刻用氯化铁废液资源化绿色再生工艺及其装备研究［D］．上海：华东理工

[18] 钟声. PCB 碱性蚀刻废液再生与铜离子萃取回收的研究 [D]. 广州：暨南大学, 2011.
[19] 胡久刚. 氨性溶液中铜、镍、锌金属离子的萃取行为及微观机理研究 [D]. 长沙：中南大学, 2012.
[20] 杨焰, 李德良, 邓瑞帅. 微蚀废液中铜回收工艺研究 [J]. 中南林业科技大学学报, 2010, 30 (5)：160-162.
[21] 吴佳, 张振忠, 赵芳霞. 超声脉冲电沉积法回收含铜电镀废液中铜的工艺研究 [J]. 材料导报, 2010, 24 (4)：102-105；114.
[22] 雷存喜, 曾冬铭. 利用电镀废液制备硫酸镍 [J]. 益阳师专学报, 1997 (5)：53-55.
[23] 刘娟, 张振忠, 赵芳霞. 电镀废水中镍的回收和利用 [J]. 化工环保, 2009, 29 (6)：545-548.
[24] 盛祥. 膜分离技术在含镍电镀废水回收利用中的应用——以浙江兴华电池有限公司电镀废水回收利用为例 [J]. 污染防治技术, 2015, 28 (3)：95-98.
[25] 刘振海, 王鹏, 姜洪泉, 等. 铜镍电镀退镀废液资源化处理工艺 [J]. 环境科学, 2002 (2)：113-116.
[26] 熊正为, 陈齐玮, 王劲松, 等. 电解法处理电镀含镍浓缩废液的试验研究 [J]. 工业水处理, 2017, 37 (8)：70-73；104.
[27] 郑穗华, 陈庆邦. 从电镀废液中回收金的研究 [J]. 中国物资再生, 1997 (6)：8-9.
[28] 陈庆邦, 张晶, 卢宜源, 等. 碳纤维电解法从稀氰化金溶液提取金 [J]. 黄金, 1992 (6)：36-39.
[29] 刘书敏. 电沉积法从含金废液中回收金的试验研究 [D]. 广州：广东工业大学, 2008.
[30] 黄美荣, 李振宇, 李新贵. 含银废液来源及其回收方法 [J]. 工业用水与废水, 2005 (1)：9-12.
[31] 于秀娟, 赵南霞, 周力, 等. 化学镀镍老化液中镍、磷的处理与回收 [J]. 环境保护科学, 2001 (1)：15-18.
[32] 闫雷, 李淑芹, 于秀娟. 化学镀镍老化液的处理及资源回收利用 [J]. 东北农业大学学报, 2003 (2)：157-160.
[33] 闫雷, 于秀娟, 李淑芹. 电解法处理化学镀镍废液 [J]. 沈阳建筑大学学报（自然科学版）, 2009, 25 (4)：762-766.
[34] 陈健荣, 崔国峰. 化学镀镍废液处理的现状及展望 [J]. 电镀与环保, 2007 (4)：4-8.
[35] 萧作平, 廖蔚峰, 黄文芳. PAM-Na$_2$S 体系在废退锡水再生处理中的应用 [J]. 化学与生物工程, 2004 (3)：46-47.
[36] 生态环境部. 印制电路板废水治理工程技术规范：HJ 2058—2018 [S]. 北京：中国环境科学出版社, 2018.
[37] 李刚, 彭双全, 钟志立, 等. 一种含铜废水铜粉回收装置：CN204865170U [P]. 2015-12-16.

[38] 环境保护部.膜分离法污水处理工程技术规范：HJ 579—2010 [S].北京：中国环境科学出版社，2011.

[39] 雷兆武.离子交换法处理印刷电路板含铜废水实验 [J].电镀与精饰，2012，34（11）：40-42.

[40] 何敏，兰新哲，朱国才，等.离子交换树脂处理含氰废水进展 [J].黄金，2006（1）：45-48.

[41] 郭瑞光，邱启文.离子交换法含银废水深度处理的资源化技术 [C] // 中国化学会第八届水处理化学大会暨学术研讨会论文集.2006.

[42] 陈丹丹，窦昱昊，卢平，等.污泥深度脱水技术研究进展 [J].化工进展，2019，38（10）：4722-4746

[43] 许景文.污泥深度脱水技术 [J].上海环境科学，1985（11）：40-41.

[44] 叶海明，王静.含铜污泥中铜的资源化回收技术 [J].化工技术与开发，2010，39（8）：55-58.

[45] 张旭，赖丽芳.一种回收处理含铜污泥技术 [J].环境，2014（S1）：42.

[46] 郭菊花.PCB 企业含铜废水处理污泥技术研究 [J].环境与发展，2018，30（3）：104；116.

[47] 刘承先.含铜污泥中铜的回收及污泥无害化处理 [J].辽宁化工，2001（6）：248-249.

[48] 中华人民共和国生态环境部，2019年全国大、中城市固体废物污染环境防治年报[Z].(2019-12-31)http://mee.gov.cn/ywgz/gtfwyhxpgl/gtfw/201912/po20191231360445518365.pdf.

[49] 工业和信息化部节能与综合利用司.《工业固体废物资源综合利用评价管理暂行办法》和《国家工业固体废物资源综合利用产品目录》解读 [EB/OL]，(2018-05-30) [2020-06-30].http://www.miit.gov.cn/n1146285/n1146352/n3054355/n3057542/n3057545/c6203163/content.html.

第 13 章

产品绿色设计

13.1 绿色设计

由本书第一篇介绍的内容可知，绿色工厂不仅需要有绿色建筑设施等基础设施、绿色的能源和原材料、绿色的生产制造过程，最终也应生产出绿色产品。目前绿色工厂评价的相关标准也要求企业对产品进行绿色设计，并对生产的产品进行绿色设计产品评价。

绿色设计本身可以覆盖很多对象，比如产品、生产工艺、生产线、生产环境等，不同的对象，决定设计的内容、方向和思路也会有所不同。而目前绿色制造工作中的绿色设计，是针对产品而言的，具体是指按照全生命周期的理念，在产品设计开发阶段系统考虑原材料选用、生产、销售、使用、回收、处理等各个环节对资源环境造成的影响，力求产品在全生命周期中最大限度地降低资源消耗、尽可能少用或不用含有有毒有害物质的原材料，减少污染物产生和排放，从而实现环境保护的活动。由此可见，绿色设计是一种思维方式的转变，是产品设计由以经济性能为中心向产品经济性能和资源环境性能综合考虑的一种设计理念。产品绿色设计与传统设计特征对比见表13-1。

表13-1 产品绿色设计与传统设计特征对比

序号	特征	传统设计	绿色设计
1	设计目标	便于生产制造、降低生产成本、提高产品性能	便于生产制造、降低生产成本、兼顾产品属性和资源环境属性
2	设计依据	依据生产、用户对产品提出的性能、质量和成本要求	依据绿色发展、绿色制造的要求以及用户绿色消费的需求，综合产品的资源环境指标、产品性能、质量等要求来设计
3	设计过程	设计人员主要根据生产制造过程的实现、成本以及使用过程的性质、质量来设计，很少或根本没有考虑到节约资源能源、资源再生利用和生态环境的影响	要求设计人员在产品构想和设计阶段，从覆盖原材料获取、生产制造、产品使用、废弃回收、处理处置的全生命周期过程中，综合考虑产品经济性能和资源环境性能而进行设计

在此需要讨论和强调的是，虽然产品绿色设计要求系统考虑原材料选用、生产、销售、使用、回收、处理等各个环节对资源环境造成的影响，但设计的对象仍是产品，其具体的设计内容一般包括产品的原材料选用设计、功能和结构设计、绿色包装设计、节能降耗设计和可资源化设计。目前常见的问题是，在研究讨论产品绿色设计的过程中，因为提到了产品的全生命周期，在实际工作中容易使设计对象模糊不清，往往对生产工艺、回收技术等进行设计。在此，

以通过考虑生产环节来进行产品设计为例，说明全生命周期各环节与产品绿色设计之间的逻辑关系：例如生产过程中有污染物产生的问题，这种污染物是来源于某种原材料，那就可以考虑在产品设计时选用其他的绿色材料替代，以此来解决生产过程中产污问题；例如某组装工序的能耗很高，可以考虑通过设计优化产品结构，以降低该组装工序的能耗。

因此，进行产品绿色设计的思维逻辑可以总结为：首先针对工业产品全生命周期中的各个阶段，分析各阶段的资源能源消耗及环境影响问题，然后分析这些问题与工业产品之间的关系，接着依据产品的设计方法学，在绿色制造理念的指导下，通过原材料选择、功能结构设计、包装设计、节能降耗设计和可资源化设计等途径，完成产品的绿色设计，最终使产品在保证其原有属性的基础上，改善其全生命周期过程中资源环境行为和属性。产品绿色设计各要素及其关系如图 13-1 所示。

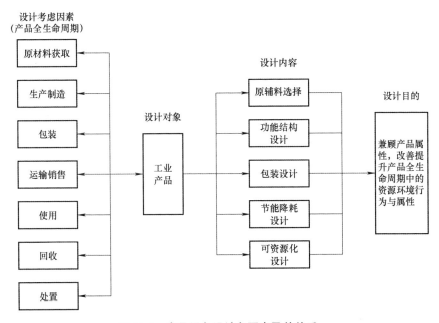

图 13-1　产品绿色设计各要素及其关系

1. 原辅料选择

原辅料选择包括采用环境友好型材料、使用低载能材料和使用可资源化利用的原料等。原材料处于 PCB 全生命周期的前端，是实现产品绿色设计的基础，不仅影响产品的生产制造，而且会影响后续的产品使用和回收处理。辅助材料一般不是产品本身的构成，是在生产过程中为保证工艺技术或产品品质而辅助使用的，因此针对产品开展设计主要考虑原材料的选择。但对于某些产品而言，其辅助材料的种类多、用量大，与产品有着密切关系，且在产品生产制造阶段对环境的影响明显，因此也可将辅助材料的选择纳入产品绿色设计的范畴。

2. 功能结构设计

功能结构设计包括功能组合设计、功能优化设计、质量可靠性提升设计和易于维护和维修的设计等。功能组合设计和功能优化设计可使产品在尽可能少的资源能源支撑下为消费者提供更多的使用价值，间接地提高了资源能源效率。质量可靠性提升设计无疑会延长产品的生命周期，也就稀释了产品在其全生命周期内资源能源的消耗量。易于维护和维修的设计首先可直接地减少维护和维修过程中的消耗，同时也能延长产品的生命周期，其在绿色意义上的贡献类似于提高产品的质量可靠性。

3. 包装设计

包装设计包括包装材料的选择、适度包装设计、考虑包装材料回收和重复利用的设计以及减少包装废物产生的设计。目前很多的包装材料最后都成了固体废弃物，包装材料的选择主要强调选用新型环保材料，减少包装材料中的有害物质。适度包装设计是在满足产品包装需求的基础上进行包装减量化、轻量化设计，减少包装材料消耗的同时减少包装废物的产生。包装材料回收和重复利用的设计可延长包装材料的生命周期，从而提高资源利用效率，减少包装废弃物。

4. 节能降耗设计

节能降耗设计包括提升用能产品能效的设计、用能产品使用清洁能源的设计、减少耗材使用或采用清洁耗材的设计、减少使用过程中废物产生的设计。节能降耗设计主要针对的是产品的使用阶段，比如一些耗能产品在使用阶段对能源的消耗很大，往往超过其生产制造阶段，设计节能降耗的产品不仅有利于全社会绿色发展，也可提升消费者的产品使用体验。

5. 可资源化设计

可资源化设计包括可重复使用设计、可拆解设计、可再制造设计和可再生利用设计等。该设计可实现"变废为宝"，增加资源来源途径，减少资源消耗，同时也延长了产品的生命周期，或者使产品融入多个生命周期过程中，以此提高资源利用效率。

13.2　PCB 绿色设计特征分析

不同的工业产品有着不同的特点，进行绿色设计的空间不同，进行绿色设计时其设计途径和设计内容也会有所不同。PCB 属于电子部件,不是直接面向消费者的终端产品,因此与手机、计算机等产品相比,其绿色设计的空间会相对较小。但 PCB 整个寿命过程对资源环境的影响明显,且其用途广泛,是电子信息产业链上的重要一环,与电子、电器、汽车等多个行业都具有供应关系,其绿色水平决定着终端产品的绿色水平,因此仍然具有开展绿色设计的空间和意义。

PCB 的设计工作包含构建元件库、结构设计、电路板布局、电路设计、电路板丝印、综合性检查和基板选择等内容。在 PCB 行业讨论产品设计,一般习惯上都是指其电路设计。PCB 的电路设计是以电路原理为根据,通过考虑印制板版图、外部连接布局、内部电子元件的优化布局、金属连线和通孔的优化布局、电磁保护和热耗散等因素,使 PCB 达到良好的电路性能和散热性能,从而实现电路板所需功能的设计过程。电路设计是印制电路板设计工作中最重要的内容,其他相关工作可以说都是为电路设计做铺垫的。而绿色设计是在满足产品性能的基础上,考虑资源环境因素,实现产品全生命周期过程中最大程度减少资源投入和污染物排放的一种设计理念,两者并不冲突。当然电路设计也可以支撑 PCB 的绿色设计,比如通过金属电路和通孔布局设计,在实现同样导通效果的基础上使电路简化,从而减少生产所需的原材料。

印制电路板属于电子部件,并不能单独使用,且在相关终端产品中主要起线路联通导通的作用,因此在其产品绿色设计阶段,没有明显的节能降耗设计意义和空间。另外,PCB 废弃后的资源回收问题受到了相关学者的关注,但 PCB 作为电子部件,进行回收时回收对象已经到了金、银、铜、环氧树脂等基础材料的层面了,进行可资源化设计的意义不大。同时,PCB 的基材、铜线以及连接导通部位的其他金属等,都是保证电路板特性和功能的基本构成,在行业内也是经过了充分地对比筛选和长期生产实践的考验,在相关基础材料及其制造技术工艺没有明显突破的前提下,进行可回收性设计的空间也不大。因此,根据上文介绍的工业产品绿色设计的内容以及 PCB 产品的特点,PCB 的绿色设计主要在原材料的选择、功能结构设计和包装设计三个方面。

13.3 PCB 的绿色设计途径和方法

13.3.1 原辅料的选择

在对 PCB 的原辅料进行选择时,首先可以考虑有害物质的管控,原辅料中有害物质如果超出限值要求,不仅会增加生产制造和回收处理过程中对操作人员职业健康和环境的危害，也会传递进入产品影响到消费者的健康。PCB行业涉及的有害物质种类较多，如铅及其化合物、汞及其化合物、镉及其化合物、六价铬化合物、多溴联苯、多溴二苯醚、甲醛、邻苯二甲酸酯等，这些都是印制电路板行业乃至产业链上关注的问题。在进行原辅料选择时应积极选用合适的替代材料，对于暂时还不能进行替代的原材料应尽量减少其用量，如采用水溶性抗蚀干膜抗蚀剂替代溶剂型抗蚀干膜抗蚀剂、无氟清洗剂替代氟碳溶剂清洗剂、光固化油墨替代溶剂油墨等，具体要求可参见本书9.2节。

其次，还可结合具体产品的要求和后续配套的生产工艺，选择不同类型和规格的基板。例如针对某些产品采用"半加成"工艺，设计时可以考虑选用薄铜箔覆铜板。另外，PCB的覆铜箔厚度对其加工过程中导线的精度和最小导线宽度有很大影响，环氧树脂覆铜板、聚四氟乙烯覆铜板和聚酰亚胺柔性覆铜板等不同基板因其力学、热学性能不同而有不同的产品特性表现。因此，在选择基板的类型和规格时需要根据产品的使用需求、品质要求、负载电流、布线密度等因素综合考虑。

13.3.2 功能结构设计

在PCB行业并没有"功能结构设计"的习惯说法，但印制电路板的设计工作包含了结构设计、电路板布局、线路设计、基板选择等内容，其目的主要是实现其产品性能，因此可以说PCB的设计就是对其产品功能结构的设计，本书在此这么描述也是为了将绿色设计的理论与PCB设计结合对应起来。

印制电路板设计需要针对产品的使用需求，根据电路原理，通过考虑元器件的尺寸、质量、物理因素、排列方式、连接关系和电磁干扰等因素，提出多项设计方案后选择最优方案，最后以适当的比例做出设计图样。在整个设计过程中，要考虑的因素很多，包括电性能、使用维护、结构、生产制造以及经济成本等。而且，各因素考虑的出发点和目的并不完全一致，它们之间常常有冲突，从而使产品的设计过程需要不断折中平衡和迭代优化。这种平衡且不断优化的过程非常复杂，往往会使设计结果是现阶段综合因素平衡后的最优表现，同时也能体现出相应的绿色因素。例如，确定电路板的尺寸时，尺寸过大，印制电路因线条太长，会增加阻抗，抗噪声能力就会下降，成本也会增加；尺寸过小，则散热不好，且邻近线条容易受到噪声的影响，在此原则下确定的电路板尺寸就已经是在保证产品质量的基础上的最小尺寸，体现了节材设计的效果。

产品绿色设计理论中的功能结构设计主要包括功能组合设计、功能优化设计、质量可靠性提升设计和易于维护和维修的设计等，而PCB的设计以及其中最为重要的电路板布线最终都是为了保证其产品性能稳定和质量可靠的，可见

PCB产品目前的设计工作已经具有绿色设计的因素了。如果要进一步强调绿色设计，可重点关注印制板厚度尺寸设计和可靠性设计。

1. 厚度尺寸设计

PCB的外形、厚度和单板尺寸设计可体现设计时的节材理念。例如，外形尺寸很小的板（例如板面尺寸小于100 mm×100 mm的），应在设计时考虑做成拼板。当某产品的几种印制板层数相同、厚度和介质层相同、铜箔厚度相同、用量相同时，可以组合在一起拼成组合套板。

另外，电路板的层数也具有一定的绿色设计空间。在设计PCB时，随着层数的增加，布线就会变得容易，线间距、线宽都可以加大，从而使得每一层的图形设计和后续制作都会变得更简单，产品的抗干扰能力也会增加，但这无疑会增加原材料的消耗，降低资源利用率。同时，随着层数增加，多层板孔电镀质量出现问题的概率也会增加，整个产品的可靠性也会降低。综合考虑，在产品满足终端设备要求的前提下，应尽量将多层板的层数设计得少一些。

2. 可靠性设计

PCB的设计最终都是为了保证其产品性能稳定和质量可靠的，而可靠性设计属于产品绿色设计的重要内容，因此可靠性设计可综合带动整个设计过程都融入绿色理念。PCB的可靠性设计主要包括电磁兼容设计、接地设计、热设计和抗振设计等。

（1）电磁兼容设计　电磁兼容设计的目的是使电路板既能控制各种外在干扰，在规定的电磁环境中正常地工作，又能减少本身对其他设备的干扰。要解决电磁兼容问题，必须在干扰源和传输途经上找办法。PCB常见的电磁干扰主要包括传导干扰、串音干扰和辐射干扰。在PCB设计之初就考虑电磁干扰的设计是最有效的办法。在PCB设计中，首先应设计好区域划分，按电路类型进行区域划分；其次留好地线结构空间；另外还要注意电路和器件的位置安排，注意使连线距离最短，尽量缩短高频信号的布线距离和缩小布线区域。

（2）接地设计　地线是信号电流或电源电流的返回路程，地线只要存在阻抗，就会产生信号压降，形成噪声，对与该地线有关的电路形成干扰。在地线设计中有单点接地、多点接地和混合接地。在确定了器件的大体位置后，应尽量选择PCB一面全部用铜箔做地的大平面接地方式，而用另一平面做信号布线层，这样可减小地线的阻抗、感抗和回路面积，也有利于散热。

（3）热设计　PCB在使用过程中的散热主要依靠空气流动，所以在电路设计时要研究空气流动的路径，合理配置器件在PCB上的分布。为了利于散热，PCB可以考虑设计为直立安装，同一块PCB上的元器件应尽可能按发热量大小和耐热程度分区进行排列。水平方向上，大功率器件尽量靠近 PCB 的边沿；竖直方向上，大功率器件尽量靠近 PCB 上方。

（4）抗振设计　振动可使 PCB 疲劳而失效，PCB 的抗振能力受到众多因素的影响，设计时应尽量减少振动对 PCB 互连导线的影响，提高其可靠性。基本的设计原则有：重点信号线不走应变极大区，减少重点信号对振动的敏感性；在应变极大区布线时适当增加线宽，以增加附着强度，提高抗剥离强度；对于过孔应减少其在应变极大区的密度，使其与导线连接的部位出现振动损伤的概率降低；焊盘与导线的连接在应变极大区使用焊盘泪滴连接，从而降低在连接部位产生的缺口裂纹的敏感性。

13.3.3　包装设计

PCB 是比较脆弱和容易损坏的产品，在完成产品生产制作及在后续存放和运输过程中，需要对其进行相应的包装保护，一方面避免其因碰撞挤压而损坏，同时也满足防潮、防静电和防氧化要求。

PCB 制作完成后，企业都会根据需求对产品进行包装。目前行业常用的方式是用 PE（聚乙烯）薄膜进行真空包装，一般 PCB 包装薄膜在使用一次后会成为固体废物，不仅浪费资源，也可能会造成新的污染。针对此包装环节，企业首先可以对包装方式进行设计和规范，以减少包装薄膜的消耗，例如根据需包装产品的大小，考虑包装薄膜的拉伸性，设计所需包装薄膜的尺寸。同时也可在保证产品质量的前提下，与客户沟通，设计产品的打包包装或组合包装方式。另外，可以考虑其他绿色包装材料替代 PE 薄膜，如可降解塑料包装薄膜、水溶性塑料包装薄膜等。新型的绿色包装材料可能会有成本高或包装效果不如 PE 薄膜的情况，这不仅需要包装行业努力破解这些瓶颈问题，也需要更多 PCB 企业通过绿色包装的设计来共同推动。

完成上述包装后，PCB 在仓储、运输过程中还需要用包装箱、托盘和缓冲抗振材料等进行仔细包装。在此包装过程中，企业应设计采用目前提倡的绿色包装材料，例如采用纸浆模塑、珍珠棉等做缓冲包装材料，替代 EPS（聚苯乙烯）发泡塑料，以蜂窝纸板、气柱包装、竹胶板环保材料替代木质托盘、包装箱等。同时考虑包装材料的减量化、轻量化设计，例如某企业曾采用五层瓦楞纸板包装，后来通过将中间一层去掉，成为双拱的四层瓦楞纸板。经实际应用，四层瓦楞纸板的性能能达到五层瓦楞纸板性能的 80%～90%，平压强度和可印刷性甚至比五层瓦楞纸板还要好。

另外，PCB 企业也可针对供应关系稳定的客户，建立包装材料回收利用机制，设计出包装材料可回收利用的包装方式。

13.3.4 PCB 的绿色设计思路和内容小结

根据上文的介绍可知，PCB 企业在产品绿色设计方面仍然具有一定的空间，针对产品特征和行业现状，PCB 进行绿色设计时的重点在原辅料选择、结构功能设计和包装设计三个方面。其中，原辅料的选择主要在于有毒有害物质管控、材料的替代和减量，同时根据产品要求，结合后续生产工艺选择不同类型和规格的基材；功能结构的设计除厚度尺寸的设计外，应把重点放在可靠性设计上；绿色包装可针对不同的包装阶段，考虑绿色包装材料的选择、包装方式的优化、包装减量化和包装材料回收利用。PCB 企业的产品绿色设计层次和主要内容总结如图 13-2 所示。

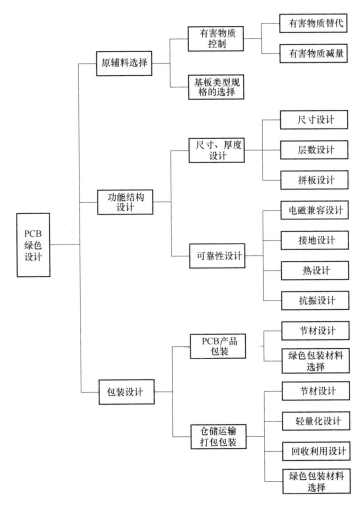

图 13-2　PCB 企业的产品绿色设计层次和主要内容总结

13.4 绿色设计产品评价

13.4.1 PCB 绿色设计产品评价方法

绿色设计产品评价是从产品生产企业的基本条件、产品的资源属性、能源属性、环境属性、产品属性以及全生命周期等层面和角度出发，融合了微观评价和宏观评价的综合评价过程。开展绿色设计产品评价工作有两大目的和意义：一是在全社会层面，从现有工业产品中甄别筛选出绿色设计产品，发挥带动引领作用，促进绿色制造体系建设，营造绿色制造社会环境及氛围；二是对于制造业和企业而言，产品评价的结果可反馈给各个层次的设计者，以便于及时对设计方案进行改进和优化，不断提升产品的绿色设计水平，以此带动产品全生命周期各环节绿色制造水平提升。

对于 PCB 的绿色设计产品评价，目前已发布评价标准《绿色设计产品评价技术规范 印制电路板》（T/CESA 1070—2020）。根据该标准的要求，PCB 进行绿色设计产品评价的工作流程如图 13-3 所示。

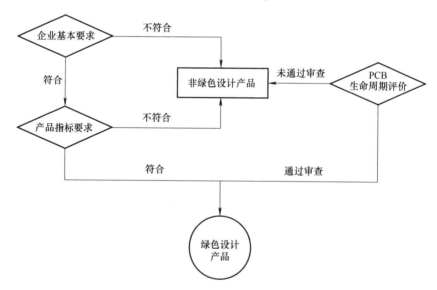

图 13-3 PCB 进行绿色设计产品评价的工作流程

PCB 绿色设计产品的评价，包括对 PCB 生产企业的基本要求、产品的指标要求和对产品进行生命周期评价三个方面的内容。

首先是对企业的基本要求，主要是对企业的合法合规性以及其绿色制造的基础能力进行了约束，例如：企业的污染物排放应达到国家、地方和行业污染物排放标准的要求，污染物排放总量应达到国家、地方和行业污染物排放总量控制指标；应严格执行节能环保相关国家标准，近三年无较大及以上质量、安全和环境事故；企业应按照 GB 17167—2006 配备能源计量器具，按照 GB 24789—2009 配备水计量器具等。在企业满足所有基本要求的基础上，才可按照指标要求对其 PCB 产品进行对标。

指标要求都是对 PCB 产品提出的，包括一级指标和二级指标两个层次。一级指标有资源属性、能源属性、环境属性和产品属性四类指标。其中，资源属性重点关注产品有害物质管控、材料回收利用、资源消耗等方面，包括使用无毒无害或低毒低害的生产辅助材料、单位产品耗新鲜水量、工业用水重复利用率、覆铜板利用率及包装等二级指标；能源属性重点关注能源消耗，具体考核单位产品的耗电量；环境属性重点关注生产过程中的污染物产生情况，包括单位产品废水、铜和化学需氧量的产生量等二级指标；产品属性重点关注产品的质量、安全等方面，包括有害物质限制使用和产品性能两个指标。在产品的评价过程中，PCB 需要满足以上所有的指标要求。由于不同类型 PCB 产品的生产工艺差异很大，评价标准中的指标要求按照产品的类型进行了区分，具体产品类型分为刚性印制板、挠性印制板和刚挠结合印制板 3 类，每个类别的产品又按照单面板、双面板、多层板和 HDI 板分别进行了指标的设置。

生命周期评价也是对 PCB 产品提出的，具体是指对产品在划定的生命周期范围内，对其资源能源消耗和污染物排放等环境影响数据进行系统全面计算分析的过程。生命周期评价是一项技术要求高、分析计算过程复杂的工作，在国际上已经是一项关注度很高的工业产品环境影响评价技术，有其基本的评价流程和方法，下文将针对 PCB 产品的生命周期评价方法进行介绍。

综上所述，PCB 在进行绿色设计产品评价时，其生产企业首先需满足标准中的基本要求，在此基础上才能针对产品进行指标评价，同时进行产品的生命周期评价。当产品的属性满足各项指标的要求且完成了有效的生命周期评价后，才能被评价为绿色设计产品。

13.4.2 生命周期评价

生命周期评价（Life Cycle Assessment，LCA）是一种评价产品、工艺过程或活动从原材料的开采、生产、包装、运输、销售、使用、回收到最终处理的整个生命周期过程中对环境影响的技术和方法。

之所以现在倡导对工业产品进行生命周期评价，是因为在覆盖产品生命周期过程的现代制造产业链中，产品的环境问题往往与其生命周期的若干个环节有着直接或间接的联系，另外几乎所有的生产制造活动都会涉及环境问题的转移，例如有些产品在使用阶段对环境很友好，但其生产制造阶段可能对环境的影响很大，有些产品在使用阶段对能源的消耗比其生产制造时的能耗高很多。因此，这就要求在评价一个产品的绿色属性时，不能仅仅评价其生产、使用、废弃等的某一个阶段，而应该将视野放得更广、更长，在其整个生命周期范围内进行系统全面的评价。

正是因为生命周期评价覆盖了产品的生命周期，而且在此过程中进行了系统科学的量化计算，因此通过其评价结果可清晰地发现产品在其生命周期中的环境友好性表现，从而发现生命周期过程中资源能源消耗和污染物产生最严重的阶段，寻找改善的机会，最后可依此对产品的绿色设计工作进行优化，提高产品对环境的友好度。

国际标准化组织（ISO）已经提出了 LCA 的方法论框架，包括四个步骤：目标与范围确定、清单分析、影响分析、结果解释与报告。

▶ 1. 目标与范围确定

LCA 目标与范围的确定与后续研究的地域广度、时间跨度和所用的数据质量等都有关系，将影响着评价工作的方向和深度。

当对 PCB 进行 LCA 时，首先要确定开展该项工作的原因和结果的应用目的，进而才能确定评价的范围、系统边界、数据要求和假设条件等。在此工作中，涉及系统功能、分配程序、限制假设等很多概念和要素，对于企业而言，需重点明确应用目标、确定评价范围、确定功能单位和提出数据质量要求四项工作。

1）明确应用目标，就是要求企业明确开展 LCA 的目的是什么。理论上讲，开展 LCA 可以用来筛选原辅料、优化生产工艺、评选供应商及传递供应链上的产品环境信息等，不同的目的会影响到后续的评价范围、数据质量等。但无论什么样的评价目的，首先都需要通过 LCA 来发现产品在其生命周期中的环境表现。因此，对于创建绿色工厂、致力于绿色发展的 PCB 企业而言，首先应在自己的能力范围，尽可能在 PCB 的全生命周期范围内，客观全面地研究分析其产品的环境表现，如此才会对企业在绿色发展的道路上起到实际的帮助。

2）确定评价范围是指在产品系统基础上确定系统边界。产品系统是由提供一种或多种确定功能的中间产品流联系起来的单元过程的集合，确定系统边界就是确定要纳入研究分析模型系统的过程单元。PCB 不属于终端产品，其使用是负载于其他产品中的,废弃后的处理处置过程又常常被纳入废弃的电子电器等终端产品的处理处置工作中,因此,对于 PCB 企业而言,目前进行产品的生命周期评价工作,可把重点放在产品的原辅料采集、运输及产品生产制造阶段,并将这些阶段的生命周期数据传递给终端产品企业,最终实现终端产品的全生命周期评价。目前《绿色设计产品评价技术规范 印制电路板》(T/CESA 1070—2020)中对 LCA 范围的要求是:"印制电路板的生命周期评价报告的系统至少应包括原材料采集、运输及产品生产阶段"。PCB 生命周期评价范围如图 13-4 所示。

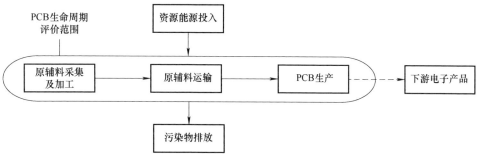

图 13-4 PCB 生命周期评价范围

3)功能单位可以理解为进行生命周期评价的对象的基本单位,是量化所选定系统的基础。确定功能单位时要考虑评价工作的目的及范围。在确定功能单位后,评价过程中才可根据原辅料、各种中间产品与评价产品之间的关系进行数据计算。对于 PCB 产品而言,可将功能单位确定为"平方米",也可确定为"一块"等,功能单位要与具体规格或型号的产品对应起来。

4)数据质量决定了产品生命周期评价结果的质量。理想状态下,希望系统边界范围内数据都是实测且真实的,但这样显然并不现实,除实测数据外,还需要统计数据、文献数据等补充,另外数据本身也存在时间跨度、空间有效性等问题,因此在进行生命周期评价时一定要根据评价目的对数据质量提出要求。一般而言,数据质量包括准确性、完整性、代表性、可重复性等要求。

2. 清单分析

清单分析是对所建立的研究系统中的资源和能源消耗以及向环境排放的废弃物进行定性、定量的分析过程。清单分析的关键是形成以产品功能单位表述的产品系统的资源、能源的输入以及废弃物的输出,注意系统中各子系统的物质和能量都必须遵守平衡原理。清单分析一般包括数据准备、数据收集、计算程序和清单结果分析四个步骤。

（1）数据准备　即使对 PCB 进行生命周期评价只考虑原材料的获取、生产制造、运输这几个阶段，其中涉及的环节也会很多，收集数据也覆盖很多节点，需要其他企业的协助，因此需要进行相应的准备，让整个数据收集工作逻辑清晰且高效。具体包括在确定的系统边界范围内绘制过程流程图，表述清楚每一个过程单元，编写数据收集要求等。

（2）数据收集　该步骤就是根据数据准备阶段确定的手段和方法进行实际数据收集的过程。目前也有相关数据收集的软件，依靠该软件，对相关的供应商或企业发送数据请求，以此完成数据收集。在数据收集过程中需要注意的是，如果数据是统计数据或者从相关资料中收集的，应说明该数据的来源，后续会以此分析该数据的不确定性等。

（3）计算程序　数据收集后，需对所评价的产品系统中每一单元过程和功能单位求得清单结果，这就需要一个计算步骤。在计算时，最关键的就是根据该系统的功能单位，计算确定每一个单元的基准流，以此建立各数据与所评价研究产品功能单位之间的量化关系。

（4）清单结果分析　在以上工作结束后，还需要进行数据的敏感性分析，从而验证之前确定的系统边界是否合理，例如去除一些并不重要的生命周期阶段或子系统，或者忽略一些对评价结果影响并不重要的数据等，这一工作也需要结合评价目的而定。

3. 影响分析

为了使 LCA 具有更强的实际指导意义，例如用于指导产品绿色设计等，还必须对以上大量的数据进行环境影响分析，使收集的物耗、能耗以及物质排放数据与环境影响之间建立起更为直观的关系，即环境影响分析。影响分析过程中，目前公认且常被采用的步骤有分类、特征化和评价，除此以外还可根据实际情况考虑归一化、数据质量评估等工作步骤。

1）分类是将各种数据与环境影响类别相联系并分组排列的过程，分类原则是基于自然科学知识。一般的环境影响分类包括气候变化、臭氧消耗、淡水水生态毒性、人体毒性-癌症影响、人体毒性-非癌症影响、悬浮颗粒/可吸入无机物、电离辐射-人体健康影响、光化学臭氧的形成、酸化、富营养化-陆地、富营养化-水体、资源消耗-水资源、资源消耗-矿物和化石资源、土地变迁等。如果清单中数据只对一种环境影响类别起作用，就可直接进行负荷分配。但如果对多个环境影响类别起作用，还需要根据关联关系进行分配。LCA 中影响分析及其分类方式示意图如图 13-5 所示。

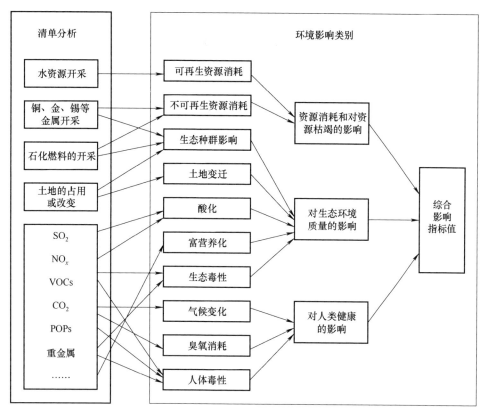

图 13-5 LCA 中影响分析及其分类方式示意图

2）特征化就是在分类的基础上分析和量化环境影响情况的过程，通常采用计算"当量"的方法来进行量化，即将当量值与实际清单中的相关数据相乘，最后将每一类别环境影响的所有当量结果加和，得到该环境影响的量化结果。除当量换算的方法以外，还有相关的负荷评估模型。

3）评价是对各种不同的环境影响类别的影响程度进行分析，以进一步对各环境影响类别的量化结果进行解释。

4. 结果解释与报告

结果解释的目的是根据 LCA 前几个阶段的研究或清单分析的发现，分析结果、形成结论、解释报告结论的适用性和局限性、提出建议并报告生命周期解释的结果。该阶段工作主要包括识别、评估和报告三项工作。其中，识别主要是基于 LCA 的量化结果，识别评价对象在系统边界范围内存在的问题；评估主要是对整个 LCA 过程中的完整性、敏感性、一致性和不确定性等进行检查分析；报告则是形成最终结论，并且提出建议。

参考文献

[1] 黄雪飞. 工业产品的生态化设计:内涵、方法与评价 [J]. 设计艺术研究, 2015, 5 (6): 19-24; 44.

[2] 史志呈. 产品生态设计与我国发展现状 [J]. 质量与认证, 2015 (6): 48-50.

[3] 林昊, 胡光忠. 产品生态设计策略研究 [J]. 工业设计, 2018 (7): 61-62.

[4] 戴宏民, 戴佩燕, 周均. 产品生态设计的关键技术及方法 [J]. 包装学报, 2013, 5 (2): 45-51.

[5] 毛晓波. 多层印制线路板的设计与制造 [J]. 电子制作, 2013 (4): 1.

[6] 朱永康. 印制线路板设计方式分析 [J]. 通讯世界, 2018 (1): 303-304.

[7] 习旻. 双面印制线路板的设计 [J]. 通信技术, 1983 (4): 38-47.

[8] 郭雨生. 印制线路板设计的一般原则 [J]. 电子工艺技术, 1995 (2): 32-33.

[9] 葛瑞. 印制线路板设计和加工规范 [J]. 印制电路信息, 2004 (1): 30-33.

[10] 陈世杰, 刘志峰, 蒋建平. 基于生命周期评价的生态设计方法 [J]. 合肥工业大学学报 (自然科学版), 2012 (11): 22-26.

[11] 樊光荣, 程小琰, 姚鹍. 印制线路板的可靠性设计 [J]. 电子质量, 2008 (2): 36-38.

[12] 林克, 张华, 华世荣, 等. PCB绿色制造的过滤芯和包装膜材料现状及方向 [J]. 印制电路信息, 2016, 24 (4): 64-66.

[13] 黄胜文. 浅谈电子工业绿色包装发展趋势 [J]. 印刷经理人, 2018 (11): 64-66.

[14] 卞玉玲. 浅析我国电子信息产品之绿色包装 [J]. 科技信息, 2011 (36): 74.

[15] 吴小燕, 袁新林. 消费类电子产品绿色包装设计的形式语言研究 [J]. 艺术研究, 2018 (4): 50-51.

[16] 叶柏彰. 电子信息产品打造"绿色包装"势在必行——我国《电子信息产品污染防治管理办法》即将出台 [J]. 中国包装, 2004 (4): 7-8.

[17] 杨建新, 宋小龙, 徐成, 等. 工业固体废物生命周期管理方法与实践 [M]. 北京: 中国环境科学出版社, 2014.

[18] 陈莎, 刘奠文. 生命周期评价与Ⅲ型环境标志认证 [M]. 北京: 中国标准出版社, 2014.

第 14 章

温室气体核算与核查

14.1 温室气体核算概况及工作程序

温室气体是指大气层中能够吸收和散发由地球表面、大气层和云层所产生波长在红外光谱范围内的辐射的气态成分，包括自然存在和由于人类活动产生的。人类社会排放的温室气体可增强地球的温室效应，从而引起如气候异常、海平面升高、冰川退缩、冻土融化、河（湖）冰迟冻与早融、中高纬生长季节延长等一系列生态系统问题。我国政府高度重视并积极应对气候变化，2007年发布了《国务院关于印发中国应对气候变化国家方案的通知》（国发〔2007〕17号），随着我国低碳发展工作的推进，国家发展和改革委员会于2011年10月印发了《关于开展碳排放权交易试点工作的通知》（发改办气候〔2011〕2601号），同年12月印发了《国务院关于印发"十二五"控制温室气体排放工作方案的通知》（国发〔2011〕41号），其中要求建立温室气体排放统计核算体系、探索建立碳排放权交易市场。2016年11月，印发了《国务院关于印发"十三五"控制温室气体排放工作方案的通知》（国发〔2016〕61号），其中提出，到2020年我国单位国内生产总值二氧化碳排放量要比2015年下降18%。为支撑温室气体排放控制工作，国家发展和改革委员会于2013年开始，陆续发布了重点耗能行业的温室气体排放核算指南，给出了相关行业温室气体排放核算的基本方法和程序。另外，各省市也在积极探索相关行业的温室气体排放控制工作模式。

PCB行业虽不属于目前温室气体排放管控的重点行业，但其生产制造过程中会直接或间接地产生温室气体。2014年1月，国家发展和改革委员会发布《关于组织开展重点企（事）业单位温室气体排放报告工作的通知》（发改气候〔2014〕63号），其中要求2010年温室气体排放达到13000 tCO_2e 或综合能源消费量达到5000 tce的法人企（事）业单位，必须核算和报告本单位上年度温室气体排放情况。各地省级应对气候变化主管部门接到报告主体报送后在3个月内组织对报告内容进行评估和核查。

除以上要求外，PCB企业核算企业边界范围内的温室气体排放量，有利于企业了解自身的碳排放水平，为实施节能减碳措施提供数据基础，同时为促进企业的绿色化、低碳化发展奠定基础。《绿色工厂评价通则》（GB/T 36132—2018）对于企业温室气体排放提出了相应的要求："工厂应采用GB/T 32150—2015或适用的标准或规范对其厂界范围内的温室气体排放进行核算和报告，宜进行核查，核查结果宜对外公布。可行时，工厂应利用核算或核查结果对其温室气体的排放进行改善。"可见，印制电路板企业进行温室气体核算、核查等工作也是其创建绿色工厂的基础工作之一。

目前 PCB 制造业的温室气体排放核算还没有有针对性的标准方法，根据《工业企业温室气体排放核算和报告通则》（GB/T 32150—2015）和《电子设备制造企业温室气体排放核算方法与报告指南（试行）》等标准和文件，结合 PCB 制造业的特点，可以按以下四个步骤核算 PCB 制造业的温室气体排放：

1）根据企业温室气体排放核算工作的目的，结合企业的生产制造工艺过程，确定温室气体排放核算边界。此边界范围内，从燃料燃烧排放、生产过程排放和购入电力、热力排放等角度，确定核算温室气体的环节和范围。

2）通过识别温室气体的种类和来源、选择核算方法、选择与收集温室气体活动水平数据、选择或测算温室气体排放因子等工作，计算温室气体排放量。

3）通过建立相应的规章制度，指定专职人员负责企业温室气体数据采集、排放核算和报告工作等，加强温室气体数据质量管理工作，为数据质量的保证提供流程化和文件的技术支持，保证核算工作的质量。

4）依照已有的温室气体排放数据，编制温室气体排放报告。

PCB 企业温室气体核算的工作流程如图 14-1 所示。下文将重点从边界确定、排放量核算等方面介绍 PCB 企业温室气体核算的一般方法。

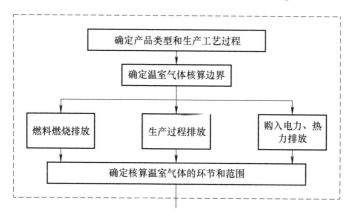

图 14-1　PCB 企业温室气体核算的工作流程

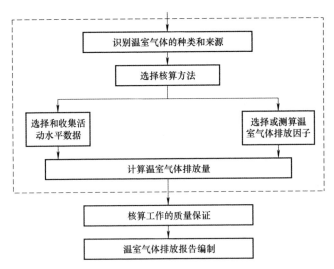

图 14-1　PCB 企业温室气体核算的工作流程（续）

14.2　PCB 企业温室气体核算边界确定

核算边界确定，是指在温室气体核算之前，规定企业具有温室气体排放行为的生产经营活动的范围。我国的企业类型复杂多样，规模差异较大，确定一个既符合核算需求又合理反映企业情况的核算边界决定了核算结果的价值、后续核算工作的有效性和复杂程度。如果以法人作为核算单位，以企业为核算边界，可保证核算出的温室气体数据是针对整个企业的，企业的责任更加明确，但有些企业集团化发展，范围大且分散，常常存在同一法人拥有多个工厂分处异地的情况，此时以法人为边界核算温室气体，在实际工作中收集的数据常常以各工厂为单位，从而屏蔽掉设备设施及具体工艺层面温室气体排放的具体行为，不利于应用核算结果开展温室气体减排工作。如果以集团下属某一工厂为核算边界，各工厂可能并不是独立法人，对其核算结果和质量不能负责。另外，可能还有不同法人企业在同一厂区内共用、租用生产设备等形式，这些也都会带来核算工作的很多实际困难。

目前国家发展和改革委员会发布的温室气体核算指南，都是以企业为核算边界，以法人为核算单位。因此，对于 PCB 企业而言，也应以企业法人或视同法人的独立核算单位为边界。如果某 PCB 企业集团化发展，存在多个异地工厂，建议先以各工厂为核算对象，然后由企业集团整合形成核算报告，且核算报告中仍保留有各工厂的温室气体排放行为。对于有共用、租用生产设备等其他特殊情况的企业，应先明确其开展温室气体核查的目的和意义，然后根据实际情况确定边界。

一般而言，在 PCB 制造企业确定的温室气体核算边界内，核算对象会包括主要生产系统、辅助生产系统和直接为生产服务的附属生产系统所产生的温室气体。其中，辅助生产系统包括动力系统（供电、供水、供压缩空气等）、化验、库房、厂内运输、污染物处理系统等，附属生产系统包括办公区域、职工食堂、浴室等，但边界范围内员工生活所排放的温室气体一般不计算在内。

在确定了温室气体核算边界的基础上，还要确定核算的温室气体范围，其中有两个关键点需要注意：

1）确定外购电力和热力消耗引起的间接排放是否纳入企业温室气体排放核算范围内。该问题目前存在一定的争议，主要是因为外购电力和热力引起的间接排放可能已被计入其他企业的温室气体排放行为中了，是否需要将这部分间接排放纳入核算范围与企业的核算目的以及外购电力、热力的来源有关。对于 PCB 企业目前开展温室气体核算工作的情况，本书建议将电力、热力的间接排放纳入核算范围，以便了解掌握企业的温室气体排放情况，但在编制企业温室气体排放报告时，应注意将外购电力和热力消耗引起的间接排放单独报告，以区别于直接排放，以备统计部门在计算本区域或全国企业的碳排放总量时避免重复计算。在以上描述的边界范围内，可见 PCB 企业温室气体排放的核算范围主要包括燃料燃烧产生的温室气体排放、生产过程中的排放和购入的电力、热力产生的间接排放等。其中，如果有使用生物质燃料，其燃烧产生的温室气体排放应单独核算并在报告中予以说明，无须计入温室气体的排放总量之中。PCB 企业温室气体核算边界示意图如图 14-2 所示。

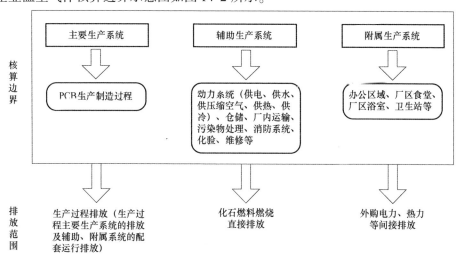

图 14-2　PCB 企业温室气体核算边界示意图

2）确定温室气体种类。原则上应尽可能地涵盖企业排放的所有温室气体种类，但某些类别的温室气体在企业温室气体排放总量中占比极少，可不纳入核算范围。如PCB行业的废水处理过程中，可能会产生氧化亚氮（N_2O），目前企业很难核算该气体的产生量，另外即使产生，其量也极少，可以不纳入核算范围。具有温室效应的气态物质很多，但目前，国际上纳入核算的温室气体种类主要为《联合国气候变化框架公约》的《京都议定书》及《京都议定书〈多哈修正案〉》中规定的七种温室气体：二氧化碳（CO_2）、甲烷（CH_4）、氧化亚氮（N_2O）、氢氟碳化物（HFCs）、全氟碳化物（PFCs）、六氟化硫（SF_6）和三氟化氮（NF_3），因此进行温室气体核算时只核算这七类温室气体即可，具体气体种类见表14-1。

表14-1 纳入核算的温室气体

序号	温室气体类别	温室气体	分子式
1	二氧化碳（CO_2）	二氧化碳	CO_2
2	甲烷（CH_4）	甲烷	CH_4
3	氧化亚氮（N_2O）	氧化亚氮	N_2O
4	氢氟碳化物（HFCs）	三氟甲烷 HFC-23/R-23	CHF_3
4	氢氟碳化物（HFCs）	二氟甲烷 HFC-32/R-32	CH_2F_2
4	氢氟碳化物（HFCs）	五氟乙烷 HFC-125	CHF_2CF_3
4	氢氟碳化物（HFCs）	1,1,1,2-四氟乙烷 HFC-134a/R-134a	CH_2FCF_3
4	氢氟碳化物（HFCs）	1,1-二氟乙烷 HFC-152a/R-152a	CH_3CHF_2
4	氢氟碳化物（HFCs）	R410a	—
4	氢氟碳化物（HFCs）	R413a	—
4	氢氟碳化物（HFCs）	R417a	—
4	氢氟碳化物（HFCs）	R507	—
5	全氟碳化物（PFCs）	六氟乙烷 PFC-116	C_2F_6
5	全氟碳化物（PFCs）	四氟化碳 PFC-14	CF_4
5	全氟碳化物（PFCs）	全氟丙烷	C_3F_8
5	全氟碳化物（PFCs）	八氟环丁烷	C_4F_8
5	全氟碳化物（PFCs）	全氟丁烷	C_4F_{10}
5	全氟碳化物（PFCs）	全氟戊烷	C_5F_{12}
5	全氟碳化物（PFCs）	全氟己烷	C_6F_{14}
6	六氟化硫（SF_6）	六氟化硫	SF_6
7	三氟化氮（NF_3）	三氟化氮	NF_3

注："—"表示该温室气体为混合物，不列出分子式。

对于 PCB 制造业，通过其核算范围和排放类型可知，可能会存在 CO_2、CH_4、HFCs 和 SF_6 的排放。针对不同的企业，具体排放的温室气体种类和来源还需根据企业的实际情况来识别和确定。

14.3　温室气体排放量核算

14.3.1　温室气体种类与来源识别

温室气体排放源指产生温室气体排放的物理单元或过程，温室气体排放源的识别是否完整全面是保证温室气体排放量核算准确性的基础。PCB 企业可根据以上核算环节和范围分类，针对生产系统中的各个环节，识别可产生的温室气体的排放源。

1. 燃料燃烧排放

燃料燃烧所产生的温室气体排放属于直接排放，目前 PCB 企业也存在明显的燃料燃烧环节，可按固定燃烧排放源和移动燃烧排放源两类进行识别。

1) 固定燃烧排放源，包括使用煤、柴油、天然气等燃料的锅炉、导热油炉、紧急发电机、企业食堂等。

2) 移动燃烧排放源，包括使用汽油或柴油的公务车、货车、厂内机动车辆等。

2. 生产过程排放

生产过程排放是指包括辅助和附属生产系统在内的整个生产系统在运行过程中温室气体的排放。对于 PCB 企业而言，主要包括：

1) 工艺过程排放，如整孔过程使用高锰酸钾（$KMnO_4$）反应后产生的二氧化碳排放。

2) 废物处理过程排放，如废水在处理过程中二氧化碳（CO_2）、甲烷（CH_4）和氧化亚氮（N_2O）的排放；在用催化燃烧等方法处理 VOCs 的过程中，有二氧化碳产生。对于废水处理过程中产生的氧化亚氮，因为其产生量极小，可根据实际情况在方法学上对其进行忽略。

3) 逸散排放，这些排放来自有意或无意的泄漏，如使用冰水机、空调装置产生的氢氟碳化物（HFCs）排放，CO_2 灭火器产生的排放，变压器产生的六氟化硫（SF_6）逸散等。

3. 购入电力和热力排放

电力是 PCB 企业最主要的能源，有些企业还可能要外购蒸汽等热力。净购入电力和热力的主要排放源为电力和热力生产企业，但是由使用企业的消费活动引起的，因此在温室气体核算时将这部分排放纳入使用企业的间接温室气体排放总量。

在电力方面，如果 PCB 企业存在自产电力并自用时，则直接体现在减少了净购入电力的消费量，相应的间接二氧化碳排放量也减少；若企业的生产电力进行上网外输，则可以将这部分外输电力进行扣减，但要注意生产这部分上网电力所消耗的化石能源产生的温室气体排放也需纳入核算中。

PCB 企业常见的温室气体排放源见表 14-2。

表 14-2 PCB 企业常见的温室气体排放源

序号	核算范围	作业活动	温室气体排放源	原燃物料	温室气体种类
1	燃料燃烧排放	固定燃烧	锅炉、导热油炉、紧急发电机	煤、天然气、柴油等	CO_2
		移动燃烧	叉车、机动车辆	汽油、柴油	CO_2
2	生产过程排放	工艺过程	去钻污工序	$KMnO_4$	CO_2
		废物处理过程	废水处理站	活性污泥等	CO_2、CH_4
			废气处理设施	VOCs 燃烧	CO_2
		逸散	消防设施	CO_2	CO_2
			冰水机、空调	冷媒	HFCs
			变压器	SF_6	SF_6
3	购入电力和热力排放	外购电力、热能、蒸汽	使用电力、热能和蒸汽的设备设施	电力、热能、蒸汽	CO_2
4	特殊排放	生物质燃料燃烧	生物质锅炉	生物质	CO_2、CH_4

14.3.2 核算方法选择

常规的温室气体排放的量化方法包括测量法和计算法，计算法又包括排放因子法和物料平衡法。

测量法是指通过监测温室气体的浓度和流速直接测量出温室气体的排放量，例如安装烟气排放连续监测系统（CEMS）。目前因许多情况下企业无法进行直接监测或直接监测费用过高，更多情况下采用的是计算法，即通过活动数据和相关排放因子之间的物质关系、物质平衡或化学当量，使用模型或特定的关联方程计算温室气体的排放量。

下面主要介绍计算法中的排放因子法和物料平衡法。

1. 排放因子法

排放因子法是政府间气候变化专门委员会（IPCC）提出的一种碳排放估算方法，也是目前碳排放核算工作中普遍使用的计算法。该方法主要是以温室气体活动数据和温室气体排放因子的乘积来表示温室气体的排放量，具体计算公式为

$$E_{GHG} = AD \times EF \times GWP \quad (14\text{-}1)$$

式中，E_{GHG}是温室气体排放量［单位为吨二氧化碳当量（tCO_2e）］；AD是温室气体活动水平数据（单位根据排放源确定）；EF是温室气体排放因子（单位与活动数据的单位相匹配）；GWP是全球变暖潜值，数值可参考IPCC提供的数据。

2. 物料平衡法

在无法获得温室气体排放因子的情况下，可采用物料平衡法。使用物料平衡法计算温室气体排放量时，根据质量守恒定律，用输入物料中的含碳量减去输出物料中的含碳量进行平衡计算得到二氧化碳排放量，计算公式为

$$E_{GHG} = \left[\sum (M_1 \times CC_1) - \sum (M_0 \times CC_0) \right] \times \omega \times GWP \quad (14\text{-}2)$$

式中，E_{GHG}是温室气体排放量［单位为吨二氧化碳当量（tCO_2e）］；M_1是输入物料的量（单位根据排放源确定）；M_0是输出物料的量（单位根据排放源确定）；CC_1是输入物料的含碳量（单位与输入物料的量的单位相匹配）；CC_0是输出物料的含碳量（单位与输出物料的量的单位相匹配）；ω是碳质量转化为温室气体质量的转换系数；GWP是全球变暖潜值，数值可参考IPCC提供的数据。

需要注意的是，以上公式采用的是物料中的碳元素含量，因此只适用于含碳温室气体（CO_2和CH_4）的计算，如果需要计算其他温室气体排放量，可根据具体情况和物质平衡原理，确定计算公式。

各种温室气体全球变暖潜值可以参考《省级温室气体清单编制指南（试行）》中附录三给出的数据，具体见表14-3。

表14-3 温室气体全球变暖潜值

温室气体	全球变暖潜值
二氧化碳（CO_2）	1
甲烷（CH_4）	25
氧化亚氮（N_2O）	298

（续）

温室气体		全球变暖潜值
氢氟碳化物（HFCs）	HFC-23	14800
	HFC-32	675
	HFC-125	3500
	HFC-134a	1430
	HFC-152a	124
	HFC-245fa	1030
全氟碳化物（PFCs）	CF_4	7390
	C_2F_6	9200
六氟化硫（SF_6）		22800

注：数据来源于IPCC第四次评估报告。

14.3.3 活动水平数据收集

活动水平数据指产生温室气体排放活动的定量数据，如各种燃料、电力的消耗量、物质的产生量等，活动水平数据的选择应与确定的量化方法相一致。活动水平数据可来自企业内各种原材料及燃料使用量的记录、仪器测量、自行分析测量、收据、发票及其他单据等。若无相关记录时，可考虑其他方式，如采用容量、压力表差、使用人数或估算方式来获得排放源的活动水平数据。活动水平数据必须提供一个完整年度的数据，即从所核算年度1月1日起至12月31日。

针对PCB企业，表14-4给出了一些常见的温室气体排放源及其数据来源。

表14-4 PCB企业温室气体排放源数据来源

序号	作业活动	温室气体排放源	数据来源
1	固定燃烧	锅炉、紧急发电机等	企业能源平衡表、发票、收据等
2	移动燃烧	机动车辆，如公务车、货车、叉车等	加油卡记录、发票、结算单、行驶里程等
3	工艺过程排放	去钻污工序	$KMnO_4$购买记录、使用记录等
4	废物处理过程	废物处理系统	企业水平衡表（废水量）、废水、废气监测报告等
5	逸散排放	乙炔切割	进销存记录、领料记录等
		消防设施	年初年末盘点量
		冰水机、空调	冷媒添加记录、设备说明书
		变压器	SF_6添加记录、设备说明书

(续)

序号	作业活动	温室气体排放源	数据来源
6	外购电力、热力	使用电力、热力的设备设施	企业能源平衡表、采购发票或凭证
7	固定式燃烧	生物质锅炉	企业能源平衡表、采购发票或凭证

对于活动水平数据的收集，企业应尽可能使用优先级别高的活动水平数据，以保证温室气体量化的准确性。活动水平数据的优先级别由高到低为连续测量、间歇测量、自行估算获得的数据。

14.3.4 排放因子选择与确定

在获取温室气体排放因子时，应考虑其来源明确，有公信力，并确保数据的适用性和时效性。

排放因子的类型可分为实测值和参考值，实测值应优先参考值使用，同时参考值也有类比、统计等不同的来源，也会因类比对象和统计范围的不同而使其准确性存在差异。温室气体排放因子获取的优先级可参考表14-5。

表14-5 温室气体排放因子获取的优先级

序号	数据类型		描述	优先级
1	排放因子实测值		实测值包括直接测量或物料平衡方法获得的排放因子，例如化学方程式或质量守恒推算而得的因子	高
2	排放因子参考值	相同工艺设备经验值	采用相同的工艺或设备根据相关经验和证据获得的因子	低（依次降低）
		制造商提供因子	由设备制造商提供的与温室气体排放相关的系数计算所得的因子	
		区域排放因子	特定地区或区域的排放因子，如我国区域电网平均二氧化碳排放因子排放	
		国家排放因子	某一特定国家或国家区域内的排放因子，如我国国家省级温室气体清单中的排放因子	
		国际排放因子	国际上通用的排放因子，如IPCC国家温室气体清单中的排放因子	

对于PCB企业，其常用的温室气体排放因子介绍如下：

1. 化石燃料温室气体排放因子

PCB企业的能源消耗除外购电力，可能还会使用少量化石燃料。化石燃料

温室气体排放因子可由燃料的平均低位发热量、单位热值含碳量和碳氧化率等参数计算得到，计算公式为

$$EF_i = NCV_i \times CC_i \times OF_i \times \frac{44}{12} \tag{14-3}$$

式中，EF_i 为第 i 种燃料的二氧化碳排放因子，对固体或液体燃料，单位为 $kgCO_2/kg$，对气体燃料，单位为 $kgCO_2/Nm^3$；NCV_i 为第 i 种燃料的平均低位发热量，对固体或液体燃料，单位为 kJ/kg，对气体燃料，单位为 kJ/Nm^3；CC_i 为第 i 种燃料的单位热值含碳量（kgC/kJ）；OF_i 为第 i 种燃料的碳氧化率（%）；i 为第 i 种燃料。

针对 PCB 企业化石燃料消耗特点，选取了天然气、液化石油气、汽油、柴油等几种常用的化石燃料，结合《综合能耗计算通则》（GB/T 2589—2008）和《省级温室气体清单编制指南（试行）》中推荐的各燃料的平均低位发热量、单位热值含碳量及碳氧化率数据，按式（14-3）计算出二氧化碳排放因子，具体见表14-6。企业可根据自身的实际情况，直接选用表14-6中的二氧化碳排放因子推荐值或按实测值进行计算。

表14-6　常用化石燃料二氧化碳排放因子推荐值

序号	能源名称	平均低位发热量[1]	单位热值含碳量/（tC/GJ）[2]	碳氧化率（%）[2]	二氧化碳排放因子
1	原煤	20.908 GJ/t	26.37×10^{-3}	94	1.9003 t CO_2/t
2	焦炭	28.435 GJ/t	29.42×10^{-3}	93	2.8527 t CO_2/t
3	燃料油	41.816 GJ/t	21.10×10^{-3}	98	3.1705 t CO_2/t
4	汽油	43.07 GJ/t	18.9×10^{-3}	98	2.9251 t CO_2/t
5	柴油	42.652 GJ/t	20.2×10^{-3}	98	3.0959 t CO_2/t
6	液化石油气	50.179 GJ/t	17.2×10^{-3}	98	3.1013 t CO_2/t
7	天然气	389.31 GJ/10^4 Nm^3	15.3×10^{-3}	99	21.6219 t CO_2/10^4 Nm^3

[1] 数据来源于《综合能耗计算通则》（GB/T 2589—2008）。
[2] 数据来源于《省级温室气体清单编制指南（试行）》（发改办气候〔2011〕1041号）。

2. 工艺过程温室气体排放因子

工艺过程的温室气体排放因子需要根据具体温室气体的产生原理，通过关键物料与该温室气体之间的量化关系计算确定。以 PCB 生产过程中的整孔工序为例，该工序要用到高锰酸钾，与环氧树脂发生化学反应的过程中会产生 CO_2，反应方程式如下：

$$2H_2O + 3C + 4KMnO_4 \rightarrow 4MnO_2 + 3CO_2 + 4KOH \tag{14-4}$$

$$4KMnO_4 + 4KOH \rightarrow 4K_2MnO_4 + 2H_2O + O_2 \qquad (14\text{-}5)$$

$$3K_2MnO_4 + 2H_2O \rightarrow 2KMnO_4 + MnO_2 + 4KOH \qquad (14\text{-}6)$$

总化学反应方程式为：

$$3C + 6KMnO_4 + 2H_2O \rightarrow 5MnO_2 + 3CO_2 + K_2MnO_4 + O_2 + 4KOH \qquad (14\text{-}7)$$

虽然 CO_2 是因为环氧树脂等物质中碳元素被氧化产生的，但被氧化的环氧树脂量无法确定。因此，可以根据以上化学反应式确定 $KMnO_4$ 与 CO_2 的量化关系，计算后得到二氧化碳排放因子为 0.14kg CO_2/kg $KMnO_4$。

3. 净购入热力排放因子

净购入热力排放因子是生产热力所产生的二氧化碳排放总量与供热系统生产的热力总量的比值。目前国家尚未统一发布关于供热的温室气体排放因子，但在国家发展和改革委员会公开发布的行业温室气体核算方法与报告指南中进行了推荐，因此，存在热力购入的 PCB 生产企业可参考选择《电子设备制造行业温室气体核算方法与报告指南》中的推荐值 0.11 tCO_2/GJ。

4. 净购入电力排放因子

在进行温室气体排放核算时，PCB 企业如果能获取所在区域最新的电网排放因子，可以按最新排放因子计算，也可以选择参考由国家发展和改革委员会应对气候变化司发布的"中国区域电网平均 CO_2 排放因子"（简称"区域电网平均排放因子"）。区域电网平均排放因子是为了规范地区、行业、企业及其他单位核算电力消费所隐含的二氧化碳排放量的，表示使用 1kW·h 电能产生的温室气体排放，是做碳核算时常用的电网排放因子，目前最新的数据是 2014 年国家发展和改革委发布的《2011 年和 2012 年度中国区域电网平均 CO_2 排放因子》。2011 年和 2012 年度中国区域电网平均 CO_2 排放因子见表 14-7。

表 14-7 2011 年和 2012 年度中国区域电网平均 CO_2 排放因子

[单位：$kgCO_2$/（kW·h）]

序号	区域	2011 年	2012 年
1	华北区域电网	0.8967	0.8843
2	东北区域电网	0.8189	0.7769
3	华东区域电网	0.7129	0.7035
4	华中区域电网	0.5955	0.5257
5	西北区域电网	0.6860	0.6671
6	南方区域电网	0.5748	0.5271

净购入电力温室气体排放因子一般根据企业生产地址所属的国家区域电网来选择,即东北、华北、华东、华中、西北和南方区域电网,我国区域电网所覆盖的地理范围见表14-8。

表14-8 我国区域电网所覆盖的地理范围

序号	电网名称	覆盖的地理范围
1	华北区域电网	北京市、天津市、河北省、山西省、山东省、蒙西（除赤峰、通辽、呼伦贝尔和兴安盟外的内蒙古其他地区）
2	东北区域电网	辽宁省、吉林省、黑龙江省、蒙东（赤峰、通辽、呼伦贝尔和兴安盟）
3	华东区域电网	上海市、江苏省、浙江省、安徽省、福建省
4	华中区域电网	河南省、湖北省、湖南省、江西省、四川省、重庆市
5	西北区域电网	陕西省、甘肃省、青海省、宁夏回族自治区、新疆维吾尔自治区
6	南方区域电网	广东省、广西壮族自治区、云南省、贵州省、海南省

值得注意的是,目前很多企业进行净购入电力排放核算时,选择采用国家发展和改革委员会定期公布的"中国区域电网基准线排放因子"(简称"基准线排放因子")。对于该排放因子在企业温室气体核算方面的使用存在争议,有学者认为基准线排放因子适用于中国清洁发展机制(CDM)项目及中国温室气体资源减排(CCER)项目,其中应用较多的电量边际排放因子(OM)只计算了火力发电量,将水电、风电、太阳能和核电等低成本供应的电量排除在外,这样不符合企业外购电力温室气体排放的事实,尤其是当企业所在地区水电、风电、核电的发电量比例相对较高时,使用OM更容易使最终结果偏高,不利于温室气体核算结果的准确性。现有的区域电网平均排放因子存在统计期较早,无法体现温室气体核算当年的实际排放情况的问题。为此,PCB企业选取净购入电力排放因子时,需按照不同电网排放因子的适用范围和自身的需求来进行选择。

5. 废水厌氧系统甲烷排放因子

部分PCB企业废水处理工艺中会采用厌氧处理工艺,在这个过程中会产生甲烷排放。甲烷排放因子的计算公式为

$$EF = B_0 \times MCF \tag{14-8}$$

式中,EF为甲烷排放因子($kgCH_4/kgCOD$);B_0为废水厌氧处理系统甲烷最大产生能力($kgCH_4/kgCOD$);MCF为甲烷修正因子。

对于废水厌氧处理系统甲烷最大产生能力B_0,如果有最新的国家公布数据

可优先使用，如果没有可参考使用《省级温室气体清单编制指南（试行）》中的推荐值 0.25 kgCH₄/kgCOD。对于甲烷修正因子 MCF，可通过现场实测或委托有资质的专业机构进行检测，也可参考使用《省级温室气体清单编制指南（试行）》中的推荐值 0.1。

6. 其他温室气体排放因子

对于 PCB 企业，温室气体排放还可能包括消防设施所造成的二氧化碳排放，冰水机和空调设备所造成的 HFCs 排放等。企业可以根据实际使用情况和温室气体种类与来源识别结果考虑是否计算这类温室气体。相关温室气体排放因子可参考表 14-9。需要注意的是，CO_2 灭火器、冷媒和 SF_6 绝缘设施等环节的温室气体排放量确定常采用填充法量化，即认为重新补充到设备的量就是逸散掉的量。

表 14-9 PCB 企业相关温室气体排放因子参考值

序号	排放源	设施/活动	排放因子/（kgCO₂/kg）	排放因子类别
1	CO_2 灭火器/灭火系统	消防设施	1	测量/质量平衡实测
2	冷媒 HFCs	空调、冰水机	1	测量/质量平衡实测
3	SF_6 绝缘设施	变压器	1	测量/质量平衡实测

14.3.5 温室气体排放总量计算

通过以上介绍可知，PCB 企业温室气体排放总量是核算边界内的化石燃料燃烧、净购入电力/热力和各种过程直接或间接产生的所有温室气体的二氧化碳当量值，则其温室气体排放总量的计算公式为

$$E = E_{燃烧} + E_{过程} + E_{购入电} + E_{购入热} \quad (14-9)$$

式中，E 为企业温室气体排放总量（$kgCO_2$）；$E_{燃烧}$ 为燃料燃烧过程产生的温室气体排放量（$kgCO_2$）；$E_{过程}$ 为生产过程产生的温室气体排放量（$kgCO_2$）；$E_{购入电}$ 为购入电力对应的二氧化碳排放量（$kgCO_2$）；$E_{购入热}$ 为购入热力对应的二氧化碳排放量（$kgCO_2$）。

现以某 PCB 生产企业为例，说明该行业温室气体排放总量计算的一般方法。该企业所用的化石燃料为天然气和柴油，其中天然气用于导热油炉，柴油用于公务车和厂内叉车，经统计，天然气的活动水平数据为 32 万 Nm³/a，柴油的活动数据为 14t/a，按照式（14-9）计算出的燃料燃烧过程温室气体排放量为 735.2434 tCO_2e。燃料燃烧过程产生的温室气体排放见表 14-10。

表 14-10 燃料燃烧过程产生的温室气体排放

燃料类型	作业活动	活动水平数据 AD	温室气体种类	排放因子 EF	全球暖化潜势 GWP	排放量/t CO_2e
天然气	固定燃烧	32×10^4 Nm^3/a	CO_2	21.6219 tCO_2/10^4 Nm^3	1	691.9008
柴油	移动燃烧	14 t/a	CO_2	3.0959 tCO_2/t	1	43.3426
$E_{燃烧}$合计						735.2434

该企业生产过程的温室气体排放来源为整孔工序的工艺过程排放以及废水处理、空调和冰水机冷媒、CO_2灭火器、SF_6绝缘设施所产生的逸散排放，具体的活动水平数据和排放因子见表 14-11。按照式（14-9）计算得出生产过程温室气体排放量为 261.9795 t CO_2e。生产过程产生的温室气体排放见表 14-11。

表 14-11 生产过程产生的温室气体排放

类型	作业活动	活动水平数据 AD	温室气体种类	排放因子 EF	全球暖化潜势 GWP	排放量/t CO_2e
高锰酸钾	整孔工序	230000 kg	CO_2	0.14 kgCO_2/kg	1	32.2
废水厌氧	废水厌氧处理	1500 kgCOD	CH_4	0.025 kgCH_4/kgCOD	25	0.9375
冷媒	空调和冰水机	160 kg	HFC-134a	1 kgCO_2/kg	1430	228.8
CO_2灭火器	消防设施	30 kg	CO_2	1 kgCO_2/kg	1	0.03
SF_6绝缘设施	高压开关	12 kg	SF_6	1 kgCO_2/kg	1	0.012
$E_{过程}$合计						261.9795

该企业主要的能源消耗来自于外购电力，没有热力购入。经统计该企业净购入电力活动水平数据为 550 万 kW·h/a，按照式（14-9）计算得出净购入电力温室气体排放量为 2899.05 t CO_2e。净购入电力温室气体排放见表 14-12。

表 14-12 净购入电力温室气体排放

类型	作业活动	活动水平数据 AD	温室气体种类	排放因子 EF	全球暖化潜势 GWP	排放量/t CO_2e
电力	使用电力设备设施	550 万 kW·h/a	CO_2	0.5271 kgCO_2/（kW·h）	1	2899.05
$E_{购入电}$合计						2899.05

注：1. 该企业为广东省企业，选择 2012 年南方区域电网排放因子数据。
    2. 该企业没购入热力，因此不纳入计算。

根据以上的数据计算结果，该 PCB 生产企业的温室气体总体排放量为 3896.2729 t CO_2e，并由此可以形成温室气体核算报告。

14.4 温室气体清单及报告

企业量化及汇总其温室气体排放量后,应当形成温室气体清单并编制温室气体报告,以供后续实施内部或外部的温室气体核查所需,或者为后续开展温室气体减排、碳交易等工作提供依据。

1. 温室气体清单

企业通过温室气体边界确定、温室气体源识别、活动水平数据收集、排放因子选择及排放量的计算等过程,其间获取的一系列信息及数据应形成温室气体清单,该清单中的数据及信息应具备完整性、一致性、准确性、相关性和透明性等特点。温室气体清单一般包含以下信息:

1)边界信息。
2)各类排放源活动水平数据收集信息。
3)各类排放源排放因子选择信息。
4)温室气体排放量计算方法及排放量汇总数据。

2. 温室气体报告

在形成温室气体清单的基础上,企业还应编制出完整的温室气体报告。温室气体报告主要包括以下内容:

1)报告主题基本信息:基本信息应包括企业名称、统一社会信用代码、法定代表人、联系人、单位性质、所属行业、生产规模等企业概况和报告覆盖的时间段。

2)边界信息:包括组织边界和运行边界。

3)温室气体量化方法:包括各类温室气体活动水平数据收集、排放因子选择及排放量计算过程等。

4)温室气体排放量:包括直接温室气体排放量(燃料燃烧、生产过程等)和能源间接温室气体排放量(外购电力、热力等),此外,还应在报告中说明其他重点问题,如生物质燃料燃烧产生的二氧化碳排放。

5)活动水平数据及来源:报告应说明企业所使用的不同品种燃料的消耗量和相应的低位发热量,过程排放的相关数据,以及购入的电力量、热力量等,必要时说明外购电力、热力的来源。

6)排放因子数据及来源:报告应说明各种燃料的单位热值含碳量和碳氧化率,过程排放的相关排放因子,购入电力、热力的生产排放因子,并说明数据来源。

7）报告的管理、维护和使用信息：核算边界、量化方法以及数据来源等都会影响到核算结果，有些数据可能会涉及企业发展的关键信息，因此企业应根据实际的核算过程，在报告中说明报告的管理、维护和使用信息。

8）企业在温室气体减排方面的工作情况介绍：温室气体核算的最终目的是促进企业采取措施减少温室气体的排放，根据 PCB 的行业特点，温室气体的产生主要集中在能源的使用与消耗，因此企业应根据温室气体核算结果，与本书第 7 章中的节能及能源结构优化等工作结合，介绍企业在温室气体减排方面的工作情况。

14.5　温室气体核查

温室气体核查是指根据协议的核查准则对企业的温室气体报告进行系统的、独立的评价过程。核查与审核一样，根据实施核查方的不同，其方式可分为第一方核查、第二方核查及第三方核查，本书所指核查主要指第三方核查。

开展第三方核查，企业不仅可对自身温室气体核算结果进行验证，有效保证温室气体计算数据的完整性、一致性、准确性、相关性和透明性，同时也是企业应对国际贸易壁垒、增强绿色竞争力的需要，也是提升企业自身社会责任感和品牌建设的重要手段。另外，第三方核查机制是碳交易体系的核心制度之一。

在我国，核查机构需要对受核查方进行现场查勘和资料收集、验证，出具书面报告，并获得主管部门的认可。为了指导第三方核查机构科学、规范地开展工作，满足主管部门要求，国内七个碳交易试点省（市）均制定了核查的专项文件或其他碳交易管理文件，例如《北京市碳排放权交易核查机构管理办法（试行）》《上海市碳排放核查工作规则（试行）》《广东省企业碳排放核查规范（试行）》《深圳市组织的温室气体排放核查规范及指南》《湖北省温室气体排放核查指南（试行）》《天津市企业碳排放核查指南》和《重庆市碳排放交易管理暂行办法》及《重庆市工业企业碳排放核算报告和核查细则（试行）》。另外，2016 年 1 月，国家发展和改革委员会发布了《全国碳排放权交易第三方核查参考指南》，作为指导各地开展全国碳市场启动准备阶段的核查规范。

对于核查的具体工作，不同的指南要求略有不同，但一般都可划分为准备阶段、实施阶段和报告阶段。企业开展第三方温室气体核查的流程如图 14-3 所示。

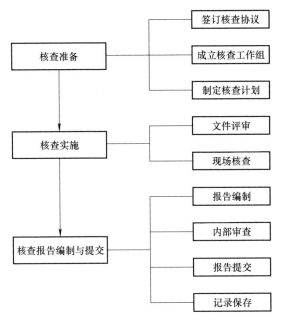

图 14-3　企业开展第三方温室气体核查的流程

第三方机构在对企业进行温室气体核查的过程中，重点关注的是评价温室气体量化过程与量化结果，包括：组织边界和运行边界的符合性、温室气体排放源识别的完整性、活动水平数据的准确性、排放因子选取的正确性以及数据质量管理工作的规范性等。

参 考 文 献

[1] 刘强，陈亮，段茂盛，等. 中国制定企业温室气体核算指南的对策建议 [J]. 气候变化研究进展，2016，12（3）：236-242.

[2] 袁立凡，于杨. 温室气体排放核算与报告平台研究与应用 [J]. 油气田环境保护，2017，27（1）：54-56；62.

[3] 鲁亚霜，王颖，张岳武. 国家温室气体排放统计核算报告体系现状研究 [J]. 环境影响评价，2017，39（2）：72-75.

[4] 贾睿，张宁，陈颖，等. 关于温室气体排放第三方核查机构工作的几点思考 [J]. 节能与环保，2017（4）：54-57.

[5] 本书编写组. 碳排放核查员培训教材 [M]. 北京：中国质检出版社；中国标准出版社，2015.

[6] 国家发展和改革委员会应对气候变化司. 工业企业温室气体排放核算和报告通则：GB/T

32150—2015［S］．北京：中国标准出版社，2015．

［7］国家发展和改革委员会．电子设备制造企业温室气体排放核算方法与报告指南（试行）［Z］．北京：2013．

［8］国家发展和改革委员会．省级温室气体清单编制指南（试行）［Z］．北京：2011．

［9］宋然平，朱晶晶，侯萍，等．准确核算每一吨排放：企业外购电力温室气体排放因子解析［D］．北京：世界资源研究所，2013．

［10］黄叶飞．企业温室气体清单核算中外购电力排放因子的探讨［J］．认证技术，2013（11）：39-40．

第 15 章

绿色供应链管理与实践

15.1 绿色供应链与绿色供应链管理

15.1.1 绿色供应链

绿色供应链是将环境保护和资源节约等绿色制造理念贯穿于设计、采购、生产、包装、贮存、运输、销售等企业生产运营的各个环节，使企业在经营活动过程中与其他企业、客户等形成考虑了绿色发展的相协调的上下游供应关系。

绿色供应链是一种基于市场的创新型环境管理方式。一般而言，绿色供应链的主要运行模式是以核心企业为龙头或支点，依托上下游企业之间的供应关系，通过绿色采购，要求各级供应商提供绿色物料，经过绿色生产过程，制造的绿色产品经由物流商、销售商到终端用户消费，最后经过绿色回收对材料循环利用或无害化处理。

绿色供应链的搭建对制造业的绿色发展有着非常明显的促进作用。首先，绿色供应链转变了企业的价值追求。在传统供应链中，经济利益最大化几乎是所有企业追求的终极目标，为了节约成本，一些企业不惜以环境为代价。而绿色供应链将绿色发展要求融入供应链管理工作中，丰富了内涵，转变了定位，调整了价值取向。其次，绿色供应链转变了企业的管理模式。绿色供应链覆盖了产品全生命周期的各个环节，通常会综合考虑从产品设计、生产、销售、使用、回收、处理到再利用等各个环节的生态环境影响，要求企业的管理和责任在产品的生命周期上延伸，推动超过使用寿命的产品的循环再利用。另外，绿色供应链提升了企业绿色发展的内生动力。在传统供应链中，企业开展的相关工作主要是为了满足环境保护法律、标准等强制性要求，但打造绿色供应链，全社会的绿色发展需求会传递给核心企业，为了持续发展，维持稳定的供应关系，上下游相关企业往往会主动改进，核心企业又会将这种绿色发展需求传递到整个供应链上，外部市场和环境的需求会自然而然地增强整个供应链上企业的绿色发展内生动力。

绿色供应链的本质是上下游企业间通过物质流、信息流等形成的供应关系，通过核心企业的带动，提升供应链上成百上千家企业的绿色制造意识和绿色制造能力，理想状态的绿色供应链是一种闭环状态。其核心是绿色制造理念和价值需求在供应链上的传递，其实现手段是企业的绿色采购、绿色供应商管理等绿色供应链管理，其搭建目的是提升供应链上企业的绿色制造意识、能力和水平，形成制造业与社会资源的融合，即全社会层面的绿色发展。

理想状态的绿色供应链可构建出一个由正向物流和逆向物流形成的闭环系统，系统中各环节需实现资源能源利用效率高、环境影响小，可回收利用的产品及包装物经过回收、再生处理、再利用和再制造等过程，可得到循环利用，没有回收价值的废弃物则经过无害化处理后排放进入其他系统。系统中信息流动高效畅通，且能指导系统的绿色运行。《绿色制造　制造企业绿色供应链管理　导则》（GB/T 33635—2017）中给出的绿色供应链基本模型如图15-1所示。

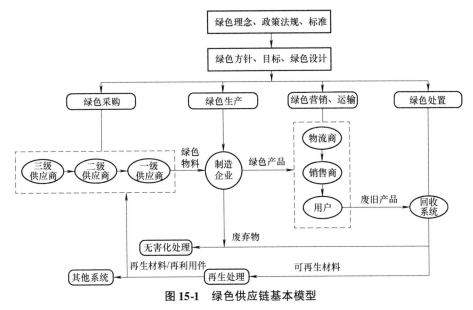

图15-1　绿色供应链基本模型

从图15-1中可以看出，绿色供应链是由各级供应商、制造企业、物流商、销售商、最终用户以及回收、拆解、再生处理企业等共同组成，各参与者依照绿色理念、政策法规、标准规范等方法要素，通过采用绿色技术、供应链管理技术、信息技术等进行绿色采购、绿色生产、绿色营销、绿色物流、绿色消费和绿色回收等活动，从而实现各参与主体间的以环境保护和资源能源效率提升为价值理念的物质流、能量流和信息流。绿色供应链的构成要素及其关系如图15-2所示。

绿色供应链涉及的企业多、环节多，涵盖供应链上的物质流和信息流等要素，是一个宏观且抽象的概念，对于单个企业而言，并不能形成绿色供应链。然而，每一个企业都是供应链上的一个环节，都有责任和义务去参与绿色供应链的搭建工作，同时在目前整个制造业都需要绿色发展的大趋势下，参与绿色供应链的搭建也是企业的必然选择。对于企业个体而言，参与绿色供应链搭建的方式就是开展绿色供应链管理。

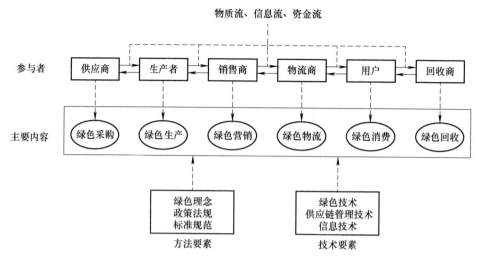

图 15-2　绿色供应链的构成要素及其关系

▶15.1.2　绿色供应链管理

绿色供应链管理是将绿色制造、产品全生命周期和生产者责任延伸等理念融入企业供应链管理体系，以识别产品及其全生命周期各阶段的绿色属性，协同供应链上供应商、制造商、物流商、销售商、用户、回收商等实体，对产品（物料）的绿色属性进行有效管理，减少产品（物料）及其制造、运输、贮存及使用等过程的资源能源消耗、环境影响，促进资源回收循环利用，实现企业绿色可持续发展的一种模式。绿色供应链管理是重要的绿色制造软技术，能够帮助企业减少环境风险，获得良好的商誉和生态效率。

绿色供应链管理和绿色供应链是有本质上的差别的。绿色供应链是全社会层面绿色制造理念在企业和企业之间关系上的体现，而对于绿色供应链管理来说，重点在"管理"二字上，是企业为了推动产业链上绿色供应链的搭建，而对其外部的供应商、客户和自身涉及产品全生命周期的相关环节进行的管理工作。

企业要开展绿色供应链管理工作，一般而言需要开展以下四大块工作：

首先，要进行策划组织，其中包括系统基础策划、方针目标确定和组织管理调整等经营管理理念调整工作。推行绿色供应链管理工作必需的基础动力是企业高层或决策层领导的观念意识转变，同时还要获得企业相关岗位人员的理解。决策之前应先详细系统地分析企业的内外部状况、环境以及需求，包括现有相关法规标准要求、客户市场以及自身绿色发展的需求，明确开展绿色供应链管理的价值及意义，确定此项工作的方针目标。绿色供应链管理工作除领导负责外，还需对原有的组织管理方式进行相应的调整，这样便于协调沟通，优势互补，而且便于后续具体工作的落实。

其次，为保证绿色供应链管理工作的顺利实施，需制定或建立开发配套的管理手段及辅助工具，必不可少的有相应的管理文件、绿色供应链管理信息化平台和社会责任信息平台。

与此同时，还需要明确绿色供应链管理工作的具体内容，需要反复重点强调的是虽然它也引入了产品全生命周期的理念，覆盖了包括绿色设计、采购、生产、仓储、物流、回收利用、无害化处理等各个环节，但这项工作的重点在"管理"上，是通过对自身和上下游企业的管理和要求，使绿色制造的理念在供应链上传递，最终影响到产品全生命周期的各个阶段。从供应链的本质——企业之间关系的角度来讲，绿色供应链管理的重点应是企业对其供应商、物流商等的管理；但从产品全生命周期的角度来讲，并且为保证绿色供应链上物质流动的闭环，企业还需要对其自身的设计、生产、仓储以及产品的回收利用、无害化处理环节进行管理。但涉及这些环节的工作仍是围绕供应链运行的管理层面，比如生产阶段管理的重点内容应该是生产物料使用监控、资源消耗记录，而不是技术、工艺和设备的应用和管理；对绿色设计环节的工作，是参与设计方案评审，而不参与真正的绿色设计；在回收利用阶段的工作重点是回收责任确定、回收渠道建立等，而不是回收利用技术、方法的应用管理。之所以在此着重描述，是由于现在很多公开发表的文章甚至标准，其中概念内涵模糊不清，一提及绿色供应链管理，就会涉及产品的全生命周期，就会提到绿色设计、绿色制造、回收利用等，最后就成了开展绿色供应链管理覆盖了产品的绿色设计、绿色制造等。准确地讲，绿色供应链管理与绿色设计、绿色制造等工作归根同源、相辅相成，但又因本质不同而各有侧重。另外，企业开展管理工作时，最直接最有效的管理是对其内部进行管理，如对生产、仓储和设计环节的管理，其次是因有供应关系而对其供应商在采购环节进行管理，核心领军企业因其资金雄厚、技术强大、市场影响力大，也可管理到物流、回收利用和无害化处理等环节，比如国内一些大型家电企业，不仅有自己完整的物流体系，还专门投资建立了废旧家电回收处置板块。但现在制造业经营模式多样，对于有些企业而言自己并不开展设计，设计是由上游客户提供的，物流也是委托专门的物流公司，回收利用等环节更是与自己无关。对于这种情况，企业可根据自身实际情况开展绿色供应链管理工作，管理及控制的范围不一定就非要覆盖到产品全生命周期的各环节，但仍然建议与供应链上下游其他企业实现管理对接，尽量参与到绿色设计、回收利用等环节。

最后，为了企业的绿色供应链管理水平能够适应内外部的各种变化，不断优化提升，还需要对整个管理工作进行绩效评价，并且进行管理评审和持续改进。

企业绿色供应链管理思路及主要工作如图 15-3 所示。

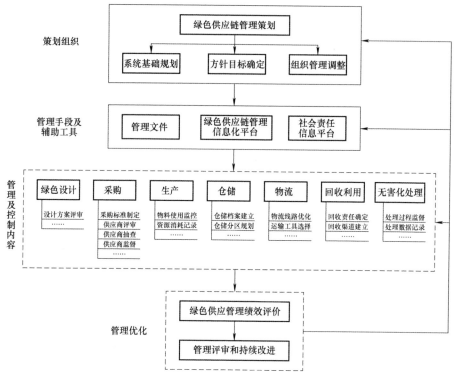

图 15-3　企业绿色供应链管理思路及主要工作

15.1.3　PCB 企业绿色供应链管理要点及模式

直接面向消费者的电器电子终端产品企业具备产品的开发设计能力，有着众多的供应商，带动性强，且具有直接的市场话语权，处于整个供应链链条的核心地位，其开展绿色供应链管理的空间较大。但绿色供应链需要绿色制造理念和要求在整个供应链上传递，目前的实际情况是终端产品企业开展绿色供应链管理时，绿色制造相关理念和要求仅传递到与其有直接供应关系的企业，难以继续向更上游传递。因此，开展绿色供应链管理工作并非只适合终端产品企业，也需要部件、组件等链条上的中间企业开展绿色供应链管理，以便使相关理念和要求能延伸到整个供应链。

对于 PCB 企业而言，在整个电器电子产品的供应链上，相对于终端产品而言一般属于一级供应商。但是 PCB 这种关键的电子部件生产企业，因其生产工艺复杂，所用原辅料种类繁多，且对终端产品的绿色属性有着重大影响，因此无论从搭建行业绿色供应链的角度出发，还是从企业内部绿色制造技术水平和管理能力提升的角度，都有必要开展绿色供应链管理工作。PCB 行业的产业链如图 15-4 所示。

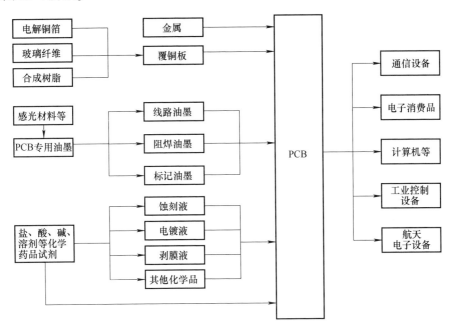

图 15-4　PCB 行业的产业链

前文分析了企业开展绿色供应链管理工作的一般流程和内容，其管理工作会覆盖到产品的绿色设计、采购、生产、仓储、物流、回收利用和无害化处理。但由于 PCB 的行业特点以及国内 PCB 企业的实际情况，很少有企业开展产品的绿色设计工作，目前 PCB 企业所说的产品设计往往是指产品的电路设计，与绿色设计的概念还有很大的区别。另外，PCB 属于电子部件，不是终端产品，从产品所用材料、结构等角度出发考虑其绿色设计的空间也相对较小。对于产品的回收利用和无害化处理环节，PCB 都是随着废弃电器电子产品整机回收处理的，而对于废弃电器电子产品，我国颁布了《废弃电器电子产品回收处理管理条例》（2019 年修正）和《废弃电器电子产品处理企业资格审查和许可指南》（原环境保护部 2010 年 90 号公告）等文件，建立了废弃电器电子产品处理基金，并对开展回收处理的企业进行资格审核和管理，但目前鲜有 PCB 企业在该领域进行投资。

另外，因产品特性决定，PCB 随着废弃电器电子产品被回收后，进行再制造或者以电子部件回收利用的空间和价值也不大，一般都是以材料作为回收目标，也就是回收电路板上面的金属和非金属材料。废旧PCB中树脂一般约占30%，惰性氧化物约占30%，金属约占40%（其中铜、铁、锡、镍等常见金属约占39%，金、银、钯等贵金属约占1%）。金属材料具有极高的经济价值，树脂也还可以回收用于涂料和建筑材料等，但都无法直接进入PCB企业。因此，对于PCB企业而言，其绿色供应链管理工作一般只会覆盖到采购、生产、仓储和物流四个环节。PCB企业的绿色供应链管理思路和主要内容如图15-5所示。

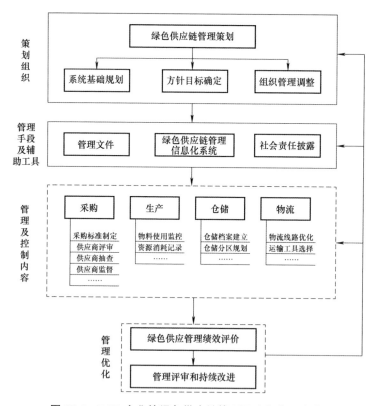

图15-5　PCB企业的绿色供应链管理思路和主要内容

PCB企业因生产工艺复杂、流程长、设备多，原辅料品种多样，所以相应的供应商很多。另外，PCB企业的原辅料不仅种类多，而且性质差异大，同时产品产量及运转量也很大，再加上目前的仓储理念和模式发展很快，例如自动化立体仓，所以仓储对其绿色供应链管理有明显影响。而对于生产和物流环节，从供应链管理的角度来讲，PCB企业的管理工作相对比较清晰，生产环节的绿色供应链管理工作往往与其他目标的管理工作重叠。

因此，根据PCB企业在绿色供应链管理工作中的要点和难点，本章后续将详细介绍 PCB 企业绿色供应链管理工作在组织策划、绿色供应链管理信息化平台、社会责任信息公开、采购、仓储和绩效评价等方面的要求和方法。

15.2 绿色供应链管理的策划组织

15.2.1 系统基础规划

PCB 企业实施绿色供应链管理是一项复杂的系统工程，不仅需要调整企业的经营发展理念，也需要改变企业的管理运行习惯，最终改变企业在供应链上与上下游客户的关系，因此开展绿色供应链管理工作首先需要进行系统基础规划。

所谓系统基础规划是为实施绿色供应链管理而对企业进行的发展价值取向等宏观思想转变的引导、价值和风险的分析、内外部环境的调整等基础性工作，需要根据企业在整个供应链上的角色和地位，从客户关系、生产水平、管理能力、市场前景、发展愿景、价值理念等各方面的实际出发进行的全面、系统规划，而不能把绿色供应链管理工作仅仅看成是管理内容的调整。

首先，企业管理层可被视为绿色供应链管理系统基础规划的核心，企业应积极接受绿色制造理念和绿色供应链管理模式，由高层管理者做出战略规划和决策，以企业的绿色发展战略为基础，绿色是搭建绿色供应链的核心价值，对绿色供应链管理工作的开展进行系统规划，在规划设计阶段要保证供应链的各环节尽可能应用绿色理念，同时对实施绿色供应链管理工作进行风险评估和建立必要的应急预案。

其次，应营造开展绿色供应链管理的企业外部环境，企业实施绿色供应链管理，肯定会影响到其在供应链上与上下游企业原有的关系和合作模式，如果外部其他企业已有绿色供应链管理的工作或意识，相互衔接会相对顺畅容易些，否则企业还需从产品全生命周期、产品全价值链进行企业绿色供应链价值和市场环境分析，并积极宣传自身新的发展方向与调整模式，在保持原有供应关系的同时，开拓供应渠道和市场范围，努力与供应链各相关方谋求绿色和商业共赢机制，以保持甚至提高企业竞争力。

同时，要调整开展绿色供应链管理的企业内部环境，绿色供应链管理实践又需要各个基层部门落实，所以绿色供应链的规划应调动全员参与，应采用自上而下和自下而上相结合的方式。企业管理层不仅需要逐步将新的战略规划、决策和模式在企业内进行宣传和灌输，对员工进行绿色供应链管理意识、知识和能力的培训，还需要整合现有资源，调整管理模式和流程，完善管理机制和方法，为将绿色制造理念以及相关政策、法规等要求融入企业业务流程和供应链管理系统做准备；为建立健全有关管理标准和管理制度，改善企业供应链系统做铺垫；为将绿色制造及绿色供应链管理要求与质量、环境、能源、职业健康安全管理以及供应链管理、信息化管理体系结合，完善管理程序和管理体系文件，建立符合绿色制造要求的供应链管理体系做引导。企业绿色供应链管理系统基础规划工作思路如图15-6所示。

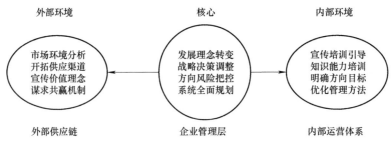

图15-6 企业绿色供应链管理系统基础规划工作思路

开展绿色供应链管理工作，PCB企业应制定绿色制造方针，根据行业绿色制造方面的法律法规和标准要求，设定供应链管理的目标，然后提供组织保障和必要资源，制定相关的管理流程和作业指导书，协调企业内部及涉及供应链管理工作的各部门协同开展工作，并且定期进行绿色供应链管理绩效评价，持续完善、改进绿色供应链管理工作。

15.2.2 方针目标确定

要建立企业的绿色供应链管理体系，首先要清晰且准确地理解绿色供应链及其管理工作的内涵和意义，然后根据企业发展的需要和相关政策、法规、标准的要求明确绿色供应链管理的方针目标。PCB企业确定绿色供应链管理方针目标的依据可参见表15-1。

表15-1 PCB企业确定绿色供应链管理方针目标的依据

序号	依据类型	依据实例
1	有关的政策法规、指南文件和工作通知	《绿色制造工程实施指南（2016—2020年）》 《工业和信息化部办公厅关于开展绿色制造体系建设的通知》 ……
2	相应的标准规范	《绿色供应链管理评价要求》 《绿色制造 制造企业绿色供应链管理 导则》（GB/T 33635—2017） 《供应链风险管理指南》（GB/T 24420—2009） 《汽车行业绿色供应链管理企业评价指标体系》 《电子电器行业绿色供应链管理企业评价指标体系》 ……

(续)

序号	依据类型	依据实例
3	市场或客户对产品的绿色性要求	《电子电气设备中限制使用某些有害物质指令》（RoHS 指令） 《欧盟关于化学品注册、评估、授权和限制》法规（REACH 法规） 《关于废弃电子电气产品指令》（WEEE 指令） ……
4	其他相关方的要求	如其他相关方要求 PCB 企业进行环境信息披露等
5	企业绿色制造整体目标	—
6	所在供应链上可改进的环境相关问题	如开展终端产品全生命周期评价时对 PCB 相关数据的需求等

上文已对 PCB 企业绿色供应链管理的思路及主要工作进行了总体的介绍和分析，依据国内 PCB 行业现状和运营模式，可将 PCB 企业推行绿色供应链管理的大体方针总结为：以绿色制造和绿色供应链等理念为思想基础，以信息化管理平台为手段，覆盖采购、生产、仓储和物流等产品全生命周期环节，打造企业的绿色供应链管理体系，提升企业绿色制造水平和市场竞争力，促进产业链的绿色供应链搭建，实现绿色和商业共赢。

在以上方针的指导下，对于 PCB 企业而言，开展绿色供应链管理工作的具体目标可以按三个层次来设置：

1）提高企业自身的绿色供应链管理能力和水平，在这个层面设定绿色供应链管理目标时，可重点参考《绿色制造 制造企业绿色供应链管理 导则》（GB/T 33635—2017）、《绿色供应链管理评价要求》等文件，设置"有无供应链管理信息化平台""供应链管理覆盖面""供应商培训次数"和"资源消耗数据收集量"等目标。关于绿色供应链管理水平评价方法的研究很多，如判断矩阵法、层次分析法、网络分析法、模糊综合评价法、神经网络法等，企业可按照自身绿色供应链管理的发展阶段，参考相关的评价方法来设置具体目标。

2）通过绿色供应链管理提升企业的绿色制造管理和技术水平，在这个层面上设定绿色供应链管理目标会与企业内部的清洁生产、环境管理等其他工作的目标相交叉，但具体工作层面并不会相互影响，反倒会有相互促进的作用，可重点参考《印制电路板制造业绿色工厂评价导则》（T/GDES 20—2018）、《印制电路板制造业绿色工厂评价指南》（T/GDES 32—2019）、《绿色设计产品评价技术规范 印制电路板》（T/CESA 1070—2020）和《清洁生产标准 印制电路板制造业》（HJ 450—2008）以及相关的污染物排放标准等文件，设置"绿色原材料占比""覆铜板利用率""电镀液生命周期""污染物产生量"等目标。

3）通过绿色供应链管理提升供应链上企业之间的合作关系，拉动和推动上游供应商及下游客户的绿色制造管理及水平，在这个层面上重点参考《汽车行业绿色供应链管理企业评价指标体系》《电子电器行业绿色供应链管理企业评价指标体系》《生态设计产品评价通则》（GB/T 32161—2015）和《绿色产品评价通则》（GB/T 33761—2017）等文件，设置"绿色供应商占比""认定企业为绿色供应商的下游客户数量""下游客户绿色产品开发量"等目标。

15.2.3 组织管理调整

组织管理调整不仅是顺利推行绿色供应链管理工作必要的人力资源保障，也是财力调配、信息运转的重要保障。按照绿色供应链管理的需求，只有对企业现有机构及资源进行适当整合，才能保证绿色供应链朝着科学化、规范化的方向发展，并在一定程度上提升绿色供应链管理工作在企业的实施效果。

1）绿色供应链管理工作的实施是需要企业管理层进行系统基础规划的，因此在管理层中需指定绿色供应链管理工作的最高执行管理人员。最高执行管理人员需对企业的绿色供应链管理的有效性负责，确保绿色供应链管理工作按照既定的方针目标实施，与企业的战略方向及所处的环境相协调匹配，将绿色供应链管理要求融入企业的业务过程，预算预留绿色供应链管理所需的资金、资源，支持其他相关管理人员在其职责范围内发挥其领导作用，促进绿色供应链管理层面的沟通，关注绿色供应链管理实施绩效。

2）在企业的中间管理层要分配并沟通绿色供应链管理相关角色的职责和权限，分解细化绿色供应链管理目标，建立目标责任制。各级管理人员要制定各自工作范围内的绿色供应链管理计划，负责有关绿色供应链管理的制度完善、实施、考核及奖励工作，做到"管理制度化、制度流程化、流程表单化、表单信息化"，宣贯绿色供应链管理的概念和知识，向最高管理者报告相关的绩效。

3）定期为员工提供绿色供应链管理相关的培训和教育，保证培训教育效果，促进绿色供应链管理相关岗位员工由功能型向知识型转变。绿色供应链管理工作不仅涉及企业内部的方方面面，也与供应商和客户有着密切的联系，而且还要求应用信息化手段和技术。知识型员工不仅能胜任更高的管理要求，也能更好地理解绿色供应链管理的理念和价值，为管理改进提出建议，还能充分发挥主观能动性，使各环节的沟通更加畅通高效。

为了提高PCB企业开展绿色供应链管理的可行性，需要考虑绿色供应链管理与企业现有供应链系统以及管理体系融合的问题，也可理解为在现有供应链管理以及企业管理体系上增加绿色价值导向。绿色供应链管理同样可遵循管理的"PDCA"［计划（Plan）、实施（Do）、检查（Check）、处理（Action）］模式，将 PCB 产品的绿色性当作产品质量特性的重要构成进行管理。

15.3　绿色采购

15.3.1　绿色采购重点工作

绿色采购是指企业在采购活动中，充分考虑环境保护、资源节约、安全健康、循环低碳和回收利用等绿色发展理念，选取合适的绿色供应商，优先采购和使用节能、节水、节材等有利于环境保护的原材料、产品的行为。另外，随着现代企业的发展，企业采购的不仅仅是材料、产品，对技术服务的采购也越来越多，例如 PCB 企业因其"三废"处理技术要求高、难度大，一些企业以"环保管家"的形式采购环保设施的运营服务，因此 PCB 企业的绿色供应链管理中的采购内容也应包括技术服务采购。

对于 PCB 企业而言，绿色采购是绿色供应链管理的源头工作，对整个供应链管理起到重要作用，可将绿色采购分为绿色采购制度及要求制定、绿色供应商选择及管理、绿色采购实施三大部分工作，具体关系及内容如图 15-7 所示。

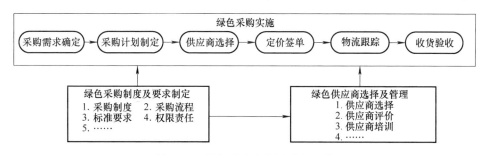

图 15-7　绿色采购流程及重点工作

其中，实施绿色采购最基础的工作是按照绿色制造理念，制定满足绿色供应链管理要求的绿色采购制度及要求等，这些制度及要求不仅要落实到采购技术文件编制和招标评标等环节，还要能覆盖到公开招标、采购评审、职责权限等工作，是指导、规范企业整个绿色采购工作的基础，在指导绿色供应商管理工作的同时又与绿色供应商管理工作共同支撑具体的绿色采购实施。

绿色采购的实施是流程性工作，与常规的采购流程并无大的差异，本书将不做具体介绍。绿色采购是企业向其供应商进行产品或技术服务的采购活动，是针对上游供应商的管理实践，所以绿色供应商管理是绿色采购中最核心的环节之一。选择优秀且符合企业绿色发展战略的供应商伙伴对于企业降低采购成本、保障供货（服务）的数量、质量及及时性，以及增强环境绩效、提高企业及供应链整体竞争力等方面都起到至关重要的作用，因此本章接下来将详细介绍 PCB 企业的绿色供应商选择和评价的方法。

15.3.2 绿色供应商选择

绿色供应商选择是指在开展绿色供应链管理过程中，为了实现提高绿色制造水平和自身竞争力的战略目的，企业对生产运营时所需的各种原材料、产品及服务的供应商进行的选择。绿色供应商选择的效果直接影响着绿色采购，甚至整个绿色供应链管理工作。绿色供应商选择是绿色供应链管理工作中的一大重点。

绿色供应商选择与传统供应商选择的区别在于：①传统供应商选择过程中没有考虑绿色制造发展需求，随着绿色发展理念的发展和传播，只有在传统供应商选择的基础上开展绿色供应商选择，企业才能适应新的市场竞争及时代发展需要；②传统供应商选择是绿色供应商选择的基础，在进行绿色供应商选择时可以借鉴传统模式的理论，包括供应商选择的方；法、步骤以及考核指标等；③在选择传统供应商的过程中，重点考虑的因素是供应商的产品质量、价格、交货时间等，而绿色供应商选择除以上因素外，还要考虑产品的绿色属性、供应商的持续发展能力、绿色发展措施以及自身与供应商在战略、协同发展、互补兼容、企业文化等方面的统一性或协调性。

绿色供应商选择需在企业的绿色供应链管理体系下进行，具体还应开展企业绿色发展战略及需求分析、确定绿色供应商的选择原则和目标、确定绿色供应商评价标准、选择绿色供应商评价方法、建立绿色供应商数据库、绩效评价等工作。绿色供应商选择流程如图 15-8 所示。

（1）分析企业绿色发展战略及需求分析　绿色发展是每一个企业必然的选择，但不同企业的实际情况会有差异。为保证绿色供应链管理工作与企业的实际情况相匹配，对企业有实际的支撑意义，企业仍需要根据自身的市场定位、发展阶段、发展环境以及相关的法律法规要求来制定适合的发展战略。

（2）确定绿色供应商的选择原则和目标　分析梳理现有供应商的状况，对比开展绿色供应商管理的客观需求，以此明确绿色供应商的选择原则和目标。

（3）确定绿色供应商评价标准　如果确定要开展绿色供应商管理，就需要研究制定绿色供应商选择标准，以此作为后续开展具体工作的依据。目前并无完全适合 PCB 企业直接套用的绿色供应商评价标准，而且不同企业的具体要求也会存在差异，因此需要企业根据自己的绿色供应商选择目标，首先确定绿色供应商评价标准选择的原则，比如绿色环保一票否决原则、多方共赢原则等，在选择原则的指导下，全面征求意见、系统思维、反复讨论，确定选择指标和标准。

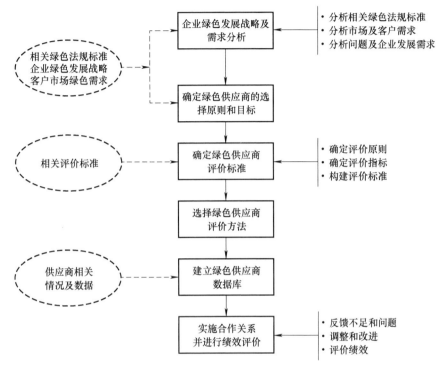

图 15-8　绿色供应商选择流程

（4）选择绿色供应商评价方法　不同的评价方法决定了不同的绿色供应商选择结果，目前相关的评价方法很多，比如层次分析法、模糊综合法、灰色综合评价法等，每种方法都有优缺点和适用条件，所以企业需要在明确评价目标和确定评价标准的基础上采用合适的评价方法。

（5）建立绿色供应商数据库　根据行业信息和以往的供应合作关系，确定候选绿色供应商，收集候选绿色供应商的相关信息，然后根据确定的评价标准和方法对候选绿色供应商进行评价，得出优劣排序，依据评价结果建立绿色供应商数据库并且确定合作关系。

（6）实施合作关系并进行绩效评价　确定了绿色供应合作关系后，双方需要加强合作，加强信息共享、技术交流和设计支持。在实施合作的过程中，市场需求及外部环境会随时变化，因此整个绿色供应商选择的工作也应是动态的，需要开展绿色供应商管理绩效评价，同时也要根据合作过程中发现的不足和问题,及时调整评价标准、方法以及绿色供应商数据库。

15.3.3 绿色供应商评价

绿色供应商评价可理解为绿色供应商选择工作中的一个环节,但该部分内容重要且复杂,融合了对供应商的现场评审、资料评审、数据评审和市场调查等内容,因此本书在此对绿色供应商评价进行着重介绍。如前所述,绿色供应商评价的指标,不同企业的侧重点不同,大多数企业评价绿色供应商的基本准则是质量、环保、成本、交付与服务并重。本节结合我国 PCB 行业的实际情况,归纳出以下主要评价指标:

1. 供应商能力

供应商能力是一个相对笼统的综合性概念,一般所说的供应商能力主要包括供应商的供应能力、技术水平、开发能力、市场影响度和经济效益等。这些因素可反映出供应商是否具备与企业形成稳定供应关系和为企业带来持续稳定的增值服务的基本能力。

供应能力主要是指供应商提供的合格产品在数量上能否满足客户需求的能力,一般分为正常供应能力和最大供应能力。选择供应商时需要了解供应商是否具备相当的生产规模和发展潜力,并且具有快速调整产能的空间和能力,能够保证供应所需产品的数量。在实际中供应商可能会同时为多家企业供货,所以考察这一指标时要确保供应商对本企业的供应能力。具体考察生产能力的时间周期应与考察企业的生产批次周期匹配,如周生产能力、月生产能力等。

技术水平是指供应商是否具备技术队伍,是否具有制造或供应所需产品的能力。技术水平可用技术人员占比 (r_t) 这一指标表示,

$$r_t = \frac{S_t}{S} \times 100\% \tag{15-1}$$

式中,S_t 是工程技术人员的人数;S 是企业职工总数。评价这一指标时,企业可以根据所要考察供应商技术方向来确定工程技术人员范围。比如对蚀刻液等化学品的供应商,工程技术人员应该包括化验质检人员,对曝光机等设备的供应商,工程技术人员应该包括其开发设计人员。

开发能力是指供应商开发新产品或对产品进行改良的能力,是衡量供应商研发能力的重要指标。产品开发能力可以用新产品开发率 (r_d) 来表示,即

$$r_d = \frac{S_n}{S} \times 100\% \tag{15-2}$$

式中,S_n 是成功开发的新产品数;S 是企业的产品总数。

市场影响度是指供应商所生产的产品对该产品市场的影响程度。供应商所提供产品所占市场份额越大，表示其产品的市场认可度相对比较高、口碑好，一般而言，企业总是希望能找到一家产品市场占有率高的供应商作为合作伙伴。在此，市场影响度（r）可以用产品市场占有率来表示，即

$$r = \frac{S_c}{S} \times 100\% \tag{15-3}$$

式中，S_c是供应商的产品量；S是市场同类产品量。

经济效益是衡量供应商总体运营能力的重要参数。高的经济效益，就是要求以较少的消耗取得较多的成果。进行供应商评价时可以用净资产收益率（r_p）来表示这一能力，即

$$r_p = \frac{P}{S_a} \times 100\% \tag{15-4}$$

式中，P是供应商某一时期的利润总额；S_a是供应商某一时期的净资产总值。

2. 质量

企业产品的质量和总成本都与所采购物料的质量有着直接关系，所以质量是衡量供应商的第一因素。供应商不仅要具有稳定有效的质量保证体系，同时也要具备生产产品的设备、工艺技术能力以及保证产品质量的生产环境。根据这些考虑，可主要通过考察供应商的质量保证体系、过程质量、全面质量管理的实施、产品合格率及安全防护装置的可靠性等要素来衡量供应商的产品质量水平。

质量保证体系是保证供应商能够持续稳定地供应合格产品的重要基础，主要指供应商的质量体系认证等级。考虑成本的因素，一般要求供应商企业通过ISO 9001或GB/T 19001的质量管理体系认证即可。

过程质量可以由过程能力来反映。过程能力是指过程的加工质量满足技术标准的能力，可以用"过程能力指数（C_p）"来量化表示。国际标准要求该指标不能低于1.33，对于高可靠性要求的电子类产品应不低于2.0，PCB企业可根据实际情况，参考这两个数据，对供应商提出相应的要求。过程能力指数的计算公式为

$$C_p = \frac{T}{6\sigma} \tag{15-5}$$

式中，T是技术规范范围；σ是过程特性值分布的总体标准差。在考察一个供应商的过程能力指数时，需要"过程"范围确定，该过程可大可小，评价一个供应商时也可能需要评价其多个过程的能力指数。

全面质量管理是以产品质量为核心，建立起来的一套科学严密高效的质量

体系，要求管理必须始于识别客户的质量要求，终于客户对产品的满意度，是保证产品质量稳定的重要方法手段，所以 PCB 企业考察供应商的质量水平时，是否实施全面质量管理是很重要的一个指标。

产品合格率（q）是衡量产品质量最直接的指标，是抽检产品合格的数量与抽检产品总数之比，它不仅能反映出供应商产品的质量，也能反映出产品质量的稳定性。其计算公式为

$$q = \frac{Q_i}{Q} \times 100\% \qquad (15\text{-}6)$$

式中，Q_i 是抽检合格的产品数；Q 是抽检产品总数。

考察供应商的产品时，还应该检验其安全防护装置的可靠性（R），这是供应商保证其产品质量的基础，也可从侧面反映出供应商的产品质量水平。可靠性的计算公式为

$$R = \frac{N_F}{N} \times 100\% \qquad (15\text{-}7)$$

式中，N_F 是某一时期内安全防护装置正常起作用的次数；N 是某时期内安全防护装置使用的总次数。

3. 绿色发展

绿色发展相关要求是绿色供应链有别于传统供应链的一个重要因素，也是绿色供应链的特征因素。因此，PCB 企业选择供应商时必须考虑供应商是否环保守法，有无绿色发展相关管理体系认证，产品是否进行过绿色设计或满足环保法规要求，是否开展清洁生产和环境绩效等。

环保守法是 PCB 企业在绿色供应链管理中对供应商的最基本要求，包括供应商必须具有环境影响评价批复（或环保主管部门的备案登记记录）、排污许可证、环保设施验收意见，对于化工等行业的供应商，还须具有环境风险应急预案。另外，供应商需保证环保设施稳定有效运行，污染物排放达标，按要求进行环境监测，近三年无较大及以上环保违法处罚。对于环保守法的要求，在评价供应商时可作为一票否决项。

按照目前的供应链管理经验，无论国际还是国内，管理体系都是评价供应商的一个重要依据和指标，那么绿色供应链管理也需要重点审核供应商在绿色发展方面的管理体系建设及认证情况。首先，最基本的要求就是通过环境管理体系认证，除此以外常见的还需要有职业健康安全管理体系和能源管理体系认证。PCB 企业的供应商类型多样，在具体评价时可根据供应商所属行业来确定不同要求，有些行业的供应商仅需要环境管理体系，有些行业除环境管理体系

还需要职业健康安全管理体系或者能源管理体系。另外，一些小品类物料的供应商，往往是小微企业，可至少要求供应商自身建立环境管理体系，不要求一定要通过第三方认证机构的认证，对于这种企业，可组织人员考核供应商所建立的环境管理体系是否有效。

供应商所供应的产品对企业的产品或者运行有着直接影响，因此，PCB 企业需对供应商的产品在绿色属性上进行评价和考察。对于那些作为 PCB 生产原辅料的产品，在其成分和类型上需满足目前的环保及绿色发展要求，比如覆铜板要求其满足 RoHS 等有害物质管控要求，油墨要求其低 VOCs 含量，蚀刻液需为新型蚀刻液，与铜箔反应不产生络合物等。对于设备设施等产品，需重点考察其是否是绿色设计产品，比如空气压缩机、风机、水泵等应有节能特性，电镀设施是否配套有数据采集功能等。另外，目前很多电器电子产品在进行绿色设计时需要进行生命周期评价（Life Cycle Analysis，LCA），LCA 所需要的基础数据，最好的途径是通过供应链来传递，因此 PCB 企业也可要求供应商提供相关产品的 LCA 报告或者基础数据。

清洁生产关注原辅料、能源类型、生产设备、生产工艺、管理状况、产品等多个方面，是帮助企业在生产过程中实现节能、降耗、减污、增效的有效方法，在企业的生产范围内符合源头控制的思想。PCB 企业如果对其供应商提出开展清洁生产的要求，那对绿色供应链管理是个很大的保证。目前推行清洁生产非常成熟的模式就是清洁生产审核，企业在评价供应商时考察其是否开展过清洁生产审核工作即可。

环境绩效是评定供应商绿色发展理念实施的最终标准，评价时可考虑采用供应商的容积率（R）、单位面积产值（n）、污染物管控绩效（E_p）、能源消耗率（r_e）、主要原材料消耗率（M_{ui}）和单位产品碳排放量（c）等指标。

容积率的计算公式为

$$R = \frac{A_m + A_n}{A_t} \tag{15-8}$$

式中，A_m 是供应商总建筑物建筑面积；A_n 是供应商总构筑物建筑面积；A_t 是供应商用地面积。

单位面积产值的计算公式为

$$n = \frac{N}{A_t} \tag{15-9}$$

式中，N 是供应商年产值；A_t 是供应商用地面积。

污染物管控绩效的计算公式为

$$E_p = \sum_{i=1}^{n} \alpha_i A_i \tag{15-10}$$

式中，$\alpha_i(i=1,2,3,\cdots,n)$ 是企业根据供应商所属行业特点及实际的环保要求确定的不同污染因子的考核权重；$A_i(i=1,2,3,\cdots,n)$ 是某一污染因子的年排放量与环保主管部门核发的排放总量之比。

能源消耗率可定义为同一时期供应商的能源消耗费用与其生产净利润之比，其计算公式为

$$r_e = \frac{V_e}{P} \times 100\% \tag{15-11}$$

式中，V_e 是某一时期消耗的能源费用；P 是同一时期的净利润。能源消耗率也可用单位产品的综合能耗表示。

主要原材料消耗率的计算公式为

$$M_{ui} = \frac{M_i}{Q} \tag{15-12}$$

式中，M_i 是某主要原材料在统计期内的消耗量；Q 是统计期内合格产品产量。

单位产品碳排放量的计算公式为

$$c = \frac{C}{Q} \tag{15-13}$$

式中，C 是统计期内供应商边界范围内温室气体排放的二氧化碳当量值，单位为 $kgCO_2e$；Q 是统计期内合格产品产量。

4. 服务水平

服务水平是指供应商内部各环节及售后能够配合购买者的能力和态度。服务水平相对而言是一项软指标，但也是选择供应商的一个重要方面。建议企业采用订单处理准确率、平均订单完成率、售后服务水平、信息化程度和服务态度等指标来评价供应商的服务水平。

订单处理准确率是反映供应商处理订单准确性水平的指标，可用订单处理的准确率（r_{op}）来表示，其计算公式为

$$r_{op} = \frac{S_a}{S} \times 100\% \tag{15-14}$$

式中，S_a 是准确处理的订单数；S 是处理订单的总数。

在现实中，同一供应商往往同时给多个企业供货，当不同的企业同时需要供应商提供大量货物时，供应商可能会出现不能完成订单的情况。不能完成订单一是体现在不能按时供货，二是体现在虽然能够按照规定时间供货，但供货量不足。平均订单完成率（r_o）是反应供应商能按要求完成订单能力的指标，

可用一定时期内提供与订单要求相符的产品数量与总货物订单量的百分比表示。该指标的计算公式为

$$r_o = \frac{S_x}{S_t} \times 100\% \tag{15-15}$$

式中，S_x 是一定时期内按订单要求的交货数量；S_t 是一定时期内总的订单交货量。

在目前的市场环境中，供应商应该能够对其售后服务进行跟踪，及时地解决客户的各种相关服务请求，或者能够提供某些技术支持，因此供应商的售后服务水平也是选择供应商不可或缺的一个重要指标。售后服务水平可以由平均解决客户抱怨时间（T）来表示，平均解决客户抱怨时间是指一定时期内解决所有客户抱怨时间的平均值。该指标的计算公式为

$$T = \sum_{i=1}^{n} \frac{t_i}{n} \tag{15-16}$$

式中，t_i 是解决第 i 个客户抱怨的时间；n 是客户的抱怨次数。

供应链合作伙伴是基于合作共赢、利益共享基础上的一种合作关系，需要双方相互了解且共同互动。供应链合作伙伴相互之间的信息交流共享可以有效地减少供应链管理中的"牛鞭效应"，有助于企业提升自身的供应链管理水平，更快地对供应过程中的问题做出反应。信息化程度是有效信息交流与信息共享的重要保证，是衡量供应商能力的一个重要指标。对于大的供应商，可考察其是否具有供应链管理平台，能否与企业自身的供应链管理平台对接，一些小的供应商虽然不需要复杂的供应链管理平台，但也应该有简单的信息收集整理工具以及与企业进行信息化对接的渠道。

服务态度表现在与供应商合作过程中其相关人员各项服务的友好和沟通顺畅方面，可侧面反映出供应商内部的管理水平、文化氛围以及员工的责任心，所以服务态度也可作为衡量供应商的一个指标。

5. 产品价格

产品价格是企业非常关注的采购因素，低的采购价格可以降低企业生产成本，甚至增加企业利润，有利于后续自身产品的市场定价和提高产品竞争力，因此价格是选择供应商的一个重要因素。但在绿色供应链中，不仅对供应商有产品质量、技术水平、服务能力等方面的要求，还有绿色制造方面的要求，这无疑会增加供应商的运行成本，因此，在绿色供应商评价过程中，产品价格应结合企业的发展战略及产品定位，与供应商的产品质量、技术水平和服务能力等因素进行综合考量。

6. 经营管理制度及理念

经营管理制度及理念是选择供应商并与其建立长期战略性合作伙伴关系的标准。供应商是否具有健全完善的管理体制和制度，经营理念是否考虑社会责任及绿色发展，产品的研发方向是否与 PCB 企业需求相符，企业的信誉和在行业内的口碑等都直接影响着供应链的发展。主要包括供应商的企业体制是否健全、管理制度是否完备、经营理念是否以客户为中心、企业的研发方向、企业信誉状况等。

企业体制是企业运作的基础，如果一个企业没有好的体制，就很难顺畅高效运转，在供应链中也不能发挥出长期战略合作伙伴的作用。所以，在选择绿色供应商时应考察其体制是否健全健康，是否有利于管理和生产运营。管理制度是企业规范化运作的制度保证。管理制度是否完备系统，是否程序化、标准化，是衡量一个企业管理水平的重要标志。企业的经营理念与其发展方向和目标紧密相关。在绿色供应商评价过程中，不仅要求企业的经营理念以客户为中心，有战略合作观念，还要具有社会责任感和绿色发展意识。经营理念可以反映该供应商在供应链合作中的主动性，对今后 PCB 企业的绿色供应链管理影响非常大。企业的研发方向决定了企业产品属性的提升空间和方向，PCB 企业在评价供应商时应考虑供应商的研发方向是否与自身产品的发展需求相符，对自身绿色工厂建设工作是否有促进作用。信誉和口碑是供应商在以往生产经营活动中是否规范和优秀的综合反映，所以是供应商评价中的一项重要参考内容。

绿色供应商选择的评价指标体系如图 15-9 所示。

以上一些定量指标为统计值，在实际的供应商评价时，如果以自然年为统计期，可考虑考察连续几年的数据。指标的计算方法除温室气体要求以二氧化碳的当量值为单位进行计算外，其他指标并没有限定具体单位，PCB 企业在评价供应商时根据实际情况按照数据属性设定单位即可，但需保证数据单位的意义和评价时的有效性。

以上指标主要是针对物料（设备）生产制造供应商设定的，前文也提到给 PCB 企业提供服务的除这些供应商，还有技术服务供应商，而技术服务供应商又常因服务方向和内容的不同而表现出不同的特点。对于技术服务供应商，其质量一般都是从其技术服务的效果间接体现的，以上评价思路可参考执行，但产品合格率、安全防护装置的可靠性等指标并不适用，这时应该根据其具体的服务内容进行评价指标设计。比如是废水处理设施运营商，对其质量评审除企业的运营管理质量体系外，还要重点考察其运营人员资格、从业经历、运营管理组织、模式以及以往的运营案例和效果等。

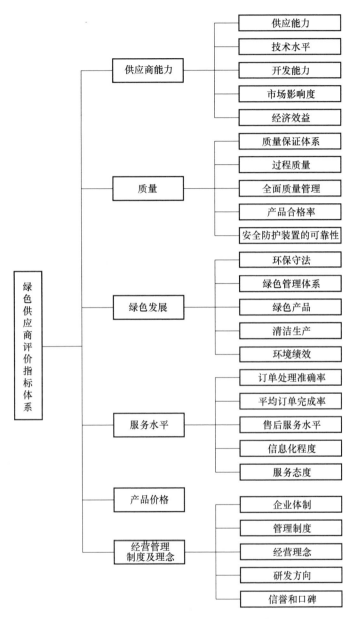

图 15-9 绿色供应商选择的评价指标体系

有了以上评价指标后,最后需要对供应商进行综合的评价和选择。针对目前国内 PCB 企业绿色供应链管理现状及所面对供应商的实际情况,本书建议在确定供应商的评价方法时应该简单、直观、易操作。可根据以上指标体系,首先确定出基本要求(一票否决项),如环保守法、经营理念等,然后根据相关的法规标准要求、市场需求及自身的价值取向，对其余指标设分值计算方式和权重，其中定量的指标可以与相关先进值、理论值对比进行算分，定性指标可以组织考评小组打分，最后根据各指标得分和权重计算出总分，并依此进行排序确定合作关系和管理。目前关于供应商评价、选择方法的研究有很多，比如基于模糊理论的供应商选择法、灰色理论供应商选择法等，PCB 企业可参考应用，但所有方法都有其局限性和缺点。

15.4 绿色仓储

15.4.1 PCB 企业绿色仓储内容介绍

仓储的主要作用是将物料、产品由一个场所转移到另一个场所，从而实现库存物流管理的价值。仓储工作对于任何一家 PCB 企业而言都是一个配合、支撑生产的至关重要的环节。仓储工作不仅包括相关原辅料的入库和产品的存放出货，还需要与企业生产过程中各个部门保持紧密畅通的联系，可以说仓储工作是整个企业物质流的核心枢纽，其运行情况对供应链管理的效果有着很大的影响。

从 PCB 企业创建绿色工厂及开展绿色供应链管理的角度出发，仓储工作常常会面临以下的挑战和问题：①为满足一定的生产周期要求，仓储需存放足够量的原辅料，避免企业出现停工待料的情况，还要保证产品周转，同时 PCB 行业所需的原辅料中化学品种类多样，存放管理要求高，需要占用一定量的场地空间；②仓储管理过程中有一定量的能源消耗和废弃物产生；③仓储管理不到位常常会造成物料过期报废，不仅浪费资金，同时也会产生大量废物，甚至危废；④库存过多不仅会占用企业宝贵的场地空间，还会提高管理成本，甚至影响资金流转。

如果能实现"零库存"，以上问题基本都可以解决，"零库存"也是目前国际上最先进的仓储管理理念。但从 PCB 行业特点和国内现有企业的实际情况来看，一方面 PCB 企业要依据客户的设计、订单和合同要求来开展生产工作，而且现代终端电器电子产品制造企业对电路板的品种要求多、批量小、交货急；另一方面 PCB 企业的主要原材料覆铜板的订货周期一般至少需要一周时间，其他化学材料、药品试剂的订货周期至少也需要几天，甚至需要十多天，而且相关原辅料种类多样，同时相关设备配件耗材也需要库存，因此 PCB 企业实现"零库存"几乎不可能。

因此，提升仓储的硬件水平，完善仓储管理，合理优化库存量，是 PCB 企业开展绿色仓储的主要工作。具体做法可以考虑以自动化立体仓库为基础，在该基础上做好入库把关、库存量的优化、定期盘点、改善贮存条件、计划性出库等管理工作，并且采用绿色仓储物料智能管理系统，用信息化手段来实现仓储及物流的各项管理工作，同时也可以通过该系统实现企业采购部门、计划部门、生产部门、销售部门与仓储物流部门之间的信息互联互通。PCB 企业绿色仓储工作思路及主要内容如图 15-10 所示。下文将按此工作思路介绍 PCB 企业绿色仓储工作内容。

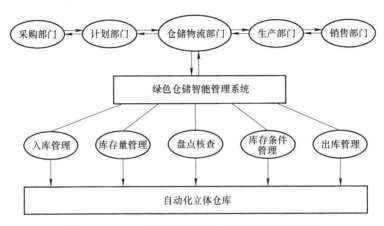

图 15-10　PCB 企业绿色仓储工作思路及主要内容

15.4.2　自动化立体仓库建立

自动化立体仓库将物流、自动化和货物贮存三种技术结合为一体，在近年来的实际应用中自动化立体仓库已经展现出来越来越多的优势。与传统的货物贮存仓库相比，自动化立体仓库有着非常多的优势：①自动化立体仓库具有占地面积较小但是贮存量巨大的优点，自动化立体仓库向高层发展，充分利用仓库的立体空间，同时也减少传统仓库叉车工作通道面积，提升了仓库的综合利用率；②货物进出作业方便，由于货物单独存放在一个独特的货架上，货物互不干扰，存取十分方便，节省操作时间，提高了库存管理效率；③仓库是机械化、自动化甚至智能化作业，很大程度上节省了劳动力，同时增加了仓储配送的准确性和快速性，消除了不确定性，减少了仓库货物的积累，从而降低了货物的损失率。

自动化立体仓库一般是由立体货架、存取设备、输送设备、分拣设备和仓储自动化管理系统组成的。其中，立体货架是主体，存取设备、输送设备、分栋设备是关键组成，仓储自动化管理系统是控制核心，随着企业信息化管理水平的提升，可考虑将该系统与绿色仓储物流智能管理系统进行融合衔接，让仓储管理工作上升到智能化层面。自动化立体仓库控制系统架构如图15-11所示。

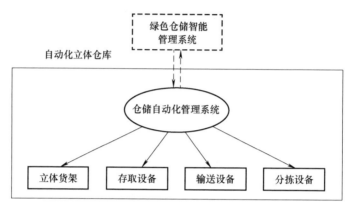

图15-11 自动化立体仓库控制系统架构

自动化立体仓库主要由土建设施、机械设施、仓储管理系统和配套设施构成。

土建设施主要包括厂房、消防系统、动力系统、照明系统、通风系统、给水排水系统等。其中，由于PCB企业仓库存放货物的密度大、价值高、化学品多，同时自动化立体仓库的管理和操作人员较少，因此消防系统是重点，可考虑采用自动消防系统。

常用的机械设备包括货架、货箱（托盘）、堆垛机、穿梭车、输送机、机器人、分拣设备等。货架形式有多种，PCB企业的货架建议用钢材制作。钢货架的优点是构件尺寸小、仓库空间利用率高、制作方便、安装建设周期短，而且随着高度的增加，钢货架比钢筋混凝土货架的优越性更明显。为了提高货物装卸、存取的效率，一般自动化立体仓库使用货箱（托盘）盛放货物，货箱与托盘的基本功能是装物料，同时还应便于叉车和堆垛机的叉取和存放。堆垛机是立体仓库中最重要的运输设备，堆垛机是随着立体仓库的出现而发展起来的专用起重机，主要是在高层货架的巷道内来回穿梭运行，将位于巷道口的货物存入货格，或者取出货格内的货物运送到巷道口。往复式穿梭车是重要的输送设备，它在整个运行过程中能在有效输送路线上实现输送目的地的任意变动。由于往复式穿梭车能够实现货物在输送路线上的正反向流动，因此采用往复式穿梭车后可使得一般输送系统的正反向双线输送变成单线输送，节省大量的普通输送设备，也减少仓库设备的占地面积，可用于场地狭小的场合。输送机系统是立体仓库的主要外围设备，负责将货物运送到堆垛机或从堆垛机将货物移走，自动化的分拣设备通常与输送机配合使用。自动化分拣设备要求包装箱必须有识别代码以供扫描设备识别，可自动将货物按一定路线运送到指定位置。

自动化立体仓库在为 PCB 企业的仓储提供便利的同时，也要考虑其立体化、紧凑化设计所带来的安全问题、成本问题等。遵循科学系统的设计原则不仅可以提高工作效率，同时也可带来最佳的生产效益。一般而言，在进行 PCB 企业的自动化立体仓库设计建设过程中，应考虑以下原则：

1）自动化原则。这是自动化立体仓库设计建设的基本原则，目前人工成本昂贵，且容易产生错误，最大限度地应用自动化控制进行操作，能降低成本、减少差错，提高设备利用率和产量，同时可考虑预留自动化向智能化升级的空间。

2）标准化原则。标准化的设计、设备、货物单元和操作系统，能够降低后续维护及更新升级的成本。

3）区域划分原则。为了提高 PCB 企业自动化仓库的效率，应对货物的入库做出比较合理的区域划分，贮存区域可以根据货物的种类、数量、大小、重量和性质进行划分。除这些因素外还应考虑一些特殊的情况，如温度、湿度、腐蚀、贮存周期都会对商品质量产生影响。

4）充分利用空间原则。节约用地是建设自动化立体仓库的重要目的之一，充分利用库房内外的空间来贮存物料，提高 PCB 企业土地利用率，也是仓库绿色性的关键体现，符合绿色工厂用地集约化目标。

5）最短移动距离原则。保持物料始终向最终目的地移动，尽量避免返回、侧绕和转向等移动路线。缩短移动距离不仅可降低仓储系统能耗，也可减少货物移动过程中碰撞等其他风险。

6）使用合适的设备原则。选择合适的设备，在保证有效完成相应工作的前提下尽量降低设备成本。

7）容量富余原则。考虑发展需求，根据规划预测出未来要增加的仓库容量。

8）安全原则。充分考虑防撞、防掉落、防泄漏和防火等措施，保证人员、物品及设备不受损伤、损失。

9）便于维护原则。整个仓储系统设计和建设应便于后期的维护维修。

10）节能原则。节能是绿色仓储的重要特征之一，应充分考虑整个仓储系统的节能，注意利用重力的作用进行系统设计。

某 PCB 厂的智能仓储及自动运板车如图 15-12 所示。

 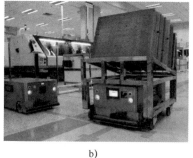

图 15-12 某 PCB 厂的智能仓储及自动运板车

a) 智能仓储　b) 自动运板车

15.4.3　绿色仓储基本管理

1. 优化库存量

（1）覆铜板库存量　覆铜板是 PCB 企业库存中占比最高的物料，一般可达 80% 以上，同时也是最难做好合理库存量的物料。做好覆铜板的库存管理，也就能做好整个 PCB 企业一大半的库存管理工作了。对于 PCB 企业而言，由于不同客户的产品要求不同，所需的板材、规格也不相同，这就要求仓库管理人员每天定时把覆铜板的收、发数据输入计算机，进行分类统计并且动态更新数据。根据一些 PCB 企业的库存管理经验，在申请购买板材时，可依据上月覆铜板消耗的统计数据，以及相关厂家送货周期情况来确定采购时间和数量，同时跟踪物料的到货日期和数量。一次订购的数量约为企业正常生产运行半个月所需的用量，同时保证库存量还能维持 7~10 天的生产，这样可确保生产时原料充足，且不会积压过多。另外，常常存在部分客户订单不稳定的现象，如果只按上月覆铜板的消耗情况进行配料，很可能会造成备料不足影响交货，对于这种情况，可参考近 3 个月的生产用料量来确定覆铜板的订货量。

（2）化学药水库存量　以沉铜药水为例，有些 PCB 企业将每月月终结余的沉铜药水作为供应商在企业的寄存量，转结到下月使用。这种操作往往造成企业订货随意，只多不少，结果经过一段时间后，有些物料越积越多，甚至过期失效。因此，PCB 企业的化学药水的库存量应根据生产量以及工艺消耗量去配备，并且通过供应商管理保证供应商能及时配送药水。生产量可以根据前一个月或三个月的相应数据进行估算，这种情况下仓库的场地空间也可以有计划地安排存放物料。一般情况下每 10 天左右申购一次，这样既可以做到定期申购物料，又可以确保生产不会出现无物料可用的情况，也不会出现药水积压的现象，随之药水因堆放时间过长而造成过期失效的现象也就减少或者不存在了。同理，其他试剂药品等物料库存量也可按照以上思路，根据之前的物料消耗量以及工艺用量进行申购。

另外，有些无法按照这个方法进行储备的物料，则通过企业的产能及订单销量统计情况，建立最低和最高库存量进行储备，从而达到最佳的库存量，既不影响生产，又不会过多积压物料，从而实现对库存有计划有目的地统筹管理。

2. 把好入库的质量和数量关

仓储管理人员对于物料入库确认工作需要有很强的责任心，物料入库需要仓储管理人员把好物品的质量和数量关。PCB 企业在物料入库方面应建有相应的作业指导书或规程，并且不断完善相关的管理规定。要求仓储管理人员在接到入库单时，首先要与申购单进行核对，确认无误后还需对物料的品名与实物进行清点核实，确保清点数量准确无误。另外仓储管理人员在确认数量的同时，必须顾及物品的品质，外观是否良好，是否在有效期内，如发现外包装损坏时，须及时打开包装进行检查，若有异常须向相关部门反馈，直到问题解决为止。

3. 把好物品的贮存关

PCB 企业在生产过程中化学品的使用相当频繁，包括最基础的酸、碱类化学品以及为了特殊工艺参数需求而专门研发的混合类添加剂、稀释剂等近 200 种化学品。除性质稳定的覆铜板和成品板以外，化学品因其性质活跃、危险特性、多样性等特点，其贮存是一个关键要素，关系到企业成本、质量和安全等诸多方面。一般而言，化学物品都有贮存的环境条件要求，比如油墨的贮存环境要通风良好、避光，贮存温度为 16～28℃，浓硝酸应在棕色瓶中于阴暗处避光保存，避免振动等。PCB 企业可根据各种物料的贮存环境不同，编制好相关的作业指导书，指导仓储管理人员对物料进行存放。物料存放的原则：按照物料种类（化工、覆铜板、油墨、干湿膜等）、规格、等级，按照分区、分类的原则进行存放，不得混堆和乱堆，确保库房的整洁及安全，达到可视化管理的最佳效果。

4. 定期盘点

许多企业的库存管理工作都严格执行每月底定期盘点物料的制度，对于 PCB 企业而言定期开展盘点工作也同样必要。通过每月定期盘点可检查账、物是否相符，一经发现问题可及时追查原因，堵住漏洞，防止问题扩大影响生产及出货。同时也可通过盘点来不断提高仓储管理人员的工作责任心，检验计划、采购、仓管及生产部门的协同效果，避免物料因存放时间过长而报废，减少不必要的物料浪费。

5. 优化物料发放方式

目前很多PCB企业的物料发放方式都是延续"领料人何时来领料就何时发料"的习惯，这种模式使得仓储管理人员无法有计划地安排工作，发料方式是被动的，也可能造成因为无法领到物料而中断生产的事情发生。对此，可以考虑扩大仓储管理人员的工作职责范围，使其由被动变主动，定期根据生产计划制定物料发放计划，然后按照计划进行物料配送。如果在配送之外还有生产环节需要领用物料，在保证正常生产的前提下追查原因，并根据追查情况做出相应整改和处理。根据对某PCB企业实际情况的了解，按该制度执行后，仓储管理人员的班次更有规律，上班时间明显缩短，人员数量也减少了20%左右，即工作效率得到了提高，同时又增加了仓储管理人员的责任心和工作计划性。

15.4.4 绿色仓储智能管理系统

由上面的介绍可知，要进行绿色仓储管理工作，除硬件上建立自动化立体仓库外，还需要开展入库、库存、质量把关、货物贮存、盘点清查、出库等基础的管理工作。自动化立体仓库的建立对这些管理有一定的帮助作用，但仓储管理仍是一件烦琐、复杂、系统的工作，而且还会涉及计划、采购、生产、销售等部门。为了让计划、采购、生产、销售等部门随时了解各种生产物料的库存情况，也为了让仓储管理人员可以应用现代信息智能技术手段提高管理效率，PCB企业的绿色仓储还应建立智能管理系统，智能管理系统是开展绿色仓储工作的关键，也是现代化企业绿色仓储的核心功能之一。在实际工作中，企业可根据自身的实际情况和需要逐步建立该系统。

首先，实现绿色仓储管理工作的信息化管理，主要是实现仓储与各相关部门之间信息的互联互通。信息化管理可让企业其他相关部门了解和掌握所需物料的库存情况，在物料（板材）有多种选择的情况下，则可选择价格相对较低同时又不影响产品质量的物料，实现降低生产成本的目的。同时，仓储管理人员也可以随时了解物料的库存情况，还可以在审批物料申购单时纠正不合理的申请情况，便于决策，降低管理过程中的沟通成本。

其次，在仓储信息化管理的基础上，还需要建立绿色仓储智能管理功能，它不仅能按照绿色仓储运作的业务规则和运算法则进行数据统计计算，还能进行信息录入和分析，对仓储管理人员进行适时提醒，实现对信息、资源、存货和分销运作等进行更完美地管理。另外，该系统在绿色供应链环境下，运用现代信息技术实现信息的共享，供应链上下游企业可以有效实现数据共享与数据交换，可以借助条码与通信技术获取新的库存管理在线服务，可以建立更加可靠的库存管理系统等。所以，绿色仓储智能管理系统也可考虑预留接口，与企业的绿色供应链管理平台链接，使企业的仓储工作与供应链上下游需求贯通。

绿色仓储智能管理系统是用于绿色仓储管理的应用软件，该系统应简洁实用。针对 PCB 企业，该系统从功能上来说应该包括信息管理、入库管理、出库管理、库存管理、盘点管理和仓储环境管理等模块，具体功能可参考图15-13。

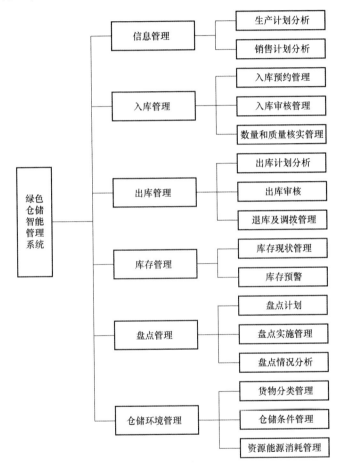

图15-13 绿色仓储智能管理系统功能模块

绿色仓储智能管理系统要以企业的管理方针和要求为基础，要有科学合理的计算逻辑，而且在设计时除上文提到的相关原则以外，还应根据实际情况考虑以下原则：

1）系统简化原则。系统在具备必要的功能模块、保证能有效完成工作的同时，应简化操作系统，注重高可靠性和低维护成本。

2）高利用率原则。系统建立后应使其充分发挥作用，设计科学合理的计算逻辑，覆盖绿色仓储管理中的各个环节，减少系统的空闲时间，追求最大运行时间。

3）先进先出的原则。在货物贮存时采取先进先出的原则，根据货物的性质，设定最长贮存时间，保证货物能够在有效期内出货。

4）采取合理负荷的原则。根据入库量和出库量，将自动化立体仓的堆垛、运输等工作任务进行合理的时间分配，预防堆垛机、输送机等机械设备工作过载，从而减少其使用寿命，造成资金的浪费。

15.5 绿色供应链管理信息化系统搭建

通过以上介绍可以看出，PCB企业的绿色供应链管理也是一项涉及广泛、系统复杂的工作，不仅要按照绿色供应链的理念、市场和客户的要求做好企业内部生产、仓储、运输等环节的管理，还要通过对供应商进行管理或合作，将绿色发展的要求和价值理念通过供应链进行传递；不仅要进行制度、组织、控制过程的优化改善，还要营造企业新的文化氛围和价值方向。另外，理论上讲绿色供应链上的各企业利益互补，是长期发展的利益共同体，但在现实情况中，外部环境和市场竞争的快速变化，常常因为供应链上信息不对等，传递不及时而导致上下游企业之间的绿色发展理念、短期目标、局部利益产生分歧和冲突。因此，PCB企业开展绿色供应链管理工作，利用互联网技术搭建绿色供应链管理信息化系统是非常必要的。

绿色供应链管理信息化系统是PCB企业进行绿色供应链管理的高效系统工具。

首先，该系统要具有管理功能，不仅应覆盖绿色采购、绿色制造、绿色仓储、质量管理、财务管理和后勤管理等企业内部管理环节，也要具备绿色运营战略调整、市场分析、供应商管理、客户管理和产业链跟踪协调等外部管理功能。

其次，绿色供应链管理信息化系统应具有文化理念传播和信息交流作用。绿色供应链管理覆盖了产品的原材料获取、生产制造、运输使用、废气回收等多个环节，在整个绿色供应链上，PCB企业两端的供应商和客户众多，一个PCB企业会参与多个供应关系中。同时市场及外部环境瞬息万变，这决定了绿色供应链上的信息也会快速更新变化。搭建绿色供应链管理信息化系统可主导性地将企业自身的发展理念与价值要求传播出去，支撑下游客户绿色发展的同时，也可引导供应商提高绿色发展意识，还可为存在价值分歧的各方提供交流沟通渠道，实现绿色供应链上信息共享，促进供应链上各企业之间绿色发展目标协同一致，从而共同制定一个较理想的绿色发展平衡点和共赢点。

再次，绿色供应链管理信息化系统应能帮助企业提高绿色制造水平和核心竞争力。企业通过搭建绿色供应链管理信息化系统，为供应链上的上下游企业的信息交流共享提供了重要的机制、方式和途径，PCB 企业可充分收集来自供应链上内外部的多种绿色制造相关的信息和数据，通过系统可以帮助企业在线完成上述数据的集成管理、分析统计、碳足迹、生命周期评价等工作。而且这些数据和信息可不断扩充该系统后台的数据，形成政策法规、标准规范、供应商客户信息、培训知识及产品全生命周期数据库，以此指导企业发现自身绿色发展空间，提升绿色制造管理和技术的水平。

最后，绿色供应链管理信息化系统可帮助企业提高社会形象。在绿色供应链管理中有一项非常重要的工作就是社会责任等信息的披露，而绿色供应链管理信息化系统就是一个很好的平台和窗口，除社会责任报告外，企业还可公开发布产品的生命周期评价（LCA）报告、碳足迹、水足迹和环境排放数据等信息。供应链上的信息披露可以让上下游供应商和客户对合作更加有信心，也能提高企业社会形象，增强企业的软实力。

围绕以上所述目标，集合绿色供应链管理工作的内容，PCB 企业的绿色供应链管理信息化系统的搭建思路和主要功能如图 15-14 所示。

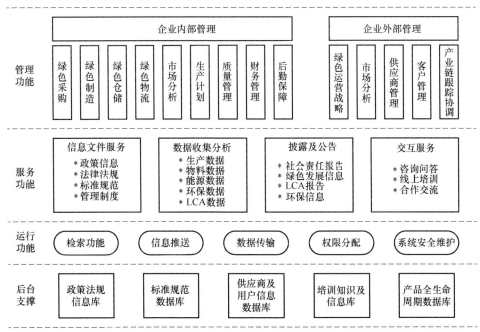

图 15-14　PCB 企业的绿色供应链管理信息化系统的搭建思路和主要功能

因绿色供应链管理工作涉及企业的各方面工作，为保证该项工作与企业现有管理工作不冲突且能发挥出协同效应，系统在搭建和运行时，须考虑与企业现有的制造执行系统、企业资源计划系统、办公自动化系统、能源管理系统以及上文提到的绿色仓储智能管理系统的兼容和互联互通。企业可根据实际情况，在该系统的管理功能模块中不重复开发相关管理功能，而是预留其他管理系统的操作接口。另外，随着绿色供应链的完善，企业也可考虑该系统与绿色发展战略伙伴的绿色供应链管理系统的兼容和联通问题。例如，在权限允许的前提下，PCB企业的下游客户可通过自己的绿色供应链管理系统访问到PCB企业的BOM（物料清单），PCB企业也可通过自己的系统对其供应商发送请求、进行审核等。

参 考 文 献

［1］工业和信息化部节能与综合利用司．绿色制造 制造企业绿色供应链管理：导则：GB/T 33635—2017［S］．北京：中国标准出版社，2017．

［2］孙婷婷，奚道云，王越仟．制造企业绿色供应链管理实施建议［J］．中国标准化，2017（3）：77-81．

［3］天津市市场和质量监督管理委员会．绿色供应链管理体系：要求：DB12/T 632—2016［S］．天津：天津市市场和质量监督管理委员会，2016．

［4］沈君华，颜江．家电制造企业绿色供应商的选择［J］．企业经济，2012，31（12）：59-63．

［5］李玉金．自动化立体仓库存储管理策略的优化［J］．中小企业管理与科技（下旬刊），2017（4）：150-151．

［6］郑永．H公司自动化立体仓库总体结构设计与库存管理研究［D］．南京：南京理工大学，2008．

［7］李媛媛，郑孟．自动化立体仓库出入库路径优化研究［J］．物流科技，2019，42（4）：155-159．

［8］蔡安江，史启程．自动化立体仓库调度模型分析及优化［J］．机械设计与制造，2018（12）：45-48．

［9］刘佳琪．基于精益生产理论的绿色供应链库存管理优化研究［J］．科技创新导报，2018，15（21）：191-192．

［10］王起．自动化立体仓库管理系统的设计与开发［D］．大连：大连理工大学，2016．

［11］汪晓光，夏青．绿色供应链管理信息披露平台构建研究［J］．机电产品开发与创新，2018，31（2）：8-9．

［12］向思静，江志兰，章菁，等．家电产品及其供应链的集成环境管理系统研发［J］．家电

科技, 2016 (4): 58-60.

[13] 王影, 赵裕平. 基于绿色供应链系统的企业环保信息集成平台研究 [J]. 情报探索, 2017 (9): 29-34.

[14] 郭婷婷. 绿色供应链管理系统模型及其绩效评价研究 [D]. 南京: 南京理工大学, 2006.

[15] 孙君, 钟茂林, 张中华, 等. 绿色供应链管理能力指标体系构建与评价研究[J]. 数学的实践与认识, 2019, 49 (8): 89-102.

[16] MISHRA D, GUNASEKARAN A, PAPADOPOULOS T, et al. Green supply chain performance measures: A review and bibliometric analysis [J]. Sustainable Production and Consumption, 2017, 10: 85-99.

第 16 章

绿色发展信息披露

16.1 PCB 企业绿色发展信息披露框架

绿色制造的目的是使企业的经济效益和社会效益协调优化。企业创建绿色工厂、开展绿色供应链管理一方面是探索寻找对环境友好的生产制造模式，同时也是在履行自身的社会责任。公开发布社会责任报告是企业针对自身的社会责任活动与利益相关方、社会公众进行全面沟通的重要载体和有效渠道。企业可以通过社会责任报告，定期、系统地将其决策和活动对社会和环境所产生的影响、开展的社会责任活动以及取得的社会责任绩效进行公开披露，从而获得公司利益相关方更广泛的参与和支持，这对于企业充分落实社会责任理念，展现负责任企业的社会形象，体现社会价值和实现企业的可持续经营发展具有重要的意义。

本书在第 15 章提到，绿色供应链管理过程中需要进行绿色发展信息披露，也提到建设绿色发展信息披露平台，但这些都是披露途径，对于 PCB 企业而言，具体应该披露哪些信息和内容，才是本章要介绍的重点。

目前，国内外关于社会责任报告的政策、标准和指南已发布不少，各标准或指南的内容也不尽相同，其中，应用比较广泛的国际标准/指南有全球报告倡议组织（GRI）发布的《可持续发展报告指南》（G4）、国际标准化组织（ISO）发布的《社会责任指南》（ISO 26000）、国际社会责任组织（SAI）发布的《社会责任标准》（SA 8000）等。国内常用的标准和指南有《中国企业社会责任报告编写指南》（CASS-CSR 4.0）、《社会责任指南》（GB/T 36000）、《社会责任报告编写指南》（GB/T 36001）、《中国工业企业及工业协会社会责任指南》（GSRI-CHINA）和行业标准《电子信息行业社会责任指南》（SJ/T 16000）等。各标准、指南关注的社会责任核心主题和议题见表 16-1。

表 16-1 企业适用的社会责任报告编制标准和指南

序号	发布者	标准名称	核心主题
1	全球报告倡议组织（GRI）	《可持续发展报告指南》	经济、社会、环境
2	国际社会责任组织（SAI）	《社会责任标准》（SA 8000）	童工、强迫性劳动、健康与安全、组织工会的自由和集体谈判的权利、歧视、惩戒性措施、工时、工资、管理体系

(续)

序号	发布者	标准名称	核心主题
3	国际标准化组织（ISO）	《社会责任指南》（ISO 26000）	组织治理、人权、劳工实践、环境、公平运行实践、消费者问题、社区参与和发展
4	国家质检总局和国家标准委	《社会责任指南》（GB/T 36000）	
5	国家质检总局和国家标准委	《社会责任报告编写指南》（GB/T 36001）	
6	中国社科院经济学部企业社会责任研究中心	《中国企业社会责任报告编写指南》（CASS-CSR 4.0）	市场、社会、环境
7	中国工业经济联合会	《中国工业企业及工业协会社会责任指南》（GSRI-CHINA）	科学发展、公平运营、环保节约、安全生产、客户与消费者权益、合作共赢、和谐劳动关系、社区参与和发展
8	中国电子工业标准化技术协会	《电子信息行业社会责任指南》（SJ/T 16000）	责任治理、技术创新与应用、员工权益、安全与健康、环境保护、诚信运营、供应链管理、消费者关系、社区参与和发展

以上标准和指南间的侧重点虽各有不同，但其核心主题无一例外地都包括"环境"一词，所以毫无疑问，环境保护、节能减排等绿色发展的议题是企业社会责任的重要内容之一。

进入 21 世纪以来，企业环保信息披露的问题引起了国内外学者的广泛关注，并从多个角度围绕企业信息披露问题展开了研究。这些研究表明，企业主动地进行环保披露对提高企业及全社会的环境意识、促进环保行为都具有显而易见的作用。我国在 2007 年 2 月由原环境保护总局发布了《环境信息公开办法（试行）》（国家环境保护总局令第 35 号），近年来披露环保信息的企业逐年增多。

目前企业在进行环保信息披露时，绝大多数是通过发布社会责任报告或可持续发展报告进行的，但就目前来看，发布的报告中还存在诸多问题：①社会责任报告的质量整体水平仍然较低，很多企业的报告都存在"说大话、说空话"的问题，披露的社会责任报告缺乏实质性内容，在环保信息方面，很多企业只是在报告中笼统地说明企业建立了完善的环境管理系统，没有任何可量化其环保工作绩效的数据或证明材料；②选择性披露，将社会责任报告当成企业宣传册，对需要披露的内容避重就轻，规避重要环保信息；③企业的披露方式多种多样，甚至同一企业不同年份的披露方式也存在不一样的现象，这就导致披露的环境信息缺乏相关性与可比性，同时也降低了披露结果的交流作用；④披露报告编制不规范，逻辑层次不清晰，甚至存在前后矛盾的现象，影响信息使用者的决策，导致相关方对企业的披露信息信任度降低。

以上这些问题导致企业的环保信息披露并不能充分发挥出市场和社会的监督作用。此外企业的环保信息披露和绿色发展信息披露还是存在明显差别的。首先，企业绿色制造的内涵和外延均大于环境保护，环保信息披露重点是面向社会说明企业自身的环保守法及污染物排放等环境保护方面的情况，而企业绿色发展信息的披露不仅包括环境信息披露，还包含其绿色供应商的评价、资源能源利用水平、基础设施的绿色水平等。其次，企业的绿色发展信息披露比环保信息披露具有更多的内外沟通功能。对内，它以更具战略意义的方式将设计、采购、生产、仓储、运输、回收等环节的工作联系起来，有助于建立系统的内部协同机制；对外，能与更广泛的利益相关方联络，是企业通过供应链与外部沟通的重要手段和内容。因此，在制造业绿色发展的大环境下，为了推动绿色供应链搭建，除环保信息披露以外，进行内涵和范围更广的企业绿色发展信息披露更具发展意义。

PCB 企业定期全面披露其绿色发展信息对开展绿色供应链管理、创建绿色工厂具有显著的促进作用。披露企业绿色发展信息可通过绿色供应链管理信息平台发布企业绿色发展报告，也可将需要披露的内容融入社会责任报告，但无论以什么样的形式，企业绿色发展信息披露的内容应该是系统和完整的，针对 PCB 行业及企业实际情况，其披露的绿色发展信息应包括：企业概况、绿色发展基础、绿色发展规划、管理体系、绿色采购、清洁生产、绿色仓储、绿色物流和绿色绩效等方面。PCB 企业绿色发展信息披露框架及其逻辑关系如图 16-1 所示。

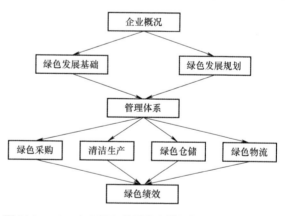

图 16-1 PCB 企业绿色发展信息披露框架及其逻辑关系

16.2 PCB 企业绿色发展信息披露要点

根据以上提到的需要披露的主要内容及其逻辑关系，借鉴表 16-1 中企业适用的社会责任报告编制标准、指南，结合国内 PCB 行业的实际情况和特征，建议 PCB 企业可按表 16-2 中的具体内容和指标进行绿色发展信息披露和报告编制。

表 16-2　PCB 企业绿色发展信息披露内容、披露要求及方式

序号	披露内容		披露要求及方式
	内容方向	具体内容或指标	
1	企业概况	企业名称	文字描述
2		企业规模	文字描述
3		企业性质	文字描述
4		文化理念	文字描述
5		产品结构及产量	按刚性印制板、挠性印制板、刚挠结合印制板单面板［单面板/双面板/多层板（2+n）层/HDI 板（2+n）层］分类统计并给出产量
6		资源能源使用情况	文字描述
7		经济状况	文字描述及列表
8		资质及荣誉	文字描述及图片
9	绿色发展基础	建筑	建筑结构及建筑材料绿色属性文字描述
10		绿化及场地	厂区布局、绿化、步行连廊、透水区域等文字描述及图片
11		照明	节能灯具、自然采光、功率密度、照度、分区照明、自动控制等情况文字描述及图片
12		清洁能源、新能源	光伏发电、风力发电、微电网等设施、规模、效果等文字描述
13		信息化、智能化水平	MES、ERP、能源管控中心、供应链管理信息平台等企业管理、生产、运营等信息化、智能化方式文字描述
14	绿色发展规划	—	企业未来绿色发展规划文字描述
15	管理体系	质量管理体系	对相关管理体系的建设、认证及执行落实情况等进行文字描述，如有认证提供认证证书
16		环境管理体系	
17		职业健康安全管理体系	
18		能源管理体系	
19		有毒有害物质管控体系	
20		计量管理体系	
21		环境风险应急预案	

(续)

序号	披露内容		披露要求及方式
	内容方向	具体内容或指标	
22	绿色采购	绿色供应商管理	绿色供应商评价、入库、培训等工作情况文字描述及图片
23		绿色供应商比例	定量计算
24		采购标准及要求	原辅料（油墨、清洗剂、电镀液、抗蚀剂、阻焊剂等）、设备、服务等绿色采购标准及要求情况文字描述
25		绿色原辅料比例	定量计算
26		危险化学品、易制毒品采购管理	危险化学品、易制毒品采购、验收、管控、使用等情况文字描述
27	清洁生产	生产工艺	落后生产工艺情况文字描述；绿色工艺开发、应用情况文字描述及图片
28		生产设备	落后生产设备使用情况文字描述；绿色设备开发、应用情况文字描述及图片
29		公用辅助设备	电动机、变压器、空气压缩机、锅炉、冷水机组等设备绿色水平、使用情况等文字描述及图片
30		环保设施	环保工艺、配套设备、监测等情况文字描述及相关图片
31		计量设备	计量设备、配备率、分布、等级等情况文字描述及相关图片
32	绿色包装	包装材料	包装材料种类、用量、有害物质含量、重复使用、回收利用等情况文字描述及相关表格、图片
33		包装结构	包装方式、结构、材料减量化、轻量化等情况文字描述及相关图片
34		包装标识	包装标识的完整性、绿色信息传递等情况文字描述及相关图片
35	绿色仓储	原料、产品仓储	仓储形式、场地空间、布局、分区、标示、管理运行等情况文字描述及相关图片
36		危险废弃物贮存场所、危险品仓储	特殊贮存场所的独立规范设置、仓储形式、场地空间、布局、分区、标示、管理控制等情况文字描述及相关图片
37	绿色物流	—	绿色物流路线设计、物流方式、物流量、消耗等情况文字描述及相关图片、表格
38	绿色绩效	废水排放量	统计有效的环境监测报告数据列表及文字描述
39		污染因子排放浓度及总量	

(续)

序号	披露内容		披露要求及方式
	内容方向	具体内容或指标	
40		固体废弃物产生和处置	统计分析数量，文字描述及图片处置方式
41		危险废物产生和处置	
42		温室气体排放量	碳核查报告结果
43		作业场所环境质量达标情况	有效的工作场所职业健康安全检测或评价报告
44		废水回用量及回用率	定量计算
45		余热回收量及回收率	定量计算
46		金属铜回收率	定量计算
47		废物综合利用和利用率	文字描述并按废物种类分别定量计算
48		工业用水重复利用率	定量计算
49		单位产品新鲜水耗量	定量计算
50		单位产品耗电量	定量计算
51		覆铜板利用率	定量计算
52		单位产品废水产生量	定量计算
53	绿色绩效	单位产品铜产生量	定量计算
54		单位产品化学需氧量（COD_{Cr}）产生量	定量计算
55		有害物质限制使用	铅（Pb）及其化合物、镉（Cd）及其化合物、汞（Hg）及其化合物、六价铬化合物［Cr（Ⅵ）］、多溴联苯（PBB）、多溴二苯醚（PBDE）、邻苯二甲酸二（2-乙基己基）酯（DEHP）、邻苯二甲酸丁苄酯（BBP）、邻苯二甲酸二丁酯（DBP）、邻苯二甲酸二异丁酯（DIBP）等有害物含量
56		清洁能源比例	定量计算
57		产品生命周期评价（碳足迹）	产品生命周期评价（LCA）报告结果
58		工厂容积率	定量计算
59		工厂建筑密度	定量计算
60		工厂的单位用地面积产能/产值	定量计算

按照表16-2中的内容和方式编制披露报告可覆盖到PCB企业绿色发展相关工作的方方面面，其中企业概况、绿色发展基础、绿色发展规划、管理体系、

绿色采购、清洁生产、绿色仓储和绿色物流的内容主要用文字描述和相关图片展示，披露过程可以根据需要用相关数据和数字图表进一步说明对应内容的详情或变化情况，如产品产量，需要根据产品分类给出具体的生产量。绿色绩效的披露重点是定量，PCB企业披露时根据相关的检测、监测、分析报告以及企业的统计数据，计算出各指标的结果值即可，不需要计算过程等内容。这种披露报告既能全面说明企业的实际绿色发展水平，起到披露、信息交流的作用，又可保护企业的关键信息和基础数据。另外，披露报告要注意说明披露的边界、周期等信息，否则披露就没有实际意义，确定披露边界时要区分分公司、子公司等概念，披露周期一般常用自然年。

完成绿色发展信息披露报告后，可委托外部专家或组织实施评审或认证，以提高披露报告的可信度和公信力。

参 考 文 献

[1] 沈洪涛，刘江宏. 国外企业环境信息披露的特征、动因和作用 [J]. 中国人口·资源与环境，2010，20（S1）：76-80.

[2] 于帆. GB/T 36001—2015《社会责任报告编写指南》国家标准解读 [J]. 标准科学，2015（10）：11-13；27.

[3] 葛晨旭，田国双. 基于社会责任报告的企业环境信息披露现状研究——以2015年《环评报告》中的优秀企业为例 [J]. 财会通讯，2017（28）：13-16.

[4] 中国标准化研究院. 社会责任指南：GB/T 36000—2015 [S]. 北京：中国标准出版社，2015.

[5] 中国工业经济联合会. 中国工业企业及工业协会社会责任指南（第二版）：GSRI-CHINA 2.0 [Z]. 2009.

第三篇

评价篇

第17章

PCB制造业绿色工厂评价指标体系构建

17.1 评价指标体系构建的原则

为了科学、客观地评价与反映 PCB 企业的绿色制造水平，应考虑建立相应的绿色工厂评价模型，并确定相应的评价指标。本书根据 PCB 制造业的特点和实际情况，构建出了 PCB 制造业绿色工厂评价指标体系。

构建评价指标体系时除了遵循一般原则，还应从行业的实际特点和需求出发，根据影响 PCB 行业绿色工厂创建的主要因素来确定。具体来说遵循了以下几个原则：

1. 科学性原则

PCB 行业绿色工厂评价指标体系遵循行业的科学发展规律，指标数据的选取、权重确定、计算等环节都以一定的科学理论为依据。具体指标能符合当前 PCB 行业的经济技术水平，指标的设计充分体现绿色工厂创建的内涵，分类明确、结构清晰、界定合理、测算方法适用，确保最终结果能真实、客观地评价企业绿色工厂的创建情况。

2. 系统性原则

绿色工厂评价涉及的内容广泛，影响的因素较多，因此评价指标之间应是相互协调统一的整体。指标体系设计从全局出发，契合绿色工厂评价的要求，整体把握国内当前 PCB 制造业绿色工厂创建的真实水平。其中既有不同方向的一级指标，又有具体的细化要求，既有技术性的定量要求，也有管理方面的定性指标，注重指标设置的系统性、覆盖面和层次，同时各指标之间具有一定的相互关联性。

3. 可比性和可操作性原则

构建 PCB 制造业绿色工厂评价指标体系是为了衡量 PCB 企业绿色工厂创建水平，实现绿色生产和推动行业绿色发展，本指标体系注重可比性，具有分层次的评价要求，可帮助企业找到绿色工厂创建的差距，助力企业实施绿色工厂创建。同时考虑选取指标应具有可获得性、指标含义的明确性和计算方法的可操作性，便于评价工作的开展。

4. 动态性原则

PCB 制造业绿色工厂的创建工作会随着技术的发展、绿色发展意识的提高而有所变化，因此，在指标设置时，不仅有能静态地反映工厂的绿色发展现状的指标，也有能动态考察其发展潜力的指标。

17.2 评价指标体系构建的思路

绿色工厂作为绿色制造体系的核心单元，是绿色制造的实施主体，具备"用地集约化、原料无害化、生产洁净化、废物资源化、能源低碳化"的特点。目前，我国在绿色工厂评价方面的依据主要是2016年9月工业和信息化部发布的《工业和信息化部办公厅关于开展绿色制造体系建设的通知》（工信厅节函〔2016〕586号）中的《绿色工厂评价要求》和2018年5月发布的《绿色工厂评价通则》（GBT 36132—2018）。由于《绿色工厂评价要求》和《绿色工厂评价通则》是面向所有的工业企业的通用性指导文件，在指标的设计和要求方面的行业针对性不强，因此，针对PCB制造业的绿色工厂评价，需根据行业的特点构建PCB制造业绿色工厂评价指标体系，主要的构建思路包含以下几个方面：

1）指标体系建立的目的是综合评价PCB制造业企业的绿色化水平，因此，参考《绿色工厂评价通则》，指标体系的结构设计从基础设施、管理体系、资源能源投入、产品、环境排放和绩效等6个方面综合考虑，同时结合PCB制造业的特点，将生产过程引入指标体系，体现PCB行业的绿色制造工艺水平。其中，基础设施、管理体系是绿色工厂创建的硬件基础和软件基础，能源资源的投入和使用是绿色工厂的支柱，生产过程、产品以及生产过程产生的环境排放是绿色工厂的核心过程，绩效则是绿色工厂的顶层结果体现。印制电路板制造业绿色工厂评价指标及其形象关系如图17-1所示。

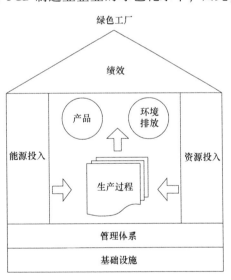

图17-1 PCB制造业绿色工厂评价指标及其形象关系

2）在具体指标的选取方面，充分考虑了PCB行业的实际情况和绿色化需求，引入具有行业代表性的工艺、设备、原材料、污染物排放等指标，有针对性地体现PCB制造企业的绿色发展水平。

3）指标体系采用"定性+定量"结合的方式。

17.3 评价指标的选取与设置

17.3.1 评价指标的分类

PCB 制造业绿色工厂评价指标按照影响类别,可分为基本要求、基础设施、管理体系、能源资源投入、生产过程、产品、环境排放和绩效等 8 类指标。其中,基本要求为 PCB 制造业绿色工厂评价的准入条件,主要为定性指标,其所包含的指标因子若有一项不满足要求,则企业不能参与绿色工厂评价。基础设施、管理体系、能源资源投入、生产过程、产品、环境排放和绩效等 7 类指标都可按相应的规则进行评分量化,以增强评价结果的可对比性。另外,为了体现绿色工厂创建工作的持续性和先进性,针对各个评价指标的特点,设置了"必选指标"和"可选指标"。其中,必选指标为 PCB 制造业绿色工厂应达到相应得分要求的指标;可选指标为绿色工厂创建的参考目标,并没有硬性的得分要求,其内容为行业鼓励推行的,例如先进的设备设施、工艺技术、管理水平、低碳减排技术等,具有一定的行业前瞻性。

17.3.2 评价指标的选取

依据以上原则和思路,结合 PCB 行业的特征以及我国制造业绿色发展的需求,本书所构建的指标体系选取了基本要求、基础设施、管理体系、能源资源投入、生产过程、产品、环境排放和绩效等 8 个指标作为一级指标,现从这 8 个一级指标出发,选取二级指标。

1. 基本要求指标的选取

基本要求指标属于门槛性指标,指标的选取主要从企业的合法合规性及管理职责两大方面进行。其中,合法合规性包括:①工厂是依法设立的,在建设和生产过程中应遵守有关法律、法规、政策和标准;②工厂近三年无较大及以上的安全、环保、质量等事故;③对利益相关方环境要求做出承诺的,应同时满足承诺要求。管理职责分为最高管理者和工厂的职责。其中,最高管理者的职责要求最高管理者体现领导作用,组织协调绿色工厂创建过程的资源,确保工厂实现其开展绿色制造的预期结果;工厂的职责覆盖了建立相应的绿色工厂管理机构和制度、建立绿色工厂创建的中长期规划和组织开展绿色工厂相关培训等要求。

2. 基础设施指标的选取

基础设施是绿色工厂的基石,是整个绿色工厂创建的基础环节,一般可以包括建筑、照明、生产及辅助生产设备设施等。

1）建筑指标：结合绿色建筑评价标准、产业政策及有关要求，从建筑材料、建筑结构、建筑合规性、建筑节能及绿化等各个方面进行了具体要求，例如是否使用环保型建筑装修材料，是否采用钢结构、砌体结构等，在绿色建筑评价过程中，还考虑了场地是否设计合理，危险品仓库、有毒有害操作间、废弃物处理车间等是否独立设置等。

2）照明指标：包括评价照明设计是否合理，是否满足照度、功率密度等相关标准要求；在满足照明需求的前提下，还设置了要求采取绿色照明产品、自动化照明控制、分区照明等照明节能措施的指标。

3）生产及辅助生产设备设施指标：分为通用设备、专用设备、计量设备和污染物处理设备等。其中，通用设备为空气压缩机、中央空调、变压器等公共设备，需满足节能高效、符合经济运行要求的特点。专用设备主要是 PCB 制造业专用生产设备，例如钻孔机、蚀刻机、层压机、烘箱等，结合行业的发展特点，鼓励工厂使用节能高效、自动化程度高、污染小的专用设备。计量设备主要包括水表、电表等，评价其是否按照《用能单位能源计量器具配备和管理通则》（GB 17167—2006）和《用水单位水计量器具配备和管理通则》（GB 24789—2009）的要求进行配备。污染物处理设备主要是生产过程中的废水和废气处理设施，如对镍、银等第一类污染物要求应在车间或生产设施排放口配套污染物的分类收集及预处理设施。

3. 管理体系指标的选取

绿色工厂的创建需要管理体系的支撑，在管理体系指标中选取了质量管理体系、职业健康安全管理体系、环境管理体系和能源管理体系等具备绿色制造特征的管理体系，评价企业是否建立了上述管理体系及通过第三方认证。在社会责任方面，鼓励企业发布社会责任报告，特别是与环境排放相关的责任信息。

4. 能源资源投入指标的选取

PCB 制造业生产过程中消耗较多的能源和资源，在设置指标时，考虑了能源的投入、水资源和物料的投入、采购过程对供应商的环保管控等方面。

1）能源投入方面是从工厂的用能结构是否合理，是否使用清洁能源、可再生能源，是否有节能改造措施等方面设置指标，同时鼓励企业进行余热回收、建立光伏电站、能源管理中心等。

2）资源投入主要包括水资源和原辅料。对于 PCB 企业来说，水的使用量较大，要求较高，评价水资源的利用情况很有必要。在指标选取时，考虑了是否进行节水评价和采取节水措施，同时参考《清洁生产标准　印制电路板制造业》

（HJ 450—2008），设置单位产品耗新鲜水量的指标。原辅料方面的指标选取主要考虑有毒有害原辅料的合理替代。另外，PCB 企业的部分车间需使用空调保持恒温环境，空调系统中的制冷剂也纳入指标范围，鼓励企业选用对全球增温潜势低的环保型制冷剂。

3）采购指标的要求主要考虑：采购管理制度、供应商评价准则中是否包含了环保方面的要求；采购的原辅料、设备及其配件是否有检验检测或验收的过程；采购信息中是否对有毒有害物质使用、可回收材料使用及能效水平进行了要求。

5. 生产过程指标的选取

PCB 的生产过程具有工艺复杂、流程长的特点，不仅刚性 PCB 和挠性 PCB 的生产工艺过程不同，同种基材中单面板、双面板和多层板的生产过程也不尽相同。因此，生产过程指标选取了几个典型的、环境影响关注度高的生产过程，包括层压、钻孔、成形、图形制作与蚀刻、孔金属化、电镀与表面处理、丝印、阻焊等。在具体的要求中，既考虑了行业的整体技术工艺水平现状，也考虑了以后的技术发展趋势，综合地设置了相应的指标。如对于工艺设备的先进性与节能环保性，可以考虑设置是否采用高效节能设备、废物是否得到有效收集与回收处理等方面的指标。

6. 产品指标的选取

对于 PCB 产品的绿色性评价，主要关注三个方面：①产品的生态设计，即在产品的设计之初就引入生态设计理念，对产品本身进行优化设计，例如使用绿色的材料等；②有害物质使用，即关注产品中的有害物质替代或减少，针对 PCB 产品，参考了《电器电子产品有害物质限制使用管理办法》和欧盟 RoHS 指令，要求对产品中的铅（Pb）、镉（Cd）、汞（Hg）、六价铬［Cr(Ⅵ)］、多溴联苯（PBB）、多溴二苯醚（PBDE）、邻苯二甲酸二（2-乙基己基）酯（DEHP）、邻苯二甲酸二丁酯（DBP）、邻苯二甲酸丁苄酯（BBP）和邻苯二甲酸二异丁酯（DIBP）等 10 种有毒有害物质的含量进行评价；③鼓励企业开展碳足迹核算或核查工作，并根据核查结果实施相应的减碳措施。

7. 环境排放指标的选取

PCB 生产过程的环境排放主要包括生产中的废水、废气、固废及噪声，因此在指标设计时，针对大气污染物排放、水体污染物排放、固体废弃物排放和噪声排放，要求企业的污染物排放均符合国家、地方及行业相关标准要求以及区域内的总量控制要求。同时，鼓励企业采取适用的标准或规范，对厂界范围内的温室气体进行核算，或者进行温室气体排放量第三方核查，并进行温室气体排放改善。

8. 绩效指标的选取

绩效指标是对基础设施、管理体系、能源资源投入、生产过程、产品、环境排放等绿色工厂创建内容的综合性要求，本体系选取了用地集约化、原料无害化、生产洁净化、废物资源化和能源低碳化等五个方面进行指标设置。

1) 用地集约化：用地集约化主要是通过科学合理规划和布局，使工业用地上承载的资本、技术、劳动等要素得到优化配置，最大限度地提高工业用地的利用率，增加单位面积土地的产出效益，实现土地利用的集约化。目前国内外学者对工业用地集约化提出了多种评价指标，可分为土地投入强度、土地产出效益、土地使用强度和土地生态效益四个方面。对于 PCB 企业绿色工厂的评价，本体系参考《绿色工厂评价通则》，选取容积率、建筑密度和单位用地面积产值等作为反映工厂实现用地集约化的表征指标。

2) 原料无害化：要求企业优先选用政府部门及行业发布的资源综合利用产品目录、有毒有害原料（产品）替代品目录等文件中推荐的绿色物料，提升原料的绿色占比，减少生产过程及产品使用废弃过程中的环境风险。最后选取绿色物料使用率来体现工厂原料无害化的程度。

3) 生产洁净化：生产洁净化要求工厂通过清洁生产工艺和技术，减少生产过程中污染物的产生，从而实现污染物的减量和减排。本体系选取了单位产品主要污染物排放量、单位产品废水产生量等指标来表征工厂生产洁净化的程度。

4) 废物资源化：主要要求企业在原材料的使用、废弃物的回收等方面采取有效合理的措施，以达到提高资源利用效率的目的。在具体指标上，结合 PCB 生产的特点，选取了覆铜板利用率、废水回用率、金属铜回收率和工业固体废物综合利用率等指标。

5) 能源低碳化：要求企业在能源使用方面，一方面能采取有效的节能措施，减少能源的消耗，另一方面鼓励企业使用低碳清洁能源，减少碳排放。因此指标选取了单位产品耗电量、单位产品碳排放量等。

根据上述评价指标的选取情况，对 PCB 制造业绿色工厂评价指标体系进行了分层设计，总共分为三层。其中，第一层为一级指标，分别为基本要求、基础设施、管理体系、能源资源投入、生产过程、产品、环境排放和绩效等 8 类指标；第二层为二级指标，主要是对一级指标的内容细化和分类，共计 36 个；第三层为三级指标，主要是二级指标下对应相关的评价要求，是评价工作的判定基准。该指标体系与本书第二篇中介绍的绿色工厂创建方法和指标相比，要求并不高，这主要是考虑了我国 PCB 行业的实际发展阶段和现状。PCB 制造业绿色工厂评价指标体系架构如图 17-2 所示。

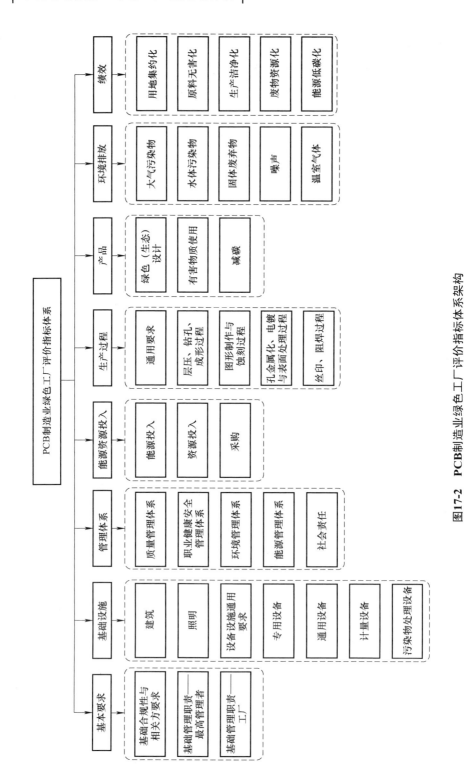

图17-2 PCB制造业绿色工厂评价指标体系架构

17.3.3 评价指标权重及分数确定

1. 评价指标权重的确定

评价指标的权重是各个评价指标在整个评价体系中相对重要性的数量表示，科学合理地确定指标权重是指标评价的核心环节。由于各评价指标在指标体系中的作用和地位不同，需要根据影响程度对其赋予权重。权重确定的方法很多，主要分为主观赋值法和客观赋值法。主观赋值法是根据研究者的主观价值判断来指定权重的一种方法，常见的有德尔菲法、层次分析法等；客观赋值法是通过数理统计方法处理数据，常见的有主成分分析法、因子分析法、变异系数法和熵值法等。

本体系中一级指标权重的确定采用了德尔菲法，也称为专家咨询法，具体做法是选择一批同领域的专家，让他们根据自身经验和对评价指标的认识给每个指标确定权重排序，然后回收并整理专家意见，形成初评的赋权结果。随后将此结果反馈给专家，让专家根据初评结果进行第二轮评估，再进行汇总。如此反复多次，直到专家们的评估意见比较一致时为止。

德尔菲法依据系统的程序，采用匿名发表意见的方式，即专家之间不得互相讨论，不发生横向联系，只能与调查人员产生接触，通过多轮次调查专家对问卷所提问题的看法，经过反复征询、归纳、修改，最后汇总成专家基本一致的看法。这种方法具有广泛的代表性，较为可靠。

通过向 PCB 领域的专家、学者和企业技术人员发放调查问卷，对要进行量化计算的 7 个一级指标的重要性进行评分排序，最终确定一级指标的权重，具体见表 17-1。

表 17-1　一级指标的权重

序号	一级指标	权重	序号	一级指标	权重
1	基础设施	15%	5	产品	10%
2	管理体系	10%	6	环境排放	10%
3	能源资源投入	10%	7	绩效	30%
4	生产过程	15%	—	—	—

2. 评价指标分数的确定

除基本要求外，PCB 制造业绿色工厂评价需进行量化打分的指标由 7 个一级指标和 36 个二级指标组成，而每个二级指标下又有若干个评价的具体要求。

为了更好地评价 PCB 企业与具体评价要求的相符性，需对具体要求进行赋分，通过所得分值与一级指标权重的计算，定量评价 PCB 企业绿色工厂创建水平。

评价指标赋分的具体方式如下：

1) 在每个一级指标下对二级指标的具体评价要求进行赋分，不论具体要求的数量多少，每一个一级指标下的总分值均为 100 分。

2) 按"必选指标"和"可选指标"对评价要求指标进行分类并赋分，其中每个一级指标下的必选指标总分为 60 分，可选指标总分为 40 分。

3) 对单个评价要求指标赋分时，重点考虑评价要求指标的重要程度和指标的数量。如二级指标建筑，其中必选要求"工厂的建筑应满足国家或地方相关法律法规及标准要求"，是作为建筑指标的法规性要求，是绿色工厂创建的基础，因此赋分值相对高；而另外一个指标"危险品仓库、危险废弃物贮存场所等应按照国家和地方法规要求独立设置"是对工厂区域规划的要求，是可以在创建过程中通过改造实现的，因此赋分值相对低。

具体的评价指标赋分情况见表 17-2。

表 17-2 PCB 制造业绿色工厂评价指标体系

序号	一级指标	二级指标	评价要求	要求类型	分值	权重
0	基本要求	基础合规性与相关方要求	绿色工厂应依法设立，在建设和生产过程中应遵守有关法律、法规、政策和标准	—	—	—
			近三年（含成立不足三年）无较大及以上安全、环保、质量等事故	—	—	—
			对利益相关方环境要求做出承诺的，应同时满足有关承诺要求	—	—	—
		基础管理职责——最高管理者	最高管理者在绿色工厂方面的领导作用和承诺满足 GB/T 36132—2018 中 4.3.1 a) 的要求	—	—	—
			最高管理者确保在工厂内部分配与沟通与绿色工厂相关角色的职责和权限，且满足 GB/T 36132—2018 中 4.3.1 b) 的要求	—	—	—
		基础管理职责——工厂	应设有绿色工厂管理机构，负责有关绿色工厂的制度建设、实施、考核及奖励工作，建立目标责任制	—	—	—
			应有开展绿色工厂的中长期规划及年度目标、指标和实施方案。可行时，指标应明确且可量化	—	—	—
			应传播绿色制造的概念和知识，定期为员工提供绿色制造相关知识的教育、培训，并对教育和培训的结果进行考评	—	—	—

（续）

序号	一级指标	二级指标	评价要求	要求类型	分值	权重
1	基础设施	建筑	工厂的建筑应满足国家或地方相关法律法规及标准的要求	必选	8	15%
			新建、改建和扩建建筑时，应遵守国家"固定资产投资项目节能评估审查制度""三同时制度""工业项目建设用地控制指标"等产业政策和有关要求	必选	6	
			危险品仓库、危险废弃物贮存场所等应按照国家和地方法规要求独立设置	必选	3	
			厂房内部装饰装修材料中醛、苯、氨、氡等有害物质应符合国家和地方法律、标准要求	必选	3	
			建筑材料：选用蕴能低、高性能、高耐久性和本地建材，减少建材在全生命周期中的能源消耗	可选	4	
			建筑结构：采用钢结构、砌体结构和木结构等资源消耗和环境影响小的建筑结构体系	可选	4	
			绿化及场地：①场地内设置可遮阴避雨的步行连廊；②厂区绿化适宜，优先种植乡土植物，采用少维护、耐候性强的植物，减少日常维护的费用；③室外透水地面面积占室外总面积的比例不小于30%	可选	4	
			资源及可再生能源利用：①可再生能源的使用占建筑总能耗的比例大于10%；②采用节水器具和设备，节水率不低于10%	可选	4	
			适用时，工厂的厂房采用多层建筑	可选	4	
		照明	工厂厂区及各房间或场所的照明尽量利用自然光，功率密度、照度等应符合GB 50034—2013的规定	必选	6	
			不同场所的照明应进行分级设计	必选	3	
			采用分区照明、自动控制等照明节能措施	可选	4	
			使用节能灯、LED灯等节能型照明设备	可选	4	
		设备设施通用要求	工厂不应使用《淘汰落后生产能力、工艺和产品的目录》《高耗能落后机电设备（产品）淘汰目录》《部分工业行业淘汰落后生产工艺装备和产品指导目录》等文件中国家明令淘汰的设备	必选	5	
		专用设备	工厂的生产专用设备应优先选用节约资源能源、减少污染物排放、自动化程度高的设备	必选	5	
			成形、钻孔、蚀刻、电镀、烘干等专用设备宜选用高效节能、节水、减排的设备	可选	5	
		通用设备	工厂使用的通用设备或其系统的实际运行效率或主要运行参数应符合该设备经济运行的要求	必选	5	
			工厂的通用设备宜采用节能型产品或效率高、能耗低、水耗低、物耗低的产品，优先采用《节能机电设备（产品）推荐目录》《"能效之星"产品目录》等文件中推荐的设备	可选	5	

(续)

序号	一级指标	二级指标	评价要求	要求类型	分值	权重
1	基础设施	计量设备	工厂应依据 GB 17167—2006、GB 24789—2009 等要求配备、使用和管理能源、水以及其他资源的计量器具和装置	必选	4	15%
			工厂若具有以下设备，应满足分类计量的要求：①废水处理系统、废气处理系统安装独立水表和电表；②电镀生产线、沉铜线、蚀刻线等设备安装独立水表和电表；③钻孔、成形、层压等车间安装独立电表；④锅炉安装独立水表和电表；⑤照明系统安装独立电表；⑥空压系统、冷水机组、冷却塔安装独立电表	必选	4	
		污染物处理设备	工厂应投入适宜的污染物处理设备，以确保其污染物排放达到相关法律法规及标准要求。污染物处理设备的处理能力应与工厂生产排放相适应，设备应满足通用设备节能方面的要求	必选	4	
			若工艺适用，具有配套电镀工序的PCB生产企业产生的废水中含总铬、六价铬、总镍、总镉、总银、总铅、总汞等第一类污染物时，应在车间或生产设施排放口配套污染物的分类收集及预处理设施，并符合 GB 21900—2009 的要求	必选	2	
			工厂按照当地环保主管部门要求，编制环境风险应急预案，设置事故应急池，并通过当地环保部门备案审核	必选	2	
			工厂宜配备污染物在线监测设备	可选	2	
2	管理体系	质量管理体系	工厂应建立、实施并保持满足 GB/T 19001—2016 要求的质量管理体系	必选	10	10%
			工厂宜通过质量管理体系第三方认证	可选	8	
		职业健康安全管理体系	工厂应建立、实施并保持满足 GB/T 45001—2020 要求的职业健康安全管理体系	必选	10	
			工厂宜通过职业健康安全管理体系第三方认证	可选	8	
		环境管理体系	工厂应建立、实施并保持满足 GB/T 24001—2016 要求的环境管理体系	必选	20	
			工厂宜通过环境管理体系第三方认证	可选	10	
		能源管理体系	工厂应建立、实施并保持满足 GB/T 23331—2020 要求的能源管理体系	必选	20	
			工厂宜通过能源管理体系第三方认证	可选	10	
		社会责任	工厂宜发布年度社会责任报告，说明履行利益相关方责任的情况，特别是环境社会责任的履行情况，报告公开可获得	可选	4	

(续)

序号	一级指标	二级指标	评价要求	要求类型	分值	权重
3	能源资源投入	能源投入	工厂应优化用能结构，在保证安全、质量的前提下减少能源投入	必选	10	10%
			工厂宜使用低碳清洁的新能源和可再生能源，替代不可再生能源	可选	10	
			工厂宜充分利用余热	可选	7	
			工厂宜建有能源管理中心	可选	8	
			工厂宜建有厂区光伏电站、智能微电网	可选	6	
		资源投入	工厂应按照 GB/T 7119—2018 的要求进行节水评价工作，单位产品耗新鲜水量应达到 HJ 450—2008 中的二级水平	必选	10	
			工厂应采取三级逆流漂洗、水喷淋清洗、中水回用等节水措施，减少新鲜水使用	必选	5	
			工厂应按照 GB/T 29115—2012 的要求对其原材料使用情况进行评价。根据评价结果，减少原材料，尤其是含有害物质的原料的使用，例如铅锡焊料、溶剂型抗蚀剂、有机溶剂清洗剂等	必选	10	
			工厂应评估有害物质及化学品减量使用或替代的可行性，并在满足产品质量和使用功能的情况下，加强原材料的合理替代	必选	5	
			工厂宜采用全球增温潜势低的制冷剂	可选	4	
		采购	工厂应制定并实施包括环保要求的选择、评价和重新评价供方的准则	必选	10	
			工厂应对采购的原材料、设备及其配件实施检验或其他必要的活动，确保采购的产品满足规定的采购要求	必选	10	
			工厂向供方提供的采购信息宜包含有害物质使用、可回收材料使用、能效等环保要求	可选	5	
4	生产过程	通用要求	工厂生产场所应整洁，布局先进，生产设备自动化程度高，满足国家、地方及行业对安全、节能、环保的要求	必选	10	15%
		层压、钻孔、成形过程	宜使用先进节能设备	可选	5	
			宜使用低噪声自动化成形设备、配备粉尘收集处理设施	可选	3	
			宜使用高转速钻孔设备、激光钻孔设备	可选	3	
		图形制作与蚀刻过程	应使用光固化抗蚀剂	必选	5	
			显影、去膜设备应附有机膜处理装置，且显影和去膜废液单独收集预处理	必选	8	

（续）

序号	一级指标	二级指标	评价要求	要求类型	分值	权重
4	生产过程	图形制作与蚀刻过程	蚀刻液应不含铬、铁化合物及螯合物	必选	6	15%
			蚀刻机应密封状况良好，无溶液与气体泄漏	必选	5	
			宜使用环保型清洁剂，清洗剂不含络合物	可选	5	
			宜使用干膜替代湿膜，以减少可挥发性有机物（VOCs）排放	可选	5	
			蚀刻机宜有药液自动控制与添加装置、循环系统、再生回用系统	可选	3	
			蚀刻清洗浓液宜补充添加于蚀刻液中	可选	2	
		孔金属化、电镀与表面处理过程	除电镀金与化学镀金外，均应采用无氰电镀	必选	8	
			除产品特定要求外，不应采用铅合金电镀与含氟络合物的电镀液	必选	5	
			宜采用环保的孔金属化工艺替代化学沉铜工艺	可选	5	
			设备宜有自动控制装置，可自动补药剂和补水	可选	2	
		丝印、阻焊过程	应配备抽排风系统，集中收集处理	必选	8	
			阻焊显影液应单独收集处理	必选	5	
			宜采用低 VOCs 排放工艺	可选	5	
			宜使用低能耗隧道式烘干设备	可选	2	
5	产品	绿色（生态）设计	工厂应在产品设计中引入生态设计的理念	必选	30	10%
			工厂宜按照 GB/T 24256—2009 对生产的产品进行绿色（生态）设计，并按照 GB/T 32161—2015 对生产的产品进行评价	可选	10	
		有害物质使用	工厂生产的产品应减少有害物质的使用：①产品的各均质材料中铅（Pb）、镉（Cd）、汞（Hg）、六价铬[Cr(Ⅵ)]、多溴联苯（PBB）、多溴二苯醚（PBDE）等满足 GB/T 26572—2011 中规定的限量要求，除非其应用在经济上或技术上不可行，属于国家规定的限用物质应用例外；②产品的各均质材料中邻苯二甲酸二（2-乙基己基）酯（DEHP）、邻苯二甲酸丁苄酯（BBP）、邻苯二甲酸二丁酯（DBP）、邻苯二甲酸二异丁酯（DIBP）的含量均不超过 0.1%（质量分数），除非其应用在经济上或技术上不可行	必选	30	
			工厂宜开展有毒有害原料替代技术、工艺等研究，实现有害物质替代	可选	10	
		减碳	工厂宜采用 ISO 14067 等标准规范对产品进行碳足迹核算或核查，且结果对外公布	可选	10	
			工厂宜利用核算或核查结果对其产品的碳足迹进行改善	可选	10	

(续)

序号	一级指标	二级指标	评价要求	要求类型	分值	权重
6	环境排放	大气污染物	工厂的大气污染物排放应符合相关国家、地方及行业标准要求,并满足区域内排放总量控制要求	必选	15	10%
			工厂的主要大气污染物排放满足标准中更高等级的要求	可选	10	
		水体污染物	工厂的水体污染物排放应符合相关国家、地方及行业标准要求,并满足区域内排放总量控制要求	必选	15	
			工厂的主要水体污染物排放满足标准中更高等级的要求	可选	10	
		固体废弃物	工厂产生的一般固体废弃物的贮存应符合 GB 18599—2020 及相关标准要求,并做好相关的转交手续和记录	必选	5	
			工厂产生的危险废物的贮存应符合 GB 18597—2001 的规定,应将其转交给具备相应能力和资质的处理机构进行处理,并做好相关的转交手续和记录	必选	10	
		噪声	工厂的厂界环境噪声排放应符合相关国家、地方及行业标准要求	必选	5	
		温室气体	工厂应采用 GB/T 32150—2015 或适用的标准或规范对其厂界范围内的温室气体排放进行核算和报告	必选	10	
			工厂宜进行温室气体排放量第三方核查,核查结果宜对外公布	可选	10	
			可行时,工厂宜利用核算或核查结果对其温室气体的排放进行改善	可选	10	
7	绩效	用地集约化	工厂容积率指标应不低于《工业项目建设用地控制指标》(国土资发〔2008〕24 号)的要求	必选	4	30%
			工厂容积率指标达到《工业项目建设用地控制指标》(国土资发〔2008〕24 号)要求的 1.2 倍及以上,2 倍及以上为满分	可选	2	
			工厂建筑密度不低于 30%	必选	4	
			工厂建筑密度达到 40%	可选	2	
			工厂的单位用地面积产值应不低于行业平均水平;或:工厂的单位用地面积产值不低于地方发布的单位用地面积产值的要求;未发布单位用地面积产值的地区,单位用地面积产值应超过本年度所在省市的单位用地面积产值	必选	4	
			工厂的单位用地面积产值指标优于行业前 20%,前 5% 为满分;或:单位用地面积产值达到地方发布的单位用地面积产值的要求的 1.2 倍及以上,2 倍为满分;未发布单位用地面积产值的地区,单位用地面积产值应达到本年度所在省市的单位用地面积产值 1.2 倍及以上,2 倍为满分	可选	2	

（续）

序号	一级指标	二级指标	评价要求	要求类型	分值	权重
7	绩效	原料无害化	工厂应优先选用省级及以上政府相关部门、行业发布的资源综合利用产品目录、有毒有害原料（产品）替代品目录等文件中推荐的绿色物料，或利用再生资源及回收的废弃物等作为原料	必选	6	30%
			绿色物料使用率宜大于30%	可选	4	
		生产洁净化	单位产品主要污染物产生量指标应达到HJ 450—2008中二级指标要求	必选	6	
			单位产品主要污染物产生量指标优于HJ 450—2008中一级指标要求	可选	4	
			单位产品废水产生量指标应达到HJ 450—2008中二级指标要求	必选	6	
			单位产品废水产生量指标优于HJ 450—2008中一级指标要求	可选	4	
		废物资源化	覆铜板利用率指标应达到HJ 450—2008中二级指标要求	必选	6	
			覆铜板利用率指标优于HJ 450—2008中一级指标要求	可选	4	
			废水处理回用率指标应高于45%	必选	6	
			废水处理回用率指标宜高于60%	可选	4	
			金属铜回收率指标应达到HJ 450—2008中二级指标要求	必选	6	
			金属铜回收率指标优于HJ 450—2008中一级指标要求	可选	4	
			工业固体废物综合利用率指标应大于65%	必选	6	
			工业固体废物综合利用率指标达到73%，90%为满分	可选	3	
		能源低碳化	单位产品耗电量应达到HJ 450—2008中二级指标要求	必选	6	
			单位产品耗电量优于HJ 450—2008中一级指标要求	可选	4	
			单位产品碳排放量指标宜达到有关标准要求，尚无标准的应逐步降低排放	可选	3	

17.4 评价指标体系的建立

经过前面指标的选取，权重和分值的确定后，本书所建立的PCB制造业绿色工厂评价指标体系具体见表17-2。

参考文献

[1] 彭博. 低碳经济评价指标体系构建与实证研究 [D]. 长沙：湖南大学，2011.
[2] 周娟. 低碳工业园区评价指标体系研究 [D]. 武汉：华中科技大学，2013.
[3] 中华人民共和国工业和信息化部. 绿色工厂评价通则：GB/T 36132—2018 [S]. 北京：中国标准出版社，2018.
[4] 广东省节能减排标准化促进会. 印制电路板制造业绿色工厂评价导则：T/GDES 20—2018 [S]. 广州：广东省节能减排标准化促进会，2018.
[5] 周丽. 印制电路板企业绿色工厂评价方法研究 [J]. 印制电路信息，2018，26 (7)：63-66.
[6] 马强，单臣玉，程志，等. 绿色工厂评价技术体系与指标核算方法研究 [J]. 再生资源与循环经济，2018，11 (3)：11-14.
[7] 储宏. 关于绿色工厂评价方法的探究 [J]. 资源节约与环保，2017 (12)：92；94.
[8] 杨榛，刘哲. 绿色工厂评价方法 [J]. 信息技术与标准化，2017 (Z1)：25-27.
[9] 俞敏. 浅谈绿色工厂评价标准和创建要点 [J]. 质量技术监督研究，2018 (4)：57-60.
[10] 贾沁林. 我国绿色建材评价体系研究 [D]. 北京：北京建筑大学，2017.
[11] 孙继德，李希玲. 工业厂房绿色建筑评价的关键指标 [J]. 价值工程，2011，30 (30)：41-42.

第18章

PCB制造业绿色工厂评价

18.1 绿色工厂评价流程

18.1.1 评价方式

PCB制造业开展绿色工厂评价,应遵循以下的评价方式:

1)绿色工厂评价可分为自评价和第三方评价,分别由企业自身和独立于工厂的第三方评价机构来组织实施。

2)实施评价的组织应收集评价证据,并确保证据的完整性和准确性。证据的收集方式包括但不限于:查看报告文件、统计报表、原始记录;根据实际情况,开展对相关人员的座谈;实地调查、抽样调查等。

3)在评价过程中采用基本要求和评价指标要求相结合的评价方式。其中,基本要求为一票否决的指标,即如果指标中任一项不满足要求,则不予进行绿色工厂评价。评价指标中的必选指标不达标,也不予进行绿色工厂评价。

4)评价组织通过对评价证据进行分析,工厂能满足评价要求提出的综合评价指标,并且指标加权综合评分达到了地方或标准规定的分数要求的工厂,可认为工厂整体绿色化水平达到了绿色工厂的要求。

各项指标加权综合评分的总分为100分,具体的计算公式为

$$GF = \sum EF_i \times Q_i \tag{18-1}$$

式中,GF 是绿色工厂评价总分;EF_i 是第 i 项一级评价指标的得分;Q_i 是第 i 项一级指标对应的权重系数。

18.1.2 评价流程

绿色工厂的自评价工作流程主要有组建评价小组,根据绿色工厂评价要求或评价标准进行资料收集和对标评价,编制绿色工厂自评价报告,委托第三方评价机构组织实施第三方评价。

绿色工厂的第三方评价工作流程主要包括:

(1)评价要求符合性评估 绿色工厂第三方评价机构在受理评审申请前,应对受评价企业申报要求的符合性进行评审,通过国家企业信用信息公示系统、地方生态环境、应急管理和市场监督管理等部门网站对被评价企业的合规性与信用情况进行调查,符合基本要求才受理。

(2)组建评价小组 评价小组应由组长及数名组员组成,人数不低于3人。评价小组成员的知识结构应覆盖环保、节能、安全、质量、循环经济等各领域。

评价组组长应具备管理体系审核、能源审计、节能量审核、清洁生产审核、绿色制造体系评价等相关审核或评价组长经验，主要负责领导评价组实施评价工作，包括制定计划、召开会议、实施评价及编制报告等。

（3）文件评审　对绿色工厂自评价报告及所附的所有证据文件和证明材料进行齐全性检查，同时识别现场评审的重点。

（4）现场评审　现场评审的目的是通过走访生产现场、访问相关人员、查阅文件记录并核实文件证据的真实性、数据汇总与计算等方式对受评价企业实际的绿色工厂创建水平进行现场考察与评价，根据在现场走访和评价中发现的问题，提出相应的改进意见。现场评审前后一般需召开首次会议和末次会议，其中首次会议主要是介绍评价的计划、收集和验证相关信息，末次会议主要是介绍评价过程中发现的问题，提出相应的改进建议。

（5）编制绿色工厂第三方评价报告　完成现场评审后，评价组长应负责按时完成评价报告的编制工作。通过最终的综合加权评分结果判定企业是否满足绿色工厂要求。

印制电路板制造业绿色工厂评价流程如图 18-1 所示。

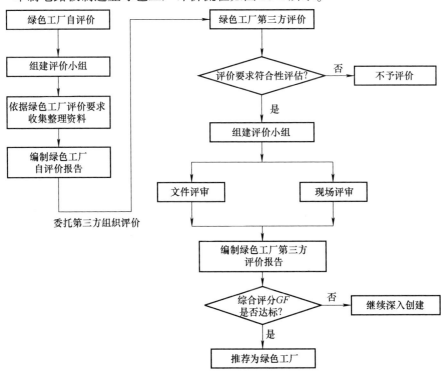

图 18-1　PCB 制造业绿色工厂评价流程

18.2 绿色工厂评分方法

前面已经系统介绍了 PCB 制造业绿色工厂评价指标体系的构建情况，包括指标的选取、权重和分数的设置、评价方式和流程等。为了更好地指导 PCB 生产企业实施绿色工厂的评价，这里将对评价要求进行具体的细化，即对定性和定量条文的评价要点、评分原则等进行补充说明，明确评价时的审查要点和注意事项等。

18.2.1 基本要求

1. 基础合规性与相关方要求

1）绿色工厂应依法设立，在建设和生产过程中应遵守有关法律、法规、政策和标准。

评价要点：工厂符合国家法律法规、政策和标准是参与绿色工厂评价的前提条件。工厂在建设过程中的建设规划许可证、土地使用权证、建设施工许可证等建设项目核准、审批文件，环境影响评价报告审批意见及批复文件，建设项目竣工验收相关审批文件齐全。工厂近三年的废水、废气和噪声等环境监测报告均符合标准及总量控制要求。

建议提交材料：建设阶段的建设规划许可证、土地使用权证、建设施工许可证、环境影响评价报告审批意见及批复、建设项目环保设施竣工验收审批意见、消防设施验收意见，生产阶段要提供排污许可证（有效期内）和近三年废水、废气和噪声环境监测报告等。

评分规则：以上文件材料齐全且符合要求，可继续评价，否则不予评价。

2）近三年（含成立不足三年）无较大及以上安全、环保、质量等事故，并在企业信用上无不良记录。

评价要点：在"国家企业信用信息公示系统""信用中国"及各级市场监督管理、生态环境、应急管理等部门的网站上进行查询，核实企业近三年（含成立不足三年）是否有安全、环保和质量等方面较大及以上事故的相关处罚和违规的记录信息。生产安全事故等级分类见表 18-1。

表 18-1 生产安全事故等级分类

序号	等级分类	解释说明
1	特别重大事故	指造成 30 人以上死亡，或者 100 人以上重伤（包括急性工业中毒，下同），或者 1 亿元以上直接经济损失的事故

(续)

序号	等级分类	解释说明
2	重大事故	指造成 10 人以上 30 人以下死亡，或者 50 人以上 100 人以下重伤，或者 5000 万元以上 1 亿元以下直接经济损失的事故
3	较大事故	指造成 3 人以上 10 人以下死亡，或者 10 人以上 50 人以下重伤，或者 1000 万元以上 5000 万元以下直接经济损失的事故
4	一般事故	指造成 3 人以下死亡，或者 10 人以下重伤，或者 1000 万元以下直接经济损失的事故

建议提交材料：相关政府部门开具的近三年无安全、环保和质量事故证明或自我声明、"国家企业信用信息公示系统"等网站显示的企业相关信息等。

评分规则：未查询到企业近三年内的安全、环保和质量违法违规记录，可继续评价，否则不予评价。

3）对利益相关方环境要求做出承诺的，应同时满足有关承诺要求。

评价要点：工厂的利益相关方可包括政府、员工、客户、供应商、社区等。查阅工厂对利益相关方的环境承诺，并核实工厂是否满足承诺中的要求。

建议提交材料：对利益相关方的环保承诺书、检测监测报告等相关证明材料。

评分规则：以上文件材料齐全且符合要求，可继续评价，否则不予评价。

2. 基础管理职责——最高管理者

1）最高管理者在绿色工厂方面的领导作用和承诺满足 GB/T 36132—2018 中 4.3.1 a）的要求。

评价要点：①对绿色工厂的有效性负责；②确保建立绿色工厂建设、运维的方针和目标，并确定其组织的战略方向与所处的环境相一致；③确保将绿色工厂要求融入组织的业务过程；④确保可获得绿色工厂建设、运维所需的资源；⑤就有效开展绿色制造的重要性和符合绿色工厂要求的重要性进行沟通；⑥确保工厂实现开展绿色制造的预期结果；⑦指导并支持员工对绿色工厂的有效性做出贡献；⑧促进持续改进；⑨支持其他相关管理人员在其职责范围内证实其领导作用。

建议提交材料：最高管理者承诺书等。

评分规则：以上文件材料齐全且符合要求，可继续评价，否则不予评价。

2）最高管理者确保在工厂内部分配并沟通与绿色工厂相关角色的职责和权限，且满足 GB/T 36132—2018 中 4.3.1 b）的要求。

评价要点：①确保绿色工厂建设、运维符合 PCB 绿色工厂的要求；②收集并保持工厂满足绿色工厂评价要求的证据；③向最高管理者报告绿色工厂的绩效。

建议提交材料：管理者代表授权书等。

评分规则：以上文件材料齐全且符合要求，可继续评价，否则不予评价。

3. 基础管理职责——工厂

1）应设有绿色工厂管理机构，负责有关绿色工厂的制度建设、实施、考核及奖励工作，建立目标责任制。

评价要点：工厂设有绿色工厂管理机构，且管理机构的职责分工明确，对绿色工厂的制度建设、实施、考核及奖励等相关工作进行了明确分工，对相应岗位的负责人建立了目标责任制等。

建议提交材料：绿色工厂管理机构任命文件，机构人员要具有明确的职责分工，以及相应的目标责任制度文件等。

评分规则：以上文件材料齐全且符合要求，可继续评价，否则不予评价。

2）应有开展绿色工厂的中长期规划及年度目标、指标和实施方案。可行时，指标应明确且可量化。

评价要点：工厂围绕绿色工厂的创建制定了中长期规划，并制定了年度的实施方案和目标，部分指标可量化。

建议提交材料：绿色工厂创建中长期规划、绿色工厂创建年度实施方案和实施目标等文件。

评分规则：以上文件材料齐全且符合要求，可继续评价，否则不予评价。

3）应传播绿色制造的概念和知识，定期为员工提供绿色制造相关知识的教育、培训，并对教育和培训的结果进行考评。

评价要点：工厂组织员工参加绿色制造相关的知识宣传和培训，并有相应的考评记录。

建议提交材料：绿色制造相关的宣传和培训材料，以及培训签到表、照片、考试试卷和培训考核记录等。

评分规则：以上文件材料齐全且符合要求，可继续评价，否则不予评价。

18.2.2 基础设施

1. 建筑

1）工厂的建筑应满足国家或地方相关法律法规及标准的要求。该指标为必选指标，满分为8分。

评价要点：工厂的建筑应满足国家或地方相关的建筑设计标准及规范要求，具备发展和改革委员会、生态环境、自然资源、应急管理等部门的审批意见及批复，不存在违法建筑。

建议提交资料：建设工程竣工验收报告、建设工程施工图设计审查报告、建设工程竣工验收意见等。

评分规则：该指标为必选指标，若以上文件材料齐全且符合要求，可得8分，否则不得分。

2）新建、改建和扩建建筑时，应遵守国家"固定资产投资项目节能评估审查制度""三同时制度""工业项目建设用地控制指标"等产业政策和有关要求。该指标为必选指标，满分为6分。

评价要点：①符合"工业项目建设用地控制指标"要求；②建设项目在消防、环保、安全等方面均执行"三同时制度"，并获得相关主管部门的批复；③按照"固定资产投资项目节能评估审查制度"，开展节能评估工作，并获得相关主管部门批复。

建议提交资料：工厂用地规划图样、建设项目验收报告、建设项目"三同时"验收及批复文件、固定资产投资节能报告及批复等文件。

评分规则：工厂能提供以上文件材料且符合要求，可得6分，否则不得分。

3）危险品仓库、危险废弃物贮存场所等应按照国家和地方法规要求独立设置。该指标为必选指标，满分为3分。

评价要点：工厂的危险品仓库、危险废弃物贮存场所是否独立设置，其中危险化学品的贮存应满足《常用化学危险品贮存通则》（GB 15603—1995）标准要求，危险废弃物的贮存应满足《危险废物贮存污染控制标准》（GB 18597—2001）标准要求。

建议提交资料：工厂平面布置图、危险品仓库、危险废弃物贮存场所图片及相应的管理制度等。

评分规则：工厂能提供以上文件材料，且经现场考察危险品仓库和危险废弃物贮存场所符合相关标准要求，可得3分，否则不得分。

4）厂房内部装饰装修材料中醛、苯、氨、氡等有害物质应符合国家和地方法律、标准要求。该指标为必选指标，满分为3分。

评价要点：①厂房内部装饰装修材料满足《建筑材料放射性核素限量》（GB 6566—2010）、《室内装饰装修材料 人造板及其制品中甲醛释放限量》（GB 18580—2017）、《木器涂料中有害物质限量》（GB 18581—2020）、《建筑用墙面涂料中有害物质限量》（GB 18582—2020）、《室内装饰装修材料 胶粘剂中有害物质限量》（GB 18583—2008）、《室内装饰装修材料　木制家具中有害物质限量》（GB 18584—2001）、《室内装饰装修材料　壁纸中有害物质限量》（GB 18585—2001）、《室内装饰装修材料　聚氯乙烯卷材地板中有害物质限量》（GB 18586—2001）、《室内装饰装修材料　地毯、地毯衬垫及地毯胶粘剂有害物质释放限量》（GB 18587—2001）、《混凝土外加剂中释放氨的限量》（GB 18588—2008）等标准要求；②当厂房年份较长，无法提供装饰装修材料中有害物质的检测报告时，可以对工作场所内空气中化学有害因素进行检测，并满足《工作场所有害因素职业接触限值　第1部分：化学有害因素》（GBZ 2.1—2019）标准要求。以上两个要点满足其一即可。

建议提交资料：厂房装饰装修材料中醛、苯、氨、氡等有害物质的检测报告；或者提供职业卫生检测报告。

评分规则：工厂能提供相关证明文件且满足要求（两个要点满足其一即可），可得3分，否则不得分。

5）建筑材料：选用蕴能低、高性能、高耐久性和本地建材，减少建材在全生命周期中的能源消耗。该指标为可选指标，满分为4分。

评价要点：①按照《绿色工业建筑评价标准》（GB/T 50878—2013）第7章的内容，混凝土主要原料（水泥、骨料、矿物掺和料）在400 km以内，预制建筑产品在500 km以内，钢材在1100 km以内；②高耐久性混凝土是指按《混凝土耐久性检验评定标准》（JGJ/T 193—2009）进行检测，抗硫酸盐侵蚀性能达到KS90级，抗氯离子渗透、抗碳化及早期抗裂性能均达到Ⅲ级，不低于《混凝土结构耐久性设计规范》（GB/T 50476—2019）中50年设计寿命要求的混凝土，高耐久性钢材应符合《建筑钢结构防腐蚀技术规程》（JGJ/T 251—2011）中相关要求。

建议提交资料：建筑材料进场记录、工程材料决算清单、本地生产建筑材料使用比例计算过程、高耐久性混凝土和高耐久性钢材用量比例计算过程、耐久性检测报告等。

评分规则：①工厂能提交以上文件材料且满足全部评价要求，可得4分；②满足评价要求之一，可得2分，否则不得分。

6）建筑结构：采用钢结构、砌体结构和木结构等资源消耗和环境影响小的建筑结构体系。该指标为可选指标，满分为4分。

评价要点：资源消耗和环境影响小的建筑结构可为钢结构、砌体结构、木结构及以上结构的混合结构。

建议提交资料：建筑结构设计说明和施工图等。

评分规则：①厂房全部采用钢结构、砌体结构、木结构或以上结构的混合结构，则得 4 分；②50%（含）以上的厂房采用钢结构、砌体结构、木结构或以上结构的混合结构，则得 2 分；③低于 50% 的厂房结构为钢结构、砌体结构、木结构或以上结构的混合结构，则不得分。

7）绿化及场地，该指标为可选指标，满分为 4 分，包括三方面要求：①场地内设置可遮阴避雨的步行连廊；②厂区绿化适宜，优先种植乡土植物，采用少维护、耐候性强的植物，减少日常维护的费用；③室外透水地面面积占室外总面积的比例不少于 30%。

评价要点：①工厂内设置了可遮阴避雨的步行连廊；②绿化物种选择适应当地气候的乡土植物，且包含了乔木、灌木的复层绿化；选用少维护、耐候性强、病虫害少、对人体无害的植物；③室外透水地面包括了裸露地面、公共绿地、绿化地面和镂空面积大于 40% 的镂空地面（如植草砖）和透水砖等，其面积总和要占室外总面积的 30%（含）以上。

建议提交资料：规划总平面图，并标明可遮阴避雨的步行连廊的位置；可提供景观设计图、场地铺装图等，并标明绿化、室外透水地面的位置和面积等。

评分规则：①现场查验相关资料并确认厂区内有可遮阴避雨的步行连廊，得 1.5 分；②现场查验相关资料并计算出室外透水面积占室外总面积不低于 30%，得 1.5 分；③现场查验相关资料并确认厂区内绿化适宜，优先种植乡土植物，采用少维护、耐候性强的植物，得 1 分。以上三条评分规则可累计得分。

8）资源及可再生能源利用，该指标为可选指标，满分为 4 分，包括两方面要求：①可再生能源的使用占建筑总能耗的比例大于 10%；②采用节水器具和设备，节水率不低于 10%。

评价要点：①本条所指的可再生能源，是指用于建筑节能的可再生能源，包括太阳能、风能、生物质能、地热能等，其利用方式包括但不限于太阳能热水系统、地源热泵系统、地热水供暖系统、太阳能光伏发电系统、生物质能发电系统、沼气发电系统、风力发电系统等。工业建筑总能耗是指用于照明、供暖、通风、空调、净化、制冷（包括风机、水泵、空气压缩机、制冷机、电动阀门、各类电动机及设备、控制装置、锅炉、热交换机组等）耗能量。②采用了节水器具和设备，并满足《节水型产品通用技术条件》（GB/T 18870—2011）标准要求。节水设备对比原有设备的节水率达到 10% 以上。

建议提交资料：①可再生能源的用量占建筑总能耗的比例计算报告及相关证明材料等；②提供节水器具和设备清单及相关证明材料等。

评分规则：①提供可再生能源的用量占建筑总能耗的比例计算报告，并经现场查看验证可再生能源使用量占建筑总能耗不低于10%的要求,得2分;②提供节水器具和设备清单,并经现场查看验证节水器具满足节水率不低于10%的要求,得2分。以上两条评分规则可累计得分。

9)适用时,工厂的厂房采用多层建筑。该指标为可选指标,满分为4分。

评价要点:在满足生产工艺需求的前提下,工厂的厂房采用联合厂房或多层建筑。其中,联合厂房是指联接合并在一起的厂房,一般对于生产性质相近,工艺流程联系紧密的车间宜采用成组成片的布置形式将其有机地组合起来,形成一个车间集合体,这种车间集合体就称为联合厂房。多层建筑是指建筑高度大于10m,小于24m(10m<多层建筑高度<24m),且建筑层数大于3层,小于7层(3层<层数<7层)的建筑。

建议提交资料:厂房设计图、说明、照片等相关证明材料。

评分规则:工厂的厂房符合联合厂房或多层建筑,可得4分,否则不得分。

▶ 2. 照明

1)工厂厂区及各房间或场所的照明尽量利用自然光,功率密度、照度等应符合GB 50034—2013的规定。该指标为必选指标,满分为6分。

评价要点:①工厂的厂区及各房间尽量利用自然光进行采光;②工厂办公场所和生产车间的照明设施照度和照明功率密度均满足GB 50034—2013中的要求,其中照明功率密度应达到目标值要求。办公场所照度和功率密度要求见表18-2。

表18-2 办公场所照度和功率密度要求

房间或场所	照度标准值/lx	照明功率密度限值/(W/m²)	
		现行值	目标值
普通办公室	300	≤9.0	≤8.0
高档办公室、设计室	500	≤15.0	≤13.5
会议室	300	≤9.0	≤8.0
服务大厅	300	≤11.0	≤10.0
生产车间	500	≤18.0	≤16.0

建议提交资料:厂房照明设计图及说明、厂区照度检测报告及照明功率密度的计算分析报告等。

评分规则:工厂能提供以上文件材料且符合评价要求,可得6分,否则不得分。

2)不同场所的照明应进行分级设计。该指标为必选指标,满分为3分。

评价要点：在工厂的照明设计中，是否根据不同场所的照度要求进行分级设计，如分级设计一般照明和局部照明，让满足低标准的一般照明与符合工作面照度要求的局部照明相结合。当需要提高特定区域或目标的照度时，宜采用重点照明。其中，一般照明是指为照亮整个场所而设置的均匀照明；局部照明是指特定视觉工作用的、为照亮某个局部而设置的照明；重点照明是指为提高指定区域或目标的照度，使其比周围区域突出的照明。

建议提交资料：厂房照明设计方案、照片、检测报告等。

评分规则：工厂能提供以上文件材料且符合评价要求，可得3分，否则不得分。

3）采用分区照明、自动控制等照明节能措施。该指标为可选指标，满分为4分。

评价要点：厂区内是否采取了分区、分组的照明措施；是否采取了声控、人体感应控制、定时自动调光等节能措施。

建议提交资料：厂房照明设计方案、照明控制系统图、检测报告等。

评分规则：①经资料查验和现场核实，厂区采取了分区、分组的照明措施，得2分；②经资料查验和现场核实，厂区采取了声控、人体感应控制或定时自动调光等节能措施，得2分。以上两条评分规则可累计得分。

4）使用节能灯、LED灯等节能型照明设备。该指标为可选指标，满分为4分。

评价要点：厂区内是否使用了高压钠灯、金属卤化物灯、自镇流荧光灯、细管径双端荧光灯、LED灯等节能灯具。

建议提交资料：厂房照明设计方案、节能灯改造方案、厂区照明灯具清单、照片等。

评分规则：①工艺适用时，厂区内节能灯、LED灯等节能型照明设备的功率占比不低于50%，得4分；②厂区内节能灯、LED灯等节能型照明设备功率占比为30%（含）~50%，得2分；③厂区内节能灯、LED灯等节能型照明设备功率占比低于30%，不得分。

3. 设备设施通用要求

工厂不应使用《淘汰落后生产能力、工艺和产品的目录》《高耗能落后机电设备（产品）淘汰目录》《部分工业行业淘汰落后生产工艺装备和产品指导目录》等文件中国家明令淘汰的设备。该指标为必选指标，满分为5分。

评价要点：将工厂的设备清单与《淘汰落后生产能力、工艺和产品的目录》《高耗能落后机电设备（产品）淘汰目录》《部分工业行业淘汰落后生产工艺装备和产品指导目录》等文件进行一一对比核实，是否存在国家明令淘汰的设备。

建议提交资料：工厂设备清单，包含设备名称、型号、功率等。

评分规则：工厂能提供以上文件材料且符合评价要求，可得 5 分，否则不得分。

4. 专用设备

1）工厂的生产专用设备应优先选用节约资源能源、减少污染物排放、自动化程度高的设备。该指标为必选指标，满分为 5 分。

评价要点：将工厂的专用设备对照《清洁生产标准 印制电路板制造业》（HJ 450—2008）中"生产工艺与装备要求"条，评价是否满足二级以上水平。

建议提交资料：工厂专用设备清单，设备节能、节水、节材和自动化水平说明、照片等。

评分规则：工厂能提供以上文件材料且符合评价要求，可得 5 分，否则不得分。

2）成形、钻孔、蚀刻、电镀、烘干等专用设备宜选用高效节能、节水、减排的设备。该指标为可选指标，满分为 5 分。

评价要点：对成形设备、钻孔设备、蚀刻机、电镀设备、烘干设备等进行节能、节水、节材和自动化水平对比评价。

建议提交资料：工厂专用设备清单，设备节能、节水、节材和自动化水平说明等。

评分规则：①使用低噪声自动化成形设备，配备粉尘收集处理设施，得 1 分；②使用高转速钻孔设备、激光钻孔设备，得 1 分；③使用有药液自动控制与添加装置、循环系统、再生回用系统的蚀刻机，得 1 分；④使用有自动控制装置，可自动补药剂和补水的电镀设备，得 1 分；⑤使用低能耗隧道式烘干设备，得 1 分。

5. 通用设备

1）工厂使用的通用设备或其系统的实际运行效率或主要运行参数应符合该设备经济运行的要求。该指标为必选指标，满分为 5 分。

评价要点：工厂对变压器、空气压缩机、电动机、锅炉、空调等通用设备或系统进行了运行效率监测，其运行效率或主要运行参数符合经济运行要求。

建议提交资料：工厂通用设备运行效率监测报告等。

评分规则：①工厂使用的电力变压器符合 GB/T 13462—2008 中 9.2.1 对经济运行的评价要求；②工厂使用的容积式空气压缩机符合 GB/T 27883—2011 中

5.7 对经济运行的评价要求，其他类型空气压缩机（如离心式、螺杆式）可参考评价；③工厂使用的电动机符合 GB/T 12497—2006 中 7.4.3 对经济运行的评价要求；④工厂使用的锅炉符合 GB/T 17954—2007 中 6.5 对经济运行的评价要求；⑤工厂使用的空调系统符合 GB/T 17981—2007 中第 5 章对经济运行的评价要求。针对 PCB 制造业，选择了变压器、空气压缩机、电动机、锅炉、空调等 5 类通用耗能设备，能全部满足以上 5 点要求，得 5 分，否则不得分。

2）工厂的通用设备宜采用节能型产品或效率高、能耗低、水耗低、物耗低的产品，优先采用《节能机电设备（产品）推荐目录》《"能效之星"产品目录》等文件中推荐的设备。该指标为可选指标，满分为 5 分。

评价要点：将工厂的通用设备清单与《节能机电设备（产品）推荐目录》《"能效之星"产品目录》等文件进行一一对比核实，是否采用了目录清单中的设备。

建议提交资料：工厂通用设备清单，设备节能、节水、节材和自动化水平说明等。

评分规则：①节能型通用设备在同类型通用设备中的占比不低于50%，得5分；②节能型通用设备在同类型通用设备中的占比不低于30%，得3分；③节能型通用设备在同类型通用设备中的占比不低于10%，得1分；④节能型通用设备在同类型通用设备中的占比低于10%，不得分。

6. 计量设备

1）工厂应依据 GB 17167—2006、GB 24789—2009 等要求配备、使用和管理能源、水以及其他资源的计量器具和装置。该指标为必选指标，满分为 4 分

评价要点：根据工厂的水表、电表及其他计量器具和装置的配备情况，对照《用能单位能源计量器具配备和管理通则》（GB 17167—2006）和《用水单位水计量器具配备和管理通则》（GB 24789—2009）的相应要求，评价工厂的计量器具配备是否合理，是否满足相应的标准要求。能源计量设备配备率要求见表 18-3。水计量器具配备要求见表 18-4。

表 18-3 能源计量设备配备率要求

能源种类		能源计量设备配备率（%）		
		进出用能单位	进出主要次级用能单位	主要用能设备
电力		100	100	95
固态能源	煤炭	100	100	90
	焦炭	100	100	90

（续）

能源种类		能源计量设备配备率（%）		
		进出用能单位	进出主要次级用能单位	主要用能设备
液态能源	原油	100	100	90
	成品油	100	100	95
	重油	100	100	90
	渣油	100	100	90
气态能源	天然气	100	100	90
	液化气	100	100	90
	煤气	100	90	80
载能工质	蒸汽	100	80	70
	水	100	95	80
可回收利用的余能		90	80	—

注：1. 进出用能单位的季节性供暖用蒸汽（热水）可采用非直接计量载能工质流量的其他计量结算方式。

2. 进出主要次级用能单位的季节性供暖用蒸汽（热水）可以不配备能源计量器具。

3. 在主要用能设备上作为辅助能源使用的电力和蒸汽、水等载能工质，其耗能量很小可以不配备能源计量器具。

表 18-4　水计量器具配备要求

考核项目	用水单位	次级用水单位	主要用水设备（用水系统）
水计量器具配备率（%）	100	≥95	≥80
水计量率（%）	100	≥95	≥85

注：1. 次级用水单位、用水设备（用水系统）的水计量器具配备率、水计量率指标不考核排水量。

2. 单台设备或单套用水系统用水量大于或等于 $1m^3/h$ 的为主要用水设备（用水系统）。

3. 对于可单独进行用水计量考核的用水单元（系统、设备、工序、工段等），如果用水单元已配备了水计量器具，用水单元中的主要用水设备（系统）可以不再单独配备水计量器具。

4. 对于集中管理用水设备的用水单元，如果用水单元已配备了水计量器具，用水单元中的主要用水设备不再单独配备水计量器具。

5. 对于可用水泵功率或流速等参数来折算循环用水量的密闭循环用水系统或设备、直流冷却系统，可以不再单独配备水计量器具。

建议提交资料：计量设备清单、计量设备分布图、计量管理机构及相关制度文件等。

评分规则：①工厂成立了计量管理机构，并制定了相应的管理职责和管理制度；②工厂的能源计量器具配备率满足 GB 17167—2006 的要求；③工厂的用水计量器具配备率满足 GB 24789—2009 的要求。满足以上三点评分规则得 4 分，否则不得分。

2）工厂若具有以下设备，应满足分类计量的要求，具体包括：①废水处理系统、废气处理系统安装独立水表和电表；②电镀生产线、沉铜线、蚀刻线等设备安装独立水表和电表；③钻孔、成形、层压等车间安装独立电表；④锅炉安装独立水表和电表；⑤照明系统安装独立电表；⑥空压系统、冷水机组、冷却塔安装独立电表。该指标为必选指标，满分为 4 分。

评价要点：根据工厂的设备清单和计量设备网络图，核实企业是否有上述设备，若有，是否满足独立水表和电表的计量要求。

建议提交资料：工厂设备清单、计量设备分布图等。

评分规则：若工厂具备条文中的生产设备，且生产设备满足单独计量要求，可得 4 分，否则不得分。

7. 污染物处理设备

1）工厂应投入适宜的污染物处理设备，以确保其污染物排放达到相关法律法规及标准要求。污染物处理设备的处理能力应与工厂生产排放相适应，设备应满足通用设备节能方面的要求。该指标为必选指标，满分为 4 分。

评价要点：①依据建设项目环境影响评价报告批复文件及排污许可证，核实工厂是否配备了相应的污染物处理设备；②依据建设项目环境保护设施竣工验收监测报告及验收意见，核实工厂的污染物处理设施的处理能力是否满足工厂排放的需求；③依据通用设备清单，核实工厂的污染物处理设备所用的风机、水泵、电动机等通用设备是否为节能型产品或采取了节能措施。

建议提交资料：工厂污染物处理设备清单、建设项目环境影响评价报告批复文件、排污许可证、建设项目环境保护设施竣工验收监测报告及验收意见、污染物通用设备的节能改造措施说明等。

评分规则：经查阅相关文件和现场核实，工厂能满足以上评价要求，可得 4 分，否则不得分。

2）若工艺适用，具有配套电镀工序的 PCB 生产企业产生的废水中含总铬、六价铬、总镍、总镉、总银、总铅、总汞等第一类污染物时，应在车间或生产设施排放口配套污染物的分类收集及预处理设施，并符合 GB 21900—2008 的要求。该指标为必选指标，满分为 2 分。

评价要点：针对具有配套电镀工序的 PCB 生产企业，首先核实其废水中是否含有总铬、六价铬、总镍、总镉、总银、总铅、总汞等第一类污染物，若有，再核实车间或生产设施排放口是否配套了分类收集和预处理设施，污染物的排放浓度是否符合《电镀污染物排放标准》（GB 21900—2008）要求。

建议提交资料：工厂污染物处理设备清单、废水监测报告等。

评分规则：经查阅相关文件和现场核实，具有配套电镀工序的工厂能满足以上评价要求，可得 2 分，否则不得分。若工厂无配套电镀工序且污染物排放均达标，也可得 2 分。

3）工厂按照当地环保主管部门要求，编制突发应急预案，设置事故应急池，并通过当地环保部门备案审核。该指标为必选指标，满分为 2 分。

评价要点：工厂能提供突发环境事件应急预案，并按相应规范要求设置了事故应急池。

建议提交资料：突发环境事件应急预案及备案证明、事故应急池设计报告、照片等。

评分规则：以上资料齐全并经现场考察设置了事故应急池，可得 2 分，否则不得分。

4）工厂宜配备污染物在线监测设备。该指标为可选指标，满分为 2 分。

评价要点：工厂配备了污染物在线监测设备，包括但不限于化学需氧量、氨氮、铜等污染物排放浓度的在线监测。

建议提交资料：污染物在线监测照片及设备运行记录等。

评分规则：以上资料齐全并经现场考察配备了污染物在线监测设备，可得 2 分，否则不得分。

18.2.3 管理体系

1. 质量管理体系

1）工厂应建立、实施并保持满足 GB/T 19001—2016 要求的质量管理体系。该指标为必选指标，满分为 10 分。

评价要点：工厂按照《质量管理体系 要求》（GB/T 19001—2016）的要求制定质量管理体系程序文件，并在生产过程中落实相应的管理制度。

建议提交资料：质量管理体系程序文件。

评分规则：工厂能提供以上文件资料且满足《质量管理体系 要求》（GB/T 19001—2016）标准要求，可得 10 分，否则不得分。

2）工厂宜通过质量管理体系第三方认证。该指标为可选指标，满分为 8 分。

评价要点：工厂通过了质量管理体系第三方认证，且证书在有效期内。

建议提交资料：质量管理体系认证证书。

评分规则：工厂能提供以上文件资料且满足要求，可得 8 分，否则不得分。

2. 职业健康安全管理体系

1）工厂应建立、实施并保持满足 GB/T 45001—2020 要求的职业健康安全管理体系。该指标为必选指标，满分为 10 分。

评价要点：工厂按照《职业健康安全管理体系 要求及使用指南》（GB/T 45001—2020）的要求制定职业健康安全管理体系程序文件，并在生产过程中落实相应的管理制度。

建议提交资料：职业健康安全管理体系程序文件。

评分规则：工厂能提供以上文件资料且满足《职业健康安全管理体系 要求及使用指南》（GB/T 45001—2020）标准要求，可得 10 分，否则不得分。

2）工厂宜通过职业健康安全管理体系第三方认证。该指标为可选指标，满分为 8 分。

评价要点：工厂通过了职业健康安全管理体系第三方认证，且证书在有效期内。

建议提交资料：职业健康安全管理体系认证证书。

评分规则：工厂能提供以上文件资料且满足要求，可得 8 分，否则不得分。

3. 环境管理体系

1）工厂应建立、实施并保持满足 GB/T 24001—2016 要求的环境管理体系。该指标为必选指标，满分为 20 分。

评价要点：工厂按照《环境管理体系 要求及使用指南》（GB/T 24001—2016）的要求制定环境管理体系程序文件，并在生产过程中落实相应的管理制度。

建议提交资料：环境管理体系程序文件。

评分规则：工厂能提供以上文件资料且满足《环境管理体系 要求及使用指南》（GB/T 24001—2016），可得 20 分，否则不得分。

2）工厂宜通过环境管理体系第三方认证。该指标为可选指标，满分 10 分。

评价要点：工厂通过了环境管理体系第三方认证，且证书在有效期内。

建议提交资料：环境管理体系认证证书。

评分规则：工厂能提供以上文件资料且满足要求，可得 10 分，否则不得分。

4. 能源管理体系

1）工厂应建立、实施并保持满足 GB/T 23331—2020 要求的能源管理体系。

该指标为必选指标，满分为 20 分。

评价要点：工厂按照《能源管理体系　要求及使用指南》（GB/T 23331—2020）的要求制定能源管理体系程序文件，并在生产过程中落实相应的管理制度。

建议提交资料：能源管理体系程序文件。

评分规则：工厂能提供以上文件资料且满足《能源管理体系　要求及使用指南》（GB/T 23331—2020），可得 20 分，否则不得分。

2）工厂宜通过能源管理体系第三方认证。该指标为可选指标，满分为 10 分。

评价要点：工厂通过了能源管理体系第三方认证，且证书在有效期内。

建议提交资料：能源管理体系认证证书。

评分规则：工厂能提供以上文件资料且满足要求，可得 10 分，否则不得分。

5. 社会责任

工厂宜发布年度社会责任报告，说明履行利益相关方责任的情况，特别是环境社会责任的履行情况，报告公开可获得。该指标为可选指标，满分为 4 分。

评价要点：工厂是否发布年度社会责任报告，包含环境职责的履行情况，且报告能公开获得。

建议提交资料：年度社会责任报告。

评分规则：工厂能提供以上文件资料且满足要求，可得 4 分，否则不得分。

18.2.4　能源资源投入

1. 能源投入

1）工厂应优化用能结构，在保证安全、质量的前提下减少能源投入。该指标为必选指标，满分为 10 分。

评价要点：①工厂通过提高太阳能、天然气、液化石油气等清洁能源的使用比例，优化了用能结构；②工厂采取的节能措施具有明显的节能效果，可提供具体的量化指标；③工厂具有持续优化用能结构及减少能源投入的工作计划或管理制度。

建议提交资料：工厂能源消耗台账、工厂节能改造方案、工厂持续改善能源使用的管理制度等。

评分规则：工厂能提供以上文件资料且满足要求，可得 10 分，否则不得分。

2）工厂宜使用低碳清洁的新能源和可再生能源，替代不可再生能源。该指标为可选指标，满分为 10 分。

评价要点：低碳清洁的新能源和可再生能源可包括太阳能、地热能、风能、海洋能、生物质能和核能等，评价工厂是否使用了以上可再生能源替代不可再生能源。

建议提交资料：工厂可再生能源使用改造方案及实施情况证明材料等。

评分规则：①工厂使用了 2 种及以上新能源和可再生能源，得 10 分；②工厂使用了 1 种新能源和可再生能源，得 6 分；③工厂未使用清洁新能源和可再生能源，不得分。

3）工厂宜充分利用余热。该指标为可选指标，满分为 7 分。

评价要点：对于 PCB 制造工厂，在空气压缩机、锅炉、隧道烘干炉、烤箱等设备运行时会产生较多的余热，评价工厂是否采用了余热回收措施对上述设备余热进行了有效回收和利用。

建议提交资料：工厂余热回收利用改造方案及实施情况证明材料等。

评分规则：①工厂采取了 2 种及以上的余热回收措施，得 7 分；②工厂采取了 1 种余热回收措施，得 4 分；③工厂无余热利用的，不得分。

4）工厂宜建有能源管理中心。该指标为可选指标，满分为 8 分。

评价要点：《工业企业能源管理中心建设示范项目财政补助资金管理暂行办法》中将工业企业能源管理中心定义为采用自动化、信息化技术和集中管理模式，对企业能源系统的生产、输配和消耗环节实施集中扁平化的动态监控和数字化管理，改进和优化能源平衡，实现系统性节能降耗的管控一体化系统。评价工厂是否建立了能源管理中心，其功能是否包括：①能源计量器具有通信功能，可将计量数据实时准确地发送到企业能源管理中心信息系统；②能源管理中心信息系统能实时采集主要生产能耗信息；③能源管理中心信息系统具备相应的能耗监测、分析、绩效管理和异常报警等功能。

建议提交资料：能源管理中心建设方案、能源管理中心项目竣工验收材料等。

评分规则：①工厂建有完善的能源管理中心，具备动态监控和数字化管理功能，能改进和优化能源平衡，可实现系统性节能降耗一体化管控，得 8 分；②工厂建有能源在线管理系统，可实现能源使用的在线监控，得 5 分；③工厂未建设能源管理中心或能源在线管理系统，不得分。

5）工厂宜建有厂区光伏电站、智能微电网。该指标为可选指标，满分为

6分。

评价要点：太阳能光伏电站是通过太阳电池方阵将太阳能辐射能转换为电能的发电站。智能微电网是规模较小的分散的独立系统，它是将分布式电源、储能装置、能量转换装置、相关负荷和监控、保护装置汇集而成的小型发配电系统，是能够实现自我控制、保护和管理的自治系统，既可以与外部电网运行，也可以独立运行。评价工厂是否建立了太阳能光伏电站或者智能微电网，并运行正常。

建议提交资料：工厂太阳能光伏电站或者智能微电网项目方案。

评分规则：工厂能提供以上文件，经现场核实设备正常运行，可得6分，否则不得分。

2. 资源投入

1）工厂应按照GB/T 7119—2018的要求进行节水评价工作，单位产品耗新鲜水量应达到HJ 450—2008中的二级水平。该指标为必选指标，满分为10分。

评价要点：评价工厂是否按照《节水型企业评价导则》（GB/T 7119—2018）进行节水评价，如建立节水管理机构和管理制度，定期进行水平衡测试，采取了节水措施等，且单位产品耗新鲜水量达到HJ 450—2008中的二级及以上水平。

建议提交资料：工厂节水管理制度、水平衡测试报告、节水改造方案、用水台账、单位产品耗新鲜水量计算过程等。

评分规则：工厂能提供以上文件，经现场核实节水改造项目正常运行，单位产品耗新鲜水量计算合理，且达到HJ 450—2008中的二级及以上水平，可得10分，否则不得分。

2）工厂应采取三级逆流漂洗、水喷淋清洗、中水回用等节水措施，减少新鲜水使用。该指标为必选指标，满分为5分。

评价要点：①使用电磁阀等自动控制装置，避免人工控制造成的浪费；②使用多级清洗、逆流漂洗和水喷淋等清洗方式，通过多级漂洗和喷淋减少新鲜水的使用；③加强工艺中的水重复利用，如将铜粉回收后的磨板清洗水重复利用、电镀槽第一缸清洗水回用于电镀槽补水、回收电镀槽带出液等；④加强中水回用，将废水处理站出水经过深度处理后，回用于生产中，减少新鲜水的使用。

建议提交资料：工厂节水方案、节水量计算过程等。

评分规则：工厂能提供以上文件，经现场核实节水改造项目正常运行且节水措施不少于3项，可得5分，否则不得分。

3）工厂应按照 GB/T 29115—2012 的要求对其原材料使用情况进行评价。根据评价结果，减少原材料，尤其是含有害物质的原料的使用，例如铅锡焊料、溶剂型抗蚀剂、有机溶剂清洗剂等。该指标为必选指标，满分为 10 分。

评价要点：评价工厂是否依据《工业企业节约原材料评价导则》（GB/T 29115—2012）对原材料使用情况进行评价，如建立了节约原材料管理制度，采取了节约原材料的措施，特别是有毒有害原材料（例如铅锡焊料、溶剂型抗蚀剂、有机溶剂清洗剂等）的使用。

建议提交资料：工厂节约原材料方案及实施情况相关证明材料等。

评分规则：工厂能提供以上文件，经现场核实节约原材料项目正常运行，可得 10 分，否则不得分。

4）工厂应评估有害物质及化学品减量使用或替代的可行性，并在满足产品质量和使用功能的情况下，加强原材料的合理替代。该指标为必选指标，满分为 5 分。

评价要点：评价工厂是否进行了有害物质及化学品减量使用或替代可行性评估，并根据评估结果，对原材料进行了合理替代。

建议提交资料：工厂有毒有害原材料减量或替代评估报告、有毒有害原材料替代方案、原辅料清单等。

评分规则：工厂能提供以上文件，经现场核实原材料替代项目正常运行，可得 5 分，否则不得分。

5）工厂宜采用全球变暖潜值（GWP）低的制冷剂。该指标为可选指标，满分为 4 分。

评价要点：①工厂的冷水机、空调等制冷设备是否使用列入《中国受控消耗臭氧层物质清单》中的制冷剂；②是否选取了 GWP 相对较低的制冷剂。对于 PCB 制造工厂，需要使用制冷剂的设备主要有冷水机、空调等。当前被纳入环保制冷剂范畴的大部分制冷剂的臭氧损耗潜值（ODP）为零，对臭氧层破坏影响很小，而 GWP 相对较高，因此，在选用制冷剂时，除了考虑它们的 ODP，还应考虑 GWP 要相对低，减少温室气体的排放。为此，评价可从以上两个方面进行。

建议提交资料：工厂制冷剂清单、环保制冷剂替代方案及相关实施证明材料等。

评分规则：①工厂不使用列入《中国受控消耗臭氧层物质清单》中的制冷剂，得 2 分；②工厂使用了 GWP 低的环保制冷剂，再得 2 分。以上两条规则可累计得分。

3. 采购

1）工厂应制定并实施包括环保要求的选择、评价和重新评价供方的准则。该指标为必选指标，满分为 10 分。

评价要点：评价工厂是否制定了对供应商选择、评价和重新评价的准则，其中包含环保方面要求，并根据准则要求，定期对供应商进行评价和筛选工作。

建议提交资料：供应商选择和评价相关管理制度、供应商定期评价报告等。

评分规则：工厂能提供以上文件并满足要求，可得 10 分，否则不得分。

2）工厂应对采购的原材料、设备及其配件实施检验或其他必要的活动，确保采购的产品满足规定的采购要求。该指标为必选指标，满分为 10 分。

评价要点：①工厂建立了原材料、设备及其配件的采购、检验或验收管理制度；②工厂对采购的原材料、设备及其配件进行了必要的检验或验收活动，满足规定的采购要求。

建议提交资料：原材料采购管理制度、原材料检验制度、设备及其配件验收制度、原材料检验报告、设备及其配件验收报告等。

评分规则：工厂能提供以上文件并满足要求，可得 10 分，否则不得分。

3）工厂向供方提供的采购信息宜包含有害物质使用、可回收材料使用、能效等环保要求。该指标为可选指标，满分为 5 分。

评价要点：①工厂向供方提供的原材料采购信息，包括有害物质含量、包装材料中可回收材料使用情况等方面的要求；②工厂向供方提供的设备及配件等采购信息，包括能效等节能环保方面的要求。

建议提交资料：原材料采购管理制度、原材料和设备采购信息文件、招投标文件等。

评分规则：①工厂向供方提供的原材料采购信息，包括有害物质含量、包装材料中可回收材料使用情况等方面的要求，得 2 分；②工厂向供方提供的设备及配件等采购信息，包括能效等节能环保方面的要求，得 3 分。以上规则可累计得分。

18.2.5 生产过程

1. 通用要求

工厂生产场所应整洁，布局先进，生产设备自动化程度高，满足国家、地方及行业对安全、节能、环保的要求。该指标为必选指标，满分为 10 分。

评价要点：①工厂生产场所干净整洁，符合 5S 现场管理要求；②工厂布局先进，生产设备自动化程度高，满足《清洁生产标准 印制电路板制造业》（HJ 450—2008）表1中"生产工艺与装备要求"二级及以上水平；③生产场所满足国家、地方及行业对安全、节能、环保的要求。

建议提交资料：工厂平面布置图、工厂设备清单等。

评分规则：工厂能提供以上文件并经现场核实满足相应要求，可得10分，否则不得分。

2. 层压、钻孔、成形过程

1）宜使用先进节能设备。该指标为可选指标，满分为5分。

评价要点：对于层压、钻孔、成形等工序，评价工厂使用的机器设备是否为高效、自动化程度高的设备，是否具有节能措施。

建议提交资料：工厂设备清单、设备自动化高效节能说明等。

评分规则：①工厂采用高效导热、自动化程度高的层压设备，得1分；②工厂采用多轴、高速、自动化钻孔设备，得1分；③工厂采用自动化成形设备，得1分；④配套的集尘设备能效达二级能效及以上水平，得1分；⑤推行自动化外观检查设备等节能高效设备，得1分。

2）宜使用低噪声自动化成形设备、配备粉尘收集处理设施。该指标为可选指标，满分为3分。

评价要点：对于成形工序，评价工厂使用的成形设备是否为低噪声、自动化程度高的设备，并配套粉尘收集和处理设施，同时集尘设备能效达二级能效及以上水平。

建议提交资料：工厂设备清单、成形机低噪声、自动化高效节能说明等。

评分规则：，工厂能提供以上文件并经现场核实满足相应要求，可得3分，否则不得分。

3）宜使用高转速钻孔设备、激光钻孔设备。该指标为可选指标，满分为3分。

评价要点：对于钻孔工序，评价工厂使用的钻孔设备是否为多轴、高速、自动化钻孔设备或激光钻孔机，满足钻孔精度的要求。

建议提交资料：工厂设备清单，钻孔机自动化高效说明等。

评分规则：工厂能提供以上文件并经现场核实满足相应要求，可得3分，否则不得分。

3. 图形制作与蚀刻过程

1）应使用光固化抗蚀剂。该指标为必选指标，满分为5分。

评价要点：在图形制作过程的图形转移工序，评价工厂是否使用了光固化抗蚀剂，主要包括光固化抗蚀油墨、抗蚀干膜、光成像抗蚀油墨、电沉积光致抗蚀剂等 4 类。

建议提交资料：工厂原材料清单、抗蚀剂化学品安全技术说明书等。

评分规则：工厂能提供以上文件并经现场核实满足相应要求，可得 5 分，否则不得分。

2）显影去膜设备应附有机膜处理装置，且显影和去膜废液单独收集预处理。该指标为必选指标，满分为 8 分。

评价要点：在去膜工序，评价工厂的去膜设备是否使用了有机膜处理装置。显影工序和去膜工序产生的废液是否单独收集，并进行预处理。

建议提交资料：有机膜处理装置图片、显影和去膜废液单独预处理工艺说明等。

评分规则：工厂能提供以上文件并经现场核实满足相应要求，可得 8 分，否则不得分。

3）蚀刻液应不含铬、铁化合物及螯合物。该指标为必选指标，满分为 6 分。

评价要点：查看工厂使用的蚀刻液化学品安全技术说明书，评价工厂使用的蚀刻液是否含有铬、铁化合物及螯合物。

建议提交资料：蚀刻液化学品安全技术说明书和成分表等。

评分规则：工厂能提供以上文件并经现场核实满足相应要求，可得 6 分，否则不得分。

4）蚀刻机应密封状况良好，无溶液与气体泄漏。该指标为必选指标，满分为 5 分。

评价要点：查看工厂现场蚀刻机运行时是否存在溶液跑冒滴漏和蚀刻废气泄漏现象。

建议提交资料：蚀刻设备现场照片及密封措施、状况说明等。

评分规则：经现场核实工厂蚀刻机能满足相应要求，可得 5 分，否则不得分。

5）宜使用环保型清洁剂，清洗剂不含络合物。该指标为可选指标，满分为 5 分。

评价要点：查看工厂的原材料清单和清洗剂化学品安全技术说明书，是否为环保型清洁剂且不含络合物。

建议提交资料：原材料清单和清洗剂化学品安全技术说明书等。

评分规则：工厂能提供以上文件并经现场核实满足相应要求，可得 5 分，否则不得分。

6）宜使用干膜替代湿膜，以减少可挥发性有机物排放。该指标为可选指标，满分为 5 分。

评价要点：当工艺适用时，可使用干膜工艺替代湿膜工艺。

建议提交资料：原辅料清单、干膜工艺流程图、生产工艺现场照片等。

评分规则：工厂能提供以上文件并经现场核实满足相应要求，可得 5 分，否则不得分。

7）蚀刻机宜有药液自动控制与添加装置、循环系统、再生回用系统。该指标为可选指标，满分为 3 分。

评价要点：在蚀刻过程中，评价工厂是否安装了蚀刻药液自动控制与添加装置、蚀刻药液再生循环回用系统等。

建议提交资料：蚀刻液再生循环回用系统说明、购置票据及现场照片等。

评分规则：工厂能提供以上文件并经现场核实满足相应要求，可得 3 分，否则不得分。

8）蚀刻清洗浓液宜补充添加于蚀刻液中。该指标为可选指标，满分为 2 分。

评价要点：在蚀刻过程中，蚀刻后的第一缸清洗浓液含有较高浓度的蚀刻药剂，具有一定的回用价值，评价工厂是否安装了回用设备将蚀刻清洗浓液补充添加于蚀刻液，减少药剂的使用，降低污水处理负担。

建议提交资料：蚀刻清洗浓液回收说明及现场照片等相关证明材料。

评分规则：工厂能提供以上文件并经现场核实满足相应要求，可得 2 分，否则不得分。

4. 孔金属化、电镀与表面处理过程

1）电镀金与化学镀金外，均应采用无氰电镀。该指标为必选指标，满分为 8 分。

评价要点：评价工厂的电镀工序，除电镀金与化学镀金外，是否采用了无氰电镀工艺。

建议提交资料：原辅料清单、电镀工艺说明等证明材料。

评分规则：工厂能提供以上文件并经现场核实满足相应要求，可得 8 分，否则不得分。

2）除产品特定要求外，不应采用铅合金电镀与含氟络合物的电镀液。该指标为必选指标，满分为 5 分。

评价要点：评价工厂的电镀工序，是否采用了铅合金电镀与含氟络合物的电镀液。

建议提交资料：原辅料清单、电镀工艺说明等。

评分规则：工厂能提供以上文件并经现场核实满足相应要求，可得 5 分，否则不得分。

3）宜采用环保的孔金属化工艺替代化学沉铜工艺。该指标为可选指标，满分为 5 分。

评价要点：评价工厂是否采用了无甲醛环保化学沉铜药剂替代传统的化学沉铜药剂，或者采用了直接电镀法替代化学沉铜工艺，包括以石墨为导电主体（如黑孔或黑影）、以导电性高分子聚合物作为导电物质、以钯盐或钯化合物作为导电物质进行直接电镀。

建议提交资料：原辅料清单、孔金属化工艺说明等。

评分规则：工厂能提供以上文件并经现场核实满足相应要求，可得 5 分，否则不得分。

4）设备宜有自动控制装置，可自动补药剂和补水。该指标为可选指标，满分为 2 分。

评价要点：评价工厂的孔金属化和电镀工序，其生产设备是否配套了自动补药剂和补水的控制装置。

建议提交资料：自动补药、补水控制装置照片等。

评分规则：工厂能提供以上文件并经现场核实满足相应要求，可得 2 分，否则不得分。

5. 丝印、阻焊过程

1）应配备抽排风系统，集中收集处理废气。该指标为必选指标，满分为 8 分。

评价要点：评价工厂的丝印和阻焊过程，是否配套了抽排风系统，对于车间废气能有效收集和处理，且废气经处理后能达标排放。

建议提交资料：废气收集处理设施照片、废气监测报告等。

评分规则：工厂能提供以上文件并经现场核实满足相应要求，可得 8 分，否则不得分。

2）阻焊显影液应单独收集处理。该指标为必选指标，满分为 5 分。

评价要点：评价工厂的阻焊过程，是否配套了阻焊显影废液单独收集，并交由有资质的危废公司进行转移和处理。

建议提交资料：废液单独收集设备照片、危废转移合同及转移联单等。

评分规则：工厂能提供以上文件并经现场核实满足相应要求，可得 5 分，否则不得分。

3）宜采用低 VOCs 排放工艺。该指标为可选指标，满分为 5 分。

评价要点：评价工厂是否采用了喷印、自动洗网等低 VOCs 排放工艺，能有效减少 VOCs 的产生。

建议提交资料：工厂设备清单，低 VOCs 排放工艺说明及工艺实施证明材料等。

评分规则：工厂能提供以上文件并经现场核实满足相应要求，可得 5 分，否则不得分。

4）宜使用低能耗隧道式烘干设备。该指标为可选指标，满分为 2 分。

评价要点：①隧道式烘干设备配套的风机采用了变频措施，设备整体实现保温节能；②隧道式烘干设备采用的是红外线加热干燥，加热速度快，固化时间短，节省能耗。

建议提交资料：工厂设备清单、隧道式烘干炉的节能说明、设备照片及票据等。

评分规则：工厂能提供以上文件并经现场核实满足评价要点中的其中一种情况，可得 2 分，否则不得分。

18.2.6 产品

1. 绿色（生态）设计

1）工厂应在产品设计中引入生态设计的理念。该指标为必选指标，满分为 30 分。

评价要点：根据《生态设计产品评价通则》（GB/T 32161—2015）中的定义，生态设计是指按照全生命周期的理念，在产品设计开发阶段系统考虑原材料选用、生产、销售、使用、回收、处理等各个环节对资源环境造成的影响，力求产品在全生命周期中最大限度降低资源消耗，尽可能少用或不用含有毒有害物质的原材料，减少污染物产生和排放，从而实现环境保护的活动。评价工厂是否在产品设计时引入了生态设计的理念，考虑了产品的全生命周期过程对环境的影响，并采取相应的改进设计措施，来进一步降低环境影响。

建议提交资料：产品生态设计方案及实施相关证明材料等。

评分规则：工厂能提供以上文件并经现场核实满足相应要求，可得 30 分，否则不得分。

2）工厂宜按照 GB/T 24256—2009 对生产的产品进行绿色（生态）设计，

并按照 GB/T 32161—2015 对生产的产品进行评价。该指标为可选指标，满分为 10 分。

评价要点：①工厂按照《产品生态设计通则》（GB/T 24256—2009）对 PCB 产品进行绿色（生态）设计；②工厂按照《生态设计产品评价通则》（GB/T 32161—2015）或《绿色设计产品评价技术规范　印制电路板》（T/CESA 1070—2020）对 PCB 产品进行绿色设计评价，并形成绿色设计产品评价报告，包含了基本要求、评价指标要求和生命周期评价三个方面。

建议提交资料：产品绿色设计方案或说明、绿色设计产品评价报告等。

评分规则：①能提供产品绿色设计方案或说明并满足要求，可得 4 分；②能提供绿色设计产品评价报告并满足要求，可得 6 分。以上两点可累计得分。

2. 有害物质使用

1）工厂生产的产品应减少有害物质的使用：①产品的各均质材料中铅（Pb）、镉（Cd）、汞（Hg）、六价铬［Cr(Ⅵ)］、多溴联苯（PBB）、多溴二苯醚（PBDE）等满足 GB/T 26572—2011 中规定的限量要求，除非其应用在经济上或技术上不可行，属于国家规定的限用物质应用例外；②产品的各均质材料中邻苯二甲酸二（2-乙基己基）酯（DEHP）、邻苯二甲酸丁苄酯（BBP）、邻苯二甲酸二丁酯（DBP）、邻苯二甲酸二异丁酯（DIBP）的含量均不超过 0.1%（质量分数），除非其应用在经济上或技术上不可行。该指标为必选指标，满分为 30 分。

评价要点：①产品的各均质材料中铅（Pb）、镉（Cd）、汞（Hg）、六价铬［Cr(Ⅵ)］、多溴联苯（PBB）、多溴二苯醚等（PBDE）满足 GB/T 26572—2011 中规定的限量要求；②产品的各均质材料中邻苯二甲酸二（2-乙基己基）酯（DEHP）、邻苯二甲酸丁苄酯（BBP）、邻苯二甲酸二丁酯（DBP）、邻苯二甲酸二异丁酯（DIBP）的含量均不超过 0.1%（质量分数）。

建议提交资料：产品的各均质材料中铅（Pb）、镉（Cd）、汞（Hg）、六价铬［Cr(Ⅵ)］、多溴联苯（PBB）、多溴二苯醚等（PBDE）、邻苯二甲酸二（2-乙基己基）酯（DEHP）、邻苯二甲酸丁苄酯（BBP）、邻苯二甲酸二丁酯（DBP）、邻苯二甲酸二异丁酯（DIBP）等物质含量的第三方检测报告，工厂有害物质管控文件等。

评分规则：工厂能提供以上文件并经现场核实满足相应要求，可得 30 分，否则不得分。

2）工厂宜开展有毒有害原料替代技术、工艺等研究，实现有害物质替代。该指标为可选指标，满分为 10 分。

评价要点：评价工厂是否开展了有毒有害原料替代技术、工艺等研究工作，在研究的基础上实现了有害物质的替代。

建议提交资料：原辅料清单、有害物质替代说明及相关证明材料等。

评分规则：①工厂对原料开展了有毒有害性质评估分析，得 3 分；②依据评估分析结果，工厂开展了有毒有害原料替代技术、工艺等研究，得 4 分；③工厂应用替代技术实现了有害物质替代，如生产无卤素产品，得 3 分。以上三点规则可累计得分。

3. 减碳

1）工厂宜采用 ISO 14067 等标准规范对产品进行碳足迹核算或核查，且结果对外公布。该指标为可选指标，满分为 10 分。

评价要点：评价工厂是否依据 ISO 14067 等标准规范对产品进行了碳足迹核算，或第三方机构进行了核查，核算或核查的结果对外公布。

建议提交资料：产品碳足迹核算或核查报告、结果对外公布的证明材料等。

评分规则：①工厂对产品进行了碳足迹核算，或者由第三方机构进行了核查，并出具了核查或核算报告，得 6 分；②工厂产品碳足迹的核查或核算报告结果对外公开，得 4 分。以上规则可累计得分。

2）工厂宜利用核算或核查结果对其产品的碳足迹进行改善。该指标为可选指标，满分为 10 分。

评价要点：评价工厂是否利用核算或核查结果对产品的碳足迹进行改善，并取得了一定的减碳效果。

建议提交资料：减碳措施说明及相关实施证明材料等。

评分规则：①工厂利用核算或核查结果对其碳足迹进行了改善，改善措施 3 项及以上，得 10 分；②工厂利用核算或核查结果对其碳足迹进行了改善，改善措施不足 3 项，得 6 分；③未实施改善措施，不得分。

18.2.7 环境排放

1. 大气污染物

1）工厂的大气污染物排放应符合国家、地方及行业相关标准要求，并满足区域内排放总量控制要求。该指标为必选指标，满分为 15 分。

评价要点：评价工厂的大气污染物排放浓度是否符合国家、地方及行业相关标准要求，同时大气污染物的排放总量是否满足区域内的排放总量控制要求。工厂的大气污染物排放总量要求可参考环评批复和排污许可证等材料中列出的总量控制要求。

建议提交资料：废气监测报告、环评批复和排污许可证等。

评分规则：工厂能提供以上文件并经现场核实满足相应要求，可得 15 分，否则不得分。

2）工厂的主要大气污染物排放满足标准中更高等级的要求。该指标为可选指标，满分为 10 分。

评价要点：评价工厂的大气污染物排放浓度是否符合国家、地方及行业相关标准中更高等级要求。

建议提交资料：废气监测报告、环评批复和排污许可证等。

评分规则：工厂能提供以上文件并经现场核实满足相应要求，可得 10 分，否则不得分。

2. 水体污染物

1）工厂的水体污染物排放应符合国家、地方及行业相关标准要求，并满足区域内排放总量控制要求。该指标为必选指标，满分为 15 分。

评价要点：评价工厂的水体污染物排放浓度是否符合国家、地方及行业相关标准要求，如废水中含第一类污染物，则第一类污染物在车间或车间处理设施排放口的排放浓度应符合国家、地方及行业标准要求。同时，水体污染物的排放总量是否满足区域内的排放总量控制要求。工厂的水体污染物排放总量要求可参考环评批复和排污许可证等材料中列出的总量控制要求。按照《污水综合排放标准》（GB 8978—1996）中表 1 列出的第一类污染物，结合 PCB 制造业的污水特点，本文所指的第一类污染物主要包括总铅、总镍、总汞、总铬、六价铬、总镉、总银等。

建议提交资料：废水监测报告、环评批复和排污许可证等。

评分规则：工厂能提供以上文件并经现场核实满足相应要求，可得 15 分，否则不得分。

2）工厂的主要水体污染物排放满足标准中更高等级的要求。该指标为可选指标，满分为 10 分。

评价要点：评价工厂的水体污染物排放浓度是否符合国家、地方及行业相关标准中更高等级要求。

建议提交资料：废水监测报告、环评批复和排污许可证等。

评分规则：工厂能提供以上文件并经现场核实满足相应要求，可得 10 分，否则不得分。

3. 固体废弃物

1）工厂产生的一般固体废弃物的贮存应符合 GB 18599—2001 及相关标准要求，并做好相关的转交手续和记录。该指标为必选指标，满分为 5 分。

评价要点：评价 PCB 工厂产生的包装材料、胶纸、钻孔粉末、废金属片等一般固体废弃物的贮存场地的设计是否符合《一般工业固体废物贮存和填埋污染控制标准》（GB 18599—2001）中的要求，相应的转交手续和记录是否齐全。

建议提交资料：一般工业固废贮存场所设计图、现场照片、一般工业固废转移合同或销售单等。

评分规则：工厂能提供以上文件并经现场核实满足相应要求，可得 5 分，否则不得分。

2）工厂产生的危险废物的贮存应符合 GB 18597—2001 的规定，应将其转交给具备相应能力和资质的处理机构进行处理，并做好相关的转交手续和记录。该指标为必选指标，满分为 10 分。

评价要点：评价 PCB 工厂产生的含铜污泥、含铜废液、退锡废液、油墨渣、废弃电路板、覆铜板边角料等纳入《国家危险废物名录》的危险废弃物，其贮存容器、贮存设施的设计、运行和管理等是否符合《危险废物贮存污染控制标准》（GB 18597—2001）中的要求，相应的转交手续和记录是否齐全。

建议提交资料：可提供危险废物贮存容器、贮存设施设计图、现场照片、危险废物贮存管理制度、危险废物处理合同及转移联单、危废处置公司的资质证明等。

评分规则：工厂能提供以上文件并经现场核实满足相应要求，可得 10 分，否则不得分。

4. 噪声

工厂的厂界环境噪声排放应符合相关国家、地方及行业标准要求。该指标为必选指标，满分为 5 分。

评价要点：评价 PCB 工厂的厂界环境噪声是否满足《工业企业厂界环境噪声排放标准》（GB 12348—2008）的排放要求。工厂的厂界噪声环境功能类别可以参考环评批复或排污许可证中的要求。

建议提交资料：第三方监测机构出具的厂界噪声监测报告、环评批复和排污许可证等。

评分规则：工厂能提供以上文件并经现场核实满足相应要求，可得 5 分，否则不得分。

5. 温室气体

1）工厂应采用 GB/T 32150—2015 或适用的标准或规范对其厂界范围内的温室气体排放进行核算和报告。该指标为必选指标，满分为 10 分。

评价要点：评价工厂是否依据《工业企业温室气体排放核算和报告通则》（GB/T 32150—2015）或其他适用的标准规范对厂界范围内的温室气体排放进行了核算，并形成了报告。

建议提交资料：工业企业温室气体排放核算报告。

评分规则：工厂能提供以上文件并经现场核实满足相应要求，可得 10 分，否则不得分。

2）工厂宜进行温室气体排放量第三方核查，核查结果宜对外公布。该指标为可选指标，满分为 10 分。

评价要点：评价工厂是否开展了温室气体排放量第三方核查工作，核查的结果对外公布。

建议提交资料：工业企业温室气体排放量第三方核查报告、结果对外公布的证明材料。

评分规则：①工厂开展了温室气体排放量第三方核查，核查结果可公开获得，得 10 分；②工厂开展了温室气体排放量第三方核查，核查结果未对外公开，得 6 分；③未开展第三方核查，不得分。

3）可行时，工厂宜利用核算或核查结果对其温室气体的排放进行改善。该指标为可选指标，满分为 10 分。

评价要点：评价工厂是否利用核算或核查结果对工厂的温室气体排放进行改善，并取得了一定的效果。

建议提交资料：改善措施说明及实施相关证明材料等。

评分规则：①工厂利用核算或核查结果对其温室气体排放进行了改善，改善措施 3 项及以上，得 10 分；②工厂利用核算或核查结果对其温室气体进行了改善，改善措施不足 3 项，得 6 分；③未实施改善措施，不得分。

18.2.8 绩效

1. 用地集约化

1）工厂容积率指标应不低于《工业项目建设用地控制指标》（国土资发〔2008〕24 号）的要求。该指标为必选指标，满分为 4 分。

评价要点：按照《绿色工厂评价通则》（GB/T 36132—2018）附录 A 计算工厂容积率，指标应不低于《工业项目建设用地控制指标》（国土资发〔2008〕24 号）的要求。

建议提交资料：工厂规划设计图（附建筑用地指标数据）、容积率计算报告等。

评分规则：工厂能提供以上文件并经现场核实满足相应要求，可得 4 分，否则不得分。

2）工厂容积率指标达到《工业项目建设用地控制指标》（国土资发〔2008〕24 号）要求的 1.2 倍及以上，2 倍及以上为满分。该指标为可选指标，满分为 2 分。

评价要点：按照《绿色工厂评价通则》（GB/T 36132—2018）附录 A 计算工厂容积率，评价指标是否达到《工业项目建设用地控制指标》（国土资发〔2008〕24 号）要求的 1.2 倍及以上。

建议提交资料：工厂规划设计图（附建筑用地指标数据）、容积率计算报告等。

评分规则：①工厂容积率达到了《工业项目建设用地控制指标》（国土资发〔2008〕24 号）要求的 2 倍以上，得 2 分；②工厂容积率达到了《工业项目建设用地控制指标》（国土资发〔2008〕24 号）要求的 1.2（含）~2 倍（不含），得 1 分；③工厂容积率低于《工业项目建设用地控制指标》（国土资发〔2008〕24 号）要求的 1.2 倍，不得分。

3）工厂建筑密度不低于 30%。该指标为必选指标，满分为 4 分。

评价要点：按照《绿色工厂评价通则》（GB/T 36132—2018）附录 A 计算工厂建筑密度，指标应不低于 30%。

建议提交资料：工厂规划设计图（附建筑用地指标数据）、建筑密度计算报告等。

评分规则：工厂能提供以上文件并经现场核实满足相应要求，可得 4 分，否则不得分。

4）工厂建筑密度达到 40%。该指标为可选指标，满分为 2 分。

评价要点：按照《绿色工厂评价通则》（GB/T 36132—2018）附录 A 计算工厂建筑密度，指标应不低于 40%。

建议提交资料：工厂规划设计图（附建筑用地指标数据）、建筑密度计算报告等。

评分规则：工厂能提供以上文件并经现场核实满足相应要求，可得 2 分，否则不得分。

5）工厂的单位用地面积产值应不低于行业平均水平；或：工厂的单位用地面积产值不低于地方发布的单位用地面积产值的要求；未发布单位用地面积产值的地区，单位用地面积产值应超过本年度所在省市的单位用地面积产值。该指标为必选指标，满分为4分。

评价要点：①工厂的单位用地面积产能不低于行业平均水平；②工厂的单位用地面积产值不低于地方发布的单位用地面积产值的要求；③未发布单位用地面积产值的地区，单位用地面积产值应超过本年度所在省市的单位用地面积产值。

建议提交资料：工厂规划设计图（附建筑用地指标数据）、单位用地面积能/产值计算报告、单位用地面积产能行业平均水平来源、省市或地方单位用地面积产值来源等。

评分规则：工厂能提供以上文件并经现场核实满足三个评价要点之一的，即可得4分，否则不得分。

6）工厂的单位用地面积产能指标优于行业前20%，前5%为满分；或：单位用地面积产值达到地方发布的单位用地面积产值要求的1.2倍及以上，2倍为满分；未发布单位用地面积产值的地区，单位用地面积产值应达到本年度所在省市的单位用地面积产值的1.2倍及以上，2倍为满分。该指标为可选指标，满分为2分。

评价要点：①工厂的单位用地面积产能优于行业前20%及以上；②工厂的单位用地面积产值达到地方发布的单位用地面积产值要求的1.2倍及以上；③未发布单位用地面积产值的地区，单位用地面积产值应达到本年度所在省市的单位用地面积产值的1.2倍及以上。

建议提交资料：工厂规划设计图（附建筑用地指标数据）、单位用地面积能/产值计算报告、单位用地面积产能行业平均水平来源、省市或地方单位用地面积产值来源等。

评分规则：工厂能提供以上文件并经现场核实满足三个评价要点之一的，即可得2分，否则不得分。

2. 原料无害化

1）工厂应优先选用省级及以上政府相关部门、行业发布的资源综合利用产品目录、有毒有害原料（产品）替代品目录等文件中推荐的绿色物料，或利用再生资源及回收的废弃物等作为原料。该指标为必选指标，满分为6分。

评价要点：评价工厂是否依据省级及以上政府相关部门、行业发布的资源综合利用产品目录、有毒有害原料（产品）替代品目录等文件采购了绿色物料，或者采取了原辅料替代措施。

建议提交资料：原材料清单、资源化综合利用产品、原辅料替代说明及其他相关证明材料等。

评分规则：工厂能提供以上文件并经现场查看使用了资源化综合利用原材料，有毒有害替代原料或实施了原料替代等措施共计5项及以上，可得6分，否则不得分。

2）绿色物料使用率宜大于30%。该指标为可选指标，满分为4分。

评价要点：绿色物料的使用率主要是指同类物料中绿色环保的物料占同类物料总量的比例。绿色物料可来自于《有毒有害原料（产品）替代品目录（2016年版）》《环境标志产品政府采购清单》，国家、地方或行业认可的绿色环保的物料等。

建议提交资料：原材料清单、票据、绿色物料使用率的计算报告等。

评分规则：①工厂使用的油墨、焊料、清洗剂、蚀刻液等4类物料中的绿色物料占比大于30%，得2分；②在满足①的前提下，鼓励工厂使用无毒无害、低毒低害及其他绿色物料，其他物料中的绿色物料占比大于30%，再得2分。

▶ 3. 生产洁净化

1）单位产品主要污染物产生量应达到 HJ 450—2008 中二级指标要求。该指标为必选指标，满分为6分。

评价要点：按照《清洁生产标准　印制电路板制造业》（HJ 450—2008）中5.3.4的要求计算单位产品废水中铜产生量、单位产品废水中化学需氧量产生量，评价其指标是否达到标准中二级指标要求。

建议提交资料：废水监测报告、单位产品废水中铜产生量、单位产品废水中化学需氧量产生量的计算报告等。

评分规则：工厂能提供以上文件并满足要求，可得6分，否则不得分。

2）单位产品主要污染物产生量指标优于 HJ 450—2008 中一级指标要求。该指标为可选指标，满分为4分。

评价要点：按照《清洁生产标准 印制电路板制造业》（HJ 450—2008）中5.3.4的要求计算单位产品废水中铜产生量、单位产品废水中化学需氧量产生量，评价其指标是否达到标准中一级指标要求。

建议提交资料：废水监测报告，单位产品废水中铜产生量、单位产品废水中化学需氧量产生量的计算报告等。

评分规则：工厂能提供以上文件并满足要求，可得4分，否则不得分。

3）单位产品废水产生量指标应达到 HJ 450—2008 中二级指标要求。该指标为必选指标，满分为 6 分。

评价要点：通过统计工厂的废水产生量和产品产量，计算单位产品废水产生量，评价其指标是否达到 HJ 450—2008 中二级指标要求。

建议提交资料：单位产品废水产生量的计算报告及相关证明材料等。

评分规则：工厂能提供以上文件并满足要求，可得 6 分，否则不得分。

4）单位产品废水产生量指标优于 HJ 450—2008 中一级指标要求。该指标为可选指标，满分为 4 分。

评价要点：通过统计工厂的废水产生量和产品产量，计算单位产品废水产生量，评价其指标是否达到 HJ 450—2008 中一级指标要求。

建议提交资料：单位产品废水产生量的计算报告及相关证明材料等。

评分规则：工厂能提供以上文件并满足要求，可得 4 分，否则不得分。

4. 废物资源化

1）覆铜板利用率指标应达到 HJ 450—2008 中二级指标要求。该指标为必选指标，满分为 6 分。

评价要点：按照《清洁生产标准　印制电路板制造业》（HJ 450—2008）中 5.3.3 的要求计算覆铜板利用率，评价其指标是否达到标准中二级指标要求。

建议提交资料：覆铜板利用率的计算报告及相关证明材料等。

评分规则：工厂能提供以上文件并满足要求，可得 6 分，否则不得分。

2）覆铜板利用率指标优于 HJ 450—2008 中一级指标要求。该指标为可选指标，满分为 4 分。

评价要点：按照《清洁生产标准　印制电路板制造业》（HJ 450—2008）中 5.3.3 的要求计算覆铜板利用率，评价其指标是否达到标准中一级指标要求。

建议提交资料：覆铜板利用率的计算报告及相关证明材料等。

评分规则：工厂能提供以上文件并满足要求，可得 4 分，否则不得分。

3）工厂废水回用率指标应高于 45%。该指标为必选指标，满分为 6 分。

评价要点：通过统计工厂的废水回用量、外排废水量，计算工厂的废水回用率，评价其指标是否达到 45% 以上。

建议提交资料：废水回用率的计算报告及相关证明材料等。

评分规则：工厂能提供以上文件并满足要求，可得 6 分，否则不得分。

4）工厂废水回用率指标宜高于 60%。该指标为可选指标，满分为 4 分。

评价要点：通过统计工厂的废水回用量、外排废水量，计算工厂的废水回用率，评价其指标是否达到 60% 以上。

建议提交资料：废水回用率的计算报告及相关证明材料等。

评分规则：工厂能提供以上文件并满足要求，可得4分，否则不得分。

5）金属铜回收率指标应达到 HJ 450—2008 中二级指标要求。该指标为必选指标，满分为6分。

评价要点：按照《清洁生产标准　印制电路板制造业》（HJ 450—2008）中5.3.6的要求计算金属铜回收率，评价其指标是否达到标准中二级指标要求。

建议提交资料：金属铜回收率的计算报告及相关证明材料等。

评分规则：工厂能提供以上文件并满足要求，可得6分，否则不得分。

6）金属铜回收率指标优于 HJ 450—2008 中一级指标要求。该指标为可选指标，满分为4分。

评价要点：按照《清洁生产标准　印制电路板制造业》（HJ 450—2008）中5.3.6的要求计算金属铜回收率，评价其指标是否达到标准中一级指标要求。

建议提交资料：金属铜回收率的计算报告及相关证明材料等。

评分规则：工厂能提供以上文件并满足要求，可得4分，否则不得分。

7）工业固体废物综合利用率指标应大于65%。该指标为必选指标，满分为6分。

评价要点：按照《绿色工厂评价通则》（GB/T 36132—2018）附录A计算工业固体废物综合利用率，指标应大于65%。

建议提交资料：工业固体废物综合利用率计算报告及相关证明材料等。

评分规则：工厂能提供以上文件并经现场核实满足相应要求，可得6分，否则不得分。

8）工业固体废物综合利用率指标达到73%，90%为满分。该指标为可选指标，满分为3分。

评价要点：按照《绿色工厂评价通则》（GB/T 36132—2018）附录A计算工业固体废物综合利用率，评价指标是否达到73%及以上。

建议提交资料：工业固体废物综合利用率计算报告及相关证明材料等。

评分规则：①工业固体废物综合利用率达到90%及以上，得3分；②工业固体废物综合利用率达到73%及以上，得1分；③工业固体废物综合利用率低于73%，不得分。

5. 能源低碳化

1）单位产品耗电量应达到 HJ 450—2008 中二级指标要求。该指标为必选指标，满分为6分。

评价要点：按照《清洁生产标准 印制电路板制造业》（HJ 450—2008）中

5.3.2 的要求计算单位产品耗电量,评价其指标是否达到标准中二级指标要求。

建议提交资料:单位产品耗电量的计算报告及相关证明材料等。

评分规则:工厂能提供以上文件并满足要求,可得 6 分,否则不得分。

2) 单位产品耗电量优于 HJ 450—2008 中一级指标要求。该指标为可选指标,满分为 4 分。

评价要点:按照《清洁生产标准 印制电路板制造业》(HJ 450—2008)中 5.3.2 的要求计算单位产品耗电量,评价其指标是否优于标准中一级指标要求。

建议提交资料:单位产品耗电量的计算报告及相关证明材料等。

评分规则:工厂能提供以上文件并满足要求,可得 4 分,否则不得分。

3) 单位产品碳排放量,指标宜达到有关标准要求,尚无标准的应逐步降低排放。该指标为可选指标,满分为 3 分。

评价要点:按照《绿色工厂评价通则》(GB/T 36132—2018)附录 A 计算单位产品碳排放量,评价其指标是否满足相关标准要求。如果无法查询到行业及地方的要求,可对比近三年的单位产品碳排放量,是否逐年降低排放。

建议提交资料:单位产品碳排放量的计算报告及相关证明材料等。

评分规则:工厂能提供以上文件并满足要求,可得 3 分,否则不得分。

参 考 文 献

[1] 中华人民共和国工业和信息化部,中国国家标准化管理委员会.绿色工厂评价通则:GB/T 36132—2018 [S].北京:中国标准出版社,2018.

[2] 广东省节能减排标准化促进会.印制电路板制造业绿色工厂评价导则:T/GDES 20—2018 [S].广州:广东省节能减排标准化促进会,2018.

[3] 中华人民共和国住房和城乡建设部.绿色工业建筑评价标准:GB/T 50878—2013 [S].北京:中国建筑工业出版社,2013.

[4] 中国建筑材料联合会.建筑材料放射性核素限量:GB 6566—2010 [S].北京:中国标准出版社,2010.

[5] 国家林业局.室内装饰装修材料 人造板及其制品中甲醛释放限量:GB 18580—2017 [S].北京:中国标准出版社,2017.

[6] 中国石油和化学工业协会.室内装饰装修材料 溶剂型木器涂料中有害物质限量:GB 18581—2009 [S].北京:中国标准出版社,2009.

[7] 中国石油和化学工业协会.室内装饰装修材料 内墙涂料中有害物质限量:GB 18582—2008 [S].北京:中国标准出版社,2008.

[8] 中国石油和化学工业协会.室内装饰装修材料 胶粘剂中有害物质限量:GB 18583—2008

[S]．北京：中国标准出版社，2008．

[9] 中国轻工业联合会．室内装饰装修材料 木家具中有害物质限量：GB 18584—2001［S］．北京：中国标准出版社，2001．

[10] 中国轻工业联合会．室内装饰装修材料 壁纸中有害物质限量：GB 18585—2001［S］．北京：中国标准出版社，2001．

[11] 中国轻工业联合会．室内装饰装修材料 聚氯乙烯卷材地板中有害物质限量：GB 18586—2001［S］．北京：中国标准出版社，2001．

[12] 中国轻工业联合会．室内装饰装修材料 地毯、地毯衬垫及地毯胶粘剂有害物质释放限量：GB 18587—2001［S］．北京：中国标准出版社，2001．

[13] 中国建筑材料工业协会．混凝土外加剂中释放氨的限量：GB 18588—2001［S］．北京：中国标准出版社，2001．

[14] 国家环境保护总局．危险废物贮存污染控制标准：GB 18597—2001［S］．北京：中国环境科学出版社，2001．

[15] 国家环境保护总局．一般工业固体废物贮存、处置场污染控制标准：GB 18599—2001［S］．北京：中国环境科学出版社，2001．

[16] 国家发展和改革委员会环境和资源综合利用司，国家质量监督检验检疫总局，国家标准化管理委员会工交部．用能单位能源计量器具配备和管理通则：GB 17167—2006［S］．北京：中国标准出版社，2006．

[17] 全国工业节水标准化技术委员会．用水单位水计量器具配备和管理通则：GB 24789—2009［S］．北京：中国标准出版社，2009．

[18] 中华人民共和国住房和城乡建设部，中华人民共和国国家质量监督检验检疫总局．建筑照明设计标准：GB 50034—2013［S］．北京：中国建筑工业出版社，2013．

[19] 全国能源基础与管理标准委员会．三相异步电动机经济运行：GB/T 12497—2006［S］．北京：中国标准出版社，2006．

[20] 全国能源基础与管理标准委员会．电力变压器经济运行：GB/T 13462—2008［S］．北京：中国标准出版社，2008．

[21] 全国能源基础与管理标准委员会．工业锅炉经济运行：GB/T 17954—2007［S］．北京：中国标准出版社，2007．

[22] 全国能源基础与管理标准委员会．空气调节系统经济运行：GB/T 17981—2007［S］．北京：中国标准出版社，2007．

[23] 全国能源基础与管理标准委员会．容积式空气压缩机系统经济运行：GB/T 27883—2011［S］．北京：中国标准出版社，2011．

[24] 全国质量管理和质量保证标准化委员会．质量管理体系：要求：GB/T 19001—2016［S］．北京：中国标准出版社，2016．

[25] 国家发展和改革委员会，国家标准化管理委员会．能源管理体系 要求与使用指南：GB/T 23331—2012［S］．北京：中国标准出版社，2012．

[26] 全国环境管理标准化委员会. 环境管理体系要求及使用指南: GB/T 24001—2016 [S]. 北京: 中国标准出版社, 2016.

[27] 中国标准化研究院. 职业健康安全管理体系: 要求: GB/T 28001—2011 [S]. 北京: 中国标准出版社, 2011.

[28] 环境保护部. 工业企业厂界环境噪声排放标准: GB 12348—2008 [S]. 北京: 中国环境科学出版社, 2008.

[29] 环境保护部. 电镀污染物排放标准: GB 21900—2008 [S]. 北京: 中国环境科学出版社, 2008.

[30] 全国节水标准化技术委员会. 节水型企业评价导则: GB/T 7119—2018 [S]. 北京: 中国标准出版社, 2018.

[31] 全国节约用水办公室. 节水型产品通用技术条件: GB/T 18870—2011 [S]. 北京: 中国标准出版社, 2011.

[32] 全国环境管理标准化技术委员会. 产品生态设计通则: GB/T 24256—2009 [S]. 北京: 中国标准出版社, 2009.

[33] 全国能源基础与管理标准化技术委员会. 工业企业节约原材料评价导则: GB/T 29115—2012 [S]. 北京: 中国标准出版社, 2012.

[34] 国家发展和改革委员会应对气候变化司. 工业企业温室气体排放核算和报告通则: GB/T 32150—2015 [S]. 北京: 中国标准出版社, 2015.

[35] 工业和信息化部节能与综合利用司. 生态设计产品评价通则: GB/T 32161—2015 [S]. 北京: 中国标准出版社, 2015.

[36] 国家卫生健康委员会. 工作场所有害因素职业接触限值 第1部分: 化学有害因素: GBZ 2.1—2019 [S]. 北京: 中国标准出版社, 2019.

[37] 环境保护部. 清洁生产标准 印制电路板制造业: HJ 450—2008 [S]. 北京: 中国环境科学出版社, 2008.

[38] 工业和信息化部节能与综合利用司. 绿色设计产品评价技术规范 印制电路板: T/CESA 1070—2020 [S]. 北京: 中国电子工业标准化技术协会, 2020.